책문, 조선의 인문 토론

책문, 조선의 인문 토론

김태완 지음

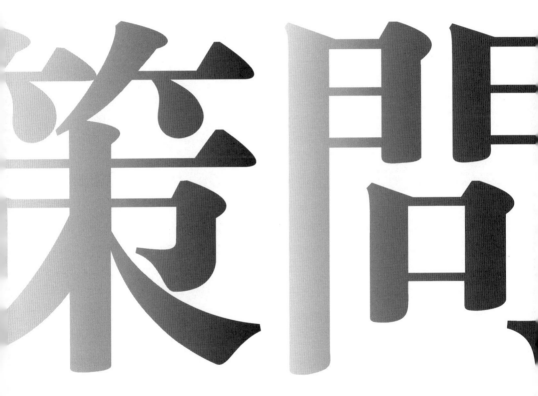

현자의
마을

머리말

　조선 시대 과거 과목인 책문策問에서 제출한 답안의 한 형식이 책문策文이다. 과거의 답안지는 시권試券이라고 하며 의疑, 논論, 부賦, 표表, 책策 등 여러 종류가 있었다. 먼저 '의'는 유교 경전인 4서5경에 대한 종합적인 이해 수준을 측정하는 시험이다. 처음에는 한 주제에 관한 구절을 4서에서 각각 교차 대조해 검토하거나 상호 모순으로 보이는 서술에 논리적 정합성을 부여해서 설명하는 식으로 4서 해석 역량을 시험하는 4서의와 5경 가운데 책 하나를 골라 어려운 문구나 어휘를 해설하는 5경의가 있었는데, 나중에 5경의는 폐지했다. '논' 은 주어진 주제를 논평하는 글로, 대개 역사 속 인물이나 사건을 논평하면서 현실의 인물이나 사건을 빗대어 보기도 한다. '부'는 왕조의 공덕을 기리거나 개인의 감정을 진술하는 운문으로, 문학 창작 역량을 발휘할 수 있다. '표'는 신하가 임금에게 자기 속뜻을 전달하는 형식으로, 조선에서 명에 보내는 사대 외교문서의 형식도 표다. '책'은 유교 경전과 역사에 관한 식견을 바탕으로 정치 현안에 대한 경륜을 표명하는 글이다.

조선은 전근대사회로서는 드물게 관료제의 수준이 매우 높았다. 왕은 무소불위無所不爲의 절대 권력을 휘두르지 않았고, 객관적인 선발 기준을 통과한 뒤 능력과 경륜을 인정받아 행정 기구의 상층에 오른 고급 관료들과 협의하에 정치를 했다. 과거가 바로 공정하게 관료를 선발하는 시험이다. 신분이 공인되고 학식과 교양을 갖춘 남자 지식인은 누구나 과거에 응시할 자격이 있었으며 과거를 통해 출사해서 국가 사회에 자기 역량을 펼칠 기회를 얻을 수 있었다. 어떤 제도든 운용에 따른 폐해는 면할 수 없는 만큼 과거제 또한 시행 과정에 수많은 부작용과 비리의 온상이 되었지만, 체계적인 시행규칙과 객관적이며 공정한 선발 기준을 마련했다는 점에서 제도 자체는 상당히 근대적이었다.

앞에서도 말했듯이 과거는 공무원을 선발하는 시험이다. 따라서 시험을 통해 평가하는 내용은 응시자가 공무원으로서 지녀야 할 자질이다. 조선은 학문의 나라였기 때문에, 관료의 중요한 자질은 무엇보다도 뛰어난 학식이었다. 학문을 익히는 주목적도 국가에 복무하는 것이었다. 조선 시대의 국제 관계는 사대교린事大交鄰을 그 이념으로 삼았다. 오늘날 우리가 쓰는 언어의 맥락에서 '사대'는 굴욕적인 의미가 있지만, 원래 『맹자孟子』에 강대국과 맺는 외교를 가리키는 말로 나온다. 그리고 '교린'이란 이웃과 사귄다는 뜻이다. 결국 조선 시대 외교 정책의 골격은, 정치·문화·경제의 모든 분야에서 조선에 막대한 영향을 미치는 중국을 중심에 놓고 몽고·여진·왜 등과 선린 교류하는 것이었다. 그래서 고급 관료는 중국에 사신으로 가거나 중국에서 오는 사신을 접견하는 데 필요한 국제적 감각과 교양, 다른 나라들의 정세를 읽는 안목을 갖춰야 했다. 또한 조선의 기간산업은 농업이었다. 산업 정책의 중심이 농민을 보호하고 농업 생산을 장려하는 것이었기 때문에. 관료가 되면 누구나 한 차례 이상 지방행정을 맡아 농민의 생계를 돌보고 농업을 일으키는 실적을 쌓아야 했다.

책문은 이런 관료의 필수 자질을 객관적으로 검증하는 데 가장 유효한 방법은 아니라도 잠재적 역량을 가늠하기에 가장 유용한 수단이었다. 그래서 과거의 종장終場에서는 대체로 책문으로 시험했고, 이를 통해 응시자는 자기가 갈고닦은 학식과 한문 문장력과 정치적 당면 과제를 분석하는 안목과 국가의 원대한 전망을 제시하는 경륜을 펼쳐 보일 수 있었다.

이 책은 수많은 책문 가운데 주로 양란兩亂 이전 조선의 자연과학, 인문과학, 사회과학을 주제로 한 것들을 뽑아 엮었다. 근대과학의 세례를 받은 현대인은 조선 시대 과학의 수준을 폄하하기 쉽다. 그러나 조선의 학자들은 나름대로 자연을 이해하려고 노력했고, 그 노력의 흔적을 책문에서 볼 수 있다. 사람은 나를 중심으로 세계를 구성한다. 시간과 공간이 나를 중심으로 얽혀 있다. 내가 살아가는 목적은 내 삶을 잘 사는 것이다. 내 삶을 잘 살기 위해 역사를 공부하고 문학 작품을 읽고 과학기술과 문명의 원리를 이해하고 활용한다. 내 삶을 잘 살기 위해 인간 일반의 심리 현상을 연구하고 내 내면을 들여다

본다. 그리고 자기 삶을 잘 살려고 하는 개인이 모인 공동체가 사회와 국가다. 공동체에서 일어난 모든 삶의 자취는 시간의 검증을 거쳐 문화가 된다. 일정한 형태를 띤 문화는 공동체에 속한 개개인의 삶을 규정하며 새로운 문화 양상의 도전을 받고 변증법적으로 지양해 간다. 조선 시대 사람들도 자기 삶을 잘 살려고 했다. 우리가 조선의 문화를 들여다보는 까닭은 조선의 문화를 거울로 삼아 우리 문화를 해석하는 데 있다. 책문에는 조선 시대 사람들이 일구어 낸 문화가 있다.

조선의 책문과 관련해 특별히 기억할 만한 인물은 율곡 이이李珥와 정조대왕正祖大王이다. 이이는 응시자로서 대책 열네 편, 시험관으로서 책제策題 여섯 편을 남겼다. 이 글이 모두 주옥같다고 할 수는 없지만 책문이라는 갈래의 가능성이 최대한 발휘되었다는 점은 분명하다. 특히 그의 문집 「역수책易數策」과 「천도책天道策」은 유려한 표현, 높은 학식, 정연한 논리, 해박한 전거 등에서 책문 작성의 표본이다. 그리고 정조대왕은 문신을 시험하며 정책 입안과 관련해 정책의 의미를 검토하고 실현 가능성을 가늠하기 위해 책문 70여 편을 남겼다. 이 책문들에 대책은 없지만, 국정 전반에 관해 다양한 문제를 다뤄 분명히 참고할 만하다. 그러나 이 책에서는 주로 양란 이전 조선 지식인의 현실 인식과 세계관, 가치관을 살펴보려고 했기 때문에 정조대왕의 책문은 다루지 않았다.

이 책에는 이이의 책문 네 편을 실었다. 여러 해 전에 펴낸 『율곡문답』에 요약문을 실은 것과 달리 이번에는 전문을 실었으니, 조선을 대표하는 학자가 다양한 주제로 펼쳐 보인 책문을 실컷 감상할 수 있다. 그리고 우리나라 학자의 책문 자료가 나오기 시작한 고려 말의 빼어난 학자, 이곡李穀의 책문을 참고삼아 넣었다. 그가 원의 과거에 합격하면서 우리나라 학자의 국제적 위상을 높인 점도 소개하고 싶었기 때문이다.

책문을 소개한 첫 책이 주로 정치개혁과 당면 과제의 해결책을 묻는 책문을 다루었다면, 이 책은 책문의 다양성을 보여 주려고 했다. 기술, 산업, 문학, 역사, 교육, 치안, 국방 등 사회의 거의 모든 문제가 담긴 책문에서 우리는 왕정이라는 체제의 한계 속에서도 사회를 올바르게 이끌면서 정의를 실현하고 공공의 이익을 키우려고 노력한 학자 관료의 열정과 포부를 읽을 수 있다.

지금 우리 사회에서 적폐 청산이 화두다. 조선 시대의 문집을 보면 책문뿐만 아니라 상소, 경연 강의 등 정치적 견해를 밝힌 글에 법구폐생法久弊生이라는 말이 아주 많이 나온다. 법구폐생은, 아무리 좋은 법(제도)이라도 오래되면 반드시 폐단이 생긴다는 뜻이다. 당시 학자 관료들은 '지금 법에 폐단이 생겼으니 빨리 바꾸라'고 호소하기 위해 법구폐생을 말했다. 법을 만든 이나 법을 운용하면서 폐단을 쌓은 이나 같은 부류다. 이는 지금도 마찬가지다. 법을 만든 국회의원이 법을 어기고, 법에 따라 공익을 위해 복무하는 공무원이 사익을 챙긴다. 법을 통해 이권을 누리는 자에게는 그 법이 폐단일 리 없다. 적폐를 만드는 사람은 자기가 적폐를 만든다는 생각을 손톱만큼도 하지 않는다. 공익을 위해, 사회정의를 위해 헌신한다는 자기암시로 자기 자신을 속인다. 그러나 손으로 하늘을 가릴 수는 없다. 스스로 정화하지 못하면 남의 손에 청산될 수밖에 없다. 어느 사회든 광야에서라도 법구폐생을 외치는 사람이 있으면 그나마 명맥이 이어지지만, 나

몰라라 하면 결국 망할 수밖에 없다.

시험을 대비해 예비로 작성한 것이든 실제 시험에서 제출한 답안이든 고시관으로서 만들어 본 모범 답안이든 책문을 작성하는 마음은 같았으리라. 적폐를 청산하고 새로운 사회를 만들어야 한다는 시대적 과제를 떠안은 책임감 말이다. 언제 어디서나 개혁은 들숨과 날숨처럼 필요하다. 개혁 의식을 놓쳐 버리면 정체하고 퇴보하게 마련이다. 책문이 출제되고 대책이 제출될 때마다 조선의 지식인 사회에서 토론과 논쟁이 일어나지 않았을까? 개혁은 늘 타자의 시선이 필요하다. 이해관계를 떠난 객관적 판단 때문이다. 책문을 제출하는 응시자는 조선 관료 사회에서 타자였다. 이 책은 오늘 우리 사회를 보는 조선이라는 타자의 시선이다.

차례

1. 자연의 이치

2. 사람과 문화

3. 정치와 사회

1

자연의 이치

천하의 이치

임운林蕓

1517(중종 12)년에 태어나고 1572(선조 5)년에 죽었다. 본관은 은진恩津, 자는 언성彦成, 호는 첨모당瞻慕堂·노동산인蘆洞散人이다. 1533년 이후 여러 차례 향시에 합격했다.

책문

천하의 이치는 하나뿐이지만, 거기에 의문을 가질 만한 점이 없을 수 없다. 태초의 혼돈에 이미 천지와 사람과 사물이 분화하는 이치가 갖춰져 있었는가? 아니면 천지와 삼라만상이 혼돈에서 분화한 뒤에 이치가 따라 나왔는가?

이치가 하나에서 나뉘었다면 하늘이 움직이고〔動〕 땅이 멈춰 있는〔靜〕 까닭은 무엇인가? 움직이고 멈춰 있는 기틀이 이치에 매이지 않았기 때문인가? 선대 학자가 사유四遊의 설[1]을 말했는데, 그렇다면 완전히 멈춘 것 가운데 움직일 수 있는 이치가 들어 있는가?

하늘은 365와 1/4도度로 한 바퀴를 도는데, 도라는 것은 척촌과 같이 치수로 말할 수 있는가? 또한 하늘의 둘레[圍]를 수로 논할 방법이 있는가?

역학가曆學家는 "하늘은 왼쪽으로 돌고, 해와 달은 오른쪽으로 돈다." 하고, 선대 학자는 "하늘은 왼쪽으로 돌고, 그 가운데 자리한 것은 하늘보다 조금 늦게 돌기에 도리어 오른쪽으로 돈다." 했다. 왼쪽으로 돌고 오른쪽으로 돈다는 설의 시비를 가려낼 수 있는가?

어떤 사람은 "해는 1도 운행하고, 달은 13도 남짓 운행한다." 하고, 어떤 사람은 "해는 하루에 지구를 한 바퀴 도는데 하늘이 도는 것에 1도 못 미치고, 달은 더 더디게 운행하면서 하늘이 도는 것에 13과 7/19도에 못 미친다." 했다. 더디고 빠름에 관한 설이 다른 까닭은 무엇인가?

진순陳淳은 "달의 운행은 항상 27과 327/1016일마다 하늘과 만나고, 29와 499/940일에 한 번 해와 만난다." 하고, 주희朱熹는 "달의 운행은 29일 남짓마다 하늘을 한 바퀴 돌고 해를 따라가 해와 만난다." 했다. 누구의 설이 옳고 누구의 설이 그른가?

역법曆法을 고찰하면 일식과 월식에 정해진 도수度數가 있다. 식현상이 일어나야 할 때 일어나지 않고 일어나지 않아야 할 때 일어나는 까닭은 무엇인가?

달에 '두꺼비'가 있다고 말하는 세속의 설은 옳은가 그른가, 또한

1　사유란 옛 천문학에서 자북磁北과 진북眞北의 차이를 설명하는 말로 보인다. 땅은 정지해 있고 하늘이 돈다는 것이 당시 통념인데, 땅이 정지해 있으면서도 극추極樞를 기준으로 북극성이 조금씩 움직이는 것을 알았기 때문에 이를 하늘도 사방으로 움직이고 땅도 그에 따라 사방으로 움직인다고 보았다. 사실 지구의 공전을 의식하지 못한 상태에서 설명한 것으로 보인다.

그럴 만한 이치가 있는가?

조석潮汐 현상에 관한 설이 많다. 하나는 "땅이 같은 부류(음)에 속하는 달의 작용에 반응해서 보이는 호흡 현상이다." 하고, 하나는 "기氣가 올라가고 땅이 가라앉으면 바닷물이 넘쳐서 밀물〔潮〕이 되고, 기가 내려오고 땅이 떠오르면 바닷물이 줄어들어 썰물〔汐〕이 된다." 했다. 이 두 설을 어떻게 절충할 수 있겠는가?

유흠劉歆이 말하기를 "하도河圖와 낙서洛書는 서로 경위經緯가 되고, (역易의) 팔괘八卦와 (홍범洪範의) 구장九章은 서로 표리表裏가 된다." 했는데, 근거가 무엇인가? 본체와 작용으로 말하자면, 하도는 원圓을 본체로 하고 방方을 작용으로 하며 낙서는 방을 본체로 하고 원을 작용으로 한다. 방위와 수로 말하자면, 하도는 다섯 생수生數로써 다섯 성수成數[2]를 통괄해 같은 방위에 자리하며 낙서는 다섯 기수奇數(홀수)가 네 우수偶數(짝수)를 통괄해 저마다 따로 자리를 차지한다. 운행의 순서로 말하자면, 하도는 북에서 동으로 왼쪽으로 돌면서 상생相生하고, 낙서는 북에서 서로 오른쪽으로 돌면서 상극相剋한다. 역은 상象으로 나타나고, 홍범은 수數로 나타나며, 역의 길흉은 (괘의) 움직임〔動〕에서 나타나고, 홍범의 길흉은 고요함〔靜〕에서 나타난다. 그렇다면 서로 경위와 표리가 된다는 뜻이 어디에 있는가?

채침蔡沈은 아버지 채원정蔡元定의 학문〔家學〕을 넓히고 스승 주희의 전승〔師傳〕을 펼쳐서 『홍범황극내편洪範皇極內篇』을 저술했는데,

---

2　하도에서 1부터 10까지 자연수 가운데 1·2·3·4·5를 생수, 6·7·8·9·10을 성수라고 한다. 생수는 안에 성수는 바깥에 자리하며 '생'은 시초, '성'은 완성을 뜻한다. 1과 6, 2와 7, 3과 8 등의 관계로 음수와 양수가 서로 낳고 완성한다. 음양을 적용하면 생수는 양, 성수는 음으로 본다.

홍범의 수리를 밝히고 역의 상을 배열해 고대로부터 빠져 있던 내용을 보충하고 장래의 큰 법을 드리웠다. 그러나 혹 수에 대한 풀이가 미비했다고 논평하니, 그 미비한 점을 가리켜 말할 수 있는가?

정이程頤는 세 성인(복희伏羲·문왕文王·공자孔子)이 지은 역의 이치를 참작하며 10년간 공부해 『역전易傳』을 지었다. 역을 널리 통하며〔弘通〕 간단하고 쉽게〔簡易〕 운용하는 방법을 밝히고 중中·정正·인仁·의義를 추구하는 역의 정신을 다 발휘하지 않았는가? 어떤 사람은 본의本義가 세 성인의 정신과 부합하지 않는다고 말하는데, 그 말은 어떤 뜻인가?

주돈이周敦頤의 「태극도太極圖」는 움직임과 고요함을 번갈아 하는 것만 말했는가? 그 가운데 사상四象과 팔괘에 관한 내용도 있는가? 복희의 역에서 다 밝히지 못한 심오한 내용을 밝혔다면, 어째서 또 소옹邵雍의 『황극경세皇極經世』가 있어서 천지가 시작하고 끝나는 수리數理를 해명했는가? 그리고 어디서 그 시작과 끝을 알 수 있는가? 하늘이 자子에 열리고, 땅이 축丑에 열리며, 사람이 인寅에 생기는 까닭 또한 이치와 수리로 추론할 수 있는가?

그대들은 반드시 자기 마음을 근본으로 삼고 경전을 참고해 익숙하게 강론할 수 있을 것이다. 저마다 낱낱이 쪼개고 분석해 답안에 상세히 드러내라. 하나로 귀결하는 이론을 근거로 삼아 (격물) 궁리의 학문을 살펴보고자 한다.

대책

제가 듣건대 선대 학자가 말하기를 "만 가지로 다른 것이 하나를 근본으로 삼으며, 한 근본은 만 가지로 나뉜다." 했습니다. 이 때문에 천하의 이치는 비록 하나지만 천하의 일은 다르지 않음이 없고, 천하의 일은 비록 다르지만 천하의 이치는 하나가 아닌 적이 없습니다. 만일 하나가 만 가지로 달라지는 까닭과 만 가지로 다른 것이 하나가 되는 까닭을 알면 오묘한 천지의 이치와 수리를 논할 수 있습니다.

집사執事 선생[3]께서 세상의 도리가 날마다 타락하는 것을 보고 이학理學이 전하지 않는 것을 탄식하면서 배움에 종사하는 사람들에게 책문을 내시되, 천문 현상[曆象]과 조석의 설에 이어 하도낙서와 역과 홍범의 이치를 묻고 성현이 수리와 이치를 밝힌 것 가운데 옳고 그른 점을 물어 하나로 귀결하는 이론을 듣고자 하십니다. 제 학문이 비록 얕지만 감히 선대 학자의 정설을 통해 밝은 물음에 만에 하나라도 답하고자 합니다.

생각건대 사방 상하의 공간[宇]과 왕고래금[往古來今]의 시간[宙]에 통달해서 만물이 이것을 몸으로 삼고 존재하지 않은 적이 없으며, 천지가 거대하지만 더 풍요해지게 하지 않으며 비록 사람과 사물이 미세하나 더 작아지게 하지 않으며, 미세한 것과 거대한 것을 포괄하고 뚜렷한 것(현상[顯])과 은미한 것(본질[微])을 하나로 하며, 고르지 않

---

3 책문 중 왕이 직접 출제한 것을 전책殿策, 시험관이 대신 출제한 것을 집책執策이나 집사책執事策이라고 한다.

은 적이 없고 조금이라도 쉰 적이 없는 것이 이른바 이치〔理〕입니다.

천지와 일월日月의 영허盈虛, 소식消息과 고금 사물의 길흉, 성쇠에는 일정해서 바뀌지 않는 오묘함이 있으며 한 가지 사물이라도 어길 수 없는 형세가 있습니다. 사계절처럼 일정하고 밤낮처럼 확고하며 위로는 천하 고금 백천만변百千萬變하는 세도世道의 오르내림을 둘러싸고 아래로는 천하 고금 백천만변하는 사물의 소장消長을 담고 있는 것은 이른바 수數입니다.

따라서 수는 이치 때문에 드러나고, 이치는 수를 운행하기 때문에 오묘합니다. 천하에는 이치를 벗어난 수가 없고 수를 벗어난 이치 또한 없으니, 수가 깃든 곳에 곧 이치가 있습니다. 그러므로 이치에 밝으면 수를 추론할 수 있고, 수를 추론하면 이치를 얻을 수 있습니다. 이치는 천지 만물의 이치이며 수는 천지 만물의 수고 천지 만물의 이치로 천지 만물의 수를 참작하는 것이니, 위로 추론하면 천지 만물이 시작하기 전을 알 수 있고 아래로 추론하면 천지 만물이 끝난 뒤를 말할 수 있습니다.

오늘날 천지 만물의 이치와 수는 곧 지난날 천지 만물의 이치와 수고, 지난날 천지 만물의 이치와 수는 곧 오늘날 천지 만물의 이치와 수입니다. 이치와 수는 모두 나에게 갖춰져 있으며 나뿐만 아니라 사람에게 갖춰져 있고 사람뿐만 아니라 사물에도 갖춰져 있어서, 그 근본을 추구하면 하나에서 나뉘지 않은 것이 없습니다. 따라서 성현이 이런 이치와 수를 밝힌 것은 그 법칙이 달라도 도리가 같지 않은 적이 없기 때문입니다. 어찌 이 점에 대해 의심하겠습니까?

밝은 물음에 따라 조목별로 진술하겠습니다. 천지간 사물의 이치가 만 가지로 흩어지면 하나로 모이지 못할 듯하지만, 한 근본에 뿌리를 두면 그 오묘함을 끝까지 추구할 수 있습니다. 혼돈해서 개벽하기 전에는 천지가 분화하지 않고 사람과 사물이 생기지 않았으며 모든 것이 혼연히 응결되어 있고 맑음과 탁함이 분화하지 않았으니 그 이치가 갖춰지지 않은 듯하지만, 실은 갖춰지지 않은 적이 없습니다.

천지가 천지인 까닭, 사람과 사물이 사람과 사물인 까닭은 모두 음이 되었다가 양이 되었다가 하는 오묘한 이치를 벗어나지 않습니다. 그러나 이른바 혼돈은 곧 태극을 말하고 태극은 곧 음양이 나뉘지 않은 것을 가리키니, 음이 되고 양이 되는 이치는 본래 그 안에 잠재되어 있습니다. 음이 되고 양이 되는 이치는 곧 천지가 되고 사람과 사물이 되는 이치입니다. '무극無極 이전에는 음이 양을 포함하고 있다'는 선대 학자의 말이 이것입니다.

태극은 움직이면서 양을 낳기 때문에 하늘은 움직임에서 생기고 움직임을 본체로 삼습니다. 그리고 고요하면서 음을 낳기 때문에 땅은 고요함에서 생기고 고요함을 본체로 삼습니다. 그러나 그 작용 면에서 하늘은 고요하고 땅은 움직입니다. 이 때문에 일원一元[4]의 기가 태공太空 중에 오르내리는데, 땅은 물의 힘을 타고 원기와 서로 오르내립니다. 봄에는 동쪽으로 5000리를 지나고, 가을에는 서쪽으로 5000리를 지나며 여름과 겨울에도 각각 남북으로 그렇게 합니다. 지극히 고요한 가운데 움직일 수 있는 이치가 있어서 이러하지 않겠습니까? '땅에는 오르내림이 있다'는 선대 학자의 말이 이것입니다.

4　우주와 천지 만물이 생성되기 전 태초의 혼돈 상태, 모든 존재의 시원, 시초의 궁극을 뜻한다.

천체가 완전히 둥글고 그 둘레는 365와 1/4도인데, 도수는 무엇입니까? 하늘과 해는 (천체 운행의 도수인) 기수氣數의 시작입니다. 날마다 나아가고 물러남에 일정한 법칙이 있습니다. 그러므로 하루 동안의 나아감과 물러남을 1도로 삼습니다. 이를 두고 선대 학자가 "하늘에는 본래 도수가 없고, 해와 떨어졌다 합쳐졌다 하면서 도수가 생긴다." 했습니다.

하늘과 해는 모두 각角[5]의 방위에서 일어나는데, 하늘은 하루에 땅을 한 바퀴 돌면서 늘 1도를 더 지나고 해도 땅을 한 바퀴 돌지만 하늘에 1도를 미치지 못하기 때문에 365와 235/940일 만에 하늘과 만납니다. 이것으로 하늘의 둘레가 365와 1/4도임을 알 수 있습니다. 365와 1/4도가 곧 365와 235/940일인 것입니다.

역가는 나아가는 수로 계산하기 어려워서 물러나는 수로 계산한 끝에 하늘은 왼쪽으로 땅을 돌고 해와 달은 오른쪽으로 하늘을 돈다고 했는데, 사실은 오른쪽으로 도는 것이 아닙니다. 하늘의 운행은 매우 세차고 해와 달은 조금 더디기 때문에, 하늘은 땅을 왼쪽으로 돌면서 늘 1도를 더 나아갑니다. 해도 하늘과 함께 왼쪽으로 하루에 한 바퀴 도는데 하늘의 세참에 조금 못 미치기 때문에, 하늘은 날마다 나아가서 왼쪽에 있고 해는 날마다 뒤처져서 오른쪽에 있는 것이지 해가 뒤로 물러나는 것이 아닙니다. 하늘이 나아가기 때문에 물러나는 것처럼 보일 뿐입니다. 만약 하늘이 나아감을 헤아리지 않고 해가 물러남을 왼쪽으로 도는 것으로 여긴다면, 이는 뒷면을 앞면으로 여기는 셈입니다. "미치지 못하면 도리어 오른쪽에 있는 것이다." 하

---

5 하늘의 별자리를 4등분해서 분배한 주요 별자리 28수 가운데 동방에 속하는 별자리다.

는 선대 학자의 말은 이를 가리킵니다. 그래서 어떤 사람이 해는 1도를 운행하고 달은 13도 남짓 운행한다고 한 것은, 역가의 우행설右行說입니다.

해는 늘 하늘의 운행에 1도 미치지 못하는데 도리어 이것을 해가 운행하는 도수로 삼고, 달은 늘 하늘의 운행에 13도 남짓 미치지 못하는데 도리어 이것을 달이 운행하는 도수로 삼습니다. 이는 나아가는 수를 알지 못하고 물러나는 수로만 계산했기 때문입니다. 해는 하루에 한 바퀴 운행하고 달의 운행은 하늘에 13도 남짓 못 미친다고 한 것은 선대 학자의 우선설右旋說입니다.

해는 하루에 365와 1/4도 운행하기 때문에 하루에 한 바퀴 돌며 하늘에 1도 못 미치고, 달은 352도 남짓 운행하기 때문에 하늘에 13도 남짓 못 미친다고 하는 것입니다. 이 때문에 해는 365와 235/940일을 쌓아서 하늘과 만나고, 달은 29와 499/940일을 쌓아서 해와 만납니다. 이는 해와 달의 1년 운행 도수에 부합할 뿐만 아니라 만세토록 천문 현상을 관찰하는〔觀象〕법을 잃지 않은 것입니다. 또한 달은 하늘에 걸려 있되 해보다 늦게 운행하기 때문에 늘 27과 327/1016일마다 하늘과 만나고 29와 499/940일마다 해와 만난다 한 것은, 참으로 아주 오랜 세월 동안 논파할 수 없는 정론입니다.

그런데 문공文公(주희)이 『시경詩經』에 나오는 '시월지교十月之交'를 두고 '달은 29일 남짓에 하늘을 돌고 해를 따라가 해와 만난다.' 하고 풀이한 까닭을 잘 모르겠습니다. 한 달에 한 바퀴 돈다 함은 해와 만남을 말하는데, 사실은 27일 남짓에 한 바퀴 돌고 2일 남짓에 비로소 해와 만납니다. 만약 29일 남짓에 한 바퀴 돈다면 31일 남짓에 해와 만나는 것이 되니, 그렇다면 어떻게 네 계절과 한 해를 정할 수 있겠습니까?

일식과 월식은 늘 삭망 사이에 나타나는데, 삭(초하루)일 때 달은 늘 아래에 있고 해는 위에 있어서 달에 해가 가려지는 일식이 일어납니다. 망(보름)에는 해와 달이 (지구를 중심으로) 서로 위치가 털끝만큼도 차이가 없이 정반대에 자리하며 달은 암허闇虛[6]에 투사되기 때문에 월식이 일어납니다. 두꺼비가 (달에) 있다는 따위의 설은 매우 허탄하니 말할 거리도 못 됩니다. 173일마다 한 차례 해와 달이 교차하는데 이때 식이 일어난다는 역가의 말은 필연코 그런지 모르겠습니다.

춘추 240년 역사에서 일식이 36회 기록되고 당唐의 290년 역사에서도 100여 회 기록되어 있으니, 이른바 해와 달이 서로 가리고 암허에 투사되는 것이 바로 일식과 월식의 일반 원리입니다. 이를 두고 선대 학자가 "삭망 사이에 해[精]와 달[魄]이 반대 방향에서 교차하면 일식이나 월식이 일어난다." 했습니다.

조석이 오가는 것은 한결같이 달에 달려 있습니다. 이 때문에 달이 묘卯와 유酉에 오면 조수가 동서에서 불어나고, 달이 자子와 오午에 오면 조수가 남북에서 평평해집니다. 태음太陰(달)이 서쪽으로 지는 시기는 늘 태양보다 3각(45분) 남짓 느리기 때문에, 조수가 오는 것이 대략 이와 같습니다. 삭부터 망까지는 늘 하룻밤씩 조수가 늦어지고, 망부터 그믐[晦]까지는 다시 하루 낮씩 조수가 늦어집니다. 삭망 앞뒤로는 달의 운행이 조금 빨라지기 때문에 그믐 이전 사흘은 조수

6 　고대 동양의 천문학 용어다. 태양의 빛이 지구 때문에 비치지 않는 하늘의 어두운 부분으로, 여기에 달이 지나가면 월식이 생긴다고 보았다.

의 세력이 길고, 삭 이후 사흘은 조수의 세력이 큽니다. 망 때도 이와 같습니다. 상현과 하현에는 달의 운행이 조금 느려지기 때문에 조수가 오가는 세력도 조금 작습니다.

그렇다면 조석의 줄어들고 늘어남도 모두 달의 나아가고 물러남에 달려 있지, 땅이 가라앉고 뜨는 것에 따르지 않음은 필연코 그렇습니다. 선대 학자가 "크고 작은 세력이 해와 달과 삭망에 달려 있다." 한 것이 이 때문입니다.

복희씨가 하늘을 계승해 지도자가 되자 황하黃河에서 그림이 나오고, 위대한 우禹임금이 치수하자 낙수洛水에서 글이 나왔습니다. 그림(하도)은 원을 본체로 하고 방을 작용으로 삼았으며, 글(낙서)은 방을 본체로 하고 원을 작용으로 삼았기에 서로 반대되는 듯하지만, 거기에는 서로 반대되지 않는 것이 있습니다. 하도를 주로 삼아 말하면 하도는 정正이고 낙서는 변變이며, 낙서를 주로 삼아 말하면 낙서가 정이고 하도는 변입니다. 그러므로 하도나 낙서가 서로 정이 되기도 하고 변이 되기도 하는데, 정은 경經을 말하고 변은 위緯를 말합니다. 이 때문에 하도는 괘를 그리는 근거가 되는 데서 끝나지 않고 (부연해서) 범주를 밝히는 것이 되고, 낙서는 범주를 밝히는 근거가 되는 데서 끝나지 않고 괘를 그리는 근거가 되는 것입니다.

무엇 때문입니까? 복희씨가 그린 괘가 겉으로는 팔괘지만 속으로는 본래 구주九疇[7]가 될 수 있고, 위대한 우임금이 서술한 홍범구주가 겉으로는 구주에 속하지만 속으로는 본래 괘가 될 수 있습니다. 그러

---

7 우임금 때 낙수에서 나왔다는 도형인 낙서를 참고해서 만든 국가 경영의 대원칙 아홉 가지다.

므로 하도와 낙서의 경위, 역과 범주의 표리 관계를 볼 수 있습니다.

하도는 생수가 성수를 통솔하고 낙서는 기수가 우수를 통솔하기에 서로 다른 듯하지만, 1은 반드시 6과 짝이 되고 2는 반드시 7과 짝이 되고 3은 반드시 8과 짝이 되고 4는 반드시 9와 짝이 되고 5는 반드시 10과 짝이 되니 애초에 하도와 낙서는 다른 것이 아닙니다. 그리고 하도의 생수와 성수는 같은 방위에 있고 낙서의 기수와 우수는 다른 자리에 있어서 서로 다른 듯하지만, 같은 방위에 있는 것은 안팎의 나뉨이 있고 다른 자리에 있는 것은 비견하는 뜻이 있으니 애초에 다르지 않습니다.

하도는 전체 수를 갖췄고 낙서는 10이 빠져 있습니다. 이는 서로 충돌하는 듯하지만 하도의 전체 수는 모두 5에서 나온 것으로서 1은 5를 얻어서 6이 되고, 2는 5를 얻어서 7이 되고, 3은 5를 얻어서 8이 되고, 4는 5를 얻어서 9가 되고, 10은 바로 5가 5를 얻어서 된 것입니다. 그러니 참으로 10이 없던 적이 없습니다. 낙서에는 10이 빠졌으나 모두 10을 포함한다는 뜻이 있습니다. 1은 9와 대對가 되어서 10을 함유하고, 2는 8과 대가 되어서 10을 함유하고, 3은 7과 대가 되어서 10을 함유하고, 4는 6과 대가 되어서 10을 함유하고, 10은 늘 양쪽에 5를 끼고 있으니 10 또한 없던 적이 없습니다.

하도는 왼쪽으로 돌면서 상생하고 낙서는 오른쪽으로 돌면서 상극하기에 서로 딱 들어맞지 않는 것 같으나, 북쪽의 1과 6은 남쪽의 2와 7을 극복하며 서쪽의 4와 9는 동쪽의 3과 8을 극복하니 상극하는 작용은 상생하는 작용과 결부되어 있습니다. 동서의 4와 9는 서북의 1과 6을 생성하고 동북의 3과 8은 서남의 2와 7을 생성하니, 상생하는 작용 또한 상극하는 작용과 결부되어 있습니다.

하도를 근거로 역을 드러냈기 때문에 역은 상象으로 표현하고, 낙서를 근거로 홍범을 지었기 때문에 홍범은 수數로 표현합니다. 상은 우수를 작용으로 삼는데, 우수는 음의 수입니다. 음은 움직임을 작용으로 삼기 때문에, 하도의 운행은 모두 기수와 결합하며 역의 길흉은 움직임에서 나타납니다. 수는 기수를 작용으로 삼는데, 기수는 양의 수입니다. 양은 고요함을 작용으로 삼기 때문에, 낙서의 위치는 모두 우수와 결합하며 홍범의 길흉은 고요함에서 나타납니다. 움직임은 반드시 고요함 뒤에 이루어지고, 고요함은 반드시 움직임 뒤에 이루어지기 때문입니다.

따라서 천지조화가, 양은 있으나 음이 없으면 이루어질 수 없고 음은 있으나 양이 없으면 생길 수 없습니다. 생겨나기만 하고 극복하지 않으면 성취할 수가 없고, 이루기만 하고 생겨나지 않으면 극복할 거리가 없어집니다. 이렇게 하도와 낙서, 역과 홍범 가운데 움직임과 고요함이 일어나고 상생상극하는 오묘한 작용이 저마다 모두 갖춰지지 않은 적이 없으며 서로 경위가 되고 표리가 되는 것입니다.

『홍범황극내편』으로 말씀드리자면, 그 수는 1에서 시작해 2를 참작하고 9를 궁구해 81에서 수의 원리가 완성되며 6561로 수와 모든 존재의 관계를 다 갖추었습니다. 확장해도 밖이 없고 환원해도 안이 없는 수의 원리를 다 발휘했습니다. 즉 모든 조화를 남김없이 표현하는 오묘함을 보였습니다.

대체로 성명性命[8]을 발단으로 삼고, 예의를 표준으로 삼으며, 점占을 근거로 가르침을 베풀고, 일에 나아가서 경계[戒]를 보였습니다.

천리를 터득하고 떳떳한 도리[彝倫]를 서술하는 것이 비록 역과 같은 모습을 띠지는 않지만 역으로 귀결되지 않은 적이 없습니다. 그러나 천지가 비롯되고, 사람과 사물이 생기고, 만사가 이루어지고 실패하는 까닭은 모두 수의 원리를 따릅니다.

그런데 수의 본체는 사물을 통해 드러나고 수의 작용은 이치에서 오묘해지니, 신을 궁구하고 조화를 알며 홀로 서서 만물에 우뚝 솟은 자가 아니면 어찌 충분히 이것에 간여할 수 있겠습니까? 아! 신을 궁구하고 조화를 알며 홀로 서서 만물에 우뚝 솟는다는 것은 쉽게 말할 수 없습니다. 채침이 여기에 가까이 다가간 사람이라 하겠습니다.

원대한 수의 규모를 따지고 수리를 풀이하는 일이라면 제가 감히 논할 수 없습니다. 그러나 선대 학자도 '오히려 후세의 군자를 기다리지 않을 수 없다' 했으니, 옛글의 부족한 부분을 보충하고 장래의 큰 법도를 드리우는 데는 아마 최선을 다하지 못한 듯합니다.

정이의 『역전』은, 그 법이 비록 세 성인과 같지는 않으나 그 도는 같지 않은 것이 없습니다. 그러므로 후세 사람들처럼 상사象辭[9]를 연구하다가 수술數術[10]에 빠지고, 인의仁義에 대해 담론하다가 공적空寂에 빠지는 실수는 없습니다. 저술 의도가 정밀하고 도리가 평이하고 정확하며 본체와 작용의 근원이 하나고 현상과 본질에 간격이 없으면서 일상생활에 가장 관련된 것으로는 진秦·한漢 이래 정이의 책이

8 만물에 내재된 본성, 생명, 천부적인 소명을 두루 일컫는다.

9 『주역周易』의 괘와 효의 이미지를 풀이한 글이다.

10 음양오행, 하도낙서, 천간지지, 『주역』의 64괘와 384효 같은 수리를 천문과 점성, 점복, 관상, 사주팔자, 풍수, 택일 등에 적용한 방술의 일종이다.

있을 뿐입니다. 『역易』은 본래 복서卜筮에 관한 책인데, 정이의 『역전』은 이치는 잘 갖추고 상수象數[11]는 도리어 빠졌습니다. 선대 학자가 "경문經文으로 고찰하면 의심할 만한 것이 있을 수밖에 없다." 한 것이 이를 말합니다.

선천先天의 오묘함을 마음으로 삼고 이기理氣의 온축을 살피며 태극의 도를 밝힌다면, 태극은 곧 이理라는 글자 하나일 뿐입니다. 그러므로 태극이 움직임을 통해 양을 낳고, 움직임이 극도에 이르면 고요하고, 고요함은 음을 낳습니다. 움직임과 고요함이 서로 뿌리가 되고, 음으로 나뉘고 양으로 나뉘어서 양의兩儀[12]가 확립됩니다. 이것이 이른바 팔괘는 사상에서 생기고 사상은 양의에서 생긴다 함이 아니겠습니까?

그렇다면 사상과 팔괘가 태극 안에 갖춰짐을 알 수 있습니다. 그 하도의 온축에서 발휘한 것은 건의 도가 남성이 되고 곤의 도가 여성이 되는 데 있으니, 이것이 어찌 하도의 기수와 우수의 상이 아니겠습니까? 중·정·인·의로 사람의 표준[人極]을 세우는 것이 어찌 성인이 본받는 의義가 아니겠습니까? 그림은 뜻을 다 나타내지 못하고 글은 말로 다 표현하지 못하니, 어찌 그림 가운데 이 하도의 이치를 포함하지 않았겠습니까?

원회운세元會運世의 수로 말씀드리자면, 한 세世에 30년이 있고 한

---

11 '상'은 삼라만상을 이미지로 나타낸 괘·효의 모양이고, '수'는 괘·효의 운용과 길흉을 판단하는 수적 원리다. 상수는 『주역』을 해석하는 기본 방법론이 되었고, 한 대에는 천문, 역법, 법률, 음악, 양생 등으로 확대되어 상수학으로 발전했다.

12 모든 존재의 원초적이며 궁극적인 근원인 태극이 두 가지 운동 양상을 보이는 음과 양을 가리킨다. 태극이라는 원리, 법칙은 음과 양의 두 가지 운동을 일으키고 이 음과 양의 운동에서 삼라만상이 형성된다.

달〔月〕에 30일이 있기 때문에 해와 날의 수가 30이며 1년에 12월이 있고 하루에 12신辰이 있기 때문에 달과 시간의 수가 12입니다. 그리고 이 30과 12의 구조가 반복하면서 서로 곱해져 360이 됩니다. 그러므로 원회운세와 세월일신 여덟 가지 수의 구조는 모두 360입니다. 360에 360을 곱하면 12만 9600이 되기 때문에, 1원元에는 12만 9600년이 있어서 천지의 수가 1원에서 시작되고 끝나는 것입니다.

그러므로 하늘은 자회子會[13]에서 열리고 땅은 축회丑會에서 열리고 사람은 인회寅會에서 생기며, 술회戌會의 가운데에 이르면 사람과 사물이 모두 사라집니다. 해회亥會 가운데에서 하늘과 땅이 하나로 혼합하고, 해회의 끝에서는 어두움이 극에 이릅니다. 이것이 곧 하늘과 땅의 한 차례 마침입니다.

그러나 또 자회가 돌아오면 하늘이 다시 열리고, 축회가 돌아오면 땅이 다시 열리고, 인회가 돌아오면 사람이 다시 생겨나서 끝없이 순환합니다. 선대 학자가 "1원이 천지 사이에서는 1년과 같다." 하고 "어디에서 그 시작을 알 수 있고 어디에서 그 끝을 알 수 있는가? 오늘날 천지와 일월 오성의 운행으로 유추하면 알 수 있다." 했는데, 이 말이 결론입니다.

아! 천하의 수가 어찌 이치를 벗어나며 천하의 이치가 어찌 수를 벗어나 있겠습니까? 수의 근본을 탐구하면 1에서 일어나지 않은 것이 없고, 이치의 근본을 탐구하면 1에서 나뉘지 않은 것이 없습니다.

13　소옹이 『주역』의 수 체계를 우주의 순환에 적용한 것에 따르면, 세世·운運·회會·원元이 각각 30년·12세·30운·12회다. 따라서 1원은 12만 9600년, 1회는 1만 800년이다. 이론상 원의 년, 원의 세, 원의 운, 원의 회도 있으며 더 높은 단위도 있다.

1이란 무엇입니까? 수로는 천일天─[14], 이치로는 일중─中[15]을 말합니다. 사람과 사물이 생겨나는 데 그 이치를 받아 갖지 않은 것이 없고, 수 또한 거기에 붙어 있습니다.

만일 내 마음속을 밝히고 천지 만물의 위를 유추한다면 어느 사물인들 이치 아님이 없고 어느 일인들 수 아님이 없으니, 밝히기 어려운 것이 있겠습니까! 역시 혼돈해서 개벽하기 이전을 궁구하고 천지가 판가름 난 뒤를 통달해서 그 이치와 수의 오묘함을 밝힐 수 있습니다. 이 때문에 이치와 수의 한 근본에 기초해 이치와 수의 만 가지 다름을 탐구하고 밝힌다면, 천지와 역상이 운행하는 까닭과 해와 달과 조석이 왕복하는 까닭 중 수에서 운행하고 이치에서 오묘하지 않은 것이 없습니다.

하도와 낙서 및 역과 홍범의 법이 다르나 도가 같은 까닭, 채침과 정이가 범주의 수를 서술하고 『역전』을 저술한 까닭, 주돈이와 소옹이 『태극도』를 그리고 『황극경세』를 저술한 까닭도 이런 이치와 수를 밝히기 위한 것이었습니다. 그 가운데 혹 같은 것도 있고 다른 것도 있어서 의혹이 없을 수 없으나, 그 오묘함을 궁구하고 그 궁극을 다한다면 애초에 같지 않은 것이 없습니다. 이 어찌 천하의 이치가 일이관지─以貫之해 오묘해서 그런 것이 아니겠습니까?

『첨모당집瞻慕堂集』

14　신격화한 태초의 일원적 근원을 뜻하며 수도 이 근원에서 나왔다.
15　'일'은 태초의 궁극적인 한 근원으로서 태극과 같은 것이다. '중'은 이런 이치가 중도中道로서 모든 사물의 중심이 된다는 뜻이다.

오늘 읽는 책문

이 책문은 임운이 스스로 출제하고 스스로 답안을 작성했다. 『첨모당집』의 해제에 첨부된 연보에 따르면, 그는 어렸을 때 향시에 여러 차례 합격했으나 문과에 응시한 기록은 없다. 그런데 그의 문집 『첨모당집』 권 2에 책문 세 편이 실려 있다. 천하의 이치를 다룬 것이 첫 번째 책문이고, 두 번째 책문은 일반적인 대책의 형식을 띠며 세 번째 책문은 전시殿試에서 제출한 형식이다. 이를 보면 그가 적어도 두 차례 문과에 응시했을 것이다. 그러나 그가 실제로 말단 참봉으로서 짧은 관직 생활을 한 계기가 된 것은 51세 때인 1567(명종 22)년 이조의 천거다. 그 전해에 생원과 진사 중에 인재를 뽑아 올리라는 명종明宗의 전교가 있었고, 임운의 형 임훈林薫이 6현六賢 중 한 사람으로 발탁되어 언양 현감에 제수되었다. 임훈은 명종이 승하한 뒤 잠시 관직에서 물러났으나 선조宣祖 3(1570)년에 비안 현감으로 제수된 데 이어 여러 벼슬을 두루 거친 뒤 광주 목사를 끝으로 관직에서 물러났다. 임운은 56세로 죽을 때까지 집경전, 후릉, 경기전, 연은전의 참봉을 지냈다. 정여창鄭汝昌을 향사한 안음현의 서원에 형 임훈과 함께 1586(선조 19)년에 배향되었는데, 이 서원은 나중에 사액을 받아 용문서원이 되었다가 서원 철폐령이 내려졌을 때 훼철되었다.

임운의 생질인 이칭李偁이 지은 행장에 따르면, 임운은 학문 면에서 이황李滉의 영향을 받고 조식曹植과 교유했다고 한다. 원래 기질이 호방하고 활쏘기와 말타기를 좋아한 임운은 17세 때 아버지의 권유로 병법서 『오자吳子』를 읽고 문리를 깨쳤다. 그리고 이 영향 탓인지

평소 병법에 관해 말하기를 좋아했다고 한다. 그 뒤 『맹자孟子』를 읽어 전체적인 맥락(大義)을 이해하고 여러 책을 섭렵했다. 사서와 주자서를 비롯해 『근사록近思錄』, 『심경心經』 들을 읽고 역학에 특히 정통했다. 천문·지리·의약·복서卜筮도 모두 섭렵했으며 산수算數에 관한 학문과 병가兵家의 책에 깊은 관심을 기울였다.

임운이 서울에 있을 때 어떤 사람에게 역학의 수리에 관한 질문을 받고는 막힘없이 아주 차근차근 잘 이끌어 가르쳐 주었다. 기대승奇大升이 이 일에 대해 듣고 스스로 터득한 오묘한 맛이 있다고 탄복했다고 한다. 이름난 선비들이 임운의 이름을 듣고 모여들어 토론하고 교류했는데, 그가 한가할 때 찾아가서 만난 사람들은 모두 재야의 학자(布衣)들이었다. 임운은 권세가 많은 사람들도 알았지만 그들에게는 발도 들여놓지 않고 오직 이황이 부름을 받고 조정에 있었기 때문에 자주 문하에 나아가 어려운 문제를 묻고 토론했다. 이황이 도산으로 물러났을 때도 여러 차례 찾아가 묵으면서 문답했다.

안의현 서쪽에 산수가 아름다운 화림동花林洞이 있는데, 임운이 형 임훈을 비롯해 조식·노진盧禛과 유람하며 시를 읊고 고금의 일에 대해 담론하면서 하루를 묵고 헤어졌다고 한다. 갈천 서쪽 15리쯤에 있는 노동은 산수가 맑고 아름다우며 토지가 비옥했다. 임운은 처음에 이곳에 집을 지을 뜻을 품고 호를 노동산인蘆洞散人이라고 했다. 그러다 집에서 가까운 회암의 산수가 기이하게 아름다워서 이곳에 서당을 짓고 수양하는 곳으로 삼으려고 했는데, 서당이 완성되기 전에 세상을 뜨고 말았다.

허목許穆이 지은 묘갈명에 따르면 임운의 마지막은 이랬다. 연은전

참봉으로 재직하다가 죽을 무렵 정승인 박순朴淳이 약을 보내오자, "죽을 팔자다. 그러나 대부가 보내 주신 약이니 받아야겠다." 하고 약을 받아서 마셨다. 아침에 목욕을 깨끗이 하고, 손톱과 발톱을 깎고, 의복과 관을 바로잡은 뒤 죽었다. 죽기 전에 뒷일은 자신을 따르던 송대립宋大立에게 부탁했다. 허목은 임운이 역학으로 이름을 떨친 것이나 이황, 조식 등과 관련된 일화를 일절 언급하지 않았다. 그리고 그의 학문과 생애에 대해서는 "널리 배웠으나 온전히 하나로 귀결했으며 확고하면서도 평이했다. 아! 군자의 도를 이루었다." 하고 평했다. 임운의 관심 분야가 아주 다양하며 당시 정통 주자학자들이 잘 언급하지 않는 학문까지 섭렵한 것을 보면, 그는 이황이나 조식과 직접 사승 관계에 있거나 학문적 영향을 받은 것이 아니라 자기 나름대로 학문 세계를 펼치면서 그들과 교류한 듯하다.

조선 선비의 과학 지식

임운의 책문은 크게 아홉 가지 문제를 다룬다. 그중 첫째는 자연의 운동과 이理의 관계에 관한 문제다. 근대 전 동아시아 천문학에서는 땅은 고정되어 있고 하늘이 움직인다고 보았다. 실제로 해와 달이 떴다 지고 별이 밤새 움직이기 때문에 땅을 중심으로 상하·사방의 하늘이 돌아간다고 본 것이다. 주자학의 우주론, 존재론에는 먼저 무극인 태극이 있다. 태극은 존재의 궁극이며 이理로 규정된다. 주희의 학설에 따르면, 존재의 궁극을 태극으로만 규정할 경우 태극을 마치 한정된 구체적 사물처럼 여길 수 있기 때문에 그 속성이나 본질이 한정되지 않고 공간과 시간의 제약을 받지 않는 것임을 규정하기 위해 무극이라고도 한 것이다. '극極'은 표준·끝·원리 등 궁극적이고 근원적이며 중심이 되는 것을 가리키는데, 한정된 공간의 어떤 지점은 아니다. 따라서 가장 궁극적인 그 무엇(태극)이라도 실질적으로 시간과 공간상의 어느 지점은 아니다. 그래서 무극이라는 것이다. 그리고 태극이 보이는 운동 중 적극적인 운동을 동動, 소극적인 운동을 정靜이라고 하며 동과 정은 각각 양과 음으로 정의된다. 양과 음의 동정은 길항하고, 음은 양을 품고 있으며 양은 음으로 수렴된다. 양이 극한에 이르면 다시 음이 생겨나고, 음이 극한에 이르면 다시 양이 생겨난다. 이렇게 운동하는 과정에서 목木·화火·토土·금金·수水 등 기본적인 질료를 생성하는데, 이것을 오행五行이라 한다. 오행은 사계절에 작용해 각 계절의 특징, 곧 삼라만상을 낳고 기르고 거두고 간직한다〔生長收藏〕. 목은 봄, 화는 여름, 금은 가을, 수는 겨울을 지배한다. 그리고 토는, 크게 봄·여름과 가을·겨울의 전환을 주재하며 작게 환절기를 지배한다. 이런 생성과 순환의 원리를 환원으로 설명할 경우 오행은 음양으로, 음양은 태극으로 환원된다. 음양의 운동과 그 운동에 따라 1차적으로 형성되는 물질적 요소인 오행의 작용으로 남성적 요소와 여성적 요소가 형성되고, 이 남녀의 요소에 따라 만물이 생겨난다.

임운은 첫 번째 문제에서 사유설의 해명도 다룬다. 사유설은 땅이 계절에 따라 동서남북으로 움직여 간다는 이론으로, 지구가 자전과 공전을 하면서 나타나는 세차歲差 현상이나 북극성과 실제 극추가 일치하지 않는 현상을 설명하기 위해 생겼다. 매일 자정을 기준으로 관측하면 항성은 하루에 1도씩 서쪽으로 나아가고, 항성을 기준으로 삼으면 거꾸로 태양이 동쪽으로 하루에 1도씩 나아간다. 1년 뒤 항성과 태양은 서로 만난다. 지구의 자전과 상쇄되어 태양의 회전은 항성의 회전보다 1회 적은데, 이런 현상에 따라 좌선우행左旋右行 같은 설이 생겼다. 북극성 또한 전혀 움직이지 않는 것이 아니라 미세하게 움직여서 극추를 중심으로 볼 때 하지에는 남쪽, 추분에는 서쪽, 동지에는 북쪽, 춘분에는 동쪽에 위치한다. 북극성의 이런 운동을 땅의 운동으로 여긴 것이다.

두 번째 문제는 전통적인 천문학 이론에 따라 해와 달의 운행과 그 주기를 논증하는 것이다. 중국 고대 천문학의 주요 이론은 혼천설渾天說, 개천설蓋天說, 선야설宣夜說 등이다. 이 중 가장 오래된 개천설에 따르면, 하늘은 둥근 덮개와 같으며 땅은 네모난 바둑판과 같고 각각 위와 아래에 위치한다. 그리고 그 중심에 북극이 있다. 구체적인 물체〔固體〕와 같은 하늘에는 해와 달과 별이 붙박여 있다. 북극을 중심으로 볼 때 하늘은 왼쪽으로(동에서 서로) 돌고 해와 달은 오른쪽으로(서에서 동으로) 도는데, 이를 맷돌과 그 위를 도는 개미에 비유할 수 있다. 왼쪽으로 도는 맷돌 위에서 개미가 오른쪽으로 기어가는데, 맷돌이 개미보다 빨리 돌기 때문에 개미가 오른쪽으로 기어가는데도 왼쪽으로 도는 것처럼 보인다. 해와 달도 실제로는 동쪽으로 나아가지만 하늘이 그보다 빨리 서쪽으로 돌기 때문에 해와 달이 서쪽으로 지는 것처럼 보인다.

혼천설은 우주를 달걀과 비슷한 구조로 설명한다. 달걀 껍데기는 하늘, 노른자는 땅에 해당한다는 것이다. 또한 탄환같이 둥근 하늘이 땅을 둘러싸고 있다. 하늘은 크고, 땅은 작다. 하늘의 안팎은 물로 이

루어져 있다. 하늘과 땅은 저마다 기를 타고 지탱되는데 모두 물에
떠 있다. 땅은 정지해 있고, 하늘은 남북극을 축으로 해 끊임없이 수
레바퀴처럼 회전한다.

중국의 고대 천문학이 처음에는 개천설로 우주의 구조를 설명하다
가 그것이 내세우는 평면 구조의 단점을 수정하면서 입체적인 혼천
설로 발전했다. 개천설이 아예 없어진 것은 아니고, 혼천설과 경쟁하
면서 발전했다. 일반적으로 혼천설이 훨씬 더 정교한 것이 사실이다.

한편 하늘을 구체적인 물체가 아니라 기로 파악한 선야설에 따르
면, 하늘은 무한한 기의 공간이다. 해와 달과 뭇별이 허공에서 저절
로 생기고 떠돌아다니는데, 그 운행과 정지가 모두 기의 작용이다.
천체의 운동은 가거나 멈추거나 바로 돌거나 거꾸로 돌든 일정하지
않은데, 그것이 하늘에 붙박여 있지 않기 때문이다. 북극성은 항상
제자리에 있고, 북두성은 서쪽으로 지지 않는다. 별은 모두 동쪽으
로 나아가며 하루에 해는 1도, 달은 13도 움직인다. 빠르고 더딘 것
은 각 천체의 속성[情]을 따른다. 하늘과 우주 공간을 구체적인 물체
대신 기로 보았다는 점에서 뛰어난 이론이라고 할 수 있는 선야설은,
해와 달이 오른쪽으로 운행한다는 전통적인 관념을 벗어나지 못하고
해와 달이 서쪽으로 운행하는 것으로 보이는 자연현상과 모순된 점
을 해명하지 못해서 점차 중요성을 잃어버렸다.

중국의 천문학과 우주론은 송宋 대에 혁명적으로 발전한다. 당시
장재張載(횡거橫渠)는 일기一氣가 뭉치고 흩어지면서 모든 존재가 끊
임없이 생성하고 소멸한다고 보았다. 기의 본질적인 속성은 운동이
다. 그는 땅을 순수한 음기가 우주의 가운데에 응집해 있는 것으로

이해했다. 그리고 양기가 땅의 사방으로 하늘에 떠올라서 땅을 중심으로 운행하면서 선회하는 것으로 보았다. 항성은 위치를 바꾸지 않고 하늘에 매여서〔繫〕 양기와 함께 끊임없이 선회한다. 해와 달과 오성은 하늘에 역행하면서 땅을 둘러싸고 있다. 땅은 기 속에서 하늘을 따라 왼쪽으로 돌고, 땅에 매여 있는 해와 달과 오성은 땅을 따라 왼쪽으로 돌지만 약간 느리게 돌기 때문에 오른쪽으로 가는 것처럼 보인다. 하늘은 왼쪽으로 돌고〔左旋〕, 하늘에 매여 있는 천체는 하늘보다 약간 느리게 돌기 때문에 오른쪽으로 간다〔右行〕. 그러나 실은 오른쪽으로 움직이는 것이 아니라 하늘의 기준점보다 오른쪽에 가 있다는 뜻이다. 하늘은 구체적인 물체가 아닌 기로 이루어졌기 때문에, '매여 있다'는 말은 하늘에 매여 있든 땅에 매여 있든 인력의 작용을 뜻하는 것으로 볼 수 있다.

송 대 학문의 거의 모든 분야를 집대성한 주희는 우주론에서 장재의 이론을 받아들이고 한 단계 발전시켜 정립했다. 하늘과 해와 달이 왼쪽으로 돈다는 좌선설을 정립한 것이다. 그리고 땅은 한 기의 회전에 따라 생겨나는 찌꺼기〔渣滓〕라고 주장했다. 우주를 구성하는 근원 재료는 한 기다. 한 기가 세찬 운동을 하면 마치 맷돌이 돌면서 가루가 나오듯 기의 찌꺼기가 흩어지는데, 이 찌꺼기가 모여서 땅이 되는 것이다. 그리고 하늘이 왼쪽으로 돌고 해와 달과 별도 왼쪽으로 도는 구조는, 주희가 제자弟子의 설명을 긍정한 대로 동심원상의 큰 바퀴와 작은 바퀴가 돌아가는 것과 같다. 하늘은 큰 바퀴, 해와 달은 작은 바퀴다. 큰 바퀴는 돌아가는 폭이 크고 빠르며 작은 바퀴는 작고 느리다. 모두 왼쪽으로 돌지만 해와 달은 하늘보다 느리기 때문에 오른쪽으로 도는 것처럼 보일 뿐이다. 임운의 둘째 답안도 주희가 정리한 우주론을 요약 설명했다.

세 번째 문제는 일식과 월식 현상에 관한 논증이다. 일식과 월식은 초하루와 보름에만 일어나는데, 해는 양의 정화지만 음을 바탕으로 삼아 작용하고 달은 음의 정화지만 양을 바탕으로 삼아 작용하기 때문에 서로 반대 방향에서 교차하면 식 현상이 일어난다고 설명한다.

네 번째 문제는 조수가 일어나는 원인으로, 달이 차고 이지러지는 것과 미세기의 항상성이 어떤 관계인지를 규명한다. 임운이 논증한 내용은 주희도 인용한 여정余靖의 조석 이론으로, 태양과 달의 운행에 기초해 설명하는 전통 학설을 발전시켜 정리한 것이다.

다섯 번째 문제는 하도낙서와 『주역』 상수학을 결부해서 논증한다. 하도와 낙서는 『주역』의 괘 생성과 수리數理의 원형이 되었다는 전설상의 부호다. 하도와 낙서에서 발전한 도서학圖書學은 자연의 질서와 변화를 수리로 해명하려는 이론으로서 동양적 수비학數秘學이라고 할 수 있다. 나중에 많은 사람들이 여기에 음양과 상생상극 등 갖가지 설과 기이한 이론을 덧붙여서 신비화하고 전가의 보도처럼 소중히 여기며 모든 수리적 관념을 여기서 이끌어 내려고 했다. 하도낙서와 관련한 갖가지 수리적 설명은 모두 환원론적 사고에서 나왔다. 우주와 자연에 대해 하도는 10의 수리로 설명하고, 낙서는 9의 수리로 설명한다. 하도는 1부터 10까지 기본 자연수를 음양으로 양분하면서 배열한 것이며, 낙서는 일종의 마방진으로서 1단위의 수 체계로 자연의 수리를 규명한다. 임운의 설명은 전통적인 하도낙서와 수리의 원리를 정리한 것으로서 특별히 새로운 해명은 아니다.

여섯째 문제는 다섯째 문제의 연장이다. 주희의 제자 채침은 하도 낙서와 『상서尙書』 「홍범」을 연계해 수리로 「홍범」의 구주를 설명한다. 그는 『홍범황극내편』에서 수의 원리가 1에서 2로 확장하고, 1단위 자연수의 최고 수인 9에 이르러서 이를 제곱한 81로 완성된다고 보았다. 그리고 81의 제곱수인 6561로 수와 존재의 관계를 다 포괄한다고 보았다. 원래 「홍범」은 수리를 설명하는 글이 아니라 왕이 통치의 준칙으로 삼기 위해 제시한 국가 경영의 원칙인데, 낙서의 9수설을 억지로 결부해서 수리 존재론으로 발전시킨 것이다. 그러나 임운은 이 점에 착안하지 않는다.

일곱 번째 문제는 정이의 『역전』에 대한 비평이다. 정이가 역의 원리를 잘 해명했지만 역의 본질이 복서(점술)고 여기에서 상수象數로 발전했는데, 이 문제를 언급하지 않았다고 지적한다. 상수란 자연현상과 우주의 변화를 역의 수리로 설명하는 해석학으로 한漢 대에 발전했으나 점차 사이비 학문으로 전락한다.

여덟 번째 문제는 하도와 주돈이의 「태극도」를 융합하는 논리에 대한 설명이다. 즉 주돈이가 그린 태극도가 하도의 원리를 담고 있다는 주장을 펼친다.

아홉 번째 문제는 소옹의 수리학 이론인 원회운세설로 우주의 순환을 설명하는 것이다.

임운이 이 책문에서 다룬 내용은 우주론과 자연학·수리학의 문제인데, 책문의 성격에 충실하게 주어진 문제를 잘 이해하고 기존 지식을 논리적으로 재구성해서 해명했다.

천도책, 조선의 자연과학

이이李珥

1536(중종 31)년에 태어나고 1584(선조 17)년에 죽었다. 본관은 덕수德水, 자는 숙헌叔獻, 호는 율곡栗谷·석담石潭·우재愚齋, 시호는 문성文成이다. 8세 때 경기도 파주 율곡리에 있는 화석정에 올라 시를 지을 정도로 문학적 재능이 뛰어났다. 1548(명종 3)년에 13세라는 나이로 진사 초시에 합격했다. 16세 때 어머니 사임당 신씨가 돌아가시자 파주 두문리 자운산에 장사 지내고 시묘했다. 그 뒤 금강산에 들어가 불교를 공부하고 20세 때 하산해 다시 유학에 전심했다. 1558년 봄에 예안의 도산으로 이황을 방문하고 이해 겨울 별시에서 여기 실린 「천도책天道策」을 지어 장원했다. 1564년 호조 좌랑을 시작으로 중요한 벼슬들을 역임했으며 정치와 학문에 관해 수많은 문장을 지었다. 정쟁과 공무의 과로에 시달리다 1584(선조 17)년에 죽은 뒤 문묘와 파주의 자운서원을 비롯해 서원 20여 곳에 모셔졌다.

책문

천도는 알기 어렵고, 설명하기도 어렵다. 해와 달이 하늘에 매달려 있으면서 번갈아 가며 낮이 되고 밤이 되는데, 해는 빨리 돌고 달은 느리게 돈다. 누가 그렇게 하는가? 해와 달의 운행 주기가 겹쳐서 일식이나 월식이 되는 까닭은 무엇인가?

오성五星은 씨〔緯〕가 되고 28수는 날〔經〕이 되는 이치를 상세하게 말할 수 있는가? 경성景星(상서로운 별)은 언제 나타났으며, 혜패彗孛(상서롭지 못한 별, 혜성)는 또 언제 나타났는가? 어떤 사람이 만물의 정기가 하늘로 올라가서 여러 별이 된다고 말하는데, 이 말의 근거는 무엇인가?

바람은 어디에서 일어나고 어디로 들어가는가? 어떤 때에는 바람이 불어도 가지가 흔들리지 않고 어떤 때에는 나무를 꺾고 집을 허물어뜨린다. 이렇게 순풍도 되고 태풍도 되는 까닭은 무엇인가?

구름은 어디에서 일어나는가? 흩어져서 오색五色이 되는 현상은 어떤 반응인가? 연기 같으면서도 연기가 아니며 곱디곱게 뭉게뭉게 일었다 흩어지는 까닭은 무엇인가?

안개는 어떤 기가 피어난 것이며 붉거나 푸르게 되는 까닭은 무슨 징조를 나타내기 위함인가? 누런 안개가 끼어 사방을 덮고, 간혹 짙은 안개가 끼어 대낮에도 어두운 까닭은 무엇인가?

우레와 벼락은 누가 주재하는가? 그 빛이 번쩍번쩍하고 그 소리가 두려운 까닭은 무엇인가? 간혹 사람이나 물건이 벼락을 맞는 까닭은 또 무슨 이치인가?

서리는 풀을 죽이고 이슬은 만물을 적시는데, 서리가 되고 이슬이 되는 까닭을 들어 볼 수 있는가? 남월은 따뜻한 지방인데 6월에 서리가 내리는 혹독한 변고가 있었다. 당시 일을 상세히 말할 수 있는가?

비는 구름을 따라 내리는데, 간혹 짙은 구름만 끼고 비가 오지 않는 까닭은 무엇인가? 신농씨神農氏 때에는 비를 바라면 비가 내렸고, 태평한 세상에는 열흘에 한 차례씩 한 해에 서른여섯 차례 비가 내렸다고 한다. 천도도 착한 사람을 특별히 봐주는가? 군사를 일으키자 비가 내리고 옥사獄事를 판결하자 비가 내린 일이 있는데, 그 까닭은 무엇인가?

초목의 꽃은 대개 다섯 잎인데, 눈이 피운 꽃(눈의 결정)만 여섯 잎인 까닭은 무엇인가? 눈 위에 눕고 눈 속에 서고 눈 속에서 손님을 맞이하고 벗을 방문한 옛일에서 유래한 이야기를 낱낱이 말할 수 있는가?

우박은 서리도 아니고 눈도 아닌데, 어떤 기운이 모인 것인가? 크기가 말 대가리만 하기도 하고 달걀만 하기도 해서 사람이나 새, 짐승을 죽인 일은 또 언제 일어났는가?

천지가 만상萬象에 저마다 그 기운을 부여해서 만상이 이루어지는가, 아니면 일기一氣가 운동하면서 흩어져서 온갖 개별 사물을 이루는가?

간혹 이상 현상이 일어나는 것은 하늘의 기운이 어그러진 탓인가, 인간사가 잘못된 탓인가?

어떻게 하면 일식과 월식이 생기지 않고, 별과 천체가 제 궤도를 벗어나지 않고, 우레가 진동하지 않고, 서리가 여름에 내리지 않고, 눈이 해를 입히지 않고, 우박이 재앙을 끼치지 않고, 바람이 사납지 않고, 장맛비가 내리지 않는 등 모든 자연현상이 순조로워서 끝내 천지가 안정되고 만물이 잘 자라나게 되겠는가? 이런 도리는 무엇에 말미암는가?

그대들은 널리 경전과 역사〔經史〕에 통달해 필시 이런 갖가지 문제에 대해 말할 수 있는 사람이 있을 터, 저마다 마음을 다해 답하라.

대책

높은 하늘에서 일어나는 일은 소리도 없고 냄새도 없으나, 그 이치가 지극히 미묘하고 그 현상은 지극히 뚜렷합니다. 이 말의 의미를 아는 이라야 더불어 천도를 논할 수 있습니다. 이제 집사 선생께서 지극히 미묘하고 지극히 뚜렷한 자연현상의 이치를 물어 격물 궁리의 논설을 듣고자 하는데, 참으로 학문이 하늘의 이치와 사람의 이치를 다 통달한 이가 아니라면 어찌 능히 이 문제를 논할 수 있겠습니까? 저는 평소 선각자에게서 들은 바로 밝은 물음에 만에 하나라도 답하고자 합니다.

생각건대, 수많은 자연 변화의 근본은 오직 음과 양으로 운동하는 한 기운일 뿐입니다. 기의 움직임[動]은 양이 되고 고요함[靜]은 음이 됩니다. 움직임과 고요함을 번갈아 하는 것은 기운[氣], 이런 작용을 일으키는 원리는 이치[理]입니다. 천지 사이에 나타나는 모든 자연현상 중에는 오행의 바른 기가 모여 이루어진 것도 있고, 천지의 어그러진 기를 받아 이루어진 것도 있습니다. 또는 음과 양이 서로 충돌한 데서 생겨난 현상도 있고, 두 기가 발산한 데서 생겨난 현상도 있습니다. 그래서 해·달·별과 별자리는 하늘에 매달려 있고 비·눈·서리·이슬은 땅으로 내리며 바람과 구름이 일어나고 우레와 번개가 치는데, 이 모든 자연현상은 기운이며 이 모든 자연현상의 원인은 이치입니다. 음과 양이 조화로우면 해와 달과 별이 궤도를 잃어버리지 않고, 비와 눈과 서리와 이슬이 때에 반드시 맞게 내리며, 바람·구름·우레·번개가 모두 조화로운 기운으로 나타납니다. 이런 것이 정상의 이치입니다. 음과 양이 부조화하면 천체의 운행이 궤도를 잃어버리고, 기상 현상이 때에 어긋나며, 바람·구름·우레·번개가 모두 어그러진 기에서 일어납니다. 이런 것은 비정상의 이치입니다. 그러나 사람은 천지의 마음이니, 사람의 마음이 바르면 천지의 마음도 바르고 사람의 기가 순하면 천지의 기도 순해집니다. 그러면 이치의 정상과 비정상을 한결같이 천도에만 맡겨야 되겠습니까? 그래서 저는 다음과 같이 아뢰고자 합니다.

홍몽鴻濛[1]이 처음으로 갈라져서 해와 달이 번갈아 세상을 밝히는데, 해는 태양의 정기고 달은 태음의 정기입니다. 양의 정기〔陽精〕는 빠르게 운행하기 때문에 하루에 하늘을 한 바퀴 돌고, 음의 정기〔陰精〕는 더디게 운행하기 때문에 하루에 한 바퀴를 다 돌지 못합니다. 양이 빨리 운행하고 음이 더디게 운행하는 것은 기氣의 운동이며, 음이 더디게 운행하고 양이 빠르게 운행하는 까닭은 이理의 법칙입니다. 저는 누가 그렇게 하는지를 모르니 저절로 그렇게 된다고 말할 수 있을 따름입니다.

해는 임금을 상징하고, 달은 신하를 상징합니다. 해와 달이 같은 길을 운행하고 같은 궤도에서 마주치기 때문에 달이 해를 가리면 일식이 되고 해가 달을 가리면 월식이 됩니다. 저 달이 가려지는 것은 변괴가 되지 아니하나, 해가 희미해지는 것은 음이 성하고 양이 미약한 탓으로 아랫사람이 윗사람을 깔보고 신하가 임금을 거역하는 형상입니다. 하물며 두 해가 한꺼번에 나오거나 두 달이 한꺼번에 나타나는 현상은 비상한 괴변입니다. 이는 모두 어그러진 기가 일으키는 현상입니다.

제가 옛일을 탐구해 보니, 덕을 닦은 치세治世에는 재앙과 이변이 나타나지 않으며 일식과 월식 변괴는 모두 말세의 쇠퇴한 정치에서

---

1   어둡고 아득한 태초의 혼돈 상태를 가리킨다.

나왔습니다. 이를 통해 하늘과 사람이 서로 영향을 주고받는 관계임을 알 수 있습니다. 지금 저 하늘이 푸르고 푸른 것은 기가 쌓였기 때문이지 본래 하늘의 색깔은 아닙니다. 만일 찬란히 빛나는 별과 별자리를 버리로 삼을 수 없다면 천기天機의 운행은 거의 탐구하지 못할 것입니다.

저 반짝반짝 빛나는 별은 저마다 궤도와 구역이 있는데, 이는 모두 원기元氣의 운행입니다. 어째서 그렇습니까? 뭇별은 하늘의 움직임을 따라 돌아가고 스스로 운행하지는 못하기 때문에 날[經]이라 하고, 오성五星은 하늘을 따라 돌지 않고 때를 따라 저마다 나타나기 때문에 씨[緯]라고 합니다. 하나는 정해진 구역이 있고 하나는 일정한 절도가 없습니다. 큰 틀을 말하자면 하늘은 별의 '날'이 되고 오성은 '씨'가 됩니다만, 상세한 내용을 말하려면 작은 종이 한 장에 다 서술할 수가 없습니다. 상서로운 별이 늘 나타나지는 않고 요상한 별도 늘 나타나지는 않으니, 경성은 반드시 밝은 세상에 나타나고 혜성은 반드시 쇠퇴한 세상에 나타납니다. 우나라 순舜임금 시대에 문화가 밝아지자 경성이 나타났고, 춘추시대에 사회가 혼란해지자 혜성이 나타났습니다. 순임금같이 잘 다스린 시대가 한 번만 있지 않았으며 춘추와 같이 어지러운 시대도 한 번만이 아닌데, 어찌 일일이 들어 진술하겠습니까?

만물의 정기精氣가 위로 올라가서 여러 별이 된다고도 하는데 저는 이런 말에 의혹을 품습니다. 하늘에 떠 있는 별과 천체는 오행의 정精이며 자연의 기氣입니다. 저는 어떤 물건의 정기가 바로 어떤 별이 되었는지는 알지 못합니다. 팔준八駿[2]이 방성房星의 정기가 되고 부열傳說[3]이 죽어서 여러 별이 되었다는 따위의 말은 산하대지山河大地가 그림자를 하늘에 드리운다는 말과 무엇이 다르겠습니까? 이는 유학자가 믿을 바는 아닙니다. 별은 공간에서 응결된 기입니다. 그런데 혹 음기가 완전히 맺히지 못하면 운석이 되기도 하고 추락해서 언덕이 되기도 한다는 말은 제가 소옹에게서 들었어도 물건의 정기가 별이 된다는 말은 듣지 못했습니다.

또 저 하늘과 땅 사이에 가득 찬 것은 모두 기입니다. 음기가 엉겨서 모였는데 바깥에 있는 양기가 속으로 들어가지 못하면 주위를 돌아 바람이 됩니다. 비록 만물의 기운이 '간방艮方(동북)에서 나와 곤방坤方(남서)으로 들어간다' 말하지만, 음은 정해진 장소에 모이는 것이 아니니 양이 흩어지는 곳도 정해진 방향이 있지는 않습니다. 대지가 기운을 불러일으키는데 어찌 한 방위에 얽매일 수 있겠습니까? 동쪽에서 일어나는 바람이 만물을 길러 내는 바람이지만 동쪽에서 처음 분다 할 수 있습니까? 서쪽에서 일어나는 바람이 초목을 싸늘하게 죽이는 바람이지만 서쪽에서 처음 분다 할 수 있습니까? 가시나무 굽은 가지에 새가 집을 짓고 빈 구멍에서 바람이 분다 해서 바람이 빈 구멍에서 처음 분다 할 수 있겠습니까? 정이가 말하기를, "올해 우레는 일어나는 곳에서 일어난다." 했습니다. 저도 생각건대 나뭇가지를 흔들흔들 흔들거나 살랑살랑 나부끼게 하는 바람은 기가 부딪치면 일어나고 기가 쉬면 그치는 것으로서 애초에 들어오고 나가는 것이 없습니다.

2   주 목왕周穆王의 수레를 끌었다는 전설상의 명마 여덟 마리다.

3   중국 고대 왕조인 상商의 고종高宗을 도와 중흥을 이룬 명재상이다.

잘 다스려지는 세상에서는 음양의 기가 펴져서 맺히지 않기에 흩어질 때 반드시 조화롭고, 불더라도 나뭇가지를 울리지 않습니다. 세도世道가 쇠하면 음양의 기가 뭉쳐서 펴지지 못하기 때문에 흩어질 때 반드시 격렬해서 나무를 꺾고 집을 허물어뜨립니다. 소녀풍少女風(순풍)은 고르게 흩어지며, 구모풍颶母風(폭풍, 태풍)은 격렬하게 흩어집니다. 성왕成王이 한번 생각을 잘못했더니 큰 바람이 벼를 쓰러뜨렸고, 주공周公이 여러 해 동안 덕화德化를 펼쳤더니 바다에서는 풍파가 일어나지 않았습니다. 인간의 일에 따라 기운이 이렇게 작용한 것입니다.

만약 산천의 기운이 올라가서 구름이 된다면, 그것을 통해 좋거나 나쁜 징조를 알 수 있을 터입니다. 선왕先王은 영대靈臺를 설치하고 기상을 살펴서 길흉의 징조를 고찰했습니다. 좋거나 나쁜 일은 반드시 전조가 있습니다. 그러므로 구름이 희면 반드시 흩어지는 백성이 있고, 구름이 푸르면 반드시 곡식을 해치는 벌레가 생깁니다. 검은 구름이 어찌 수재水災의 징조가 되지 않겠으며 붉은 구름이 어찌 전쟁의 징조가 되지 않겠습니까? 그리고 누런 구름은 풍년이 들 상서로운 징조입니다. 이는 바로 기운이 먼저 나타나는 것입니다. 연기가 아니고 안개도 아니면서 뭉게뭉게 일어났다 흩어지고 나부끼면서 홀로 지극히 조화로운 기운을 이루어 성왕聖王의 상서가 되는 구름은 오직 경운慶雲일 텐데, 진실로 백성의 재물을 튼실하게 하고 노여움을 풀어 주는 덕이 없으면 이런 구름을 일으킬 수 없을 것입니다. 어찌 가볍고 맑은 수水·토土의 기운이 흰옷이나 푸른 개 모양의 의미 없는 구름을 만들어 내는 데 견주겠습니까?

안개는 음기陰氣가 새어나가지 못하고 수증기가 되어서 막힌 현상입니다. 물체 가운데 음기가 모인 것도 안개를 일으키는데, 대체로 산천의 나쁜 기운이 그러합니다. 붉은 안개는 전쟁의 상징이고, 푸른 안개는 재해의 상징이 됩니다. 이는 모두 음기가 성한 징조입니다. 왕망王莽이 한漢을 찬탈했을 때 누런 안개가 사방에 자욱했고, 당唐 천보天寶 시기에 정치가 어지러워지자 안개가 자욱하게 끼어 대낮에도 어두웠습니다. 한 고조高祖가 백등산에서 포위되었을 때, 문천상文天祥이 시시에서 죽었을 때는 모두 흙먼지가 일었습니다. 혹 신하가 임금을 반역한다거나 오랑캐가 문화국(중국)을 침략한다거나 하면 이런 현상이 일어난다는 사실은 모두 유추해서 알 수 있습니다.

양기가 발산한 뒤에 음기가 양기를 싸서 양기가 나오지 못하면 부딪침에 따라 우레와 번개가 됩니다. 그래서 우레와 번개는 반드시 봄과 여름에 일어나는데, 이는 천지의 노한 기운입니다. 번쩍이는 빛은 양기가 일어난 번개고, 두려운 소리는 두 기운〔二氣〕이 맞부딪쳐서 우는 우레입니다. 선대 학자가 말하기를 "우레와 번개는 음양의 정기正氣로서 벌레를 놀라게 하기도 하고, 사악한 것을 치기도 한다." 했습니다. 사람 중에도 본래 사기邪氣가 모인 이가 있고 사물 중에도 역시 사기가 붙은 것이 있으니, 정기가 사기를 치는 것은 또한 당연한 이치입니다. 공자께서 우레가 아주 빠르게 울면 반드시 태도를 바꾼 까닭이 바로 이것입니다. 하물며 벼락이 쳐야 할 곳에 친 경우이겠습니까? 상의 무을武乙과 노魯나라 이백夷伯의 사당에 벼락이 친 것은 그럴 만한 이치가 없다고 할 수 없습니다. 그러나 '반드시 어떤 존재〔一物〕가 벼락 치는 권한〔柄〕을 잡고 주관한다'고 하면 억지 주장에 가깝습니다.

또한 양기가 펴질 때 이슬로 만물을 적시는 현상은 구름이 윤택하게 하는 작용이며, 음기가 혹독할 때 서리로 풀을 죽이는 현상은 이슬이 차갑게 맺혀서 일어나는 일입니다. 이를 두고 『시경』에서도 "갈대는 푸르고 푸른데 흰 이슬은 서리가 된다." 하지 않았습니까? 혹음기가 극성하면 서리가 제때 내리지 않습니다. 측천무후〔僞周〕가 정치에 임하자 음양의 위치가 바뀌어서 지극히 따뜻한 지역인 남월에서 6월에 서리가 내렸습니다. 생각건대, 필시 온 세상이 온통 몹쓸음기에 갇혀 있었기 때문일 터입니다. 측천무후의 일은 굳이 말하지 않겠습니다. 비와 이슬은 다 구름에서 나오는데, 축축한 기운이 성하면 비가 되고 축축한 기운이 약하면 이슬이 됩니다. 음양이 서로 섞이면 비가 내리는데, 간혹 구름만 자욱하고 비가 오지 않는 것은 위와 아래가 서로 섞이지 못했기 때문입니다. 「홍범전洪範傳」에서 "임금이 표준〔極〕을 세우지 못하면 그 벌罰은 지속된 음〔常陰〕으로 나타난다." 한 것은 이를 말합니다!

또한 양이 지속되면 가물고 음이 성하면 장마가 집니다. 반드시 음양이 조화해야 제때 비가 오고 맑아집니다. 신농씨는 성인聖人으로서 순박하고 밝은 시대에 나라를 다스렸기에, 맑은 날씨를 바라면 맑고 비를 바라면 비가 온 것이 당연한 일입니다. 성왕聖王이 백성을 다스릴 때는 하늘과 땅이 교류하고 소통해서 닷새마다 바람이 불고 열흘마다 비가 내렸는데, 이런 것이 정상입니다. 이렇게 덕이 있으면 반드시 보응이 있을 텐데, 천도가 어찌 누구에게 사사로이 더 후하게 작용하겠습니까?

원통한 기운〔冤氣〕은 한재旱災의 원인입니다. 그래서 한 여자가 원통함을 품어도 가뭄이 드는데, 무왕武王이 상나라를 이긴 것은 천하의 원통한 기운을 해소하기에 충분하고 안진경顔眞卿이 옥사를 판결한 것은 한 지방의 원통한 기운을 해소하기에 충분했으니 알맞게 비가 내린 것이 괴이하지 않습니다. 하물며 한 사내나 한 아녀자라도 그 은택을 입지 않은 이가 없던 태평한 시대야 어떻겠습니까?

매우 추운 시절에 하늘과 땅은 비록 닫히고 막혀도 음과 양 두 기운은 교류하지 않을 수 없기 때문에 비의 축축한 기운이 응결해서 눈이 되는데, 이는 대체로 음기가 그렇게 합니다. 초목의 꽃은 양기를 받기 때문에 대부분 다섯 잎이 나는데, 5가 양의 수입니다. 눈의 결정은 음기를 받기 때문에 홀로 여섯 잎이 되는데, 6은 음의 수입니다. 이 또한 그렇게 시키는 주체가 없으나 그렇게 될 뿐입니다. 원안袁安이 문을 닫고 눈 위에 누운 일[4], 양시楊時가 뜰에 서 있던 일[5], 난한회暖寒會[6], 산음山陰의 흥興[7] 같은 사례는 고요한 본성을 지키는 즐거움 또는 도道가 있는 이를 찾는 정성 또는 호사스러운 취미 또는 방종에서 나온 일이지 모두 천도와 관계된 일은 아니니 어찌 오늘 이 자리에서 말할 거리가 되겠습니까?

또한 우박은 어그러진 기운에서 나옵니다. 음기가 양기를 으르기 때문에 양기가 터져 나오면서 사물을 해칩니다. 옛날에 큰 것은 말대가리만 하고 작은 것은 달걀만 한 우박이 내려서 사람을 상하게 하고 짐승을 죽인 일도 있습니다. 이런 일은 전란이 심한 세상에 일어나기도 하고 재앙을 일으킨 임금을 경고하려고 일어나기도 했으니, 역대에 경계가 되기에 충분하다는 사실은 굳이 누누이 진술하지 않아도 미루어 알 수 있을 터입니다.

아아! 일기—氣가 운행하고 조화하면서 흩어져서 삼라만상이 되는데, 나눠서 말하면 천지와 만상이 저마다 독립된 일기지만 합해서 말하면 천지와 만상이 모두 전체로 일기입니다. 오행의 바른 기운이 모인 것은 해와 달과 별이고, 천지의 어그러진 기운을 받은 것은 흙먼지·안개·우박이 됩니다. 우레와 번개는 음과 양 두 기〔二氣〕가 서로 부딪치는 데서 생기며 바람·구름·비·이슬은 두 기가 서로 결합하는 데서 생기는데, 자연현상은 비록 달라도 그 이치는 하나입니다.

집사께서 질문의 끝에 또 "천지가 안정되고 만물이 잘 자라나게 되겠는가? 이런 도리는 무엇에 말미암는가?" 하셨습니다.

저는 이 말씀을 깊이 느꼈습니다. 제가 듣건대 "임금은 마음을 바르게 함으로써 조정을 바르게 하고, 조정을 바르게 함으로써 사방을 바르게 해야 한다." 했으니, 사방이 바르면 천지의 기운도 바르게 됩

4　원안은 후한 때 사람이다. 그가 벼슬하지 않고 있을 때 낙양에 큰 눈이 내려 사람들이 모두 눈을 쓸고 걸식을 했다. 원안은 집 안에 누워 꼼짝도 하지 않고 있는데, 마침 순행하던 낙양 수령이 이 일을 알고 그를 어질게 여겨서 효렴孝廉에 천거했다. 이이는 이 고사를 고요한 자기 본성을 지키는 즐거움으로 평가했다.

5　양시와 유작游酢이 정이를 처음 찾았을 때 정이가 눈을 감고 고요히 앉아 있었다. 두 사람은 떠나지 않고 그대로 모시고 서 있었다. 얼마 뒤 두 사람이 그대로 서 있는 것을 느낀 정이가 날이 저물었으니 그만 물러가라고 했다. 두 사람이 나와 보니 문밖에 눈이 내려 한 자 높이로 쌓여 있었다. 이이는 이 고사를 도가 있는 사람을 찾아보는 성의로 평가했고, 이 고사에서 정문입설程門立雪이라는 말이 나왔다.

6　당 때 사람 왕원보王元寶가 유리 거래로 한 나라의 규모에 견줄 만큼 큰 부를 이뤘다. 그가 겨울에 눈이 많이 내리면 종을 시켜 눈을 쓸어 길을 열고 손님을 맞아 술과 안주를 내어서 몸을 녹이게 했다. 이이는 이 고사를 호사스러운 취미로 평가했다.

7　진晉 대 산음현에 사는 왕자유王子猷가 어느 눈이 많이 내린 밤에 흥이 나서 작은 배를 타고 대안도戴安道를 찾아 집 앞까지 갔다가 흥이 식어서 만나지도 않고 돌아왔다. 이이는 이 고사를 활달한 취향으로 평가했다.

니다. 또 듣건대 "마음이 조화로우면 몸이 조화롭고, 몸이 조화로우면 기운이 조화롭고, 기운이 조화로우면 천지의 조화가 감응할 것이다." 했습니다.

천지의 기운이 바르면 일식과 월식이 어찌 일어나고, 별과 별자리가 어찌 궤도를 잃겠습니까? 천지의 기운이 조화로우면 우레·번개·벼락이 어찌 그 위력을 드러내고, 바람·구름·서리·눈이 어찌 제때를 잃으며, 흙먼지와 어그러진 기운이 어찌 재앙을 일으키겠습니까? 하늘은 비와 볕과 더위와 추위와 바람을 통해 만물을 생성하고, 임금은 경건함〔肅〕과 다스림〔乂〕과 명철함〔哲〕과 계획〔謀〕과 이치에 통달〔聖〕함으로써 천도에 상응합니다. 하늘이 제때 비를 내리는 것은 경건함에 순응한 것이며, 제때 볕이 나는 것은 다스림에 순응한 것이며, 제때 더운 것은 명철함에 순응한 것이며, 제때 추운 것은 계획에 순응한 것이며, 제때 바람이 부는 것은 이치에 통달함에 순응한 것입니다. 이렇게 본다면 천지가 안정되고 만물이 자라나는 것이 어찌 임금 한 사람이 덕을 닦는 데 달려 있지 않겠습니까! 자사子思 선생이 말하기를 "오직 천하에서 지극한 성실함이라야 만물을 자라나게 할 수 있다." 했고, "넓고도 넓게〔洋洋〕만물을 내고 자라나게 해서 높이 하늘까지 닿게 했다." 했습니다. 또 정이는 "천덕天德과 왕도王道의 요령은 다만 홀로 삼가는 데 있다〔謹獨〕." 했습니다.

아! 지금 우리 땅의 동물과 식물이 모두 자연스레 드러나는 생성의 이치에 고무되는 것이 어찌 임금께서 홀로 삼가시는 데 달려 있지 않겠습니까? 원컨대 집사께서 미천한 사람의 어리석은 말을 임금께 들려주신다면 가난한 선비가 허름한 집에 살면서도 한을 남기지 않을 것입니다. 삼가 대답합니다.

『율곡전서栗谷全書』

오늘 읽는 책문

이이는 이황과 함께 조선 성리학의 양대 산맥이다. 강릉 외가에서 태어나고 유년기를 보냈으며 어릴 때부터 어머니 사임당 신씨의 훈육을 받으면서 타고난 명민함을 드러냈다. 세 살 때 외할머니가 어린 이이를 안고 석류를 가리키며 "무엇같이 생겼느냐?" 하고 묻자, "붉은 가죽 주머니에 붉은 구슬 알갱이가 들어 있어요〔紅皮囊入碎紅珠〕." 하고 답했다. "석류 껍데기가 붉은 구슬 알갱이를 싸고 있어요〔石榴皮裹碎紅珠〕." 하고 답했다는 설도 있다. 어린 이이가 직접 시를 지은 것이 아니라 옛 시를 인용한 것이라지만, 어린아이의 직관적인 대답이 기특하다.

그가 네 살 때 동네 글방에서 『사략史略』을 읽었다. 훈장이 '제나라 위왕威王이 처음에 나라를 잘 다스리지 못해서 제후들이 모두 와서 쳤다〔齊威王初不治諸侯皆來伐〕'는 구절을 가르치면서 '제나라 위왕이 처음에 제후들을 잘 다스리지 못했다〔齊威王初不治諸侯〕'고 끊어 읽었는데, 이이가 원문을 그보다 두 글자 앞에서 끊어야 하지 않겠느냐고 물었다. 이 일화는 이이의 언어 감각이 얼마나 뛰어났는지를 보여 준다. 이이의 문집을 보면, 논리가 정연하고 문체가 매우 깔끔하며 군더더기가 없다.

일곱 살 때는 이웃에 사는 진복창陳復昌의 전기를 썼는데, 대략 '진복창의 됨됨이를 보니 속으로는 조바심을 내고 두려워하면서(戚戚) 겉으로는 드넓고 태평한(蕩蕩) 체하기 때문에 이 사람이 세력을 얻는다면 후환이 끝없을 것'이라는 내용이었다. 실제로 1545년 을사사화 때 윤원형尹元衡의 심복 노릇을 한 진복창을 사관이 독사라고 기록했다. 그가 1550년에는 자기를 추천한 구수담具壽聃까지 역적으로 몰아 처형시키는 등 윤원형이 미워하는 사람이라면 누구든 제거하기 위해 앞장서서 옥사를 일으켰기 때문에 '극적極賊'이라는 혹평을 받았다. 하지만 그도 결국 윤원형에게 밉보이고 배척되어 파직된 뒤 유배되어 죽었다.

열 살 때는 「경포대부鏡浦臺賦」를 지었는데, 이 부에서 쓴 단어와 표현의 종횡무진과 인용한 전고典故 등에서 열 살짜리 소년이 지었다고는 도저히 믿을 수 없는 천재를 보인다. '이치는 하나이지만 나뉘어서 개별 사물에 내재한다(理一分殊)'는 성리학 핵심 사유의 맹아는 물론이고, 심성을 수양하고 학문을 익혀서 사회에 봉사하겠다는 유학자의 포부가 담겨 있으며 장주莊周의 '호접몽'과 달관 같은 도가적 사유도 나타난다. 원집이 아니라 습유에 수록되어 있는 이 작품은 이이의 독서와 사유의 폭이 얼마나 깊고 넓은지를 여실히 보여 준다.

한편 다섯 살 때 어머니가 몹시 아파 경황이 없는 사이에 몰래 외조부 사당에 가서 어머니의 쾌유를 빌었다든지, 큰물이 났을 때 사람이 내를 건너다 빠지자 안타까워하다가 무사히 빠져나오자 안도했다든지 하는 일화는 그가 어렸을 때부터 지적으로는 물론이고 정서적으로도 매우 섬세하고 예민한 자질이 있었음을 말한다.

1548(명종 3)년, 그가 열세 살 나이에 진사 초시에 처음 응시해 합격하며 과거 시험을 경험하고 이름을 사방에 널리 알렸다. 열여섯 살 때 어머니가 돌아가시자 시묘하고 심상心傷을 입은 뒤 정서적인 상실감과 사춘기의 형이상학적 번민이 겹쳐 정신적으로 방황한다. 마침내 열아홉 살 때는 돈오의 선禪을 찾아 금강산으로 들어가 승려가 된다. 이 일은 나중에 두고두고 유학자로서 그를 괴롭혔으며 그가 죽은 뒤에도 영혼을 따라다니며 안식을 방해하는 족쇄가 되었다.

사임당 신씨는 이이에게 자애로운 어머니였을 뿐만 아니라 그의 문학적 감성과 예술적 정서를 길러 준 스승이었다. 일곱 살 때부터 문리가 트여 온갖 책을 두루 보았다는 이이를 지적으로 자극하고 학문적으로 이끌어 준 것이다. 그 덕에 이이는 당시 학자로서는 드물게 개방적이고 관용적이며 종합적인 사고를 할 수 있었다. 그가 어머니의 죽음을 계기로 선뜻 입산을 결심한 데는 이런 지적 관심과 사상적 개방성이 작용했을 것이다. 그가 입산한 뒤 금강산 암자에서 만난 승려와 벌인 사상 논쟁이나 그의 여러 시문에 인용된 노장사상의 용어와 경향, 조선 시대 학자로서는 드물게 남긴 『노자老子』의 주석서 『순언醇言』 등은 그가 성리학에서 최고 경지에 올랐을 뿐만 아니라 불교와 노장사상에 대한 이해의 폭도 매우 넓고 깊었음을 드러낸다. 그가 성리학에서 실제, 실상, 현실, 실천, 진실을 학문적 성격으로 정립한 것은 교조적, 이념적, 관념적 학문의 세계에 침잠하지 않고 성실한 주체적 지식인이자 한 사회의 양심적 관료로서 치열하게 현실에 대응했음을 의미한다.

이이는 입산을 통해 불교 사상을 깊이 터득하고 그 학문 세계의 의

의와 한계를 나름대로 터득한 뒤 하산했다. 그리고 「자경문自警文」을 지어 자기 삶을 반성하고는 유학의 길을 걸으며 '성인聖人 되기'라는 목표에 매진하겠다는 다짐을 다시 확고히 했다.

스물두 살 되던 해에 성주 목사 노경린盧慶麟의 딸과 혼인한 이이가 이듬해 봄에는 성주에 있는 처가를 다녀오는 길에 안동 예안으로 이황을 찾아가 2, 3일 묵으면서 학문을 토론하고 배움을 물었다. 이해 겨울 별시에서 바로 이 「천도책」으로 장원급제하고, 스물아홉 살에는 진사시·생원시·문과의 복시·전시에서 모두 아홉 차례나 장원해 '구도장원공九度壯元公'이라고 불리면서 호조 좌랑으로 제수되고 화려하게 관계에 들어선다. 이때부터 그는 학문의 세계와 정치 일선에서 자기 삶을 유감없이 불태우고 마흔아홉이라는 아까운 나이에 과로로 세상을 떠났다. 그가 젊었을 때 하루는 꿈에서 어떤 관청에 들어갔다. 아전이 장부를 검열하고 있어서 무엇인지 물어보니, 이승 사람들의 수명이 기록되었다면서 글귀 하나를 주었다. 거기 이렇게 적혀 있었다. "사향노루가 봄 산을 지나가니 풀이 절로 향기롭네〔麝過春山草自香〕." 그는 정말 사향노루가 봄 산을 건듯 지나가듯이 짧은 생애를 살다 갔지만, 풀에서 향기가 나듯 그의 존재는 역사에 길이길이 향기를 뿜는다.

중국에도 알려진 천재 학자의 대책

이 대책은 이이의 출세작일 뿐만 아니라 그의 이름이 국제적 성가를 갖도록 만든, 조선 시대 과거 답안의 수준을 대표하는 책문이다. 그가 이 대책을 제출하자 삽시간에 조야가 떠들썩해졌다. 문집의 어록에 따르면, 고시관이던 정사룡鄭士龍과 양응정楊應鼎이 "우리가 여러 날 생각에 생각을 거듭하고야 겨우 책제를 얽어 냈는데 이 아무개가 짧은 시간에 이런 대책을 내다니 참으로 천재로다." 하고 감탄했다. 양응정의 문집에는 그가 출제한 책문과 이이의 대책이 실렸는데, 이런 주석이 붙어 있다. "중국 사람들이 외워 전하기를, '천하 문장이 출제하고 일대 현사賢士가 대책을 지었다'고 했다." 같은 문집의 어록에는 이이의 「천도책」이 일으킨 파란을 두고 박순朴淳과 나눈 대화가 있다. 박순이 양응정에게 말했다. "영공令公이 출제한 「천도책」의 책제를 세상에서 문장이라고 하지만, 숙헌(이이)의 대책은 실로 궁리의 학문을 발휘한 것입니다. 처지가 바뀌었다면 영공께서도 이런 대책을 제출할 수 있었겠습니까?" 양응정이 대답했다. "숙헌의 대책은 성학聖學의 경지에서 나왔습니다. 어찌 변변치 못한 속유俗儒가 지을수 있겠습니까? 책제를 이렇게 낸 데는 그를 시험할 뜻이 있었을 뿐입니다."

이 대화에서 양응정의 답에는 일종의 복선이 깔려 있다. 양응정의 문집에 실린, 그의 외손 이집李潗이 쓴 양응정의 행장에 서술된 전말은 이렇다. "갑자년(1564)[8]에 고시관이 되어 천도를 책제로 내고 선비를 시험했는데, 선비가 대책을 제대로 못 지을까 봐 붓을 들 수 없었다. 이에 책제를 고쳐 달라고 청했다. 선생(양응정)은, 평소 이율곡이 학문과 덕행을 모두 갖추고 경제經濟[9]의 학문을 소유했기에, 이때 그것을 처음 시험하려 한다는 사실을 알고 있었다. 그래서 특별히

8 무오년이 잘못 기록되었다.

9 '나라를 다스리고 세상을 구한다'는 뜻의 경세제민經世濟民의 준말이다.

천도를 질문으로 삼은 선생이 책제를 고치도록 허락하지 않고 말했다. '시험장에 반드시 이이가 들어와 있을 테니, 그에게 책문의 대의를 물어보라.' 여러 선비가 마침내 율곡 선생을 찾아가 물었다. (율곡 선생은) 이치를 논해 대책을 제출했다. 이에 선생이 율곡을 으뜸으로 뽑았다〔冠榜〕. 율곡이 입산한 적이 있다는 과실을 들어 당시 그를 배척하자는 의견이 있었는데, 선생은 사람들의 이의에 동요하지 않았다. 상공 유홍俞泓도 함께 시험관이 되었는데, 그와 협의했더니 역시 믿음을 보여 율곡을 방榜의 첫머리에 발탁했다. 방의 아래를 차지한 선비들도 대부분 당대의 현자들〔賢類〕이었다. 그래서 당시 과거에서 가장 많은 인재를 얻었다는 말이 있었다. 뒷날 중국에서 온 사신이 대책과 책제를 보더니 감탄하면서 '천하 문장이 출제하고 일대 현사가 대책을 지었다.' 했다. 이 글을 본 사람은 외고 듣는 사람은 전해, 그의 이름이 중국까지 떠들썩하게 했다."

중국 사신이 감탄했다는 일화의 전말을 『선조수정실록宣祖修正實錄』과 행장을 근거로 재구성하면 이렇다. 1582(선조 15)년에 중국에서 한림원 편수 황홍헌黃洪憲과 병과 우급사중 왕경민王敬民이 황태자 탄신 조서를 가지고 사신으로 왔다. 이이가 원접사를 맡아 허봉許篈, 고경명高敬命 등과 국경에 나아가서 맞이했다. 두 사신은 이이를 한동안 보고 역관 홍순언洪純彦에게 '자못 산림처사의 기상이 있는데, 산림에 있는 선비를 억지로 내세워서 우리를 맞이하게 하는 것이 아닌가' 하고 물었다. 역관이 대답했다. '원접사는 과거 3장三場에 장원한 이로 오랫동안 시종관으로 있다가 중년에 병으로 물러나 산림에서 여러 해 휴양했기 때문에 산림의 기상을 지니게 되었다. 지

금은 국왕이 크게 신임하는 신하이며 실로 산림에 있는 선비가 아니
다'. 그러자 사신이 다시 '그럼 그가 바로 「천도책」을 지은 사람'인지
를 물었다. 역관이 그렇다고 답하자 두 사신은 머리를 끄덕였다. 오
는 도중에 서로 예禮에 대해 논하고 시를 주고받았다. 두 사신이 글
제를 내어서 읊으면 선생이 붓을 들고 즉시 시를 지었는데, 그 문장
과 의미가 모두 아름다워서 "대단한 솜씨로다〔大手〕, 대단한 솜씨로
다!" 하고 탄복하며 찬미했다. 그러고는 이이를 특별히 정중하게 대
하고 그에게 글을 쓸 때는 반드시 율곡 선생이라고 일컬었다. 서울에
들어와 문묘를 배알할 때는 명륜당 벽에 송 대 학자 정이가 지은 「사
물잠四勿箴」이 걸린 것을 보고 이이에게 그 뜻풀이를 청하면서 '송 대
선비의 학설에 얽매이지 않는 것이 좋겠다'고 했다. 이이가 「극기복
례설克己復禮說」을 지어 주고 말했다. "우리나라 사람은 식견이 고루
해서 정주程朱의 학설을 지킬 뿐 다른 학설을 근거로 부연할 수 없으
니, 아무리 송 대 학설에 얽매이지 않으려고 해도 할 수가 없다. 그런
데 지금 고명高明의 물음을 받고 분발하게 되었다. 중국은 성리학의
고장이니 반드시 정주를 이어 학풍을 일으킨 사람이 있을 터, 좁은
견문의 의혹을 고명의 가르침으로 풀어 보고 싶다." 두 사신이 아무
말도 하지 않았다. 왕경민이 이이에게 말하기를 "내가 사는 곳이 기
자箕子의 고허故墟와 가깝기 때문에 늘 홍범당洪範堂에서 홍범의 뜻을
풀어 보기도 한다. 그런데 기자가 동쪽으로 온 사적에 대해 알 수 없
는 점이 한스럽다. 본국에 기록된 것이 있으면 보고 싶다." 했다. 이
이가 전에 지은 「기자실기箕子實紀」를 주었다. 두 사신이 돌아가다 압
록강 가에 이르렀다. 정사正使가 미리 7언으로 된 장편 배율排律을 지

어 두었다가 길을 떠나기에 앞서 갑자기 제시하면서 화답해 보라고 했다. 이이가 즉석에서 운을 따라 짓고 손수 써 주니, 두 사신이 돌려 보면서 칭찬해 마지않았다. 작별할 때는 손을 잡고 아쉬워하며 눈물까지 흘렸다. 사람들은 사신이 조선의 접반사를 아끼고 공경한 것은 전에 없던 일이라 했다.

이에 관한 자세한 기사가 『선조실록宣祖實錄』에는 없다. 다만 조선 사신이 중국에서 황홍헌과 왕경민이 사신으로 나온다고 보고해, 이이를 원접사로 임명한다는 내용만 기록되어 있다. 그리고 왕경민의 직함이 공과 급사중으로 되어 있다. 이이의 문집에는 「극기복례설」과 「기자실기」가 실리고, 「극기복례설」에 중국 사신 황홍헌을 위해 지었다는 주석이 달려 있다. 그가 중국 사신을 영접하고 보낼 때까지 주고받은 시문도 문집에 실렸다.

『선조수정실록』에는 마치 이이가 중국 학자들의 잘못된 풍조, 곧 정통 학문인 주자학을 버리고 이단인 육구연陸九淵·왕수인王守仁의 학문에 빠져든 오류를 지적하고 정통 학문의 순수성을 과시한 것처럼 기록되었지만 기록을 달리 보면 당시 조선의 학문적 고루함과 폐쇄성을 자백하는 셈이다.

이이의 「천도책」은 정조正祖도 칭송했다. 정조의 문집인 『홍재전서弘齋全書』 중 「자운서원치제문紫雲書院致祭文」에서 "책문으로 말미암아 나아와서 하늘과 인간의 관계를 종횡으로 논했다〔進由董策 天人縱橫〕." 한 것이다. 원문 중 책문을 뜻하는 '동책董策'은 전한前漢의 학자 동중서董仲舒와 그가 제출한 「현량대책賢良對策」을 가리킨다. 동중서는 한 무제武帝가 친위 세력을 양성하려고 전국에서 추천받은 인재를 책문으로 시험했을 때 천인상응天人相應의 철학을 바탕으로 한 「현량대책」을 올려서 발탁되었다. 그리고 그와 그의 대책은 과거에서 책문을 출제하는 제도의 원조가 되었다. 정조는 이이를 동중서에, 「천도책」을 천인상응의 학설에 빗댔다.

자연과학과 인문과학의 융합

「천도책」은 해와 달, 일식과 월식, 바람과 구름, 안개, 우레과 벼락, 이슬과 서리 등 천체의 운행, 기상 현상 전반을 아우르며 자연의 운행 원리, 주재자의 유무, 자연현상과 인간사의 관계와 자연현상이 순조롭게 진행되고 만물이 제대로 자랄 수 있는 도리를 묻고 답한다. 자연현상은 자연과학의 문제고, 자연현상의 순조로운 진행과 만물이 자라나는 도리는 일종의 철학 문제다. 사실 조선 시대 학문은 궁극적으로 주자학적 체계로 환원된다. 주자학적 체계란 간단히 말해 이기론理氣論의 체계다. 이기론으로 모든 존재와 자연과 인간과 사회와 심지어 역사까지 설명한다. 자연과학과 인문과학이 하나로 융화한다. 자연현상을 자연철학으로 해명하는 것이다. 여기 소개한 「천도책」은 바로 이런 조선 시대 자연과학의 자연철학적 개론이라 할 만하다.

주희가 제자들을 가르치고 학문을 토론한 내용을 제자들이 기록했다가 나중에 편집한 『주자어류朱子語類』 권1, 2와 명明 대에 성리학의 학설을 집대성해 편찬한 『성리대전性理大全』의 이기理氣 항목은 오늘날 관점에서 순수 자연과학 분야를 주로 다룬다. 「천도책」의 질문과 답은 사실 이 두 원전에서 다루는 우주론, 천문학, 기상학을 요약해서 묻고 답한 것이다. 중국 사신이 이이의 「천도책」을 극찬한 까닭도 실은 가장 일목요연하게 체계적으로 이 문제들을 요약 정리한 데 있다. 이런 점에서 「천도책」은 당시 자연과학 수준의 시금석이라 하겠다.

「천도책」에 나타난 이이의 자연과학적 견해는 다음과 같은 원리로 전개된다. 첫째, 하늘과 땅에서 모든 조화의 근본은 음과 양뿐이다. 둘째, 하늘과 땅 사이에 형체를 가진 존재는 모두 오행의 기로 이루어져 있으며 그 가운데 바른 기를 받은 것, 어그러진 기를 받은 것, 음양이 서로 부딪치는 가운데 생긴 것, 음양이 발산하는 데서 생긴 것 등의 차이가 있다. 셋째, 모든 자연현상의 원인은 이理다. 넷째, 이에는 정상의 이와 변괴의 이가 있다. 다섯째, 사람의 마음은 곧 하늘과 땅의 마음이므로 하늘과 땅에서 일어나는 자연현상의 정상과 변괴를 하늘 탓으로만 돌려서는 안 되고, 사람(특히 임금)이 덕을 닦아서 하늘과 땅이 정상 운행을 할 수 있도록 도와야 한다.

이런 사고방식은 의사疑似 과학이라고 할 수도 있고, 자연주의의 오류나 환원론적 오류로 볼 수도 있다. 그러나 이것이 조선 시대뿐만 아니라 근현대까지 우리나라를 비롯한 동아시아 사람들의 세계관과 자연관을 지배했다. 이런 세계관이 사회를 지배한 것이 자연과학적 사고에 미숙한 탓일 수도 있지만, 인간을 자연의 한 존재로 보고 자연에 대한 인간의 도덕적 책임을 묻는다는 점에서 일종의 과학적 패러다임이라 할 수도 있다. 또한 인간의 자연 소외를 초래한 오늘날의 자연과학적 관점에 대해 근본적 성찰을 요구한다고 볼 수 있다. 인간의 생물학적 이름은 호모 사피엔스 린네다. 「천도책」은 오늘날 우리에게 우리의 생물학적 이름을 자각하고 있는지를 준엄하게 묻는다.

우리는 우리, 인간의 생물학적 이름을 잊어서는 안 된다. 과학의 발달로 우리는 자칫 우리가 한 생명체라는 사실, 생물계의 한 종이라는 사실을 잊기 쉽다. 우리 인간이 한 종이라는 사실을 자각하고 좀 더 생물의 연쇄 속에서 자기를 볼 줄 알아야 한다. 자연의 법칙을 파악하고 그 힘으로 자연을 지배하고 정복하는 세계관을 따르기보다는 자연 속 인간, 자연의 한 존재로서 인간의 의미를 되새겨 보아야 한다. 사람은 여전히 하늘과 땅 사이의 존재고, 시간과 공간의 좌표 속에 살아가는 존재이기 때문이다. 그리고 하늘과 땅은 시간과 공간으로서 우리에게 선험적으로 주어져 있으며, 우리 인간은 이 시간과 공간 속에서 존재하는 모든 사물을 돌아볼 책임이 있기 때문이다.

역학이란 무엇인가

이이 李珥

1536(중종 31)년에 태어나고 1584(선조 17)년에 죽었다. 본관은 덕수德水, 자는 숙헌叔獻, 호는 율곡栗谷·석담石潭·우재愚齋, 시호는 문성文成이다. 8세 때 경기도 파주 율곡리에 있는 화석정에 올라 시를 지을 정도로 문학적 재능이 뛰어났다. 1548(명종 3)년에 13세라는 나이로 진사 초시에 합격했다. 16세 때 어머니 사임당 신씨가 돌아가시자 파주 두문리 자운산에 장사 지내고 시묘했다. 그 뒤 금강산에 들어가 불교를 공부하고 20세 때 하산해 다시 유학에 전심했다. 1558년 봄에 예안의 도산으로 이황을 방문하고 이해 겨울 별시에서 여기 실린 「천도책天道策」을 지어 장원했다. 1564년 호조 좌랑을 시작으로 중요한 벼슬들을 역임했으며 정치와 학문에 관해 수많은 문장을 지었다. 정쟁과 공무의 과로에 시달리다 1584(선조 17)년에 죽은 뒤 문묘와 파주의 자운서원을 비롯해 서원 20여 곳에 모셔졌다.

책문

학자는 한 사물의 이치라도 궁구하지 못하면 부끄러워하는데 하물며 크나큰 천지天地와 형상[象]과 수리[數]의 변화 원리야 어떻겠는가? 혼돈한 태초에는 아무것도 분화하지 않아 모든 것이 희미하고 아득했는데, 음양[二儀]의 작용이 처음 시작되자 그에 따라 만상이 생겨났다. 열렸다 닫혔다 하는 음양의 운동은 누가 주재하는가?

복희가 맨 처음에 나와 하늘과 땅을 관찰했고, 하도가 나오자 이를 바탕 삼아 처음으로 팔괘를 그렸다. 만약 하도가 나오지 않았다면 팔괘는 끝내 그리지 못했겠는가?

앞뒤로 나온 성인은 법도가 같고, 도는 옛날과 지금이 일치한다.

낙서가 나타나자 위대한 우임금〔大禹〕이 이를 본받아서 홍범구주를 순서대로 열거했다. 두 성인의 소견은 근거가 무엇이며 거기에 복잡하고 간략한 차이가 있는가? 또는 은미한 뜻이 따로 있는가?

하도와 낙서가 서로 위치를 바꾸면 상생·상극·홀수·짝수가 서로 아주 달라진다. 혹 하늘이 사람에게 계시하는 뜻에 앞뒤로 차이가 있기 때문인가?

문왕·주공·공자에 이르러 괘의 이치를 미루어서 책策으로 만들고 연역衍繹해서 10익十翼을 붙이자 주역의 도道가 세상에 크게 드러났다. 만약 세 성인이 아니었다면, 팔괘와 오복五福의 쓰임〔用〕이 변전變轉하지 못하고, 64괘가 끝내 형성되지 못했겠는가?

천지 만물의 정상情狀은 무궁하고 64괘의 변화는 유한한데, 성인은 '귀신이라도 정상을 숨길 수 없다'고 했다. 유한한 변화로 무궁한 정상을 다 담을 수 있다고 한 까닭이 무엇인가?

시초점은 단기간의 길흉을, 거북점은 장기간의 길흉을 알려 준다. 성인이 점을 고안한 뜻은 사람이 모든 행동을 반드시 점에 의존하게 하려는 것인가?

진·한 이후로 주역의 도가 끊어져서 양웅揚雄, 곽박郭璞, 이순풍李淳風, 일행一行 같은 사람들이 어지럽게 번갈아 일어나며 서로 옳다고 다투었다. 이들의 활동이 복희씨가 역의 괘를 그은 의도에 보탬이 되었는가?

낙양의 소자邵子(소옹)는 천리天理와 인사人事를 탐구해서 옛 성인이 밝혀내지 못한 이치를 밝혀내고 방도方圖와 원도圓圖 등 두 그림을 만들었는데, 무엇을 본받아 그렇게 했는가? 또한 원도 가운데 구괘는 반드시 건괘 뒤에 두고, 복괘는 곤괘 뒤에 둔 까닭은 무슨 뜻인가?

천진교에서 두견새 우는 소리를 듣고[1] 소인이 권세 부릴 것을 알고, 마른나무 가지가 저절로 떨어지는 것을 보고 원부元夫가 와서 자를 것을 알았다고 한다.[2] 성인이 주역을 지을 때 이미 천년 뒤 장인〔匠石〕의 이름과 더벅머리 선비〔竪儒〕의 재앙을 미리 알아서 그렇게 했다는 말인가?

정자程子·주자朱子 두 현인이 복희씨의 『역경易經』에 저마다 전傳과 본의本義를 달았는데, 그 주해의 말에 서로 같지 않은 점이 있다. 어떤 것이 옳고, 어떤 것이 그른가?

지금 옥당(홍문관)의 선비를 뽑아 역학易學을 전문으로 익히게 하고 차례로 번갈아 가며 강론하게 하는데, 만약 이들에게 깨끗하고 맑고 정교하고 미묘한〔潔淨精微〕 『주역』의 뜻을 연구하게 한다면 국정에 유익하니 격물치지·성의정심의 학문이 없어도 되겠는가? 논설을 듣기를 바란다.

1　송 영종英宗 때 소옹이 어떤 나그네와 천진교를 산책하는데 두견새 오는 소리가 들렸다. 소옹이 매우 불편한 기색을 보여 나그네가 까닭을 묻자, 소옹이 답했다. "낙양은 본래 두견새가 없는데 지금 처음으로 나타났다. 이는 황제가 장차 남쪽 사람을 재상으로 삼을 징조다. 남쪽 사람을 더 많이 등용해서 오로지 변법에 힘쓸 테니, 이로부터 많은 일이 생길 것이다." 나그네가 잘 이해하지 못했다. 소옹이 말했다. "천하가 장차 다스려지려고 하면 땅의 기운이 북쪽에서 남쪽으로 흐르고, 장차 어지러워지려고 하면 남쪽에서 북쪽으로 흐른다. 지금 남쪽 땅의 기운이 이르렀다. 새는 날짐승이라 기를 먼저 안다. 『춘추春秋』에 '큰 해오라기 날아간다', '구관조가 둥지로 날아온다' 한 것은 기가 그렇게 작용한 것이다." 이 일화는 자연의 변화를 잘 살펴서 사태의 추이를 예측한 사례다.

2　소옹이 어느 날 진시辰時에 우연히 길을 가다 나무가 빽빽이 우거진 곳을 지났다. 바람도 불지 않는데 마른 나뭇가지가 태兌의 방위인 서쪽으로 떨어졌다. 소옹이 이것을 보고 점을 쳐서 규괘睽卦의 9·4효를 얻었다. 효의 내용은 원래 이렇다. "무리와 어긋나서 고립되었다. 좋은 사람을 만나 믿음으로 교제하면 위태로우나 허물은 없다〔睽孤 遇元夫 交孚 厲无咎〕." 그런데 소옹은 열흘 뒤에 나무가 잘릴 것이라고 판단했다. 서쪽은 금金에 해당하기 때문이었다. 과연 나무가 잘려 목재로 쓰였는데, 나무를 자른 사람의 이름이 원부였다.

대책

한 이〔一理〕가 전체로 존재하고〔渾成〕 두 기〔二氣〕가 운동하는데〔流行〕, 천지의 거대함과 사물의 변화가 모두 이와 기의 오묘한 작용입니다. 이 말을 아는 사람이라야 『주역』을 논할 수 있습니다. 이제 집사 선생께서 특별히 역학의 미묘한 뜻을 배우는 사람에게 물어서 저마다 연구한 학설을 듣고자 하십니다. 저는 아직 식견이 거칠고 얕은데다 표지가 닳아 떨어지고 책장이 너덜너덜해지도록 책을 읽지 못했는데, 어찌 물음에 만족스럽게 답할 수 있겠습니까? 그러나 성대한 뜻을 받들어 감히 입을 다물고 있지 못하겠기에 이렇게 논합니다.

만물은 오행으로 이루어져 있고 오행은 음양일 뿐이며 음양은 태극입니다. 태극도 억지로 붙인 이름입니다. 만상의 원리가 형체를 띤 것을 역易이라 하고, 그 원리가 드러나는 이치〔理〕를 도道라 하며, 그 원리의 작용〔用〕을 신神이라 합니다. 이런 까닭에 천지자연의 역이 있고, 복희씨의 역이 있으며, 문왕과 주공의 역과 공자의 역이 있는 것입니다. 자연의 역을 팔괘로는 알 수 없고, 복희씨의 역을 문자文字로는 알 수 없습니다. 문왕과 주공이 있었기에 역도易道의 쓰임이 세상에 밝혀졌고, 공자가 있었기에 역학의 뜻이 후세에 밝아졌습니다. 그 뒤로 도통道統이 전해지지 않고 사람들이 다른 견해를 품은 탓에, 비록 역학을 엿본다고 하나 그 원초에 근본을 두지 않고 역의 문장〔文〕과 점사占辭와 상象과 수數를 멋대로 해석하거나 표현에 얽매였습니다. 송 대에 참된 유학자〔眞儒〕가 성인이 남긴 업적을 이어, 그 전 성인들이 밝히지 못한 이치를 밝혀내면서 유학의 도가 다시 밝아졌습니다. 저는 이런 맥락을 바탕으로 삼고 말씀드리겠습니다.

저 형이상은 자연의 이理고, 형이하는 자연의 기氣입니다. 이 이가 있으면 이 기는 있지 않을 수 없고, 이 기가 있으면 만물은 생겨나지 않을 수 없습니다. 이 기가 움직이면 양이 되고 고요하면 음이 됩니다. 실제로 움직이고 고요한 것은 기, 움직임과 고요함을 일으키는 원리는 이입니다.

하나인 기가 음과 양으로 나뉘면 비로소 이의二儀가 되고, 이의가 열리면 만물이 생겨납니다. 이와 같은 운동은 기의 운동이고, 이와 같은 운동의 원인은 이입니다. 제 소견으로는 누가 이 모든 것을 주재하는지 알지 못하고 저절로 그럴 뿐이라고 말할 수밖에 없습니다.

혼돈한 기가 비록 천지의 시초라고는 해도 혼돈 전에 천지 만물이 몇 차례나 형성되었다가 해체되었는지 알 수 없습니다. 가고 오는 데 기준이 없고 시작과 끝에 발단이 없으나, 언뜻 보자면 오직 궁극점이 없는〔無極〕 듯합니다. 옛일을 상고해 보면 복희씨가 처음으로 나와 도통이 시작되었습니다. 하늘이 도를 아끼지 않고 땅이 보물을 아끼지 않아서 용마龍馬가 황하에서 그림을 지고 나왔는데, 복희씨가 이를 본떠 팔괘를 그렸습니다. 대체로 하늘과 땅은 반드시 성인을 기다려서 이 수數를 사람에게 보이고 성인은 반드시 상서로운 문양〔文瑞〕을 기다려서 이 이치를 세상에 밝혔으니, 하늘은 성인을 낳지 않을 수 없고 상서로운 문양을 낳지 않을 수 없습니다. 이것은 저절로 그런 감응으로서 하늘과 사람이 서로 영향을 주고받는 오묘한 이치입니다. 그러나 역에는 태극이 있어서, 이것이 이의를 낳고 이의가 사상四象을 낳으며 사상이 팔괘를 낳습니다. 성인이 하늘을 우러러보고 땅을 굽어살핌에, 하늘과 땅 사이의 뭇 만물이 기가 움직이고 고요한 이치에 따라 형성되었습니다. 이 이치가 있으면 상象이 있고 상이 있으면 수數가 있으니, 어찌 하도만 그렇겠습니까? 풀잎 한 포기 나무 한 그루라도 괘를 그리는 원인으로 삼을 수 있으니, 하도가 나오기 전에도 팔괘의 형태는 이미 복희씨의 마음속에 갖춰져 있었습니다. 저는 정자가 토끼 파는 사람을 보고 한 말씀[3]에서 깊이 감동했습니다.

위대한 우임금이 치수하자 땅이 안정되어서 하늘이 낳은 만물이 살아갈 수 있게 되었습니다. 낙수에서 나온 신령한 거북이 글을 바치자 이를 본떠 구주를 지었으니, 임금이 정치하는 핵심 원리[心法]가 여기에 있습니다.

하도의 수는 온전함을 주로 하기 때문에 10에서 끝나고, 이는 천지의 필연성을 상징합니다. 낙서의 수는 변화를 주로 하기 때문에 9에서 끝나고, 이는 인사人事의 당위성을 말합니다. 복희씨는 하도에서만 이치를 얻고 위대한 우임금은 낙서에서만 이치를 얻었기 때문에, 비록 복잡하거나 간략한 차이가 있는 듯해도 사실 하도와 낙서는 서로 경위經緯가 되며 팔괘와 구주는 서로 표리表裏가 됩니다. 앞뒤 성인의 법도가 같고 옛날과 지금의 도가 일치하는데 또 무엇을 의심하겠습니까?

대체로 1과 6은 북쪽에 있고 2와 7은 남쪽에 있고 3과 8은 동쪽에 있고 4와 9는 서쪽에 있으며 5와 10은 중앙에 있는데, 짝수는 남

3　정이가 하도와 팔괘 사이에 필연적 관계가 없음을 말하면서 토끼를 보고도 팔괘를 그릴 수 있다고 했다는 고사가 있다.

고 홀수는 부족하며 왼편으로 돌아서 상생相生하는 것은 하도의 수數입니다. 9는 위에 있고 1은 아래에 있으며 왼편은 3 오른편은 7이요 2와 4는 어깨가 되고 6과 8은 발이 되며 5는 중앙에 있는데, 홀수는 남고 짝수는 부족하며 오른편으로 돌아서 상극相剋하는 것은 낙서의 수입니다.

복희씨가 아니면 누가 전체 수의 원리를 들어서 상수常數의 본체를 보였겠으며, 위대한 우임금이 아니면 누가 홍범을 지어서 변수變數의 작용을 보였겠습니까? 그러나 낙서의 수로도 팔괘를 그릴 수 있고 하도의 수로도 구주를 지을 수 있기 때문에, 하도가 낙서로 되지 못하는 것도 아니요 낙서가 하도로 되지 못하는 것도 아닙니다. 홀수와 짝수, 상생과 상극이 비록 뚜렷이 다르다고는 하나 그 이치는 하나입니다. 이 이치가 하늘에서는 팔괘가 되고 사람에게서는 구주가 되니, 제가 보기에는 하도와 낙서가 서로 다르지 않습니다.

아! 복희씨의 역에는 괘와 효만 있고 애초에 문자文字는 없었으나 천지의 이치와 음양의 변화가 다 여기에 갖춰져 있었습니다. 중고中古 시대로 내려오면서 백성이 하는 일이 날로 불어나자 문왕이 이를 근심해서 괘의 뜻에 뿌리를 두고 단사彖辭를 붙였고, 주공에 이르러서는 사태에 따라 교화를 베풀어서 깊고 은미한 뜻을 궁구하고 드러내 천하에 밝게 보여 주었습니다. 주周의 영향력[德]이 쇠퇴하자 이 도가 다시 어두워졌습니다. 이에 우리 공자께서 계사繫辭를 지어 『주역』 경전의 뜻을 밝혔습니다. 세 성인이 한마음으로 복희씨의 역을 부연해서 중천에 뜬 해처럼 상象을 천고에 밝히 드리웠습니다. 기자가 홍범을 무왕에게 진술한 것도 위대한 우임금의 뜻을 서술한 것입니다.

저 성인은 덕이 천지와 부합하고 해와 달처럼 밝으십니다. 네 계절의 순환에 맞춰 생물이 살아가게 하고 귀신과 더불어서 길흉의 징조를 판단합니다. 이런 덕성을 마음 씀씀이에서 추구하고 정신의 운용에서 획득합니다. 그러니 성인이 아니면 어찌 역의 은미한 뜻을 알 수 있겠습니까?

위대한 주역[大易]의 의리는 실리實理일 따름입니다. 진실한 이치가 잠시도 쉬지 않으니, 하늘이 세 성인을 낳지 않을 수 있겠으며 세 성인이 어찌 위대한 역을 부연하지 않을 수 있겠습니까? 64괘는 복희씨가 그 형상을 그렸으니 세 성인을 기다려서 이루어진 것은 아닙니다.

크도다, 역이여[大哉易也]! 역으로써 성명性命의 이치에 순응하고 본질과 현상[幽明]의 까닭에 통달하고 사물의 실정[情]을 다 파악하니, 그 본체[體]는 지극히 커서 포함하지 않은 것이 없고 그 작용[用]은 지극히 신묘해서 일어나지 않은 곳이 없습니다.

사람은 64괘의 변화가 유한한 점만 알고, 64괘의 쓰임은 다함이 없다는 사실을 알지 못합니다. 하나에서 둘이 된다고 하면 하나가 둘의 근본이지만, 그렇다고 해서 둘은 많고 하나는 적다고 할 수 있겠습니까? 둘이 넷으로 되고 넷이 여덟으로 되고 여덟이 64괘로 되는 것도 이와 같습니다. 64에서 무궁으로 이른다고 하면 64도 무궁한 수의 근본이니, 무궁한 수는 많고 64는 적다고 할 수 있겠습니까? 괘는 64개지만, 그 이치가 무궁하고 작용도 무궁합니다. 이런 까닭에 때[時]는 일정하지 않고 괘는 정해진 상象이 없으며 일[事]은 한결같지 않고 효爻는 정해진 위치가 없습니다. 선대 학자들이 말했습니다. "한 시기[一時]로써 괘를 찾으면 변화가 없게 되는 문제가 있으니 역이 아니고, 한 가지 일[一事]로써 효를 밝히면 막혀서 통하지 못하니 역이 아니다." 반드시 그 이치를 궁구해서 변화를 다 파악해야 역을 안다고 하겠습니다. '귀신도 그 정상情狀을 숨기지 못한다'는 성인의 말이 어찌 우리를 속이겠습니까?

역이란 길흉을 결정하고 대업大業을 만들어 내는 원리입니다. 길흉의 징조는 반드시 점을 쳐서 상고하는데, 대체로 사람의 계책에는 의도[心]가 있지 않을 수 없고, 의도가 있으면 사사로움[私]이 생기는 것을 면하지 못합니다. 이 때문에 옛날 성왕聖王은 제왕의 궁극 법도[皇極]를 세우고도 감히 스스로 옳다 하지 않고 나라에 큰일이 있으면 귀신의 뜻을 참작해서 의심스러운 일을 결단했습니다. 반드시 점치는 사람을 세워서 점치게 한 까닭은 몸과 마음을 깨끗하게 해서[齋戒] 하늘의 명령을 들으려는 것입니다. 무왕은 지극히 어진 임금으로서 지극히 어질지 못한 이를 정벌하면서도 오히려 "내 꿈이 점과 부합한다." 했으니, 성인이 계책을 세우고 점쳤음을 알 수 있습니다. 다만 후세에는 적합한 사람을 택하지 않고 사사로운 마음에서 점을 쳤으니. 점을 치지 않은 것과 무엇이 다르겠습니까?

아! 진·한 이후로 성학聖學이 전해지지 않고 역도가 사라져, 전체 역을 아는 이는 아예 없고 역의 일부를 아는 이도 세대마다 나오지는 않았습니다. 대체로 역은 온갖 일을 파악하는 근본이어서 선과 악이 여기에서 생기고 거짓[邪]과 올바름[正]이 여기에서 나오기 때문에, 역을 배우되 종지宗旨를 잃어버리고 사설邪說에 흘러가는 이도 있었습니다. 한의 양웅, 진晉의 곽박, 당의 이순풍과 일행 같은 사람들이 혹은 『태현太玄』을 짓고, 혹은 성명性命을 말하고, 혹은 역수曆數를 추산했으니 역의 한 부분을 알았다고 할 수 있습니다. 그러나 오직 역만 탐구하고 이치를 탐구하지 않았으며 한갓 사실만 보고 그렇게 되는 원인은 보지 못했기 때문에, 마침내 역학의 종지를 잃었으니 어찌 네 성인이 남긴 뜻에 보탬이 있겠습니까? 이치를 알지 못하고도 역을 알 수 있다는 말은 듣지 못했습니다. 위백양魏伯陽의 『참동계參同契』 같은 것도 역을 배우다가 사설로 흐른 예니, 어찌 양웅의 무리만 그렇겠습니까?

천년 뒤에 나와 네 성인과 뜻이 맞고, 하늘과 사람의 관계를 탐구해서 성리性理에 통달한 이는 오직 소옹뿐이었습니다. 소옹의 학문은 진희이陳希夷에게서 나왔으나 홀로 터득한 점이 선생보다 나았습니다. 복희씨의 괘를 추론해서 방도와 원도를 만들었는데, 바깥이 둥근 것은 양의 움직임과 하늘을 상징하고 가운데가 모난 것은 음의 고요함과 땅을 상징하니 천지의 이치가 다 여기에 들어 있습니다. 원도 중에서 건乾은 오중午中에서 끝나고 곤坤은 자중子中에서 끝나며, 구괘에서 음이 처음 생겨나고 복괘에서 양이 처음 생겨납니다. 건은 양이 극에 이르러서 음을 낳는 괘상이므로 구괘를 건괘 뒤에 두고 곤은 음이 극에 이르러서 양을 낳는 괘상이므로 복괘를 곤괘 뒤에 둔 것인데, 이런 배치는 다 이치를 통해 추론할 수 있습니다. 동지冬至를 복괘로 나타내는 까닭은 양 하나가 처음 운동하는 것에 해당하고 하지夏至를 구괘로 나타내는 까닭은 음 하나가 처음 싹트는 것에 해당하기 때문이니, 어찌 이 그림과 서로 부합하지 않겠습니까! 소옹은 역의 이치에 밝고 역의 수리數理에 정통했기에 복희씨의 선천학先天學과 문왕의 후천수後天數를 정교하고 미묘하게 분석했는데, 자유자재로 능통해서 막힘이 없었습니다. 천지의 시작과 끝, 사물의 조화의 감응을 끝까지 탐구해서 미래를 알고 신과 같이 지혜를 운용하는 일을 어찌 쉽게 말할 수 있겠습니까?

하늘의 기운이 남쪽에서 북쪽으로 흐름을 보고 소인이 권력을 잡으리라는 사실을 알았는데, 이는 이치로 때를 관찰해서 닥쳐올 일을 미리 안 것입니다. 마른나무 가지가 바람이 불지 않았는데도 저절로 떨어지는 것을 보고 목수가 와서 벌목하리라는 사실을 알았는데, 이는 수로 사물을 추론해서 장차 일어날 일을 미리 안 것입니다. 이치로 추론하면 점을 치지 않아도 알 수 있는데, 어찌 반드시 천진교에 두견새가 우는 소리를 들어야만 나라의 앞날이 아주 어려워짐을 알겠습니까? 수로써 추론할 때는 점이 아니면 안 됩니다. 반드시 (수를) 사물에 빗대어서 괘를 형성한 뒤라야 사물에 수리가 적용되는 원리를 알 수 있습니다. 성인이 역을 지어서 무궁한 작용을 책 한 권에 담았는데, 어찌 반드시 특정한 일을 위해 그것에 해당하는 특정한 괘를 그렸겠습니까? 역의 이치는 지극히 은미하며 역의 상은 지극히 뚜렷하니, 오직 이치를 궁구한 사람이라야 변화의 이치를 다 알 수 있습니다. 원부의 이름은 우연히 맞힌 것이지 미리 알 수는 없습니다. 무궁한 역의 이치를 반드시 일마다 끌어다 부합하려고 하면 한 부분에 국한되지 않겠습니까?

정이와 주희는 함께 도통을 전승하고 역학에 통달했는데 유학의 도〔斯道〕가 막히고 어두워진 것을 슬퍼해서, 배우는 사람에게 참된 근원을 알려 주었습니다. 정이의 『역전』은 성인이 남긴 뜻을 캐냈고 주희의 『주역본의周易本義』는 길흉의 정해진 수리를 밝혔는데, 그 독특한 견해를 언어와 문자 사이에서는 찾아볼 수 없습니다. 비록 주해의 말 가운데 다른 것이 있으나 제가 어찌 감히 옳고 그름을 경솔하게 논하겠습니까?

삼가 살피건대 우리 조정에서 유학을 크게 떨쳤기에 옥당의 선비들이 역 공부에 몰두해 그 깨끗하고 맑고 정교하고 미묘한 뜻을 자세히 밝히고, 만물의 의미를 밝혀 세상의 모든 일을 이루게 하는〔開物成務〕 도를 천양闡揚해서 우리 임금의 문명文明하신 덕을 이어 받들고, 우리 백성이 마땅히 행해야 할 도리를 보였습니다. 이에 정치와 교화가 아름답고 밝아서 봉鳳새가 날아오고 상서로운 그림이 나타났다는 태평성대를 기대하게 되었으니, 어찌 보탬이 적다고 하겠습니까!

그러나 역의 도는 본체와 작용이 근원을 같이하고 현상〔顯〕과 본질〔微〕에 간격이 없으니, 격물치지를 하지 않고서는 그 이치를 알 수 없고 성의정심을 하지 않고서는 실천하지 못합니다. 격물치지와 성의정심은 역을 공부하는 일입니다. 격물치지를 하지 않으면서 성인의 도를 알고자 한다면 막힌 항구에 배를 띄운 채 큰 바다를 항해하려는 것과 같고, 성의정심을 하지 않으면서 성인의 도에 나아가려고 한다면 한 걸음도 옮기지 않은 채 태산泰山과 화산華山에 오르려고 하는 것과 같습니다. 위대한 역을 배우고자 하는 이라면 이것을 버리고서 무엇으로 하겠습니까?

제가 집사의 물음에 대답했으나 또 집사에게 드릴 말씀이 있습니다. '저 높은 하늘에서 일어나는 일은 소리도 없고 냄새도 없다'는 말은 지극히 미묘한 역의 이치를, '솔개가 하늘을 날고 고기가 물에서 뛴다'는 말은 지극히 드러난 역의 이치를 나타냅니다. 하늘이 높고 땅이 굳고 깊은 것, 해와 달이 밝은 것, 사람과 사물이 번성하는 것, 산이 높고 내가 흐르는 것은 역의 작용[用]에 해당하며 하늘이 높은 까닭과 땅이 굳고 깊은 까닭, 해와 달이 밝은 까닭, 사람과 사물이 번성하는 까닭, 산이 높고 내가 흐르는 까닭은 역의 본체[體]에 해당합니다. 크게는 천지의 바깥에 이르기까지 작게는 털끝만 한 것에 이르기까지, 어찌 위대한 역의 원리를 벗어난 것이 있겠습니까? 복희씨는 괘를 그려서 이 역을 괘와 효에 붙였고, 문왕은 단彖을 지어서 역을 단과 상象에 붙였으며, 공자는 계사를 지어서 이 역을 계사에 붙였습니다. 괘, 효, 단, 계사는 역이 형성되고서 나타난 것입니다. 복희씨가 팔괘를 그리지 않아서 이 역이 아직 형성되지 않았던 때에도 역이 없었다고 할 수 없음을 알아야만 합니다. 집사께서는 어떻게 생각하시는지요?

삼가 대답합니다.

『율곡전서』

오늘 읽는 책문

이「역수책易數策」은 이이가 발표한 책문 총 열일곱 편 가운데 「천도책」과 함께 원집에 실리고, 나머지 열다섯 편은 습유에 실렸다. 원집에 실린 만큼 이 책문은 일찍부터 이이의 주요 저술로 인정되었다.

혹「역수책」을 이이가 29세 때 응시한 대과에서 제출해 장원급제한 책문이라고 소개하지만, 문집이나 연보에서 정확한 출처를 찾을 수는 없다. 다만 문집에 편집된 순서가「천도책」보다 앞인데, 이는 편집 당시「역수책」을「천도책」보다 중시했거나 이이에게 의미 있는 저술이라고 인정했기 때문일 것으로 짐작한다.

역의 수리數理 변화와 원리, 역학의 역사적 변천, 역의 이치를 다루는「역수책」은 역에 대한 대략적 이해를 묻고 답하는 책문이다. 출제한 의도와 의의를 간략히 서술하는 서사序詞와 문목問目 열두 조와 대책으로 이루어져 있다.

역을 수리로 파악하는 까닭은 존재하는 모든 사물에 수적 구조가 내재되었다는 철학적 관점과 결부된다. 주자학에서는 사물의 수적 구조를 천지자연의 수라고도 한다. 곧 형체를 갖는 모든 사물은 기로 이루어지고 수적 원리에 따라 형성된다. 수는 종과 종, 존재와 존재를 나누는 일종의 경계다. 동물이든 식물이든 생식과 발달 과정에서 저마다 일정한 수적 원리를 따르는 것이다. 역수의 천착은, 이런 삼라만상에 내재된 수적 원리를 역을 통해 파악하거나 역의 수적 원리를 해석하면 삼라만상의 존재 원리를 알 수 있다는 해석학적 관점을 바탕으로 한다.

'역易'이란 글자의 어원에 대해 여러 설이 있지만 공통으로 담은 뜻은 변화다. 곧 역은 변화를 상징한다. 서양 여러 나라에서 『주역』을 번역해서 붙인 제목, The Book of Changes·Le livre des transformation·Das Buch der Wandlungen 등은 모두 변화 또는 변형의 책을 뜻한다. 학문을 통해 존재하는 사물의 불변하는 정체성을 탐색하고 실체實體(또는 기체基體)를 추구하는 서양과 달리 동아시아에서는 동일성을 유지하면서 불변하는 실체를 찾으려 하지 않으며, 아예 모든 삼라만상의 존재가 시간의 계기 속에서 변화무상한 것으로 파악한다. 이 변화무상한 세계의 변화 원리를 가늠하고 자연 변화의 일정한 유형을 파악해 나름대로 합리적으로 해석하고 설명할 논리를 제공하는 것이 바로 역이다.

정이가 『주역』을 철학적, 윤리적 관점에서 해석한 『역전』은 서문에서 역의 개념에 대해 "역은 변역變易이다. 시간의 계기에 따라 변하고 바뀜으로써 도를 따른다." 하고 설명했다. 또 한의 경학자 정현鄭玄은 역의 개념을 이간易簡, 변역變易, 불역不易 등 셋으로 설명한다. 이간은 쉽고 간단하다는 뜻이다. 한자 '역易'을 쉽다는 뜻으로 쓸 때는 '이'라고 읽는다. 글자 하나에 바뀐다는 뜻과 쉽다는 뜻이 같이 있다. 이간의 뜻을 부연하면, 삼라만상과 인간세계의 복잡다단한 온갖 변화도 역의 원리를 운용하면 파악할 수 있다는 것이다. 변역은 글자 그대로 변하고 바뀌는 온갖 존재물과 세계와 우주의 실상을 말한다. 끝으로, 불역은 바뀌지 않는다는 뜻이니 변역과 모순되는 듯하지만, 바뀌지 않는 것은 역의 원리가 작용하는 세계다. 곧 하늘은 위에 있고 땅은 아래에 있다든지, 봄·여름·가을·겨울의 변화가 일정하다든지, 부모와 자식의 관계와 같은 위상이 불변한다는 뜻이다. 시간과 공간의 범주 속에서 모든 변화가 일어나고 삼라만상이 성주괴공成住壞空을 무한 반복하며 중중무진重重無盡 연계되어 있기 때문에, 불역은 역의 세계가 성립하는 터전이 된다.

한편 『주역』은 주의 역을 뜻한다. 그렇다면 그 전 하夏나 상 대에도 역이 있었다는 말인가? 하와 상의 역을 각각 『연산역連山易』·『귀장역歸藏易』이라고 하며 각 제목은 마치 산에서 구름이 끊임없이 흘러나오듯이 역의 이치가 끝없이 이어진다는 뜻과 만물이 역의 원리 속에 본질을 귀속하고 갈무리한다는 뜻을 담고 있다고 한다. 그리고 '주역'이라는 제목은 역의 이치가 '두루' 보편적으로 적용된다는 뜻도 있다고 한다. 그래서 『주역』에는 역사적 경험이 응축되어 있다는 설도 있다. 바로 상과 주의 교체기 중국에 닥친 위기 국면에서 이를 타개하려고 한 주의 건국 세력이 바른 질서를 회복하기 위해 하늘의 뜻을 대신 실현한 역사적 경험이 오의奧義와 주문처럼 숨겨졌다는 것이다.

이런 해석은 『주역』의 합리적 해석을 방해하고 자꾸만 신비주의·의사 과학으로 흐르게 하는 원인이기도 한데, 근거가 전혀 없지는 않다. 『주역』의 골자를 이루는 경문經文의 해설을 '10익'이라고 하는데, 10익이란 경문을 이해하기 쉽게 풀이하고 설명을 붙인 열 가지 주석이다. 이 가운데 「계사전繫辭傳」은 『중용中庸』과 함께 주자학이 형이상학과 존재론, 도덕적 인간관을 수립하는 데 결정적인 구실을 한 글로 알려져 있다. 이 「계사전」에 "역은 중고 시대에 이루어졌다.", "역을 지은 자는 우환이 있었던가!" 하고 공자가 논평하는 구절이 있다. 여기서 말하는 중고 시대를 상·주 교체기로, 현실에 대해 우환이 있는 지도자를 문왕으로 본다.

그래서 역학의 발전에 대해 전설적으로는 복희씨가 팔괘를 그리고, 문왕과 주공이 8괘를 중첩해서 64괘를 만들어 각각 괘와 효에 설명을 붙이고, 공자가 10익을 지어서 『주역』의 체계를 완성했다고 말한다. 복희씨 때야 인류사에서 워낙 전설적인 시대니 논외로 하고, 문왕·주공과 공자의 시대는 큰 혼란기였다. 문왕과 주공은 상의 구 질서를 혁명해서 주를 세웠고, 공자는 춘추전국이라는 전란의 시대에 살면서 인간의 가치와 인문人文의 재건을 사명으로 삼았다. 그러므로 역학의 발전 과정은 문왕·주공과 공자의 두 단계로 설정하는 것이 자연스러워 보인다.

문왕은 포악무도한 상의 주왕紂王에게 잡혀 유리羑里에 갇혀 있는 동안 인간의 비극을 뼈저리게 느꼈다고 한다. 그래서 불의하고 무도한 인간세계에 절망하지 않고 어떻게 정의로운 사회·질서가 잡힌 사회·문화가 꽃피는 사회로 바꿀 수 있을지를 고민한 끝에 그 변화의 원리, 곧 어떤 현상이라도 상황이 지속되면 결국 한계에 도달하고〔窮〕한계에 도달하면 내부에서 변화가 일어나고〔變〕변화가 일어나면 다시 새로운 질서로 소통하고〔通〕소통이 돼 새로운 질서가 형성되면 오래 지속되고〔久〕오래 지속되면 또 한계에 도달하고 변하는 원리를 파악해서 『주역』의 경문을 완성했다는 것이다. 이를 '연역演易'이라고 한다.

공자는 역의 괘와 효를 해석하는 원리, 역에서 유추해 낼 수 있는 삶의 자세, 역을 운용하고 점을 치는 방법, 역의 점을 대하는 태도 같은 역의 이념을 정립해서 역을 인간의 사회와 자연을 해석하는 보편적 틀로 자리 잡게 했다. 특히 공자가 지었다는 「계사전」은 자연의 운행과 모든 운동이 음과 양이라는 힘의 이원적 작용에 따라 이루어진다고 하며 이 음과 양의 운동에 구심점, 궁극점 구실을 하는 것이 태극이라고 했다. 마치 북극을 중심으로 지구가 자전하듯 태극은 진자의 왕복운동에서 중심축 같은 것이다. 이 축을 기준으로 진자가 양 끝 점을 오가듯이 태극을 중심으로 음과 양이 끝없이 운동하면서 삼라만상을 이루어 간다. 음과 양이 이루어 내는 운동의 결과로 나타나는 자연현상을 상징하는 대표적인 형상물을 여덟 가지를 본뜬 것이 팔괘다. 태극이 음과 양, 양의로 분화하고 양의가 팔괘를 낳는 역의 생성과 운동 원리를 철학적으로 정리한 것이「계사전」이다.「계사전」은 또한 자연을 인문학적으로 해석하는 동아시아 전통 자연관의 남상濫觴이 된다.

이렇게 자연의 운동 변화를 관찰해서 팔괘를 그린 복희씨, 팔괘를 중첩하고 연역한 문왕과 주공, 역의 철학적 원리를 밝힌 공자 등이 역이 발전시켰다고 해서 복희, 문왕과 주공, 공자를 역학의 세 성인이라고 한다. 문왕과 주공은 한 성인으로 보는 것이다. 그리고 이 세 성인의 역이 중첩하면서 역이 발전했기 때문에 '삼성역三聖易'이라는 말도 있다.

역의 본질은 점치는 책이다. 점이란 인간이 시간을 과거-현재-미래의 흐름으로 의식하면서 미래의 일을 미리 알려고 하는 욕구가 일으키는 행위다. 사람의 삶은 동식물의 삶과 달리 본질이 정해져 있지 않다. 낡은 실존주의의 표어를 내세우자면 사람의 실존은 본질에 앞서 있다. 사람은 끊임없이 미래를 기획하고 미래에 자기를 기투企投해 나가야 한다. 미래는 어느 정도 예측할 수는 있어도 반드시 예측한 대로 되지는 않기 때문에, 더구나 상고시대에는 인지가 발달하지 않고 자연에 무지한 영역이 너무나 많았기 때문에, 자연 변화의 유형을 따라가면서도 미래를 점치지 않을 수 없었을 것이다. 자연 변화는 대체로 그 유형을 경험으로 귀납해서 읽을 수 있다 하더라도, 사람의 의식 세계에서 일어나는 일과 인간 사회의 변화는 도저히 알 수 없다. 그래서 결국 점에 기대어 미래를 기획하는 것이다. 충무공 이순신李舜臣 장군도 출전을 앞두고 점을 쳤다고 하거니와 점은 자기 결단에 점을 찍는 엄숙한 행위다.

점을 치려는 사람은 사실상 마음속으로 결정을 하고 결단을 내린 상태에 있다. 그런데 아무리 주도면밀하게 기획하고 전개될 상황의 가능한 변화를 그려 본다고 해도 결과를 미리 알 수는 없다. 그래서 최종 결단은 부담스러운 일이다. 이 상황에서 점을 친다. 점은 결단의 부담을 더는 행위일 뿐이다. 인간이 시간 차원을 완전히 넘나들지 못하는 이상 아무리 족집게 같은 점도 미래를 영화처럼 보여 주지는 못한다. 다시 말하지만, 미래는 유형을 통해 짐작하고 유추할 뿐이다. 그래서 사람이 할 일을 다 하고 나서 천명을 기다리는 심정으로 점을 치는 것이다.

사람의 심리란 좋은 쪽으로 국면을 바꾸려는 경향이 있기 때문에, 점괘가 바라던 대로 나오지 않으면 점의 결과를 선뜻 받아들이려고 하지 않는다. 그래서 같은 사안을 두고 좋은 결과가 나올 때까지 거듭 점을 치려고 한다. 가위바위보도 삼세판이다. 그러나 이는 점을 알려 주려는 신을 모독하는 행위다. 그래서 『주역』은, 처음 점을 쳤을 때 점괘를 얻고도 마음에 들지 않아 거듭 점을 치면 이는 신을 모독하는 짓이고 신을 모독하면 신이 점괘를 알려 주지 않는다고 경고했다. 이런 상태라면 이미 개인의 사사로운 의사가 끼어든 것이다. 또한 결단에 이르는 과정이 성실하고 치밀하지 못했다고 자인하는 셈이다.

역의 태생은 점서占筮라는 강보에 싸여서 자라났다. 이를 서술역筮術易이라고 한다. 그런데 점을 치는 행위가 자연의 유형을 읽는 방법론으로 발전하면서 이를 원용해 자연을 수리로 해석하게 되었고, 더 나아가 자연의 모든 현상을 역의 수리에서 연역해 의사 과학적으로 해석하려고 하게 되었다. 한 대에 발전한 이런 역학을 상수역象數易이라고 한다. 상수역은 우주 자연의 현상[象]을 수리[數]로 해석하되, 해석의 논리적 근거를 역으로 환원하고 역에서 모든 해석을 이끌어 냈다. 또한 시간과 계절의 변화, 천체의 운행까지 역의 수 체계로 설명하려고 했다. 자연과학 분야까지 역에 끼워 넣으면서 갈수록 번쇄해지고 논리의 비약이 심해지면서 역학에 대해 근본적인 회의도 일어났다.

인지와 학문이 발달하면서, 또한 상수역에 대한 실망과 회의가 싹트면서 역에서 인간사의 도덕적 기준과 가치를 발견하고 인간존재의 우주적 위상을 확립하려는 노력이 역학을 철학적으로 해석하게 했다. 당 대에 시작된 신유학 운동이 송 대에 이르러 우주와 인간과 세계를 존재론적 체계로 일관되게 설명하면서 이학理學으로 확립되었다. 이학의 존재론과 우주론을 설명하는 논리로 『주역』의 「계사전」과 『중용』 및 도교의 연단鍊丹을 도식화한 것으로 여겨지는 「태극도」가 원용되면서 역학에서도 의리義理를 탐색해 역학사의 분수령을 이루었다. 상고시대 점서의 서술역에서 자연과학 분야를 탐구하는 논리의 상수역으로 발전하고, 마침내 세계의 주체로서 인간의 자기 이해를 탐구의 목표로 삼는 의리역으로 발전한 것이다.

『주역』이 주자학에서 중요한 원전이 된 것은 「계사전」의 음양 개념과 태극-양의-사상-팔괘의 논리가 음양의 원리를 기로, 태극을 이로 설명하는 이기론으로 원용되었기 때문이다. 조선 시대의 학문은 주자학에 기초해 모든 학문적 방법론과 이념을 주자학에 맞추려고 했기 때문에, 역학에서도 주자학적 역 이론을 근간으로 삼았다. 현대사회는 미래의 삶이 점점 더 불확실하기 때문에 점에 의존하려는 경향이 완전히 사라지지 않는다. 사람의 세계에는 '우리의 철학으로는 상상도 하지 못할 일이 많기에' 지금도 수많은 사람들이 『주역』을 '신탁의 서書'처럼 또는 우주의 비밀이 담긴 신비한 책처럼 여기고 있다. 『주역』은 철학과 의사 과학과 신비주의가 혼합된 책으로서 우리 주위에서 위세를 조금도 잃지 않고 있다.

이 책문의 목적은 바로 이런 『주역』에 대한 오독誤讀을 당시 역학과 철학의 수준에서 합리적으로 해석하는 데 있다. 곧 이이의 책문은 『주역』의 해석학에 대한 개괄이다. 책문은 일정한 날에 한자리에서 일률적로 써야 했는데, 질문에 대한 답을 하나도 빼놓지 않고 남김없이 체계적으로 서술했다는 것과 역학에 관해 그때까지 정제된 이론을 정연하게 진술했다는 것은 아무리 봐도 놀랍기만 하다.

삶과 죽음, 귀신에 관해

이이 李珥

1536(중종 31)년에 태어나고 1584(선조 17)년에 죽었다. 본관은 덕수德水, 자는 숙헌叔獻, 호는 율곡栗谷·석담石潭·우재愚齋, 시호는 문성文成이다. 8세 때 경기도 파주 율곡리에 있는 화석정에 올라 시를 지을 정도로 문학적 재능이 뛰어났다. 1548(명종 3)년에 13세라는 나이로 진사 초시에 합격했다. 16세 때 어머니 사임당 신씨가 돌아가시자 파주 두문리 자운산에 장사 지내고 시묘했다. 그 뒤 금강산에 들어가 불교를 공부하고 20세 때 하산해 다시 유학에 전심했다. 1558년 봄에 예안의 도산으로 이황을 방문하고 이해 겨울 별시에서 여기 실린 「천도책天道策」을 지어 장원했다. 1564년 호조 좌랑을 시작으로 중요한 벼슬들을 역임했으며 정치와 학문에 관해 수많은 문장을 지었다. 정쟁과 공무의 과로에 시달리다 1584(선조 17)년에 죽은 뒤 문묘와 파주의 자운서원을 비롯해 서원 20여 곳에 모셔졌다.

책문

삶과 죽음, 귀신에 관한 설은 유래가 오래되었다. 사람이 죽으면 혼은 날아가고 넋은 흩어져버려[魂飛魄散] 본디 기氣가 남지 않을 텐데, 공자가 '아른아른하고 서늘하다[焄蒿悽愴]'고 한 말은 어떤 사물을 가리키는가?

만약 죽은 뒤에도 지각이 있다면 불가에서 말하는 보응설이 허황하지 않을 것이고, 죽은 뒤에 지각이 없다면 돌아가신 조상신을 모시는 제사가 아무런 의의와 이치도 없을 것이다. 어떠한가?

반경盤庚이 도읍을 옮길 때 고후高后(상의 시조 탕왕湯王)가 재앙과 복을 내린다고 그 백성에게 고유告諭했다. 그렇다면 사람이 죽은 뒤 귀신이 되어 과연 재앙과 복을 내릴 수도 있다는 말인가?

주공이 세 왕[1]에게 "저는 재능과 기예〔才藝〕가 많아 능히 귀신을 섬길 수 있습니다." 하고 고했는데, 귀신이란 어떤 신神을 가리키는가?

죽은 뒤에 과연 귀신이 되는가? 죽은 귀신을 섬기는 데는 그럴 만한 이치가 있는가?

백유伯有가 악귀가 되자 자산子産(공손교公孫僑)이 그를 위해 사당을 세웠고, 대단한 악귀가 문에 들어서자 진의 경공晉景公이 그 때문에 죽었다. 이 또한 필연의 이치인가?

원성元城(유안세劉安世)이 임종하자 바람과 우레가 정침正寢에 우르릉거리고 구름과 안개가 껴서 어두워졌다. 이는 무슨 기운〔氣〕인가?

승려가 죽을 때는 반드시 괴이한 변화가 있는데, 이는 또한 무슨 이치인가?

정이가 "풀 한 포기, 나무 한 그루에도 모두 이치〔理〕가 있다." 했는데, 하물며 삶과 죽음같이 큰일이야 어찌 그만 한 이치가 없겠는가? 여러 군자로부터 궁리 격물窮理格物의 설을 듣고자 한다.

대책

기氣는 모이고 흩어지지만 이理는 처음도 끝도 없습니다. 모이고 흩어지므로 하늘과 땅의 크기 또한 한계가 있고, 처음도 끝도 없으니 대상 사물〔物〕이나 나〔我〕나 모두 끝이 없습니다. 이 이론을 아는 사

---

1   주의 조상인 태왕太王, 왕계王季, 문왕文王이다.

람이라야 함께 죽음과 삶의 이치를 말할 수 있을 터입니다. 이제 밝으신 물음을 받고서 감히 잠자코 있을 수 없기에 이렇게 논합니다.

사람의 몸은 혼魂과 백魄의 성곽입니다. 혼은 기氣의 신神이고, 백은 정精의 신神입니다. 사람이 살아 있을 때는 펼쳐져서〔伸〕신神이 되고, 죽으면 물러나서〔屈〕귀鬼가 됩니다. 혼기魂氣가 하늘로 오르고 정백精魄이 땅으로 돌아가면〔歸〕그 기는 흩어집니다. 그 기는 비록 흩어지더라도 대뜸 모조리 사라져 버리지는 않습니다. 그러므로 공자께서는 "그 기가 위로 피어올라 밝고도 밝으며〔昭明〕향내가 모락모락 나고〔焄蒿〕쓸쓸하고 구슬픈 분위기를 이루는데〔悽愴〕, 이는 온갖 사물〔物〕의 정精이다." 하셨습니다. 그러나 위로 피어오르는 것도 오랜 시간이 지나면 사라집니다. 천하의 모든 사물이 있으면 있고 없으면 없는 것이지만, 오직 사람이 죽어서 된 귀신은 있다고도 할 수 없고 없다고도 할 수 없습니다. 그 까닭은 무엇입니까? 정성이 있으면 그에 따라 신神이 나타나니 있다고 말할 수 있고, 정성이 없으면 그 신이 나타나지 않으니 없다고 말할 수 있습니다. 그러니 신이 있고 없는 기틀이 어찌 사람에게 있지 않겠습니까?

죽을 때 제명을 못 채워서 기가 새어 나가지 못하면 극도로 막혔다가 발산해서 요망한 것이 되는데, 이 또한 그럴 만한 이치가 있습니다. 사람이 태어날 때는 음양의 기운을 똑같이 받지만, 어떤 사람은 바르게 기르고 어떤 사람은 삿되게 기릅니다. 바르게 기르건 삿되게 기르건 기른다는 점에서는 같습니다. 기를 길러 굳세고 큰 기운을 모으면 죽을 때 혹 이상한 일이 일어나고, 단단하고 엉긴 기운을 모으면 죽을 때 반드시 괴이한 일이 일어납니다. 괴이한 일은 아예 말할 나위가 없지만, 이상한 일이 일어나는 것도 지극한 이치와 관련되지는 않습니다. 살아서는 땅에서 덕을 밝히고 죽어서는 하늘에서 빛나는 존재로서 굳이 따질 만한 자취가 없는 이는 오직 성인일 것입니다. 밝은 물음에 따라 알뜰하게 말씀드리겠습니다.

사람에게서 형체가 있는 것은 신체고, 형체가 없는 것은 지각입니다. 형체가 있는 신체는 소멸하는 것을 알 수 있지만, 형체가 없는 지각은 모이거나 흩어지는 것이 보이지 않기 때문에 죽은 뒤에도 마치 지각이 있는 듯합니다. 만일 죽은 뒤에도 지각이 있다고 한다면, 불교에서 '몸뚱이〔百骸〕가 모두 문드러져서 흩어져도 일물一物은 길이 신령하다' 한 말이 어찌 일리가 있지 않겠습니까? 지각이 없다고 한다면, 군자가 이레 동안 경계하고〔七日戒〕 사흘 동안 재계〔三日齋〕해서 반드시 제사의 대상을 본다는 말은 무슨 의의와 이치가 있겠습니까?

제가 따져 보겠습니다. 사람의 지각은 정기精氣에서 나옵니다. 귀와 눈의 또렷하고 밝은〔聰明〕 감각 작용은 백魄의 기능〔靈〕이고, 정신〔心官〕의 사려思慮는 혼魂의 기능입니다. 감각 작용과 사려 행위는 기에 속하고, 감각 작용과 사려의 원인은 이理에 속합니다. 이에는 지각〔知〕이 없고, 기에는 지각이 있습니다. 그래서 귀가 있어야만 소리를 들을 수 있고, 눈이 있어야만 색을 볼 수 있으며, 마음〔心〕이 있어야만 사려할 수 있습니다. 정기가 흩어지면 귀로 들을 수 없고 눈으로 볼 수 없으며 마음으로 사려할 수 없으니, 죽은 뒤에 어떤 물건〔物〕이 어떤 지각을 지닌다는 말입니까? 일곱 가지 감각기관〔七竅〕과 신체의 온갖 부위〔百骸〕가 흩어지지 않아도 지각이 없는데, 하물며 태허太虛의 아득한 허공에 어찌 일물이 있어서 귀가 없이도 들을 수 있고 눈이 없이도 볼 수 있으며 마음이 없이도 사려할 수 있겠습니까? 지각이 없으면 천당과 지옥이 있다고 한들 누가 그 괴로움과 즐거움을 알겠습니까? 불교의 보응에 관한 설은 공격하지 않아도 저절로 무너집니다.

제사 지내는 데는 오히려 이치가 있습니다. 사람이 귀신〔鬼〕으로 되는데 죽은 지 오래지 않으면 정기가 비록 흩어져도 즉시 소멸하지는 않기 때문에 내 정성과 공경이 돌아가신 선조의 혼령을 내려오시게 할 수 있습니다. 이미 흩어진 기는 본래 듣고 보고 사려할 수 없으나 내가 살아 계실 때 거처하시던 모습·웃음과 말씀·즐기고 좋아하시던 바를 정성껏 생각하면 선고께서 완연히 눈앞에 계신 모습을 볼 수 있으니, 이미 흩어진 기가 이에 모여든 것입니다. 공자가 '아른아른하고 서늘하다〔焄蒿悽愴〕' 한 까닭이 여기에 있지 않겠습니까?

세대가 먼 조상의 경우에 기는 비록 소멸했으나 그 이理는 없어지지 않기에 또한 정성을 통해 감응할 수 있습니다. 저 푸른 하늘이 맑고 맑아서 애초에 비가 내릴 기운이 없었는데 갑자기 먹구름이 모여 마침내 큰비가 내리는 것은, 비록 비가 내릴 만한 기운은 없었으나 비가 내릴 만한 이치가 있기 때문입니다. 세대가 먼 선조의 경우 애초에 감응할 기운이 없으나 한결같은 마음과 지극한 정성을 바치면 마침내 감응해 내려오시는데, 비록 감응할 수 있는 기운은 없으나 감응할 수 있는 이치는 있기 때문입니다. 그러므로 죽은 지 오래지 않으면 기로써 감응하고 죽은 지 이미 오래되면 이로써 감응하는데, 기가 있거나 기가 없거나 그 감응은 같습니다. 하물며 자손의 정기와 신〔精神〕은 곧 조상의 정기와 신이니, 내게 있는 정기와 신을 통해 정기와 신이 없어진 조상과 감응하는 데 무슨 문제가 있겠습니까? 이 때문에 효성이 지극한 자손이 감히 어버이가 죽었다고 여기지 않고 제사 지낼 때 그 엄숙함을 다하는 것입니다.

귀신을 믿는 습속이 있던 상商에서 반경은 고후를 잊지 않기 위해 백성에게 귀신이 재앙과 복을 내린다고 타일렀습니다. 무왕이 질병에 걸리자 주공이 세 왕에게 자기 목숨으로 대신하겠다고 청한 일은 죽은 이를 산 사람 섬기듯 한 것입니다.

천리天理란 진실무망眞實無妄하고 순선무악純善無惡한 것입니다. 군자는 이를 순종해서 길하고 소인은 이를 거슬러서 흉한데, 이는 모두 자연스러운 반응이지 한 사물[物]이 권한[柄]을 잡고 재앙이나 복을 내리는 것은 아닙니다. 하늘이 하늘인 까닭[所以]과 사람이 사람인 까닭, 선善이 길한 까닭과 악惡이 흉한 까닭은 모두 천리가 하는 일입니다. 본래 주재자가 없으나 마치 주재자가 있는 듯해 굳이 임금[帝]이라고 했으니, 임금이 곧 천리입니다.

상의 성탕成湯이 살았을 때는 자기가 받은 천리를 온전히 발휘해서 사람의 임금이 되었으며 죽은 뒤에는 자연의 이치로 돌아가서 하늘의 임금과 짝했으니, 성인의 귀신과 하늘의 임금이 어찌 다르겠습니까? 그렇다면 반드시 착한 일을 하면 복을 받는데, 이는 고후가 내린 복이라고 할 수 있습니다. 나쁜 일을 하면 재앙을 받지만, 이 또한 고후가 재앙을 내렸다고 할 수 있습니다. 반경이 '고후가 크게 재앙을 내릴 것'이라고 한 말에 이런 이치가 없다고 할 수 없습니다. 반경은 충후한 군주입니다. 어찌 떳떳하지 않은 설을 고취해서 곧은 도道를 좇는 백성을 속였겠습니까?

그리고 선왕先王이 어버이를 사모해 눈으로는 늘 안색을 살피고 귀로는 늘 음성을 듣고, 마음과 뜻과 기호와 욕구를 잊지 않습니다. 부모가 비록 돌아가셨어도 마음은 하루라도 부모 곁에 있지 않은 적이 없습니다. 주공이 무왕의 목숨을 지켜 달라고 청하던 때는 세 왕이 돌아가신 지 이미 오래되었으나 이 마음이 조금도 흐트러지지 않았기에, 밥 먹을 때는 세 왕이 국그릇에 어리기도 하고 앉았을 때는 세 왕이 담벼락에 비치기도 해서 선명하게 계신 자리를 보며 숙연히 소리를 들은 것입니다. 남들은 세 왕의 기가 이미 흩어져 버렸다고 여겼으나 주공은 그렇게 여기지 않았습니다. 그가 '귀신을 섬길 수 있다'고 했을 때 귀신은 세 왕의 귀신에 지나지 않습니다. 세 왕의 기가 굽어 귀鬼가 되었으나, 주공의 정성으로 펴서 신神이 된 것입니다. 주공이 이미 죽은 이의 굽은 기를 폈으니, 세 왕에게 효를 다한 것은 역시 평소 마음대로 한 것입니다. 세 단[三壇]에 기도한 말씀은 정성스럽고 간절하기가 마치 사람이 어버이 슬하에서 하는 말과 같았습니다.[2] 아아! 주공은, 조상을 추모하는 효성과 형을 사랑하는 정과 나라를 근심하는 충성이 이토록 지극했습니다.

정鄭나라의 백유 같은 이는 3경三卿의 반열에 들만큼 귀하고 겨레붙이가 강대했습니다. 그리고 정精을 매우 많이 모은 데다 제명에 죽지 못했습니다. 그의 기가 발해 여귀厲鬼가 된 까닭은 별도로 일리가 있었습니다. 진晉나라 조씨趙氏는 대대로 공훈이 있었으며 나라의 양신良臣이었는데 하루아침에 멸족되었고, 그의 죽음도 억울한 죄목이었습니다. 그의 기가 격렬해서 원귀가 된 것 또한 일리가 있었습니다.

2 주공이 기도를 드린 전말이 『상서』, 「금등金縢」에 기록되어 있다.

사람은 기운이 다해서 죽는 경우에는 확 트여서 아무 물질 요소도 남지 않지만, 기가 흩어지지 않은 경우라면 어찌 꽉 뭉쳐서 새어 나가지 못하는 것이 없겠습니까? 이런 까닭에 초성왕楚成王은 시호를 고치자 눈을 감았는데,[3] 그의 기는 시호 때문에 꽉 뭉쳤으니, 시호를 고치자 기가 흩어진 것입니다. 순우荀虞[4]는 제齊나라를 정벌하자 눈을 감았는데, 그의 기는 제나라 때문에 꽉 뭉쳤으니 제나라를 정벌하자 기가 흩어진 것입니다. 어찌 백유와 조씨만 그렇겠습니까?

백유의 기는 제사를 지내 주지 않아서 꽉 뭉쳤기에, 자산이 그 까닭을 알고 그를 위해 사당을 세워 주자 그의 기가 새어 나가 말끔히 저절로 흩어졌습니다. 자산 같은 이는 귀신의 정상情狀을 알았다고 할 만합니다. 조씨의 기는 원한과 분통으로 꽉 뭉쳤습니다. 진나라 경공이 그 까닭을 알았다 해도 어쩔 수 없었을 텐데, 하물며 그런 형편을 알지 못한 경우야 어떻겠습니까! 경공이 죽자 조씨의 원통한 기도 점차 흩어졌습니다. 이는 모두 이치상 그럴 수도 있는 일입니다.

유안세 같은 이는 도를 분명히 보았고, 그 마음이 흔들리지 않는 자였습니다. 그가 평소에 기른 순수하고 굳고 바르고 큰〔純剛正大〕 기가 우주에 가득 찼기 때문에, 임종할 무렵에 바람과 우레가 우르릉거리고 구름과 안개가 자욱했습니다. 이는 올바른 기〔正氣〕가 발산해서 일어난 현상에 지나지 않습니다.

3　　춘추시대 초나라 성왕은 영윤 자상子上의 충고를 듣지 않고 태자인 상신商臣을 세웠다가 나중에 폐위하려고 했다. 이에 상신이 정변을 일으켜서 성왕을 핍박하고 자살하게 만들었다. 시호를 부정적인 의미가 있는 영靈으로 하자 성왕이 눈을 감지 않았는데, 시호를 성成으로 고치자 눈을 감았다.

4　　순언荀偃을 잘못 적었다. 순언은 숙원인 제나라 정벌을 완수하지 못하고 죽어 눈을 감지 않고 있었다.

불교도가 이단의 소견을 굳게 잡고 정신을 수련해서 외계의 유혹에 끌리지 않고 그 사특한 참선[定]을 오래 하면 죽을 때 이상한 광채가 나타나기도 하고 이상한 향내가 나기도 하며 거꾸로 서기도 하고 앉은 채로 죽기도 합니다. 그러나 이 모든 변화는 사특한 기[邪氣]가 발산해서 일어나는 현상에 지나지 않습니다.

불교와 관련해 괴상한 일이 생기는 것은 세상을 현혹하고 풍속을 놀라게 하려는 마음이 격동했기 때문입니다. 원성에게 이상한 일이 일어난 것은 충분 애국忠憤愛國이 격동했기 때문입니다. 충분의 격동이 바르다면 바르지만 끝내 따질 만한 형적이 없는 것만 못합니다. 그렇지 않다면 공자와 맹자, 정자와 주자께서 기른 바가 원성만 못하지 않은 데도 어째서 이상한 일이 생기지 않았겠습니까? 그러므로 '괴상한 일이 일어나는 것은 본디 말할 바가 못 되고, 이상한 일이 일어나는 것도 지극한 현상은 아니'라고 말합니다.

또한 정이의 설을 인용해 "풀 한 포기, 나무 한 그루에도 모두 이치가 있다." 했습니다. 이 말에 저는 더욱 감격합니다. 하늘과 땅 사이의 사사물물事事物物 중 어찌 이理를 벗어난 것이 있겠습니까? 삶과 죽음[死生]의 이치를 제가 감히 함부로 의론할 수는 없으나, 선현先賢에게 들은 말이 있습니다. "밤과 낮은 삶과 죽음의 도다.""삶의 도를 알면 죽음의 도를 안다.""시초를 궁구하고 종말로 돌아간다. 그러므로 삶과 죽음의 이치를 안다."

만물은 이 이理에서 생겨나고 이 이에서 죽으며, 태어나기 전에도 다만 이 이가 있을 따름이요 죽은 뒤에도 이 이가 있을 따름입니다. 살아 있으면 기가 있고 죽으면 기가 없어지는 것은 정상의 순한 이치입니다. 혹 죽었는데도 기가 없어지지 않고 발산해서 요망한 것이 됨은 변질되고 거스른 이치입니다. 성인은 정상을 말하고 변질을 말하지 않으며, 순한 것을 말하고 거스른 것을 말하지 않습니다. 공자가 괴이한 일을 말하지 않은 까닭이 참으로 여기 있습니다.

아아! 세상의 도가 이미 타락하고 민심이 날로 나빠져서 하늘의 신〔天神〕과 사람의 귀신〔人鬼〕이 한데 섞여서 변별되지 않고, '들보 위에서 휘파람을 불고 당堂 위에 올라서는 따위의 괴변'과 '하늘이 음침하고 비가 내려서 음습한 따위의 요상한 일'이 가는 곳마다 일어납니다. 어째서 정상은 적고 변질은 많으며 순한 일은 드물고 거스른 일은 많습니까?

들건대 천자로부터 서인까지 저마다 마땅히 제사를 지낼 대상이 있지 않은 이가 없다고 했습니다. 천지는 천자가 제사를 지낼 대상이며 산천은 제후가 제사를 지낼 대상입니다. 사대부의 제사는 할아버지를 넘지 않으며 서인의 제사는 부모를 넘지 않습니다. 만일 제사를 지내면 안 되는 대상에게 제사를 지낸다면 어찌 미혹된 것이 아니겠습니까? 오늘날 사서인土庶人의 집안에서 음사淫祠를 숭상하고 제사지낼 대상이 아닌 귀신에게 함부로 아첨합니다. 그들이 제사 지내는 대상이 조부모입니까, 부모입니까? 이 풍조가 고쳐지지 않으면 오랑캐〔九黎〕가 덕을 어지럽힌 일을 오늘 다시 볼지 모르겠습니다.

이제 참으로 교화를 닦아 밝히고 인심을 바로잡아서, 남의 자식 된 이로 하여금 주공의 통달한 효도를 본받아 오직 지극한 정성으로 조상의 굽은 기를 펴고 다른 귀신에게 아첨하지 않게 하며 남의 신하 된 이로 하여금 반경의 깨우침을 생각해 오직 지극한 충성으로 하늘에 있는 선왕의 영혼(靈)이 내려오시게 하고 다른 신神에게 현혹하지 않게 해야 합니다. 이렇게 해서 교제郊祭에는 하늘의 신이 감응하고 묘제廟祭에는 사람의 귀신이 흠향한다면, 정기正氣가 유행하고 사악한 기가 일어나지 않아서 세상을 현혹하고 백성을 기만하는 설이 천지 사이에 용납되지 못함을 보게 될 것입니다.

저는 거경居敬의 공부를 하지 않았는데 어찌 궁리의 학문이 있겠습니까? 다만 세상 사람이 귀신에게 아첨하고 신령을 모독하는 것에 분개했기 때문에 집사의 물음에 답하고 묻지 않은 일까지 언급했습니다. 엎드려 생각건대 함부로 잘난 체한 점을 용서하시고 위로 전해 임금께 들려드리시길 바랍니다.

삼가 대답합니다.

『율곡전서』

오늘 읽는 책문

삶과 죽음은 인간존재의 영원히 풀 수 없는 수수께끼일 것이다. 목숨을 가지고 태어난 유기체는 죽을 수밖에 없는 운명이다. '사느냐, 죽느냐? 이것이 문제다.' 아무리 객관적이고 가치중립적이라는 자연과학으로 생명현상을 설명한다고 해도 여전히 삶과 죽음은 사람의 삶에서 모든 의미의 의미다. 사람이 생각하고 만들어 낸 모든 문화와 역사와 학문은 결국 이 문제로 귀결된다고 할 수 있다.

현대인은 삶과 죽음의 문제를 종교의 영역으로 넘겨 버리려고 하지만 조선 시대 학자들은 최대한 설명할 수 있는 데까지 설명하려고 했다. 당시 학자들은 한 사회의 지적, 정신적 문화를 이끌어 가는 주체였기 때문이다. 사회에서 일어나는 모든 일이 학자들의 책임이었다. 학자가 벼슬길에 나아가 사회에 봉사하기 위해 학문을 닦았기 때문이다. 따라서 삶과 죽음, 그리고 귀신의 문제도 성리학의 중요한 주제가 되었다. 성리학에서 귀신의 문제는 이기론이라는 존재론적 구도 속에서 귀신을 설명하는 문제와 유교의 의례에서 근간이 되는 제사의 의의를 합리적(학문적)으로 해명하는 것과 결부된다. 모든 존재가 이와 기로 이루어져 있다. 기는 실존하는 모든 존재자의 근원적인 재료이며 운동하는 실체이기 때문에 사람의 삶과 죽음도 기의 취산聚散 작용이다. 이는 기가 이합집산離合集散 운동을 하는 원리이며, 양식이며, 법칙이다. 삶이란 기가 응결된 상태고, 죽음이란 몸과 생명을 이루고 있던 기가 흩어져서 없어지는 것이다.

세계와 인간을 합리적, 이성적으로 이해하고 설명하려는 성리학에서는 삶과 죽음의 문제도 체계적으로 설명해야 할 필요가 있었다. 불교를 이단이라고 규정하며 인간세계의 도를 책임지고 있다고 자처하는 성리학은, 오랫동안 불교의 윤회관이나 샤머니즘에 젖어 있던 인민의 생사관을 성리학의 체계로 끌어들여 그들의 종교적 정조를 충족시켜야만 했다. 이이가 금강산에 입산했다가 결국 하산한 것도 삶과 죽음이라는 실존의 문제는 회피나 무화無化로 해결되지 않는다는 점, 진리를 깨달았다고 해도 깨달은 자에게는 여전히 사회적 책임이 있다는 점을 자각했기 때문이다.

귀신은 인류가 죽음을 의식한 때부터 인간의 관념 속에서 존재했을 것이다. 살아서 같이 활동하던 사람이 죽음을 맞이하자마자 부패하고 스러지는 것을 보면서 질문이 쏟아진다. 죽으면 왜 갑자기 말을 못하고 움직이지도 못하고 그 사람임을 나타낼 수 있는 것이라고는 없이 나무토막 같은 몸뚱이밖에 남지 않을까? 사람이 죽은 뒤에는 어떻게 될까? 사람을 비롯해 모든 생명체가 왜 죽어야만 하나? 이런 근원적 문제를 설명하는 방편의 하나가 귀신에 관한 설이다. 귀신에 관한 믿음이 원시 신앙이나 신화적 사고에서는 일반적이고 보편적인 현상이다. 심지어 현대사회에서도 영유아기에는 신화적 사고에서 벗어나지 못해 대상 사물이 살아 있다고 여기고 귀신을 실재하는 것으로 여긴다.

이 「사생귀신책死生鬼神策」은 성리학 체계에서 삶과 죽음, 귀신의 문제를 설명하는 책문이다. 이 책문은 성리학 체계에 들지 않는 민간의 속설이나 속신俗信까지 합리적으로 해명하려고 한다. 질문 내용은 귀신은 무엇인가, 죽은 뒤에도 지각이 있는가, 귀신이 화와 복을 줄 수 있는가, 성인이 말하는 귀신이란 어떤 것인가, 귀신을 섬기는 행위에 합리적인 이치가 있는가, 죽을 때 간혹 이적이 일어나는 까닭은 무엇인가, 삶과 죽음의 궁극적인 이치는 무엇인가 등 삶과 죽음의 의미와 귀신에 관한 인문학적 고찰을 요구한다.

귀신이라는 단어를 이루고 있는 귀鬼와 신神은 본질과 기능이 다르다. 애초에 귀는 죽은 이의 영혼을 가리키는 말이고, 신은 사람이나 사물의 영을 모두 포괄하는 말이었다. 그러다가 점차 귀는 죽은 뒤 영향을 미치는 사람뿐만 아니라 산천초목과 사물의 영적 능력을 가진 존재를 포괄하는 말로 쓰이게 된다. 한 대 초에 만들어진 『회남자

淮南子』에서는 귀와 신을 개념적으로 분류해서 '하늘의 신령을 신이라 하고, 사람의 신령을 귀라고 한다'고 정의했다.

조선 시대 학자들의 귀신관은 유교의 귀신 관념을 확립한 공자의 '경원敬遠'하는 관점을 따른다. 공자가 '귀신을 공경하되 멀리한다'고 했는데, 이렇게 말한 맥락은 '백성의 올바른 일, 백성의 삶을 돌보는 일[民義]에 힘쓰기 위해서'다. 귀신에 관해서는 경원하며 불가지不可知의 태도를 취하고 인민의 실생활, 실제 일을 돌보는 데 힘쓰는 것이 지성인의 자세라는 뜻이다. 사회를 책임지는 지식인은 초자연적 현상이나 초월적인 대상에 너무 많은 관심을 기울이지 말고 일단 유보한 뒤 실제 생활에 관련된 일을 먼저 추구해야 한다는 말이다. 다만 인민의 오래된 관습으로 형성된 관념을 일단 사회현상으로서 수용하겠다는 자세를 견지한다. 이는 공자가 조상의 제사나 다른 신격에 대한 제사를 대하는 태도와 상통한다. 공자는 "조상께 제사를 드릴 때는 조상이 와 계신 듯이 하고, 신에게 제사를 드릴 때는 신이 임한 듯이 한다." 했는데, '듯이'라는 말에 실제 존재나 임재臨在 여부와 무관하게 일단 한다는 뜻이 담겨 있다.

유학의 귀신관에 획기적인 전기를 마련한 것이 음양론을 받아들인 『주역』의 「계사전」이다. 「계사전」은 "정기가 사물을 이루고, 떠돌아다니는 혼이 변화를 일으킨다. 그러므로 사람은 이것을 근거로 귀신의 본질과 상태를 알 수 있다." 했고, "헤아릴 수 없는 음양의 작용을 신이라 한다." 했다. 곧 외적·가지적可知的인 자연의 변화는 음양으로 설명하고, 경험을 초월한 자연 변화의 원리적 측면을 신이라고 한 것이다. 이런 관념이 발전해서 주자학의 귀신론은 '귀신은 음과 양

두 기운의 본질적인 작용[良能]'이라는 명제로 정리된다.

　자연의 운동 변화가 보이는 음양, 두 양상을 곧 귀신이라고 정의한 것이다. 음은 자연의 수렴·회귀·소극·응결 같은 운동을, 양은 발산·신장伸張·적극·승화 같은 운동을 의미한다. 곧 귀신의 귀鬼와 회귀의 귀歸, 귀신의 신神과 신장의 신伸은 같다. 그래서 자연의 운동을 귀와 신, 음과 양의 굴신왕래屈伸往來로 설명했다.

　주자학에서 귀신론은 본질적으로 제사 문제를 해명하기 위한 것이다. 사람이 죽으면 뭉쳐 있던 기가 흩어지는데, 기의 양적인 요소와 음적인 요소가 각각 하늘과 땅으로 스러진다. 영혼도 기의 현상이기 때문에, 사람이 죽어서 기가 흩어지면 영혼도 흩어지는 과정을 밟게 된다. 그렇다면 제사를 드리는 의의가 무엇인가? 주자학의 귀신론이 바로 이 문제를 해명해야만 불교를 신봉하던 인민의 의식을 유교로 포섭하고, 인간 심층의 종교적인 욕구를 만족시킬 수 있는 것이다.

　이이는 귀신과 제사의 문제에 두 가지 논리로 접근한다. 조상의 기와 나의 기는 같은 기로 이어져 있다. 같은 기운은 서로 감응하기 쉽다. 그래서 내가 조상에게 제사를 지내면 흩어지는 과정에 있는 조상의 기가 내 기와 감응해서 흠향한다. 그러나 조상의 영혼도 기인 이상 언젠가는 완전히 흩어지고 말기 때문에 죽은 지 오래된 조상은 나와 감응할 기가 없다. 이 경우에는 이理에 입각해서 제사를 드려야 한다. 기는 뭉치고 흩어지기[離合集散] 때문에 죽은 지 오래된 조상의 기는 흩어져서 나에게 남아 있지 않아도, 조상의 이치와 조상으로서 나와 혈연이라는 의미는 남아 있으니 이치에 따라 제사를 드려야 한다. 이치에 따라 제사 드린다는 관념을 발전시키면 종교와도 만날 수 있다.

절기는 어떻게 생겼나

이이 李珥

1536(중종 31)년에 태어나고 1584(선조 17)년에 죽었다. 본관은 덕수德水, 자는 숙헌叔獻, 호는 율곡栗谷·석담石潭·우재愚齋, 시호는 문성文成이다. 8세 때 경기도 파주 율곡리에 있는 화석정에 올라 시를 지을 정도로 문학적 재능이 뛰어났다. 1548(명종 3)년에 13세라는 나이로 진사 초시에 합격했다. 16세 때 어머니 사임당 신씨가 돌아가시자 파주 두문리 자운산에 장사 지내고 시묘했다. 그 뒤 금강산에 들어가 불교를 공부하고 20세 때 하산해 다시 유학에 전심했다. 1558년 봄에 예안의 도산으로 이황을 방문하고 이해 겨울 별시에서 여기 실린 「천도책天道策」을 지어 장원했다. 1564년 호조 좌랑을 시작으로 중요한 벼슬들을 역임했으며 정치와 학문에 관해 수많은 문장을 지었다. 정쟁과 공무의 과로에 시달리다 1584(선조 17)년에 죽은 뒤 문묘와 파주의 자운서원을 비롯해 서원 20여 곳에 모셔졌다.

책문

절서節序는 하늘과 사람의 관계에서 큰 의미가 있다. 3황5제三皇五帝 이전에는 어느 달을 한 해의 첫 달로 삼았는가? 그리고 말할 만한 명절이 있었는가? 3대[1] 이후 왕조에 따라 해월亥月(음력 10월)·자월子月(음력 11월)·축월丑月(음력 12월)·인월寅月(음력 정월)을 번갈아 가며 정월로 삼았는데, 어느 달이 자연의 역법[天時]에 부합하는가?

건인建寅(인월)의 초하루를 3원三元으로 삼고 보름을 상원上元으로 삼는데, 이는 무엇에 근거하는가? 정월 초하루 아침에 백관이 조정에 나아가 하례하고 3공三公이 구슬을 받들어서 진상하는 행사는 어

1 하·은·주 초기의 융성했던 시기, 즉 유교적 이상 사회를 가리킨다.

느 시대에 있었으며, 후세에 그 예식이 폐지된 까닭은 무엇인가? 상원 저녁에 거리와 골목에서 관등 행렬을 하고 남자와 여자[士女]가 한데 어울려도 금오金吾(의금부)에서 단속하지 않는데, 이 풍습은 어느 시대부터 있었는가?

2월 초하루는 중화절中和節이다. 이날 민간에서 숭상하는 풍속을 들을 수 있겠는가? 사제社祭는 반드시 무일戊日을 택하되 봄이나 가을에 올리는 까닭이 무엇인가?

3월 상사일上巳日의 불제祓除와 수계修禊에 대해 들어 볼 수 있겠는가? 한식날을 반드시 105일째로 삼는 데는 또 무슨 의미가 있는가? 행락杏酪, 대추떡[棗餻], 그네뛰기[鞦韆] 놀이는 누가 시작했는가?

4월 초파일은 부처의 생일이다. 옛날에는 연등燃燈놀이가 없었는데, 우리 풍속에 등을 내걸고 술을 진탕 마시는 것은 무엇에 근거하는가?

5월 5일은 굴원屈原이 물에 빠져 죽은 날이다. 용선龍船 경기는 어느 시대부터 시작했는가? 그리고 난탕蘭湯에 목욕하고 수수부꾸미[角黍]를 차려 놓는 까닭은 무엇인가?

6월에 아가위[鬱]와 머루[薁]를 먹고 삼복이 드는 까닭은 무엇인가?

입추立秋에 천자가 몸소 공경公卿을 거느리고 서쪽 교외[西郊]에 나아가 가을을 맞이하는 것은 또한 무슨 의미가 있는가? 세상에서는 직녀[北斗佳人]가 견우[河鼓]와 만난다는데, 이 또한 믿을 만한가? 7월 보름은 중원中元이다. 우란분공盂蘭盆供 행사의 유래가 무엇인가? 옛사람은 중추절에 달이 뜨지 않으면 한 해 동안 한으로 여겼다. 광한궁廣寒宮, 은교銀橋의 설도 과연 참으로 그럴듯한가?

9월 9일은 중양절이니 사람들이 만남을 감당하기 어려운 날이다. 이날 산수유山茱萸 주머니를 차고 국화주를 마시며 높은 산에 올라가서 모자를 떨어뜨리는 까닭은 무엇인가?

10월은 바로 하원절下元節이다. 이달에는 큰 술잔치를 벌이고 증제烝祭를 지내며 천자가 천종天宗(해, 달, 별)에 내년을 기원한다. 이런 행사의 의의도 들을 수 있겠는가?

중동仲冬(11월) 달이 율려律呂로는 황종黃鐘에 해당한다. 동짓날(至日) 관문을 닫아걸고, 장사치와 나그네가 통행하지 못하게 하는 까닭은 무엇인가?

한 해 마지막 달에 납제臘祭와 사제蜡祭를 지내며 악귀〔儺〕를 몰아내고 역귀疫鬼를 쫓아내는 의식을 행하는 것은 어떤 의미가 있는가?

한 기운이 흘러서 작용하되 나뉘어서 네 계절이 된다. 성인이 윗자리에 있으면 덕이 천지와 부합해서 농사는 풍년이 들고 사람들은 화목하며 만물이 모두 순조롭게 자란다. 이 때문에 절기는 차례를 어기지 않고 정치는 시기를 잃지 않는다. 자연의 법칙과 사람의 도리가 부합해서 봄에는 싸늘한 바람〔凄風〕이 불지 않고 여름에는 혹독한 더위〔愆陽〕가 없으며 가을에는 장맛비〔苦雨〕가 내리지 않고 겨울에는 뜨뜻미지근한 기운〔伏陰〕이 없으며 재해나 나쁜 기운이 일어나지 않으니, 만물은 타고난 본성을 이루고 사람은 자기 삶을 즐기며 천지 및 네 계절과 더불어 즐겁고 편안한 가운데 살아가며 어진 사람이 장수하는 나라에 길이 오르게 하려면 어떤 방법을 따라야 하는가?

대책

한 번은 음이 주도하고 한 번은 양이 주도하면서 자연의 질서〔天道〕가 유행하는데, 원형이정元亨利貞[2]의 원리에 따라 순환을 반복하면서 네 계절이 갈마듭니다. 이는 모두 저절로 그런〔自然〕 이치입니다.

지금 집사 선생께서는 배우는 저희에게 특별히 절서와 천리天理, 인도人道의 관계에 대해 물어 적확한 이론을 듣고자 하십니다. 제가 비록 명민하지 않으나 어찌 감히 묵묵히 있겠습니까?

가만히 생각건대 한 원기〔一元〕가 끊임없이 움직이고 변하면서 양의 원리로 만물을 생겨나게 하고 음의 원리로 만물을 성숙하게 하는 것은 하늘의 이치〔天理〕입니다. 하늘의 명을 본받아 음양의 작용에 순응하며 위로 천문天文과 아래로 지리地理를 관찰해서 묵묵히 자연의 조화에 부합하는 것은 사람의 도리〔人道〕입니다. 그래서 성인은 천도를 계승하고 인도의 표준을 세워서 사계절의 질서를 규정하고 계절에 따른 절기를 나누었습니다. 율력律曆에 관한 서적과 명절의 이름이 이렇게 생겼습니다.

봄은 만물을 생겨나게 하는 작용을 하지만, 봄이라는 실체가 따로 있지는 않고 성인이 있고 나서 봄이라는 이름이 붙었습니다. 가을은 만물을 성숙하게 하는 작용을 하지만, 가을이라는 실체가 따로 있지는 않고 성인이 있고 나서 가을이라는 이름이 붙었습니다. 절서는 스스로 절서라는 실체가 있지는 않고, 성인이 있고 나서 절서라는 이

2　원은 만물의 생성·시초·봄, 형은 만물의 형통·발전·여름, 이는 만물의 결실·이로움·가을, 정은 만물의 완성·지속·겨울과 연관된다.

름이 붙었습니다. 만약 성인이 없었다면 자연법칙[天機]의 작용이 사람의 행위[人事]와 아무런 관계도 없었을 것입니다. 이에 음양의 변화를 관찰하고 그것에 맞춰 인간의 활동[作息]을 규정하며 해와 달의 운행을 기준으로 역법을 정해서 세월을 맞이하고 보내게 했습니다. 이 모든 문화가 자연의 도리를 적용하고 자연의 이치에 순응했습니다. 성인이 마련한 제도란 이런 일들에 지나지 않습니다.

후세에 이르러 성스러운 제왕[聖王]이 일어나지 않고 사악한 이론이 횡행해서 명절이라는 날들이 혹 잘못된 풍속에서 나온 것도 있고 유람하고 구경하는 까닭이 혹 사람의 사치스러운 마음에서 나온 것도 있는데, 모두 선왕의 가르침에 부합할 수 있겠습니까? 만약 숭상하는 명절이 의리에 부합한다면 비록 3대의 제도가 아니라도 괜찮지만, 의리에 부합하지 않는다면 혹세무민惑世誣民하는 바탕에 지나지 않으니 어찌 채택할 만하겠습니까?

밝은 물음에 따라 낱낱이 말씀드리겠습니다. 아득히 먼 옛날, 혼돈한 상태에서[鴻濛] 우주가 처음 열릴 때 하늘은 자시子時에 열리고 땅은 축시丑時에 형성되고 사람은 인시寅時에 생겨났습니다. 천황씨天皇氏가 모든 만물의 지도자가 되어 세차歲次를 섭제攝提에서 시작했는데, 섭제란 인월(정월)입니다. 그 뒤 『서경書經』 「순전舜典」에서 "정월 초하루에 순이 문조文祖(요堯임금 시조의 사당)에게 나아가셨다[正月上日 受終於文祖]." 했습니다. 3대 이상은 모두 정월을 인월이라 했으니 건인이 우나라의 정월입니다. 위로 천황씨로부터 아래로 우나라 순임금에 이르기까지 인월을 정월로 썼다면 3황5제 이전에 어느 달을 한 해의 첫 달로 삼았는지 알 수 있을 것입니다. 다만 당시에는 아직 문자[書契]가 만들어지지 않고 인문 문화가 발달하지 않아, 명절이 있었는지 없었는지 억측으로 논할 수는 없습니다.

하 왕조의 우임금이 순임금을 대체해 왕조를 연 뒤 정삭正朔을 개정하지 않았기 때문에 하 왕조의 정월은 인월을 썼으니 인통人統이 됩니다. 상商 왕조는 하의 정삭을 개정해 건축建丑의 달을 정월로 삼았으니 지통地統이 됩니다. 주周 왕조는 상의 정삭을 개정해 건자建子의 달을 정월로 삼았으니 천통天統이 됩니다. 오직 이 세 정통만 한 해의 첫 달이 될 수 있습니다. 그러나 시간이란 사람이 일상생활을 영위하기 위한 수단이니, 세월은 마땅히 인간을 기준으로 삼아야 합니다. 공자는 '하의 역서曆書를 얻었다'[3]면서 '하의 역법을 시행할 것'이라고 했습니다. 인월을 정월로 삼는 것이 인간의 시간 의식에 부합함을 이로써 알 수 있습니다.

진秦은 해월을 정월로 삼았는데, 이는 왕조가 바뀌면 정삭을 개정한다는 형식[名]만 알고 3통三統[4]의 의의를 돌아보지 못했기 때문입니다. 만약 진과 같이 왕조가 바뀔 때마다 한 달을 당겨서 정월로 삼는다면 네 계절이 모두 번갈아 가면서 한 해의 첫 달이 될 수 있습니다. 어찌 이런 이치가 있겠습니까? 인월을 정월로 삼는 것이 이미 자연의 시간 질서에 부합한다면 정월 초하루는 한 해의 으뜸, 계절의 으뜸, 달의 으뜸입니다. 3원설은 이를 근거로 한 것이 아니겠습니까?

봄은 한 해의 시작이며 대보름날에는 정월의 기운이 가득 차기 때문에 상원이라고 합니다. 가을의 중원, 겨울의 하원은 저마다 절서로

3　　『예기禮記』「예운禮運」.

4　　천, 지, 인의 원리가 번갈아 가면서 정월이 되는 동양 천문학의 역법을 가리키는 말이다.

써 이름 붙인 것입니다. 상원은 만물이 생겨나는 시초입니다. 중원은 만물을 거둬들이는 중간 시기입니다. 하원은 만물을 갈무리하는 마감의 시기입니다. 60갑자에도 3원이 있으니 한 해에 3원이 있는 것이 어찌 의심할 만하겠습니까?

정월 초하루에 조하朝賀하는 의식은 한 고조 대에 시작되었습니다. 한 무제가 정삭을 개정해 하의 정삭을 사용하면서 백관이 크게 모이고 3공이 구슬을 받든 채 나아가 축하했습니다. 이 예가 주의 제도에는 없으나 의리에 위배되지는 않습니다. 임금의 즉위는 한 세대의 시작을 바르게 한 것입니다. 정월 초하루에 축하받는 것도 한 해의 시작을 바르게 하는 것이니 또한 옳지 않겠습니까? 후세에 구슬을 바치는 의식이 있었다는 말을 듣지는 못했지만, 조하했으니 이 예식이 다 폐지되었다고 할 수는 없습니다.

정월 보름, 상원의 연등은 태일太一에 제사를 지내던 한 대의 풍습입니다. 황혼부터 아침까지 등을 밝히던 것이 마침내 풍속이 되었습니다. 그 뒤 날이 갈수록 인심이 사치해져서 '업중鄴中[5]에는 수많은 등불[千燈], 동도東都(낙양)에는 채색 천막[彩棚]' 같은 표현은 더욱 심한 사례입니다. 한 무제 때 시작하고 당 현종玄宗 때 극에 이르렀는데, 한갓 유흥거리로서 눈을 즐겁게 하는 놀이일 뿐이니 자세히 알 만한 것이 아닙니다. 이날은 삼양三陽[6]이 이미 발동해, 온화한 기운이 흘러 작용합니다. 그러므로 당 태종太宗이 처음 밤놀이를 하도록 명했는데 역시 자연의 시간 흐름[天時]에 순응하는 것과 가깝습니다.

5   삼국시대 위魏의 수도 업도鄴都다.

6   주역 중 양 셋이 작용하는 태괘泰卦를 상징하는 말로, 정월을 가리킨다.

다만 그 습속이 사치와 화려함을 다투며 수레와 말이 즐비하게 모여들고 남자와 여자가 한데 뒤섞여서 놀아도 금오에서 금하지 않으니, 역시 선정善政의 현상은 아닙니다.

당 대에는 2월 초하루 중화절에 푸른 주머니에 백곡의 씨앗을 담고 농서農書를 올려서 근본산업에 힘쓰는 뜻을 보이는 풍속이 있었습니다. 이 또한 이치에 가깝습니다. 오늘날 숭상하는 풍속은 반드시 이치에 맞는 것은 아니니, 어찌 낱낱이 들어서 집사를 번거롭게 할 필요가 있겠습니까?

사제는 토지신〔后土〕께 드리는 제사입니다. 봄에 제사 지내는 것은 농사에 대해 기원하기 위함이고, 가을에 제사 지내는 것은 풍년을 보답하기 위함입니다. 『시경』에서 "우리 정결한 기장과 우리 깨끗한 양으로 토지신, 사방 신에게 제사 올리네."**7** 하고 읊지 않았습니까? 이는 봄에 토지신에게 기원하는 말입니다. "붉은 소, 검은 돼지와 기장과 피로 제향을 드리고 제사를 드리네."**8** 하고 읊은 것은 가을에 토지신에게 보답하는 말입니다. 천간天干의 무戊와 기己는 오행 중 토土에 속합니다. 제사 날짜는 천간과 오행의 작용이 합치하는 시기를 택해야 하니 토지신의 제사에 반드시 무戊의 날을 쓰는 것이 참으로 이 때문입니다.

3월 상사일에 불제와 수계를 하는 풍습은 『주례周禮』에서 나왔습니다. 이 또한 선왕이 시간의 흐름에 따라 세운 제도입니다. 지지地支의 사巳는 지祀(복)와 같은 뜻이 있습니다. 상서롭지 못한 것을 떨어

7　　以我齊明 與我犧羊 以社以方. ─『모시毛詩』「소아小雅」·「보전甫田」.

8　　以其駢黑 與其黍稷 以享以祀. ─『모시』「소아」·「보전」.

버리고 큰 복을 비는 일입니다. 계襖는 결潔과 같은 뜻이 있습니다. 물가에서 세수하고 몸을 깨끗이 씻는 일입니다. 그 뒤 선왕의 교화가 점점 쇠퇴하면서 음란한 노래가 (춘추전국시대 정나라를 흐르던 강) 진수溱水와 유수洧水에서 시작되었습니다. 삼국시대 위나라 이래 3일에 놀이를 할 뿐 상사일은 굳이 기다리지도 않았는데, 봄을 맞으러 나가 답청踏靑 놀이를 하고 술을 퍼마시고 이성을 탐한 것입니다. 유서 깊은 난정蘭亭의 행사는 이제 다시 이어지지 않고 있으며 선왕의 제도는 도리어 나쁜 풍속〔弊俗〕이 되고 말았으니 한탄을 금할 수 없습니다.

한식은 개자추介子推를 애도하려고 생긴 날로, 이 때문에 절서에 들어왔습니다. 절기는 하루 이틀 빠르기도 하고 늦기도 하지만 기후는 반드시 응하기 때문에, 동지 뒤 105일 또는 104일이나 106일째가 되면 곧 세찬 바람이 불고 비가 심하게 내립니다. '사흘 동안 한식을 지낸다'는 것은 이를 말합니다. 행락, 대추떡을 진설하는 것은 우연한 습속일 뿐입니다. 그네타기는 북쪽 오랑캐〔北狄〕에게서 시작되었는데, 몸놀림을 가볍고 빠르게 하는 연습을 위한 놀이였습니다. 제나라 환공桓公이 산융山戎을 정벌했을 때 처음 중국에 전해지고 점차 풍속이 되었습니다. 한식 때마다 남녀가 다퉈 그네를 뛰었는데, 당 현종 대에 반선半仙이라는 그네뛰기 놀이가 끝내 임금의 마음을 날로 방탕하게 만들고 나랏일을 날로 문란하게 했습니다. 옛일을 본받지 않고 오랑캐〔戎狄〕를 따랐으니 어찌 말할 나위가 있겠습니까?

4월 8일은 세속에서 구담瞿曇(고타마 싯다르타)의 생일이라고 합니다. 서역西域에는 욕불재浴佛齋가 있고 우리 땅에는 연등회가 있는데,

정당한 숭배 대상이 아닌 귀신에게 아첨하는 짓에 지나지 않습니다. 점차 나쁜 풍속이 되어, 등을 내걸고 밤새도록 술을 마셔 대며 몸가짐을 단속하지 않고 흐트러지며 난잡해졌습니다. 저 호기呼旗라는 놀이는 더욱 가소로운 짓거리입니다. 전 왕조의 역대 군주 가운데 직접 가서 구경한 자도 있으니, 어찌 미혹된 일이 아니겠습니까? 오랑캐의 생일이 우리와 무슨 관련이 있어서 명절이 되었단 말입니까?

5월 5일에 굴원이 멱라수汨羅水에 몸을 던져 죽었는데, 초나라 사람들이 이를 애도해서 밥을 물에 던져 넣고 용선 경기를 했습니다. 이는 형초荊楚 지역의 풍속일 뿐이니 오늘날 언급할 거리가 못 됩니다. 주나라 제도에 사람들로 하여금 난을 따서 가득 넣고 달인 물에 목욕하게 한 것이 있는데, 이는 몸과 마음을 깨끗이 하고 천중절天中節(단오절)을 맞이하게 한 일에 지나지 않습니다. 『초사楚詞』에서 '난탕에 목욕한다' 한 것도 이 때문입니다. 수수부꾸미를 차려 놓는 행위는 습속에서 나왔으니, 어찌 반드시 모두 의리가 있는 일이겠습니까?

6월에 아가위와 머루를 먹고, 7월에 해바라기 씨를 먹고, 8월에 대추를 먹는 것은 모두 제철 먹을거리를 먹음으로써 계절의 변환을 느끼기 위함일 뿐입니다. 계절이 순환하면서 오행이 차례로 상생 작용을 하는데, 유독 여름은 화火가 금金을 이기고 가을은 금이 화를 두려워하기 때문에 금에 해당하는 경[庚金]의 날에는 금의 기운이 반드시 엎드린다[伏]고 합니다. 대체로 한여름에는 금이 없고 한가을에는 화가 없으며 반드시 금과 화가 서로 교체한 뒤에야 금이 엎드려서 숨을 수 있습니다. 여름(화)과 가을(금)이 교체할 때 세 차례 경(금)의 날을 맞이하는데, 그때마다 금이 엎드리는[三伏] 것은 이상하지 않습니다.

입추에는 자연의 왕성한 힘이 금에 있기 때문에 천자가 친히 여러 신하를 거느리고 서쪽 교외에 나아가서 가을을 맞이했는데, 입춘에 동쪽 교외에 나아가서 봄을 맞이하는 행사와 같은 뜻이 있습니다. 하루 동안에도 오히려 태양을 공경해서 맞이하고 공경해서 보내는데, 하물며 하늘과 땅 사이에 절기가 바뀌고 음과 양이 위치를 바꾸는 즈음에 어찌 하늘을 공경하는 의식을 닦지 않을 수 있겠습니까? 이는 옛 제도에서 나왔으니 저로서는 흠잡을 나위가 없습니다.

견우와 직녀가 만난다는 이야기는 계양桂陽의 요사하고 허탄한 말에서 나왔습니다.[9] 이를 근거로 유종원柳宗元이 '걸교문乞巧文'이라는 글을 짓고, 장뢰張耒가 따라 화답했습니다. 한 사람이 허황한 이야기를 전하자 여러 사람이 사실로 전한 것입니다. 아! 저 반짝반짝 빛나는 별은 기가 허공에서 엉긴 것인데 어찌 남녀로 논할 수 있겠습니까? 과연 누가 알고 누가 말한 것입니까? 알지 말아야 할 것을 알면 망지妄知라 하고, 말하지 않아야 할 것을 말하면 망언妄言이라 합니다. 망지와 망언은 군자가 하지 않습니다.

7월 중원은 세속에서 목련目連이 어머니를 구한 날이라 합니다. 우란분공은 불교에서 나온 의식인데, 어리석은 백성이 쉽게 미혹되어 알지도 못하고서 산사에 가 초혼招魂하면서 조상〔祖考〕을 아귀餓鬼에 견주기까지 합니다. 말할 수는 있지만 말하자면 길어집니다.

중추의 달이 뜰 때는 공기가 깨끗하고 하늘이 높아집니다. 초당草堂(두보杜甫)이 시에서 '사람들 사이에 달그림자 맑다〔人閒月影淸〕'고

9　오늘날 중국 후난성의 구이양현, 즉 계양 사람 성무정成武丁이 괴담집 『재해기齋諧記』에 처음으로 견우·직녀 이야기를 담았다고 한다.

읊은 것도 중추가 가까워져서 그렇게 표현했을 뿐입니다. 이 때문에 옛사람은 달이 나오지 않으면 한으로 여겼습니다. 당 현종이 월궁月宮에서 놀았다는 이야기는 전혀 이치에 맞지 않습니다. 하늘의 푸르고 푸른 빛깔은 원래 색이 아니니, 어찌 건널 수 있는 은교가 있겠습니까? 해와 달의 밝고 밝은 빛은 기가 모인 것이니, 어찌 놀 수 있는 광한궁이 있겠습니까? 신천사申天使, 나공원羅公遠의 요술이 현종을 미혹하는 데 중요한 구실을 한 것입니다. 송 대 휘종徽宗이 임령소林靈素에게 속은 것도 똑같은 사례니 다시 무슨 말을 하겠습니까?

9월 9일은 양이 겹치는[重陽] 날입니다. 높은 곳에 올라가서 액을 피하는 풍습은 비장방費長房이 시작하고 후세에 그를 따라 하다가 풍속이 되었습니다. 산수유 주머니를 차는 것은 나쁜 기운을 제거하기 위함이고, 국화주를 마시는 것은 노화를 늦추기 위함입니다. 아! 9와 9가 겹친 것이 비록 흉하기는 하나, 넓은 하늘 아래 어찌 액만 있겠습니까? 죽고 사는 일은 명에 달려 있고 명은 하늘에 달려 있으니, 비록 태산이나 화산에 오른다 해도 어찌 타고난 명에서 달아날 수 있겠습니까?

제나라 경공景公이 우산牛山에 올라가서 눈물을 흘린 것은 가을을 슬퍼하는 생각이 많았기 때문이고, 두목杜牧이 푸른 산[翠微]에 오른다는 시를 읊은 것은 광달한 뜻이 있었기 때문입니다. 다만 그날은 맛있는 안주와 향기로운 술을 갖추고 친구를 불러서 귀뚜라미[蟋蟀]의 시를 읊으며 감정을 어지럽히지 않는다는 경계를 마음에 새기는 것이 옳습니다. 하필 용산龍山에 올라가서 모자를 떨어뜨린 것과 같이 정신없이 논 뒤에야 마음이 상쾌하겠습니까?

10월은 하원절입니다. 하늘의 기운은 위로 오르고 땅의 기운은 아래로 내려와서 기운이 막혀 버리니, 겨울이 되며 이로써 한 해의 활동이 끝납니다. 그래서 이달에 증제를 지내는 것은 한 해가 끝났음을 신에게 아뢰기 위함입니다. 큰 술잔치는 사람에게 한 해의 마지막을 알리기 위해 벌입니다. 천자가 천종에 다음 해를 기원하는 까닭은 마무리를 잘했으니 다시 잘 시작할 수 있도록 바라는 데 있습니다. 원元은 원이 아니라 정貞에서 생기니,[10] 한 해가 끝나면 이에 내년을 기원하는 것 또한 옳지 않겠습니까?

중동 달은 음률로 황종에 해당합니다. 황종은 12음률에서 첫째 관管입니다. 음의 작용이 다한 뒤[剝] 양기가 처음 생겨나기 때문에 동짓날 양 하나가 처음 작용합니다. 그런데 그 기운이 매우 미약하기 때문에 반드시 안정을 이룬 상태에서 자라나게 해야 합니다. 그래서 관문을 닫아걸고 사람의 출입을 금하며 장사치나 나그네가 다니지 못하게 합니다. 이 또한 성왕이 자연의 질서에 순응해 양을 부양하고 음을 억누르는 것을 뜻합니다.

12월은 한 해의 율기律紀가 다하므로 온갖 신에게 제사를 지냅니다. 납제는 조상에게 드리는 제사고, 사제는 옛 성현에게 올리는 제사입니다. 여러 신령에게 제향해서 공덕에 보답하려는 것입니다. 악귀를 몰아내고 역귀를 쫓아내는 의식은 『주례』에서 방상시方相氏가 맡아보았는데, 사악한 기운을 물리치고 제거해서 새해를 맞이하려

10　사람의 본성을 '인의예지'로, 자연의 작용을 '원형이정'으로 규정한다. 그리고 이 본성이나 자연의 작용을 각각 동남서북 방향과 춘하추동 계절에 비정하기도 한다. 그래서 원은 봄, 정은 겨울을 가리킨다. 원은 원이 아니라 정에서 생긴다는 말은 각 계절이 앞뒤 계절과 서로 연관된다는 뜻이다.

는 것입니다. 공자 같은 성인도 조복朝服을 입고 동쪽 계단에 서 있었는데 이를 잘못된 일이라고 비판하는 말을 듣지 못했으니, 제가 어찌 감히 가벼이 따지겠습니까! 다만 후세에 경쟁이라도 하듯 기이한 형상으로 변한 것은 아마도 주의 제도에 부합하지 않은 듯합니다.

집사께서 절서에 관해 물으시니 저는 민간의 풍속을 대략 진술했습니다. 그러나 어느 것이 선왕의 제도에서 나오고 어느 것이 잘못된 풍속에서 나왔으며 어느 것이 사치스러운 인심에서 나왔습니까? 제가 생각건대 선왕의 제도는 사람으로 하여금 시간[天時]의 변화를 관찰하고 자연[物理]의 변천에 감응해 부지런히 착한 일을 하며 하늘을 공경하게 한 것에 지나지 않습니다. 어찌 후세에 신선이나 부처에게 아첨하고 멋대로 잔치를 차려 먹고 노는 것과 같겠습니까? 참으로 선왕의 제도를 준수해 풍속을 변혁하고 인심을 바로잡는다면, 요임금[唐堯]이 시간을 경건하게 살펴서 사람들에게 알려 준 정치도 이를 넘어서지 않을 것입니다.

집사께서 물음의 마지막에 자연의 법칙과 사람의 도리가 부합하게 할 방법을 물으셨습니다. 저는 이 말에 더욱 느끼는 바가 있습니다. 제가 듣기에 성인의 도는 하늘을 본받는 것일 뿐입니다. 『역』에서 이르기를 "하늘의 운행이 씩씩하니, 군자가 이를 본받아 스스로 노력하고 쉬지 않는다."[11] 했습니다. 하늘이 음과 양, 두 기운을 움직여서 네 계절을 펼치고 해와 달이 번갈아 빛나게 하며 만물이 생겨나 삶을 살아가게 하는 원리는 '쉬지 않음[不息]'에 지나지 않습니다. 임금이 쉬지 않는 하늘을 본받을 수 있다면 정치와 교화가 저절로 닦여서 아

11　天行健, 君子以自强不息. ―『주역』, 「건乾」 '상象'.

무엇도 하지 않아도 저절로 변할 것입니다.

　하늘의 봄은 생명 의지가 왕성해서 뭇 생명을 길러 냅니다. 임금이 하늘의 봄을 본받아 안타까운 처지를 참지 못하는 정치를 행할 수 있다면 인이 천하를 덮을 것입니다. 하늘의 여름은 만물을 무성하게 길러서 찬란하게 제 모습을 다 갖추도록 합니다. 임금이 하늘의 여름을 본받아 문명의 교화를 추구한다면 예와 음악이 함께 조화롭게 발전할 것입니다. 하늘의 가을은 위엄과 강력한 힘을 떨쳐서 만물을 성숙하게 하고 매듭을 짓습니다. 임금이 하늘의 가을을 본받아 정의로운 법에 따라 형벌을 내리고 사형을 판결한다면 형벌은 무용지물이 되고 인민은 중도中道에 화합할 것입니다. 하늘의 겨울을 본받아 행동을 절제하고 시간의 흐름에 맞춰 물러나서 수양한다면, 인민의 생활은 성취되고 왕도는 완결될 것입니다. 그래서 성인의 도는 하늘을 본받을 뿐이라고 한 것입니다.

　비[雨]와 볕[暘]과 따뜻함[燠]과 추위[寒]와 바람[風]은 시간의 흐름에 따른 기상 현상입니다. 엄숙함[肅]과 다스림[乂]과 명철함[哲]과 슬기로움[謀]과 통달함[聖]은 사람이 닦아야 할 일입니다. 군주가 인간 사회의 질서를 엄숙하게 잡으면 하늘은 반드시 때에 맞게 비를 내려서 반응합니다. 인간 사회를 잘 다스리면 하늘은 반드시 때에 맞게 볕을 내려서 반응합니다. 기후가 따뜻한 것은 명철함과 같지 않습니까? 기후가 차가운 것은 슬기로움과 같지 않습니까? 바람이 부는 것은 통달함과 같지 않습니까? 만약 이렇게 자연의 시간 질서와 인간의 사회 질서가 조화를 이룬다면, 싸늘한 바람이 봄에 불지 않으며 장마가 가을에 들지 않을 것입니다. 여름이 어찌 혹독하게 덥겠으며 겨울이 어찌 뜨뜻미지근하겠습니까? 농사는 풍년이 들고 사람은 화평하며 만물은 타고난 본성을 이루어 즐겁고 편안한 풍속과 어진 사람이 오래 사는 사회가 어찌 멀겠습니까?

원컨대 집사께서는 어리석은 말이라고 비웃지 말고 위로 임금께 전해 임금을 도우려는 구구한 뜻을 펼 수 있게 해 주신다면, 꼴 베고 나무하는 사람의 한마디 말이 요순의 다스림에 도움이 될지 어찌 알겠습니까?

삼가 대답합니다.

『율곡전서』

오늘 읽는 책문

동물이나 식물은 시간의 변화에 몸으로 반응한다. 하지만 인간은 오랜 경험의 축적과 인지의 발달 때문에 시간의 변화를 문화적 형식으로, 일종의 상징 형식으로 의식하며 의미 있는 행위를 통해 표현한다. 시간의 흐름에 따른 변화를 문화로 끌어들인 특정한 행위 양식이 바로 명절이다. 어느 사회라도 그 공동체가 함께 축하하며 공동체의 존속과 안녕을 기원하고 화합을 다지는 축제가 반드시 있다. 이 축제가 계절의 흐름에 따라 일정한 주기가 있다면 우리는 그것을 특별히 명절이라고 한다.

사람의 삶은 시간의 흐름에 따라 계기적繼起的으로 이어진다. 한 사람의 일생은 탄생·성장·노쇠·죽음으로, 한 해는 봄·여름·가을·

겨울로, 하루는 아침·점심·저녁·밤으로 이루어진다. 끊임없는 시간의 흐름과 계절의 순환 속에서 사람이 태어나고 자라고 늙고 죽는다. 시간이란 시작도 끝도 없는 연쇄다. 물리학이나 우주천문학에서는 백 수십억 년 전 태초의 대폭발에서 우주가 생겨나면서 시간도 생겨났다고 하지만, 이런 설명은 이론과학의 영역에서나 통한다. 실제 생활 세계에서는 시간이 밤과 낮 그리고 봄과 여름과 가을과 겨울의 끝없는 반복으로 느껴질 뿐이다. 흐르는 물에 단절이 없듯 흐르는 시간은 시작도 끝도 없다. 오늘이 어제 같고, 그날이 그날이다. 문득 살갗이 오슬오슬해지고 몸이 움츠러들면 가을이 깊어지고 겨울이 오는 것을 실감하며, 껴입은 옷이 무겁게 느껴지면 봄이 온 것을 깨닫는다.

사람이 대상을 파악하는 중요한 방법 중에는 변별과 구분이 있다. 사람이 시간을 의식하는 방식도 마찬가지다. 실체가 없이 주기에 따른 운행만 무한 반복되는 흐름의 계기繼起 속에서 시간을 의식하고 그 흐름에 시작과 끝의 계기契機와 분절分節을 둠으로써 사람은 시간을 객관적으로 파악하게 되었다. 시간을 여러 단위로 구분하고, 단위마다 특징을 추출해서 이름 붙인다. 시간의 기준을 두고 시와 날과 달과 해를 정하며 작은 순환과 큰 순환으로 구분해 한 해와 60갑자로 주기를 구분하기도 한다. 이렇게 시간을 분화하는 데는 그 나름대로 기준과 의미가 있다. 한 해의 순환은 해의 위치로 정하는데, 60갑자의 주기에 관해서는 정확한 기원을 알 수 없는 설들이 있다. (실제로는 지구가 공전하지만) 태양이 지구를 한 바퀴 돈다고 보고, 원형인 그 궤도의 내각인 360도 또는 지구가 태양을 공전하는 주기인 1년의 360일(태양력으로는 365와 1/4일)을 6으로 나눠서 갑자의 단위로 삼았다고 한다. 360을 나누는 기준이 되는 수는 여럿이지만 6×6이 가장 안정적으로 보인다. 그래서 6으로 360을 나눠 나온 수 60을 갑자의 단위로 삼았다는 것이다. 이런 기준을 적용하고 생활 세계의 필요에 따라, 또는 우주와 자연을 인식하는 방식에 따라 나눈 시간 단위를 삶에 적용하면서 자연의 변화를 시간의 계기 속에서 파악했다.

조선 시대에 시간의 흐름을 가리킨 절서란, 시간 마디의 차례를 뜻한다. 하늘에 날마다 해가 뜨고 지고 달이 차고 이지러지면서 시간에 마디가 생긴다. 계절에 따라 별과 별자리도 달리 나타난다. 이와 같은 하늘의 무늬〔天文〕를 보고 날과 달과 계절과 해〔年〕를 가늠했다. 이런 시간 가늠의 기준이 되는 날이 명절인 것이다.

사람이 자연의 변화에 질서를 부여하는 가장 대표적인 체계가 역법, 곧 달력 체계다. 달력 체계는 정월을 정하는 것을 시작으로 한다. 태양력이든 태음력이든 한 해의 시작점을 정하는 것이 중요하다. 정월이 계절의 순환 주기, 자연의 변화에 정합해야만 나머지 달이 제구실을 할 수 있기 때문이다. 고대사회에서는 해와 달의 운행 주기를 각각 또는 함께 기준으로 삼아 정월을 정했다. 곧 태양력은 태양의 주기만을, 태음력은 달의 주기만을, 태음태양력은 달과 해의 주기를 함께 고려해서 정월을 정한다. 그런데 정월은 한 해의 시작이기 때문에, 정월을 정하는 방식은 우주의 시간적 계기를 파악하는 관점을 보여 준다.

고대 동아시아에서는 동지점이나 입춘점을 기준으로 정월을 정했는데, 동지와 입춘은 각각 태양의 운행 주기와 계절의 순환 주기에 기초한 것이다. 그리고 동지와 입춘 사이에 한 달이 넘게 있기 때문에 이 달을 정월로 삼기도 한다. 그렇다면 현행 달력 체계에서 12월(동지)·1월·2월(입춘)이 각각 자월·축월·인월이고, 이 세 달이 정월의 후보가 되는 것이다. 동지는 태양 운행의 전환점으로서 하늘이 열리는 것을 상징하고, 입춘은 농사가 시작되는 때로서 사람이 생겨나는 것을 상징한다고 보았다. 그 사이는 땅이 열리는 시기다. 고대 중국에서는 왕조가 교체되면 정월을 한 달 앞당겨 하는 2월, 상은 1월, 주는 12월을 정월로 삼았다고 한다. 공자에 따르면, 주를 계승한 왕조는 다시 2월을 정월로 삼아야 한다고 보았다.

고대 동아시아 사회에서는 역법을 선포하는 권한이 정치권력의 정당성을 상징한다. 그래서 왕조가 교체되면 낡은 역법을 개정하고 새로운 역법을 선포한 것이다. 역법의 제정과 선포는 곧 왕조의 교체가 정당하다고, 곧 천명을 받았다고 대내외에 공표하는 일이다.

역법을 정하고 정월을 정하는 기준을 치밀하게 마련한 것은 자연의 질서와 인간세계의 질서를 맞춰야 한다는 이념 때문이다. 그리고 고대인의 의식에서, 인간은 자연의 질서를 파악해서 달력을 만들고 자연의 주기는 달력의 체계를 따랐다. 오랜 시일이 지나 달력 체계가 자연의 흐름과 들어맞지 않거나 천문 현상과 천체의 변화를 예측하지 못하거나 자연재해 같은 이상 현상이 일어나면 역법을 선포한 왕과 왕조에 책임이 있었다. 왕이 달력 체계로 자연의 순환과 주기에 질서를 부여했기 때문에 왕에게는 자연의 질서, 정상적인 변화를 담보해야 할 책임이 주어진 것이다. 이 책임을 다하지 못하면 왕조 교체로 귀결된다. 그리고 왕조가 교체되면 상징적으로 역법을 개정했다.

동아시아 전통 사회의 기본 생산양식은 농경이었다. 농경은 채집이나 약탈이 아니라 자기의식적인 노동을 투입해서 먹을거리를 생산할 뿐만 아니라 자연에서 자기 존재의 의미, 존재의 위치를 세우는 행위다. 다시 말해, 인간은 노동을 통해 자기를 완성해 나가고 자연에서 동식물과 어떻게 차별되는 존재인지를 확인한다. 따라서 사람이 자연을 인식하는 방식도 농경 생산을 기반으로 한다. 시간을 나타내는 한자 '시時'도 처음에는 씨 뿌리는 때를 뜻했다. 씨 뿌리는 때를 나타내는 글자가 점차 농경 활동의 주기를 지정하는 글자로 의미가 확장하면서 시간 일반을 가리키는 말이 되었다. 농경민의 삶은 식물의 생장 주기를 따른다. 그러므로 1년이라는 시간의 추이를 지정하는 달력이나 절서가 식물의 생장 주기에 따라 시간의 의미를 파악한 것이다. 계절의 순환을 구분하는 틀 가운데 하나인 24절기의 이름이 태양의 궤도를 따라 붙인 2지至(동지와 하지)와 2분分(춘분과 추분) 말고는 모두 식물의 '생장수장生長收藏'과 관련된다.

한편 농경 사회의 절기와 절서에는 근본적으로 자연의 주기성을 인식하고 거기에 맞춰 하는 농경 생산의 풍요를 기원하는 의례가 따른다. 그래서 농경 사회의 중요한 축제와 의식은 식물의 생장과 풍성한 수확을 기원하는 풍요의 제식을 근간으로 한다. 동서양을 막론하고 고대의 중요한 축제는 어떤 식으로든 풍요 기원 제식과 연관이 있다. 예컨대 켈트족의 중요한 전설인 아서왕과 원탁의 기사 이야기나 서양의 여러 설화에서 중요한 구성이 재현되는 어부왕漁夫王 전설, 심지어 20세기 영시 문학의 기념비적 작품이라는 엘리엇T. S. Eliot의 「황무지The Waste Land」도 풍요 기원 제식을 모티브로 한다.

봄의 의미를 묻다

윤선도尹善道

1587(선조 20)년에 태어나고 1671(현종 12)년에 죽었다. 본관은 해남海南, 자는 약이約而, 호는 고산孤山·해옹海翁이다. 숙부 윤유기尹唯幾(묘비에 새긴 이름은 尹惟幾)에게 입양됐다. 1628(인조 6)년 별시 문과 초시에 장원급제해 봉림대군鳳林大君과 인평대군麟坪大君의 스승이 되었고, 1633년에 증광 문과에 병과로 급제했다. 병자호란 때는 왕이 항복하자 해남 보길도에 은거했다. 정계에 복귀한 뒤 남인으로서 집권 세력인 서인에 맞서 정치투쟁의 선봉에 섰고, 이 때문에 관직 생활 중 장기간 유배와 은거로 부침을 많이 겪었다. 문집인 『고산선생유고孤山先生遺稿』에 시문이 실려 있으며 별집에 한시·한문과 시조 35수, 단가 40수(「어부사시사漁父四時詞」)가 있다. 정철鄭澈·박인로朴仁老와 함께 조선 3대 가인歌人으로 꼽힌다. 가사는 빼고 단가와 시조만 75수나 지은 점이 특이하다. 1675(숙종 1)년 남인의 집권으로 신원하게 되어 이조 판서에 추증되었다.

책문

사계절을 똑같이 나누면 봄이 그 가운데 하나를 차지한다. 봄은 만물을 낳는 것을 덕으로 삼고, 한 해 활동의 바탕과 시작이 된다. 오행五行에서는 목木, 오성五性에서는 인仁이며 봄에 배속된 소리·색·냄새·맛이 있다. 이런 것들을 자세히 말할 수 있겠는가?

왕이 된 자가 하늘을 대신해 만물을 다스리며 시간에 따라 명령하는 내용이 「월령月令」에 아주 자세히 나와 있다. 이것을 후세에 모두 그대로 시행할 수 있는가?

『춘추春秋』에서는 봄, 왕, 정월正月 순으로 배치했다. 이는 이른바 하夏의 계절을 주周의 정월 앞에 둔 셈이다. 어떤 사람은 주 대에 역법을 개정했으니 계절과 달의 기준도 개정해야 한다고 한다. 어떤 설이 옳은가?

주에는 봄여름에 상을 주는 제도가 있었다는 기록이 있고 한의 황제는 봄에 어려운 백성에게 곡식을 꾸어 주라〔賑貸〕는 조서를 내렸는데, 이런 일은 반드시 봄이 만물을 낳고 한 해의 시작이 된다는 뜻과 관련이 있다. 상을 주는 법과 백성을 구휼하는 정치는 봄이라는 시기를 놓치고서는 행하면 안 되는가?

소옹은 3황을 봄에 비유하고, 정이는 안회顔回를 봄의 생기라고 표현했다. 이렇게 비긴 취지를 명확히 말할 수 있는가?

지금 성명聖明한 임금께서 사랑〔仁〕으로 뭇 백성을 덮으시고 수많은 백성이 성대한 세상에서 살기를 바라시는데, 백성의 기운은 펴지지 않고 재해가 이어지고 있다. 이렇게 정치의 교화가 임금의 사랑에 호응하지 않는 까닭은 무엇인가?

세도世道가 점점 타락해서 이미 엄정하게 대처해야 할 시기가 거의 되었기 때문에 사랑과 혜택〔仁惠〕만 베푸는 것은 시대 흐름과 맞지 않는다고 주장하는 사람이 있고, 천지가 생명을 싹트게 하는 덕이 사계절을 두루 관통하고 있으니 봄의 덕〔元〕을 체득하는 도리에 인〔仁〕보다 앞설 것이 없다고 주장하는 사람이 있다. 이 두 가지 설 가운데 어느 것이 타당한가?

천지에 충만한 광대한 조화〔太和〕의 기운이 흘러서 온 세상을 두루 꿰뚫고 스며들어 만물이 저마다 제자리를 잡고 살아가는 즐거움을 얻게 하는 방법은 무엇인가?

대책

대답합니다. 『주역』에서 말하기를 "크도다. 건원乾元이여! 만물이 이를 바탕으로 삼아 시작되니, 하늘을 통솔한다." 했습니다. 이를 해설하는 사람은 "원元은 선善의 으뜸이다. 사람에게서는 인仁이 되고, 시간에서는 봄이 된다." 했습니다. 저는 이 글을 읽고서 봄이 일원一元을 몸으로 삼는 것과 만물을 시작하게 하는 것을 알았습니다.

『서경』에서는 "하늘의 직분을 사람이 대신한다." 하고, 『중용』에서는 "중화中和를 이루면 하늘과 땅이 안정되고 만물이 자라난다." 했습니다. 저는 이 글을 읽고 하늘과 땅이 하는 일을 마름질해 성취하고[裁成] 힘을 더해 돕는[輔相] 도리가 사람에게 있음을 알았습니다.

채침이 말하기를 "하늘과 사람의 관계[天人之際]에 대해서는 말하기가 쉽지 않다. 도를 아는 자가 아니면 누가 득실의 기틀과 미묘한 감응을 깨달을 수 있겠는가?" 했습니다. 저는 이 글을 읽고서 천도天道란 속된 선비와 더불어 논할 수 없는 문제임을 알았습니다.

지금 세상은 바야흐로 인을 좋아하고 시기는 한창 봄이 흐르고 있는데, 집사께서 원을 몸으로 삼고 시간을 따르는 도리를 듣고자 하시면서 특별히 '봄[春]'이라는 글자 하나를 들어 문목問目으로 삼으셨습니다. 참으로 대단한 이 질문은 이른바 '꼭 알맞은 때에 말하는' 것이지 '급하지 않은 일을 살피는' 것은 아닙니다. 제가 감히 손으로는 물을 뿌리고 청소하는 절도도 모르면서 입으로는 천리天理를 해설해야 하니, 묵묵히 있을 수 있겠습니까? 삼가 양보음梁甫吟 같은 만가輓歌는 버리고 양춘陽春의 설을 토해 스승[春風]의 자리에 질정을 하

고자 합니다.[1]

저는 이렇게 생각합니다. 태극이 쪼개지고 음양이 나뉜 뒤 추위와 더위가 서로 밀어 네 계절이 생기는데, 해가 황도의 별자리[次]에서 운행을 마치고 달이 열두 달[紀] 뒤 운행을 마쳐서 해와 달의 도수가 마감되면 한 해가 다시 시작됩니다. 이 시작하는 시기를 봄이라고 합니다.

봄과 관련된 날은 오행으로 갑을[甲乙]이고, 봄을 상징하는 임금은 태호太暤이며, 봄의 신은 구망勾芒입니다. 봄은 무성하고 온화한 기운이 온 세상에 가득 피어올라 오로지 뭇 생명의 고동을 울려서 만물을 이루어 자라나게 하기에, 그 작용이 '낳음[生]'입니다. 여름의 '자람[長]'·가을의 '이룸[成]'·겨울의 '갈무리[藏]'에 간여하지는 않지만, 봄이 만물을 낳지 않고서는 여름이 자라게 하고 가을이 이루어지게 하고 겨울이 갈무리할 수 있겠습니까? 이 때문에 봄은 네 계절을 두루 꿰뚫고, 만물이 바탕으로 삼아 시작되게 하며, 한 해의 머리가 됩니다.

사람이 하늘을 본받는 도리를 말하자면, 다른 데서 구할 수 없고 인仁에서만 구할 수 있습니다. 일원一元이 흘러서 때에 부여된 것을 봄이라 하고 사람에게 부여된 것을 인이라 하는데, 때에서 봄이 곧 사람에게서는 인이고 사람에게서 인이 곧 때에서는 봄입니다. 인을

1　양보음은 증삼曾參이 부모를 생각하면서 부른 노래라고도 하고 제갈량諸葛亮이 지었다고도 하는데, 증삼이 살던 땅에서는 사람이 죽으면 양보산에 장사 지냈기 때문에 만가라는 뜻으로 쓰였다고 한다. 또 제갈량과 관련해서는 아버지가 죽은 뒤 그가 몸소 밭을 갈면서 이 노래를 즐겨 불러 은사의 노래라는 뜻으로도 쓰인다. 책문의 주제가 봄이라서 굳이 스승의 가르침을 춘풍으로 쓴 듯하다.

얻으면 봄과 부합하고 인을 잃어버리면 봄과 상반되니, 봄과 부합하면 온화한 기운이 이르러서 만물이 자라나고 봄과 상반되면 사나운 기운이 응해서 온갖 재앙이 일어납니다.

그런데 이 봄은 사계절을 관통해 계절의 시작이 되고, 이 인은 사단四端[2]을 통괄해 덕의 근본이 됩니다. 이 봄은 만고에 변하지 않고 계절의 시작이 되며, 이 인은 천년을 흘러도 덕의 근본인 점은 다름이 없습니다. 그렇다면 시간으로서 봄을 알고자 한다면 마땅히 나에게 있는 인으로 돌이켜야 하고, 시간으로서 봄을 체득하고자 한다면 마땅히 나에게 있는 인을 다해야 합니다. 인으로 도를 닦고 인으로 정치를 함으로써 인을 실행하는 노력이 쉬지 않고 오래 지속되어 온 사방에 푹 젖어 들고 두루 관통하면, 온 세상이 인으로 돌아가고 한 나라가 인을 일으키며 백성이 화평하고 만물이 자라나서 온 세상이 봄이라 저마다 제자리를 얻을 것은 말할 것도 없고 임금이 가만히 앉아 있어도 성대한 세상이 될 수 있을 터입니다.

밝은 물음에 옛날에 들은 내용을 대략 진술하겠습니다. 원元은 만물의 시작이고 봄은 사계절의 머리니, 봄이 네 덕의 원에 배당되는 까닭이 이것입니다. 인은 인성人性에서 사랑을 주로 하고 봄은 시간에서 낳음을 주로 하니, 봄이 인성의 인에 배합되는 까닭이 이것입니다.

---

2   맹자가 사람의 본성이 착하다고 논증하기 위해 든 네 가지 감정의 단서를 가리킨다. 측은히 여기는 마음은 인의 단서, 자기 잘못을 부끄러워하고 남의 잘못을 미워하는 마음은 의의 단서, 사양하는 마음은 예의 단서, 옳고 그름을 가리려는 마음은 지의 단서. 후대 학자들은 이 사단 가운데에서 측은히 여기는 마음이 다른 마음을 통괄하며 인이 다른 덕을 통괄한다고 해석했다.

봄을 소리로는 각角, 빛깔로는 파랑[靑], 냄새로는 비린내[羶], 맛으로는 신맛[酸]에 배당하는 것은 오행에 이것저것 배당한 설입니다. 그 이치를 상세히 논하고자 한다면 점쟁이가 갑을(사주팔자)을 따지는 설과 가깝지 않겠습니까? 그러니 어찌 군자가 하늘을 본받고 교화를 돕는 도리에 보탬이 되겠습니까?

지금 월령과 시기를 따르는 정치를 살펴보면, (『서경』)「우서虞書」의 '공경히 따른다[欽若]'는 이치에 부합합니다. 덕을 선포하고, 계절에 따라 할 일을 해 나가고, 착한 일에 상을 시행하고 혜택을 베푸는 교화는 본래 옛날이나 지금이나 다르지 않습니다. 그러나 궁궐과 집과 그릇, 의복, 음식, 거처의 절도는 이미 모두 시대에 맞지 않습니다. 비록 원元을 체득하고 시령을 행하고자 하나, 마땅히 옛것에 의지해야 하며 거리끼지 않아야 합니다.

하의 역법을 달[月]의 앞에 내세운 까닭은 법을 후세에 드리우기 위함이고, 주의 역법에 기초해 날짜를 기록한 까닭은 감히 멋대로 하지 않음을 보인 것입니다. 하의 역법을 시행한다는 말은 안회의 물음에 대한 답이고 지위를 얻지 못하면 일하지 않는다는 말은 자사의 책에 실렸으니, 성인의 가르침을 대체로 알 수 있습니다. 역법을 개정했다고 계절과 달의 기준도 개정해야 한다는 어떤 사람의 말은 어찌 변별할 나위가 있겠습니까?

낳아 기르는 시기에 상을 베푼다는 규정은 주의 제도에서 찾을 수 있고, 따뜻하고 온화한 시절에 백성을 진휼한다는 법에 관련된 것은 한의 조서에 있습니다. 그러나 상을 베풀 만하면 상을 베풀 일이지 어찌 태주太簇[3]가 시율時律[4]을 주관하기를 기다리겠습니까? 진휼할

만하면 진휼할 일이지 어찌 봄의 신〔蒼靈·靑帝〕이 길 안내를 할 때가
되어야 하겠습니까?

3황을 봄이라 함은 인류의 역사를 사계절에 분배한 것입니다. 안
회를 봄의 생기로 표현함은 기상으로써 현인을 논한 것입니다. 만물
에 우두머리가 된다, 만세에 영원히 그를 의지한다, 만물을 낳는 도
가 있다 함은 소옹이 봄의 속성을 비유한 것입니다. 석 달 동안 인을
어기지 않았다, 조화롭고 순조로워서 가운데에 쌓는다, 만물을 낳는
기운을 얻었다 함은 정이가 참으로 잘 비유한 것입니다.

지금 세상이 좋아지는 때를 맞이해서 성인이 세상을 다스리며 자
기를 극복해 예를 회복하고 인에 공경히 머무시며 상 주기를 좋아하
고 벌주기를 좋아하지 않으며 살리기를 좋아하고 죽이기를 좋아하지
않으며 뭇 생명을 무성하게 기르고 뭇 만물을 따뜻하게 다독여 그 기
운이 넘치며 그 덕이 온화해서, 늘 일원一元을 하늘에 돌리고 만민을
장수하게 하려고 하십니다.

근래 민생은 이루어지지 않고 때의 기운은 온화함을 어김으로써
초목은 즐거워하는 시기지만 마을에서는 근심과 원망의 소리가 있
고, 해가 새로 바뀌는 즈음이나 추위와 더위가 빠르고 늦은 절도를
잃어버렸으며, 북풍의 차가운 기상이 닥쳐오니 서쪽 밭둑에서 즐겁
게 일한다는 뜻이 쇠퇴했습니다.

이런 말씀을 드리려니 춥지 않아도 몸이 떨립니다. 이렇게 어그러
진 까닭을 생각하니 그 허물이 어디에 있겠습니까? 한갓 어진 마음

3　봄의 첫 달인 정월에 해당하는 음률이다.

4　1년 열두 달의 음률이다.

[仁心]은 있으나 어진 정치[仁政]를 행하지 않아 백성의 기운이 펴지지 않기 때문입니까? 아니면 중화中和가 다 이루어지지 않고 어그러진 기운이 서로 올라타서 재해가 서로 이어지기 때문입니까? 임금한 사람이 선정을 베풀면 경사가 있게 되니 마땅히 이런 염려가 없어야 하겠지만, 만물이 제자리를 잃어버린 것을 생각하면 이런 근심이 없지 않습니다. 아! 폐단이 생기는 원인만 생각할 뿐 폐단을 제거하는 도리를 찾지 않아서야 되겠습니까?

이 폐단을 구제하는 계책은 두 가지 설이 있습니다. 세상이 타락하고 인심이 예전과 달리 차디찬 겨울 같으니 인과 혜택[仁惠]을 베풀기가 어렵다는 것은 갑의 설입니다. 봄의 낳는 덕이 사계절을 관통하며 공경히 따르는 도는 인이 급선무라는 것은 을의 설입니다. 인자하고 성스러운 시대이나 정치의 교화가 응하지 않는 것을 보면 갑의 설이 옳을 듯합니다. 인자한 덕의 도리를 시행하면 다스려지지 않는 때가 없다는 것을 보면 을의 설이 옳지 않겠습니까? 그렇다면 갑의 설은 봉덕이封德彝의 설에 가깝고, 을의 설은 위징魏徵의 설에 가깝습니다.[5]

마음에 거슬리는 말을 들으면 반드시 도리에 부합하는지 따져 보고 뜻에 맞는 말을 들으면 반드시 도리에 맞지 않는지 따져 본다면, 취하고 버림이 아주 분명해질 것입니다. 좋은 꾀는 따르지 않고 좋지 않은 꾀는 도리어 사용한다면, 위태로움과 망함이 확연할 것입니다.

5 당 태종이 처음 나라를 다스릴 방침을 세울 때 여러 신하와 의논했는데, 위징은 인의仁義로, 봉덕이는 형법刑法으로 정치를 해야 한다고 주장했다. 태종은 위징의 말을 따라 인의로 정치를 해 천하가 태평해졌는데, 봉덕이는 이미 죽고 없었다. 이에 태종이 말했다. "지금 천하가 태평한 것은 위징의 힘인데, 봉덕이에게 이것을 보게 하지 못한 것이 한이로다."

참으로 사랑을 마음으로 삼고 살리는 것을 덕으로 삼으며, 인으로써 자기를 수양하고 인으로써 사람을 다스리며, 다친 사람을 돌보듯 교화해서 봄으로 돌아가게 하며 차마 (남의 고통을 외면)하지 못하는 정치〔不忍之政〕를 해 봄과 하나가 되어야 합니다. 그러면 원을 체득하는 도가 시작부터 끝까지 완벽해서 성인의 일이 완료되고, 왕자王者의 대업이 성취될 것입니다. 태화가 두루 흐르는데 어떤 어려움이 있겠으며, 만물이 제자리를 얻는데 무슨 문제가 있겠습니까?

다하지 못한 말씀을 대책의 끝에서 드리고자 합니다. 배우면 무엇이 인이고 무엇이 인이 아닌지 알 수 있고, 배우지 않으면 무엇이 인이고 무엇이 인이 아닌지 알지 못합니다. 인도仁道를 알면 비록 사람을 미워하고 사람을 죽이더라도 모두 인에 부합하고, 인도를 알지 못하면 비록 사람을 사랑하고 사람을 살리더라도 모두 인에 위배됩니다. 이것은 배움이 인을 행하는 것보다 더 중요하니, 인을 행하는 것을 배우지 않으면 안 된다는 말입니다. 성인이 격물치지를 중요하게 여기는 것은 이 때문입니다. 제 말을 집사께서 옳지 않다고 여기지 않으신다면 임금께 들려주십시오. 그러면 매우 다행이겠습니다.

삼가 대답합니다.

『고산선생유고』

오늘 읽는 책문

이 대책은 윤선도가 1628년 별시 초시에 응시해 제출했다. 그는 윤유심尹唯深의 아들로 태어나 큰아버지에게 입양된 뒤 경전과 역사, 의약·복서·음양·지리 서적을 두루 공부했다. 22세에 모친상을 당하고, 이듬해에 생모상을 당했다. 25세에 복을 벗고 해남으로 내려갔다가 이듬해 봄에 진사시에 합격했는데, 그해 12월에 생부상을 당했다. 1616(광해군 8)년에 진사로서 상소해 예조 판서 이이첨李爾瞻을 비롯해 유희분柳希奮, 박승종朴承宗에게 벌을 주라고 청했다가 경원으로 유배되었다. 32세에 기장으로 이배되고, 이듬해 5월에 부친상을 당했다. 인조반정이 일어난 뒤 석방되고, 그해 8월 별시 초시에 합격한 뒤 벼슬을 받았으나 나아가지 않다가 1627년에 정묘호란이 일어나서 인조가 강화도로 피난을 갈 때 나아갔으나 미치지 못해 되돌아섰다. 1628년 별시 초시에 장원으로 급제하고 봉림대군·인평대군의 스승이 되었으며, 특명에 따라 공조·형조·한성부의 관료로 지냈다. 병자호란으로 왕이 항복하자 해남 보길도에 은거했는데, 병자호란 당시 왕에게 문안하지 않았다는 이유로 52세 때인 1638년에 영덕에 유배되었다가 이듬해에 석방되어 해남으로 돌아갔다. 효종孝宗이 즉위한 뒤 대군 시절 스승이던 인연으로 성균관 사예로 제수된 데 이어 동부승지로서 경연에 참여했다. 72세 때인 1658년에 나이를 이유로 벼슬에서 물러나기를 청하고 여주 고산에 머물렀다. 현종顯宗이 즉위하고 얼마 안 된 1660년에는 효종의 산릉 문제로 파직되고, 예송禮訟이 일어나자 남인의 논객으로서 송시열宋時烈에 맞서 다투다가 74세 나이로 삼수에 유배되었다. 1665년에 광양으로 이배되었다가 1667년에 특명으로 석방되어 해남으로 돌아갔다. 1671년, 부용동 낙서재에서 죽을 때 나이는 85세였다.

윤선도의 생애에서 예송 및 정쟁에 따른 유배 생활과 은거할 때 지은 단가 수십 편을 빼놓을 수 없다. 예송은 조선 후기 정치의 역학 관계를 지배한 학술 이론 투쟁인데, 사실상 학술 논쟁을 내세운 권력투쟁이다. 예 규범에 관한 법적 근거를 둘러싼 논쟁인 예송이 전후 두 차례 일어났는데, 윤선도와 관련한 것은 1659년에 일어난 1차 예송이다.

예송의 발단은 효종이 승하한 뒤 인조仁祖의 계비인 자의대비慈懿大妃가 상복을 얼마나 오래 입어야 하는가 하는 문제였다. 인조의 차자인 효종은 형인 소현세자昭顯世子가 즉위하지 못하고 죽은 뒤 왕권을 승계했기 때문에, 대비가 차자에 해당하는 기년복을 입어야 할지 또는 왕통을 이었으니 장자로 보고 삼년복을 입어야 할지가 문제였다. 왕실과 국가의 의례를 규정한 『국조오례의國朝五禮儀』에 이에 관한 규정이 없었기 때문에 예조에서 세자에게 복제를 의논해서 결정하게 하기를 청했는데, 세자가 송시열과 송준길宋浚吉에게 모든 사안을 문의하라고 지시했다. 두 사람은 당시 영돈녕부사와 영의정 등 대신들이 '시왕時王의 제도'를 근거로 삼아 주장한 기년복에 찬동했다. '시왕의 제도'는 당시의 제도를 뜻하며 『경국대전經國大典』, 『대명률大明律』에 기초한 제도다. 효종이 차자였으니 당연히 기년복으로 복제를 정하자고 한 것이다. 이 논의를 받아들여 왕세자는 기년복을 결정했다.

이때 남인인 윤휴尹鑴가 삼년복을 주장한다는 것이 이시백李時白을 통해 영의정 정태화鄭太和에게 전해졌다. 정태화가 세자시강원의 찬선인 송시열에게 문의하니, 송시열은 역시 예문禮文을 근거로 기년복을 주장했다. 그가 근거로 삼은 예문(『경국대전』·『대명률』)에 따르면, 천자로부터 사대부에 이르기까지 장자가 죽고 후계자가 된 차자의 죽음에도 장자와 같이 삼년복을 입는다면서 네 가지 예외를 제시한다. 적장자가 문제가 있어서 계승하지 못한 경우, 서손이 뒤를 이은 경우, 서자가 뒤를 이은 경우, 적손이 뒤를 이은 경우 등이다. 송시열이 보기에 효종은 왕위를 계승했어도 인조의 둘째아들이며 종법상 적장자가 아니라서 삼년복을 입을 수 없었다. 송시열의 주장을 확대해석하면 당시 소현세자의 아들이 살아 있었기 때문에 효종의 왕위 계승이 비정상이라는 의미가 될 수 있었다. 이에 정태화는 송시열이 주장을 이어 가지 못하도록 하고, 『경국대전』에 규정된 조항을 근거로 건의한 기년복제로 결정되도록 했다.

그런데 1660(현종 1)년 3월, 소상小祥 직전에 남인 허목이 소를 올려서 서자의 개념 해석에 이의를 제기했다. 송시열은 서자가 적장자 이외의 모든 아들〔衆子〕을 뜻한다고 보았고, 허목은 '서자를 후사로 삼았을 때 삼년복을 입을 수 없게 한 것은 첩이 낳은 자식이기 때문'이라면서 서자는 적실이 아닌 측실 소생을 가리킨다고 주장했다. 허목의 주장에 따르면, 효종은 첩의 소생이 아니고 소현세자가 죽은 뒤 인조의 장자가 되었기 때문에 삼년복을 입어야 했다.

기년복으로 국상을 추진하던 서인은 허목의 상소에 반발했다. 송시열은 자의대비가 이미 소현세자를 위해 삼년복을 입었으니 효종을 위해 다시 삼년복을 입는 것은 부당하고, 허목이 첩의 아들을 멋대로 규정했다고 했다. 두 사람이 논쟁하는 가운데 복제는 처음 결정대로 추진되고 있었다. 그러던 중 4월에 윤선도가 장문 상소로 허목의 견해를 지지하면서 차자가 종통을 계승했으면 적통도 이은 것이고, 효종이 세자가 되었을 때는 이미 장자이자 존귀한 몸[尊者]이었으니 삼년복이 부당하지 않다며 송시열의 견해를 논박했다. 그는 송시열과 송준길의 예학 수준까지 언급하면서 공격했고, 예송이 정치 논쟁으로 비화했다.

탄핵을 받거나 좋지 않은 혐의를 받으면 벼슬에서 물러나겠다는 뜻으로 도성 밖에 나가 하회를 기다리는 관행에 따라 송준길은 성 밖으로 나갔고, 서인은 예론을 가탁한 음흉한 중상모략이라고 윤선도를 몰아세웠다. 삼사의 탄핵이 이어지면서 윤선도가 올린 소는 서인의 주장에 따라 불태웠다. 그리고 윤선도는 전리田里로 낙향하라는 명이 내려졌다. 현종의 강력한 조치로 복제에 대해 더는 논란 없이 애초의 기년복으로 결정되었다. 윤선도를 옹호하고 구원하려던 사람들은 파직되고 유배되었다. 현종의 스승이었던 인연으로 사형을 피하고 삼수에 유배된 윤선도는 유배지에서도 「예설禮說」을 지어 복제 문제를 규명했다. 그새 북청으로 이배하는 논의가 있었으나 「예설」을 지은 것이 문제를 일으켜서 위리안치까지 결정되었다. 윤선도가 유배되어 있는 동안 서인은 윤선도를 처치하라는 소를 계속 올렸고, 남인은 윤선도를 옹호하고 구명을 탄원하는 소를 올렸다. 1665년에는 가뭄이 극심해 구언求言 교서가 내려졌는데, 이를 기회 삼아 다시 윤선도의 방환放還을 탄원하는 소가 올려지면서 결국 광양으로 이배되었다. 1667년, 고령에 오랜 유배 생활을 염려한 현종의 배려로 유배에서 풀려나 해남으로 돌아가서 여생을 보냈다.

후세에는 예송을 두고 서인의 예론은 왕도 사대부라는 관점에서 사대부 보편례普遍禮를 논리적 기반으로 하고, 남인의 예론은 왕가의 특수례特殊禮를 논리적 기반으로 했다고 평가한다. 지금 보기에는 비현실적이고 어처구니없는 논쟁이지만, 성리학의 이념이 지배하던 당시에 예론은 세계관의 바탕이며 인간과 사회와 정치와 문화를 구성하는 논리였다. 그래서 당시에는 어떤 예론을 견지하느냐에 따라 인간과 세계를 구성하는 방식이 달랐으며, 예론에서 패하는 것은 곧 정치생명을 잃고 권력에서 배제되는 것을 뜻했다.

예송에 앞장선 윤선도의 결기는 타협을 모르고 싸움닭처럼 달려들어 상대를 물어뜯을 줄만 알았지만, 유배와 은거 중에 읊은 단가 수십 편은 그를 국문학사 3대 가인으로 만들었다. 그의 단가에 대해서는 역대 한학자와 국문학자, 문학평론가 들이 칭찬 일색이다. 전인미답의 경지에 올랐다, 옛사람의 격식을 따르지 않고 자연스레 흘러나왔다, 때를 벗고 맑고 높아서 만장봉 같다, 담담하고 고아하며 자연을 초월한 한가한 사람의 여유로운 심경을 흔적 없이 나타냈다, 호남 산수의 야경夜景을 귀신같이 그려 놓았다, 조선어의 미를 발견하고 시가詩歌에 표현했다, 자연에 완전히 배합되며 자기 자신의 현현이다, 시조의 최고봉이다, 조선어를 예술적으로 순화해 앙양했다, 평범한 시재에 고결한 인격의 향기를 융합해 세련된 수법으로 그려 냈다, 조선어에 미를 부여하고 예술어를 만들었다, 평탄하고 쉽고 소박하면서도 속되지 아니하여 사람의 냄새를 풍기는 가장 보통성을 갖는 예술이다, 시조 문학의 가치를 최고도로 발휘했다, 국어미 조탁의 천재다…….

화려하고 기름진 산해진미를 너무 많이 차리면 오히려 제대로 맛

보고 즐기는 데 방해가 되는 것처럼 이런 예찬禮讚의 성찬盛饌은 과유불급이다. 그러나 왜 윤선도의 단가를 한결같이 기리는지는 새겨 볼 만하다. 정쟁의 한가운데 몸을 던져 불같은 성정을 태워 버린 그의 삶, 그리고 연잎과 갈매기와 뻐꾸기와 버들 숲과 어촌과 물고기와…… 봄·여름·가을·겨울 사계의 물상과 자연 경물을 담담하고 저절로 그러하게 읊어 대는 문학의 경지가 대조적이면서도 조화를 이루고 이률배반적이면서도 변증법적 종합 지양을 이루기 때문인가? 서인의 천하에서 서인의 영수와 서인 막후의 실력자를 베어 버리라고 소리 높여 외치는 적개심과 수석水石, 송죽松竹, 달을 벗으로 삼는 자연 친화적 심미 의식 사이에는 건너기 어려운 심연이 가로놓여 있다.

윤선도가 남긴 책문 여섯 편 가운데 세 편이 봄, 명절, 비와 볕에 관한 것으로 자연현상과 자연의 순환 질서 속에서 사람의 구실, 사람의 가치, 사람의 문화를 규명하고 정립하며 이상을 제시했다. 「대춘책對春策」, 곧 봄에 관한 대책도 봄이라는 절기를 어떻게 인문학적으로 읽고 해석해서 사람의 문화에 적용하고 인문 문화를 창달할지에 대해 다룬다.

현대인은 태어나면서부터 서양 자연과학의 세례를 받아, 대상을 인식할 때 분석적이고 논리적이며 대상의 실체를 찾고 속성을 변별해서 합리적으로 파악하려고 하지만 도리어 의미를 잃어버린다. 그래서 윤선도의 「대춘책」 같은 글을 접하면 당혹하기까지 한다. 도대체 어떻게 봄을 이런 식으로 이해할 수 있을까? 그러나 우리가 조금만 어린 시절로 돌아가서 생각해 보면 봄은 우리에게 참 가까이 있었다. 봄을 노래하고, 봄을 기다리고, 봄의 경물을 즐기고, 봄을 몸으로 느꼈다.

1970년대, 인민의 모든 일상이 이념으로 재편되어 가던 시기에 '국민'학교 어린이의 한 해 삶은 기념일과 의식儀式의 연속이었다. 특히 1월 2일이나 3일이면 으레 '신년식新年式'을 했다. 친척 집에 다니러 간 군경, 학생은 현지 국민학교에 가서 참석하고 참석증까지 받아야 했다. 국민의례를 거창하게 곁들이고 〈새해의 노래〉를 고래고래 불렀는데, 1절 가사는 이렇다. "온 겨레 정성덩이 해 돼 오르니, 올 설날 이 아침야 더 찬란하다. 뉘라서 겨울더러 춥다더냐? 오는 봄만 맞으려 말고 내 손으로 만들자." '오는 봄만 맞으려 말고 내 손으로 만들자!' 어김없이 오가는 세월이며 계절이니 봄이 오면 봄이 온다고 그대로 맞이하려고 하지 말고 내 손으로 적극적으로 만들어 가자! 아니, 세상에 봄을 어떻게 만든다는 말인가? 자연의 순환에 따라 봄이 왔으니 이제 사람으로서 할 일을 해 내 의식과 노동을 들여 주체적으로 내 삶을 만들어 가자는 말인가? 이런 뜻이라면 전통 사회의 삼재三才 사상과 맞물린다고 하겠다. 그러나 당시 사회가 어땠나! 전체주의로 국민의 의식을 계도하고 국가권력의 목표에 맞게 개조하며 국민 하나하나를 유신의 역군으로 만들려고 하고 어린 학생까지 국가를 위해 초개같이 몸을 바친 화랑 관창官昌이 되기를 바라던 시기였으니, 봄을 만드는 일이 어디 저마다 주체적 삶을 만드는 일이었겠는가? 이 노랫말을 지은 정인보鄭寅普 선생이 이 노래의 쓰임을 알았다면 그 심경이 어땠을까?

과거에는 국가 이념이 봄을 왜곡했다면 21세기를 살아가는 우리는 물질문명과 산업 문명 탓에 봄을 잃어버리고 있다. 봄은 우리 삶을 형성하는 시간의 계기가 아니라 상품 판매의 수단이 되어 버렸다. 단조로운 무채색의 겨울에서 화려한 형형색색의 봄이 되는 것을 이제 우리는 경이로 보지 않는다. 삶에 지치고 감각이 무뎌진 기성세대만 그런 것이 아니라 민감한 어린이와 청소년도 그렇다. 자연에서 소외되어 있기 때문에. 버들잎을 따서 강남 간 제비에게 편지를 띄우겠다는 서정은 이제 신화 속 이야기가 되어 버렸다. 기계의 지배를 받는 우리 삶은 자연에서 소외되었다 해도 우리 몸은 그 자체가 여전히 자연이다. 자연인 몸의 흐름을 느끼고 몸의 말을 귀 기울여 듣는다면 봄이면 봄을, 여름이면 여름을, 가을이면 가을을 총체적으로 느낄 수 있으리라. 아마도!

2

사람과 문화

스승의 길

기준奇遵

1492(성종 23)년에 태어나고 1521(중종 16)년에 죽었다. 본관은 행주幸州, 자는 자경子敬, 호는 복재服齋·덕양德陽, 시호는 문민文愍이다. 조광조趙光祖의 문인이다. 1513년 사마시와 이듬해 별시 문과에 급제했다.

책문

백성은 (부모, 스승, 군주) 세 가지에 힘입어서 살아간다. 이 세 가지는 똑같이 섬겨야 할 대상이다. 사람에게 스승의 도가 중대한데, 이것이 오륜五倫에 들지 않은 까닭은 무엇인가?

이미 똑같이 섬겨야 할 대상이라면 장사를 지내는 제도에 차이가 있는 까닭은 또한 무엇인가?

스승의 도는 어느 시대에 생겨서 어느 시대에 성대했는가?

우리 땅에서 스승의 도가 성대하고 쇠퇴했던 내력을 상세하게 들어 볼 수 있는가?

지금 나라에서는 오로지 학문을 일으키려고 생각하고 있으나 스승의 도가 무너지고 해이해졌으며 학교(學宮)에 이름만 걸어 두고 저마다 사사로이 배울 뿐 강의와 토론을 일삼지 않는다. 마을과 동네에서도 스승과 제자가 있다는 말을 들어 보지 못하고, 심지어 선생과 어른에게 예를 갖추지 않아서 마침내 잘못된 풍습이 되었다. 어떻게 하면 스승의 도를 세우고, 학문에 연원이 있게 하며, 선비가 예의와 공경을 알게 할 수 있겠는가?

그대들은 모두 옛 도리를 배워서 반드시 이런 폐단을 분하게 여기고 있을 테니, 옛 사례를 빠뜨리거나 오늘의 현실을 예사롭게 여기지 말고 구제할 계책을 남김없이 진술하라.

대책

선대 학자가 이렇게 말했습니다. "스승의 도가 성대하고 쇠퇴한 것은 우리 도가 밝아지고 어두워지는 데 관계된다. 우리 도가 어두워지느냐 밝아지느냐에 따라 나라가 어지러워지고 다스려진다." 지금 집사 선생께서 가을철 별시(秋闈)에서 책문을 내시며 특별히 스승의 도를 거론해 오늘날 스승의 도가 무너지고 해이해진 것을 분하게 여기고 구제할 방법을 듣고자 하십니다. 저는 이 질문을 여러 번 되풀이해 읽고서 '스승의 도란 참으로 위대하도다!' 하고 탄식했습니다.

하늘이 백성을 낳을 때 누구에게나 인의예지의 본성을 부여했으며 군주와 신하, 부모와 자식, 남편과 아내의 윤리가 거기 들어 있습니다. 고유한 본성을 다 발휘하고 당위의 준칙을 따를 수 있는 사람은 선각자입니다. 그러나 보통 사람은 그렇지 못해 부여받은 기질[氣稟]에 얽매이고 물질의 욕망에 가렸기에, 본성은 본래 갖춰져 있는 것이며 사람으로서 당연히 해야 할 직분이 있음을 알지 못합니다. 그리하여 사사로운 생각으로 멋대로 행동해 짐승의 수준으로 떨어지지 않는 사람이 드뭅니다. 이런 까닭에 선각자에게 배운 뒤에야 본래의 총명한 자질을 개발하고 천리[天理]로 되돌아올 수 있습니다. 이것이 스승의 도가 일어난 까닭입니다.

이끌어서 부축하고 가르쳐서 인도하며 열어 주고 깨우쳐서 성취하게 하되 효도할 줄 모르는 사람을 효도하게 하고 충성할 줄 모르는 사람을 충성하게 한다면, 스승의 도가 쌓은 공적으로 어찌 이보다 더 큰 것이 있겠습니까? 옛사람이 (부모, 스승, 군주) 세 대상을 한결같이 섬긴 데는 까닭이 있습니다. 이 때문에 옛날 성스럽고 현명한 제왕은 스승의 도가 중요함을 알고 군주로서 다스릴 뿐만 아니라 스승이 되어 가르쳐서, 자기를 절제하지 못하는 사람은 다스리고 본성을 따르지 못하는 사람은 가르쳤습니다. 이렇게 한 뒤에야 군주와 스승의 책무가 갖춰지고 세상을 태평하게 다스리는 기초가 확립된 것입니다.

교육하는 방법 또한 백성이 일상생활에서 따르는 보편의 인륜을 벗어나지 않고 임금이 몸소 실천하고 마음으로 터득한 결과와 연계되어 있으니, 임금 된 사람이 뜻을 성실하게 하고 마음을 바로잡으며[誠正] 몸을 닦고 집안을 다스리는[修齊] 학문을 자기 임무로 삼지 않을 수 있겠습니까? 옛날에 위에서는 다스림이 융성하고 아래에서는 풍속이 아름다웠던 까닭은 참으로 이렇게 한 데 있습니다. 그러므로 영달해서 위에 있으면 군주와 스승의 도리를 다해 그 효험이 온 세상을 평화롭게 하는 데까지 이르렀고, 궁해서 아래에 있으면 진리를 강론하고 밝히며 과거의 성현을 계승하고 미래에 학문을 열어 주었습니다.

밝은 물음에 따라 진술하겠습니다. 스승의 도는 임무가 이렇게 중대한데 인륜의 차례를 매기면서 스승을 언급하지 않은 까닭은 무엇입니까? 저는 스승과 벗을 일체로 생각합니다. 벗과 벗 사이의 믿음이 어찌 스승에 관한 인륜에서 벗어나는 것이겠습니까? 다만 벗은 숫자가 많고 스승은 적기 때문에 많은 것을 들어 말했을 뿐입니다.

상례의 제도가 다른 점에 관해서도 까닭이 있습니다. 옛사람이 말했습니다. "저 사람의 착한 점을 보고 내가 본받는다면, 그 사람이 바로 스승이다." 그런데 벗처럼 한마디 말과 한 가지 의로움을 깨우쳐 주기도 하고 형제처럼 서로 직접 영향을 주고받기도[親炙] 하고 나를 만들어 주어서 은혜가 천지나 부모와 같기도 하니, 어떻게 하나로 뭉뚱그려 복을 입을 수 있겠습니까? 이 때문에 성인이 스승의 복을 제정하지 않았습니다. 그러나 스승의 복을 입는 것은 특수한 상황에 대처해 조치할 일 가운데 하나일 뿐입니다. 제가 어찌 감히 물음의 본래 의도를 버려두고 자질구레한 문제를 논할 수 있겠습니까?

앞 시대에 스승의 도가 밝았다는 사실은 역시 고찰할 수 있습니다. 복희·신농·황제黃帝·요·순이 하늘을 계승해서 표준을 세우고[繼天立極] 도를 닦아 교육을 확립해서 백성을 교화한 수단은 스승의 도가 아닌 것이 없습니다. 사도司徒의 직책과 전악典樂의 관직을 설치해 다섯 가지 교육[五敎]을 펴고 맏아들[胄子]을 가르쳐서 그 도가 점점 갖춰졌습니다.

성주成周[1] 때 선왕宣王이 시·서·예·악으로 선비를 양성한 것〔造士〕을 따라 물 뿌리고 청소하고 대답하고 상대하는〔灑掃應對〕 절도와 활쏘기·수레 몰기·글쓰기·셈하기〔射御書數〕의 교양〔文〕을 가르쳤는데, 역시 도와 덕을 지닌 사람을 택해서 주도하게 했습니다. 또 고을에서 (6덕六德, 6행六行, 6예六藝 등) 세 가지 일〔三物〕로 만민을 가르쳐서 인재를 천거하고 예우해 태학에 입학시켰습니다〔賓興〕. 이런 까닭에 스승의 도가 성대하고 정치의 교화가 크게 이루어져, 후대가 거기 미칠 수 없었습니다. 주周가 쇠퇴하자 학교의 행정이 정비되지 못하고 스승의 도가 대체로 결여된 듯했습니다.

우리 공자께서는 하늘이 내린 성인이지만, 군주와 스승의 지위를 얻어 정치와 교화를 담당할 수는 없었습니다. 이에 은퇴해서 제자를 거느리고 우리 도를 강론해 밝혔는데, 고대의 성인을 계승하고 만세의 후학을 열어 놓은 공이 비록 후세의 그 누구보다 크지만 어찌 스승의 도를 한때 온 세상에 크게 행했다고 할 수 있겠습니까?

그 뒤로 위에서 임금 된 이는 스승의 도를 행하지 못하고 아래에서 신하 된 이는 스승의 도를 밝히지 못해 교화가 점점 무너지고 풍속이 퇴폐해졌으니, 참으로 슬픈 일입니다. 비록 송 대에 여러 군자가 공맹의 학으로써 전해지지 않던 실마리를 이었으나, 사제 사이의 도리를 학문을 가르치고 배우는〔函丈〕 사이에서만 행하고 조정에서는 펼치지 못했으니 안타까움을 견딜 수 없습니다.

우리 땅에서는 단군檀君 이후로 오늘날까지 위에서 임금 된 이 가운데 누가 군주와 스승의 도리를 다하고, 아래에서 신하 된 이 가운

1   낙읍에 도읍을 정한 서주西周의 전성기를 가리킨다.

데 누가 스승의 도리를 다했습니까? 삼국시대 말기에는 정치와 법률이 밝지 못하고 기강이 문란해지고 전쟁이 날마다 이어지고 민생이 도탄에 빠져, 결국 멸망에 이르고 말았습니다. 반드시 그런 것은 아니지만, 이는 군주와 스승의 도리를 다하지 못한 데 말미암았습니다.

고려 때는 최충崔冲이 배우는 사람을 이끌고 학문과 기예〔道藝〕를 가르쳐서 한때 '해동공자海東孔子'라고 칭송받았습니다. 지금 보기에 퇴폐하고 미약한 시대에 불끈 일어나 홀로 스승의 도를 스스로 떠맡은 점은 역시 옳다 하겠습니다. 그러나 공자의 학문과 뜻을 성실하게 하고 마음을 바로잡은 실상에 관해서는 전혀 알려진 바가 없습니다.

이색李穡은 쇠퇴하고 미약해지는 즈음에 학문을 일으켜 그의 문하에서 한때 학자가 무수히 나왔습니다. 그러나 그도 다만 문장과 글씨만 교묘하게 꾸미고 이익과 녹을 취하며 부처에게 아첨한 요망한 영웅일 뿐이라, 옛사람의 도를 떨칠 수 있다는 말은 듣지 못했습니다. 또 권근權近은 한때 이학理學이 종주로 삼았으나, 입신해서 이룬 사업이 낮고 보잘것없었으니 어찌 감히 입에 담겠습니까?

우리 왕조에서 김종직金宗直이 홀로 정몽주鄭夢周를 추존해 '이학으로는 동방의 시조'라고 했습니다. 저는 그에게서 취할 점이 조금 있습니다만, 그 역시 스승의 도를 떨쳐서 일으켰다는 말은 듣지 못했습니다.

이렇게 보면 우리 땅에서 스승의 도가 성쇠한 것 또한 말할 수 있습니다. 아! 우리 땅은 고려 이전 1000년, 100년을 거슬러 올라가서 온 힘을 기울여 찾고 더듬어도 이렇게 찾을 게 없으니 정치와 교화가 미흡하고 혼란과 멸망이 서로 이어진 것이 이상하지 않습니다. 그러니 우리 땅에 사람이 있었다고 할 수 있겠습니까? 중국에서는 매우 칭찬해 예의의 나라라거나 문명의 지역이라고 말하지만 실상이 이와 같으니, 만일 뜻과 기개가 있는 사람이라면 차라리 그런 말에 감격하지 않을 것입니다. 현명한 집사 선생의 물음에서 이 문제를 언급했으니 참으로 우리 땅에 스승이 일어날 시초라 하겠습니다. 평소 눈으로 가르침이 싹트는 것을 볼 수 있지 않겠습니까?

집사를 위해 사뢰겠습니다. 우리 왕조에서는 개국 이래 여러 왕이 서로 계승해 정치에 힘쓰고 다스림을 도모해서 문치文治를 숭상하며 교화를 진흥하지 않은 적이 없습니다. 서울에는 성균관과 4학四學을 설치해 서울의 선비를 가르치고, 지방에는 향교를 설치해 사방의 선비를 가르쳤습니다. 또한 동몽훈도 벼슬을 두고 어린이를 가르쳤으니, 스승의 도에서 한 가지 일도 잘못한 것이 없고 한 가지 일도 다하지 않은 것이 없습니다.

교육하고 가르치는 모든 방도를 다했기에 무수히 배출된 사람들이 모두 충과 효를 근본으로 삼고 사업에 통달했습니다. 그리고 묘당廟堂의 대신과 사직社稷의 원로가 모두 여기에서 나왔으니, 나라의 명맥을 유지하고 백성을 편안하게 지키는 일을 지극하게 다했습니다. 그러나 자기를 수양하고 집안의 다스림을 배우는 3대의 학문과 주자와 정자가 보여 준 스승과 벗의 도리는 제가 들어 보지 못했습니다. 어쩌면 제 견문이 미치지 못한 탓인지도 모르겠습니다. 이 또한 현명한 집사께서 이미 분명하게 헤아리고 계신 사실입니다.

바야흐로 성상께서는 총명하고 예지로운 자질과 정성스럽고 한결같은 마음으로 중정의 도리를 지키는[精一執中] 배움을 통해 학문 진흥을 급선무로 삼지 않은 것이 없습니다. 자주 반궁泮宮(성균관)에 납시어 도덕과 의리를 강론하시니, 유학을 숭상하고 도를 존중하는 정성이 사람의 귀와 눈에 차고 넘칩니다. 성균관의 전답을 늘려 선비를 기른다는 점에서는 학교의 사업에 마음과 힘을 다 쓰지 않음이 없습니다. 비록 한 명제明帝가 벽옹壁雍(태학)에 친히 나아가 삼로三老와 오경五更[2]에게 좋은 말을 구했다지만 이보다 낫지 않습니다.

그렇다면 마땅히 스승의 도가 확립되고 교화가 밝아지며 풍속이 아름답고 국가가 다스려져야 할 텐데, 어찌 된 일인지 무너지고 해이해진 스승의 도는 확립되지 않고 비천하고 더러워진 선비의 습성은 날로 훼손됩니다. 어린 신진 선비는 학식 많고 덕망 높은 노련한 선비〔老士宿儒〕의 말을 듣지 않고 저마다 자기가 배운 것만 옳다고 여겨, 혹 글귀를 화려하게 다듬어 영리만 구하고 혹 문장에 능해 세상을 놀라게 하려는 뜻만 품을 뿐 『시경』과 『서경』의 올바른 진리를 탐구하고 성현의 사업을 좇는 이는 한 사람도 없습니다. 그래서 자기 이익을 잃어버릴까 두려워하는 사사로운 뜻은 품되 선을 따르고 의에 복종하는 양심은 없으니, 스승의 도가 확립되지 못함이 심합니다. 심지어 학교에 이름이 올라 있는 사람도 배운 것을 사사로이 이용하려고 할 뿐 강론하고 묻기를 일삼지 않습니다. 고루하고 견문이 좁으나 개명하는 이치가 없으며, 편협하고 고리타분하나 이해하고 소통할 시간이 없습니다. 도가 밝지 못하고 풍속이 날로 천박해지는 것이 당연합니다.

2　연로하고 경험이 많으며 벼슬에서 은퇴한 사람 중에서 삼로와 오경을 선정해, 천자가 부형처럼 공경하며 천하에 효제를 장려하는 본보기로 삼았다.

송 대 유학자들처럼 학문을 제창하고 스승과 제자의 도리를 실천하는 사람은 동네와 골목에도 없습니다. 심한 경우, 배우지 않을 뿐만 아니라 마을에 횡행하고 관부官府에 드나들면서 이익을 훔치려는 마음은 있어도 염치의 단서는 없습니다. 선생과 어른이 혹시라도 이를 막으면 눈을 부라리며 흘겨보고 팔을 걷어붙이고 일어나 선생과 어른 보기를 제까짓 게 뭐냐는 식이니, 오만 탓에 예의와 공경을 알지 못합니다. 이렇게 잘못된 습속이 형성되어 대뜸 개혁하기가 어렵습니다.

아! 선비는 앞으로 국가가 쓸 존재인데, 인재 양성이 이런 형편이라면 뒷날 인재를 어떻게 쓸지 대체로 알 만합니다. 만일 스승의 도가 확립되고 학문에 연원이 있으며 선비가 예의와 공경을 알기를 바란다면, 가장 중요한 방법은 많은 말에 있는 것이 아니라 성상의 한 몸에 있을 뿐입니다. 제가 앞에서 진술한 내용이 이것입니다. 스승의 도가 위에서 먼저 확립되지 않았는데 아래에서 확립되기를 바란다면 어찌 어렵지 않겠습니까?

그러나 임금 한 몸의 덕을 보좌하는 임무는 재상에게 있습니다. 재상이 3대의 성왕이 임금이 되어 다스리고 스승이 되어 가르친 도를 통해 임금을 바로잡고, 격물치지로 진리를 탐구하고, 성의정심으로 몸을 닦아 『대학大學』의 요령을 얻어서 덕을 밝히는 것을 근본으로 삼고, 백성을 새롭게 하는 목표를 이루어야 합니다. 백성을 새롭게 하는 목표에 이르며 임금의 한 몸이 사방의 표준이 되어 말 한마디 동작 하나가 모두 바른 데서 나온다면 아래에서 보고 감동하고 우러러보는 자가 모두 흔쾌히 가슴속에서 터득한 것이 있을 터, 어찌 명령과 형벌로 단속해야만 착해지겠습니까?

이에 격려해서 떨쳐 일어나게 한다면 아래에서 감격하고 왕성하게 일어나는 자가 저도 모르게 손을 젓고 발을 구르며 기뻐하고 저절로 영향을 받아 풍습을 이루고 교화가 속속들이 스며들어 이를 통해 나라의 치안과 백성의 평안이 차차 목적한 상태에 이를 텐데, 어찌 사업의 말단에서 이런 효과를 찾겠습니까? 스승의 도는 확립되기를 기약하지 않아도 저절로 확립되고 이학은 밝아지기를 기약하지 않아도 저절로 밝아질 텐데, 어찌 선비가 예의와 공경이 없고 폐습을 없애기 어렵다고 근심하겠습니까?

폐습을 없애는 저의 계책이 비록 현실에서 동떨어진 듯하지만, 익히 고려하고 깊이 생각하면 그 큰 근본과 큰 벼리가 역시 여기에서 벗어나지 않습니다. 온 세상의 군주와 스승이 되었던 옛 제왕이 이도를 버리고 무엇으로 그렇게 했겠습니까? 아! 선비가 이 세상에 태어나서 이 도를 밝히고 공을 세우는 데 뜻을 두고도 스승의 도가 무너지고 해이해지면 누구를 좇아 배우겠습니까?

간책簡策에서 모범이 될 만한 옛사람을 찾아 그의 기풍을 생각하고 떨쳐 일어나는 것은 장차 성의정심의 학문을 미루어 밝혀서 이 도를 크게 전승하려고 하기 때문입니다. 그러나 도리어 기괴하고 괴이한 일로 여겨서 뭇사람이 빈정거리고 떠들어 댑니다. 한 사람이 주장하면 100사람이 호응하되, 앞뒤도 보지 않고 시비도 헤아리지 않으며 똑같이 비웃고 모욕합니다. 향당에서는 배척당해 용납되지 못하고 학궁에서는 내몰려서 반열에 끼어들지 못하게 합니다. 그렇게 정인군자正人君子가 의탁할 곳이 없게 하고 혈혈단신으로 홀로 서게 합니다. 아! 이것이 어떤 풍조란 말입니까? 참으로 눈물을 흘리고 통곡하며 깊은 한숨을 쉬게 됩니다.

집사께서도 이런 문제에 대해 듣고 계시고 구중궁궐의 깊고 먼 곳에서도 전해지고 있습니까? 집사께서 듣고 계시다면 어찌 두려운 마음으로 구제할 방법을 생각지 않으십니까? 뭇 입이 조롱하고 헐뜯는 것은 정자와 주자도 면하지 못했는데 하물며 지금 사람이야 어떻겠습니까? 그러나 또한 어찌 이 때문에 뜻을 바꾸겠습니까?

아! 세조世祖 때 양성했다 헐어 버렸으며 성종成宗 때 또 길렀다 헐어 버렸습니다.[3] 성대한 때에는 스승의 도가 거의 확립되고 선비의 습성이 올발랐으나 헐어 버리자 학사學舍는 쓸쓸해지고 현을 타며 낭송하는 소리가 끊어졌습니다. 부형은 자제에게 "학업은 그만두고 과거에만 몰두하라. 하필 스승과 벗의 도를 강론하고 밝히겠는가?" 하고 가르칩니다. 이 때문에 근래 무오년[4] 이후 선비는 모두 눈으로는 비통하고 안타까운 일을 보고 몸으로는 형벌과 재앙을 두려워해, 한 사람도 특별히 홀로 서서 유학을 밝히고 유학의 도를 세우는 것을 자기 임무로 삼은 사람이 없이 날마다 비루하고 더러운 곳으로 향해 스스로 돌이키지 않습니다.

아! 나라의 불행으로 이보다 더 큰 것이 무엇이겠습니까? 지금 당장의 계책으로는 사기士氣를 펼치는 일보다 먼저 할 것이 없습니다. 사기가 펼쳐지지 않으면 스승의 도가 무엇으로 말미암아 확립되겠습

3　집현전 학사 가운데 재능과 행실이 뛰어난 자를 선발해 유급휴가를 주고 독서와 학문에 전념하게 한 사가독서賜暇讀書같이 학문을 장려하는 정책의 시행과 철폐가 반복되었다.

4　무오사화가 일어난 1498년이다.

니까? 동네 골목에 어찌 스승과 제자의 도리를 행하려는 자가 한 사람이라도 없겠습니까만, 감히 그렇게 하지 못하는 까닭은 누구의 허물입니까? 제 생각에는 위에 있는 사람이 선비를 기르는 도리를 다하지 못했기 때문입니다.

왜 이런 말을 하는 것입니까? 지금 젊은 세대가 서로 벗이 되어 모이고 『시경』과 『서경』을 강론하면, 이를 꺼리는 자가 반드시 함부로 허랑하게 무리를 지어 조정을 비방하고 인물을 평론한다고 참소합니다. 위에 있는 사람은 참소하는 말이 교묘함을 살피지 못하고 그럴듯하게 여깁니다. 이렇게 조정에서 아무개와 아무개가 조정을 비방하고 인물을 평론한다고 말을 꺼내면 듣는 사람이 누군들 미워하며 징계하려고 하지 않겠습니까? 결국 도의를 강론하는 일이 무너지고 사기가 꺾이는 것입니다. 아! 사기가 꺾이면 나라의 명맥도 꺾인다는 것을 누가 알겠습니까? 집사께서 만일 여기에서 깨닫는 점이 있다면 역시 국가의 복이 될 터입니다. 저는 옛 도를 배우지는 못했지만 이 폐단이 오래된 것을 개탄합니다.

지금 밝은 물음을 받고는 옛일을 잘 모르고 현재 일도 두루뭉술해 스스로 알지도 못하면서 황당한 말을 토해 냈습니다. 집사께서는 나아와 가르쳐 주십시오.

삼가 대답합니다.

『덕양유고德陽遺稿』

오늘 읽는 책문

　기준이 1514(중종 9)년 별시 문과에서 제출한 것으로 보이는 이 대책은 그의 문집을 꾸밀 때 『해동책문 20수海東策問二十首』에서 따왔다. 기준의 행주 기씨 집안은 고려 말 조선 초의 명문이다. 고려 말 세도가 기철奇轍과 그의 누이이며 원의 마지막 황후인 기황후奇皇后로부터 조선 초 문신인 기건奇虔이 기준의 현달한 선조다. 기철은 공민왕恭愍王이 즉위한 뒤 배원排元 정책을 펼치자 이에 대항해 반역을 꾀하다가 일당 및 아들과 죽임을 당했다. 이와 달리 기건은 벼슬 없이 지내다 발탁되어 여러 지방관을 역임하면서 부임하는 곳마다 선정을 베풀었다. 어린 단종端宗이 즉위한 뒤에는 권신을 탄핵했으며, 세조가 단종을 폐위하고 즉위하자 단종을 향한 절의를 굽히지 않고 은거하며 벼슬길에 나서지 않았다. 기건이 기준의 증조다.

　기준은 과거 급제 뒤 사관史官을 거쳐 홍문관 정자正字에 임명되었고, 박사를 지낸 뒤에는 사가독서를 했다. 스승 조광조의 정치 노선을 굳게 지켰는데, 응교應敎가 되었을 때 기묘사화(1519)가 일어나서 스승을 비롯해 김식金湜·김정金淨 등과 하옥되어 취조받고 아산으로 정배되었다가 이듬해에 죄가 더해져서 다시 온성으로 이배되었다. 모친상을 당해 고향에 돌아갔다가 송사련宋祀連의 무고로 신사무옥(1521)이 터지자 다시 유배지에 보내지고 교살되었다. 1545(인종 1)년에 신원되고 이조 판서에 추증되었다.

　기준이 일찍이 조광조에게 이렇게 말했다. "벼슬을 버리고 산림에 몸을 감추고 싶을 뿐 다시 세상에 나갈 생각이 없습니다." 이 말을 들은 조광조는 무연히 "나도 그렇다네." 하고 답했다. 두 사람의 대화는 개혁 성향이 있는 신진 지식인이 부조리한 현실의 완강한 저항에 부딪친 데 따른 실의 가득한 진심의 토로다.

기준이 벼슬을 할 때 하루는 궐내에서 숙직 중에 먼 지방을 여행하는 꿈을 꾸었다. 조각배를 타고 기슭을 따라 가다가 산봉우리에 올랐다. 동남쪽은 푸른 바다가 드넓게 펼쳐지고 서북쪽은 구름이 자욱한 산이 허공에 닿아 있었다. 석양은 고개에 비끼고 언덕에는 시골집들이 있었다. 멀리 연기가 감도는 나무들 사이로 성곽이 보일 듯 말 듯 했다. 한참을 서성대며 서글픈 마음이 들어 서울을 떠나 멀리 가려는 생각이 들었다. 중도에 물었더니 오늘날 함경북도 길주인 길성이라고 했다. 문득 꿈에서 깨어나니 온몸에 식은땀이 흐르고 꿈속 일이 여전히 처연하게 슬펐다. 이에 시를 지어 기록했다.

> 낯선 땅 강과 산은 고향과 같은데異域江山故國同
> 하늘가 눈물 흘리며 외로운 봉우리에 의지하네天涯垂淚倚孤峯
> 검은 구름 아득하고 강가 관문은 닫혔는데頑雲漠漠河關閉
> 고목은 잎 지고 성곽은 쓸쓸하네古木蕭蕭城郭空
> 들길은 가을 풀숲으로 가늘게 이어지고野路細分秋草裏
> 인가는 멀리 석양 속에 엎드렸네人家遙住夕陽中
> 만 리 떠나가는 배는 돌아올 기약 없고征帆萬里無回棹
> 망망한 푸른 바다에 소식 전하지 못하네碧海茫茫信不通

이 일화가 김정국金正國의 「사재척언思齋摭言」에는 이렇게 기록되어 있다.

> 기준이 꿈속에서 앞의 율시를 읊었다. 홀연 꿈에서 깨어나 기억을 더
> 듬어 여관 벽에 썼다. 오래지 않아 기묘년에 화를 당한 사람들의 명부
> 에 연루되어 충청도로 귀양 갔다가 얼마 안 돼 북쪽 지방 온성으로 이
> 배되었다. 길을 가다 보이는 풍광이 모두 시에서 읊은 것과 같았다. 말
> 을 멈추고 꿈속에 지은 시를 읊으며 처연히 흐느꼈다. 따르는 사람들
> 도 모두 눈물을 흘렸다. 온성에 도착하고 얼마 안 돼 죽임을 당했다.
> 사람의 일이 모두 미리 정해진 것을 알 수 있다. 사림에서 시를 전하며
> 외고 한탄하지 않은 사람이 없다.

기준이 아산에 정배되었을 때 그의 형인 기형奇逈이 오늘날 전라북
도 고창인 무장의 현감이 되어 모친을 모시고 부임했다. 마침 이 무
렵 기준은 온성으로 이배되어 떠나야 했다. 이에 아산 현감 배철중裵
鐵重에게 간청해서 무장에 있는 모친을 보러 갔다가 빠져나와 남쪽
으로 달아나려고 했는데, 하룻길도 못 가서 뉘우치고 유배지로 돌아
갔다. 이 사실이 나중에 발각되어 배철중과 옥에 갇혔다. 제 마음대
로 죄인을 놓아 보냈다는 죄를 면하려던 배철중은 기준이 도망갔다
가 돌아왔다며 거짓으로 증언했다. 기준은 옥중에서 옷자락을 찢어
서 글을 지어 올렸다.

> 신은 난 지 겨우 한 달이 지났을 때 아버지를 잃고 오직 편모슬하에서
> 자랐습니다. 처음 신이 죄를 입었을 때 어머니가 무장에 있었는데, 신

이 귀양 간다는 소식에 밤낮으로 울부짖었다 합니다. 비록 가서 보고 싶어도 갈 길이 없었는데, 다시 온성으로 옮기게 되자 망령된 생각에 남쪽 하늘과 북쪽 땅으로 서로 멀리 떨어져서 한번 변방으로 가면 다시는 볼 길이 없어 생사도 모르고 소식조차 통할 길이 없겠기에 얼굴이나 한번 보고 서로 영결할까 하니 슬픈 심정을 스스로 누를 수 없고 사세가 급박해서 창졸간에 경거망동해 뛰어나갔습니다. 그러나 다시 생각하니 뒷일을 감당하기 어려워서 두려운 마음으로 뉘우치고 돌아왔습니다. 죄는 비록 스스로 변명하기 어려우나, 하루 사이의 일이며 다른 뜻은 없었습니다. 신이 비록 보잘것없으나 일찍이 선비의 반열에 들었는데 어찌 끝내 망명한 사람이 되어서 백일하에 구차히 살고자 했겠습니까? 참으로 모자간에 차마 못할 일이라 이에 이르렀습니다. 신은 마땅히 죄를 받을 터이나, 효도로 나라를 다스리는 전하께서 미미한 정을 살펴 주신다면 거의 만물을 생성하는 덕 중 하나가 될 것입니다.

기준뿐만 아니라 김정도 유배지에서 도망한 일이 있는데, 이 두 사람의 도망이 조광조의 죄를 가중처벌하는 빌미가 된 것으로 보인다.

한편 기준의 넷째형 기진奇進의 아들이 바로 조선 성리학의 최고봉으로 꼽히는 기대승이다. 기대승은 한 세대 연상인 당대 최고 학자 이황과 학문 논쟁을 벌여 중국의 주자학에서 벗어난 조선의 성리학을 발전시켰다고 평가받는다. 이들의 학술 논쟁을 4단 7정四端七情 논쟁이라고 한다. 유학의 핵심 교조인 인간의 착한 본성이 실현되는 통로, 곧 인간의 타고난 본성은 착한데 현실의 인간은 악한 이유가 무엇이며 어떻게 하면 착한 본성을 그대로 실현해서 착한 사람들이 착하게 살아가는 좋은 사회를 만들 수 있는가를 두고 벌인 논쟁이다.

기대승의 아버지 기진은 기묘사화에 아우 기준이 희생된 뒤 세상사에 실의를 느끼고 후처 진주 강씨의 터전인 광주 광산으로 가서 살았다. 기대승은 여덟 살 때 어머니를 여의고 홀아버지에게 양육되면서 외종조모를 어머니처럼 의지하며 자라났는데, 그가 열다섯 살 때 외종조모도 세상을 떠났다. 그가 열아홉 살에 지은 「자경설自警說」을 보면, 유소년기에 정서상 결핍감이 얼마나 컸는지 알 수 있다.

기대승이 어릴 때 서당에서 글을 읽는데, 훈장을 찾아온 손님이 심심풀이 삼아 학동들의 재주를 시험했다. '밥 식食 자'를 넣어서 연구聯句를 지어 보라고 한 것이다. 이때 기대승이 대뜸 "먹을 때 배부르기를 추구하지 않는 것이 군자의 도다[食無求飽君子道]." 하고 대답했다. 손님은 기대승의 민첩함과 지적 순발력을 칭찬하면서 "네 막내 숙부가 사림의 영수였는데, 가업을 이을 사람은 너로구나." 하고 장래를 촉망했다. 기준은 기대승의 정신적 스승이었다. 기준이 순절한 일은 기대승이 어렸을 때부터 커다란 그림자를 드리웠다. 그가 관료가 되어 경연을 맡고 신진 학자의 영수로 활약하면서 거둔 중요한 학문적 성과는 기묘사화에 희생된 지식인을 신원하고, 사화의 역사적 의의를 재평가하고, 조선의 학문 정통을 재정립하는 것이었다. 명종과 선조 때 경연관으로서 그는, 정몽주에서 조광조로 이어지는 조선의 도통을 확립하고 기묘사화를 진보의 역사에 자리매김하게 해 학문과 정치의 발전을 견인했다. 한 사람의 진정한 삶은 여러 사람에게 교훈을 준다. 이런 삶이야말로 스승의 삶이다. 기준은 자기가 제출한 대책에서 스승의 도를 세우고 몸소 그 모범을 보여 주었다.

우리말에서 스승과 교사는 울림과 의미와 어감이 다르다. 교사는 공인된 교육체계 중 유치원과 초등·중등 교육기관에서 가르치는 일을 맡은 사람으로, 정규 교육과정 이수와 자격증이 필요하다. 미리 조직된 교육과정을 전수하는 교사가 교육하는 대상은 학생이다. 그런데 스승은 교육제도나 체계, 과정과 무관하게 가르침을 주는 사람이다. 가르치는 내용도 지적인 분야보다는 주로 정신과 인격, 특수 기예다. 그래서 스승에 상대되는 말은 학생이 아니라 제자다. 학생은 배우지만 제자는 어른을 따른다. 그래서 교사라고 하면 학교라는 울타리와 교재를 떠올리고, 스승이라고 하면 인격적인 만남을 떠올리게 된다. 교사는 교육을 하고 스승은 감화를 준다고 할 수 있겠다.

뛰어난 스승은 가르치지 않는다. 배우는 사람이 스스로 배우게 할 뿐이다. 가르치지 않음으로써 가르친다. 공자와 맹자는 때로 간접적인 교훈을 주기도 했다. 행실이 바르지 않고 인격을 갖추지 않은 사람이 불순한 의도로 문하에 들어와 가르침을 구하면 완곡한 말과 몸짓으로 돌려보내면서 이를 '달갑게 여기지 않음으로써 스스로 깨닫게 하는 가르침〔不屑之教誨〕'이라고 했다. 직접 하나하나 친절하게 일러 주고 가르쳐 주는 선생은 훌륭하고 착한 선생이다. 그러나 가르치지 않고 스스로 깨닫게 하는 선생은 뛰어난 선생이다. '말하지 않음으로써 스스로 깨닫게 하는 가르침〔不屑之教誨〕'이다.

가치판단의 기준

김의정金義貞

1495(연산군 1)년에 태어나고 1547(명종 2)년에 죽었다. 본관은 풍산豊山, 자는 공직公直, 호는 잠암潛庵 또는 유경당幽敬堂, 시호는 문정文靖이다. 재기가 뛰어나 8세에 글을 지었으며 약관에 이미 문장文章이 되었다. 1526(중종 21)년 별시 문과에 병과로 급제했다.

책문

사람은 누구나 감정이 있기 때문에 좋음과 싫음(好惡)이 있고, 옳음과 그름(是非)을 가리려고 한다. 좋음과 싫음, 옳음과 그름을 가리는 것이 합당해야 조정이 바르게 되고 정치(政化)가 한결같아진다.

오늘날에는 좋은 것과 싫은 것이 뒤바뀌고, 옳은 것과 그른 것이 뒤섞여 버렸다. 그래서 좋은 것이 반드시 선한 것도 아니고, 싫은 것이 반드시 악한 것도 아니다. 옳다거나 그르다는 것도 자기 기준을 따를 뿐 공론을 개의치 않는다. 사정이 이렇게 뒤섞여 버렸으니, 조정을 바르게 하고 정치를 한결같게 하는 일도 어렵지 않은가?

현상 유지만 하고(因循) 구제하지 않으면서 저절로 안정되기를 바란다면 끝내 공의公義를 해치고 정치를 어지럽힌다. 성급하게 결과를 기대하고 폐단을 바로잡으려고 한다면 인민의 정서를 거슬러서 바로 잡으려고 할수록 더욱 부딪치게 된다. 바로잡되 부딪치지 않게 해 순순히 하나로 귀결시킬 방법이 있는가?

대책

옛날부터 조정에서 공도公道가 행해지면 선과 악이 변별되어 상벌을 순리대로 시행할 수 있습니다. 조정에서 공도가 행해지지 않으면 공론이 막히고 여론이 수렴되지 않아서 결국 옳고 그름, 좋고 나쁨의 가치판단이 어지러워집니다. 천하 국가의 형세가 이런 지경에 이르면 그 환란을 이루 말할 수 없을 것입니다.

세간에 엎드려 있던 저는 조정에서 옳고 그름에 관한 의론이 분분하다는 말을 듣고는 개연慨然히 가슴속에서 경위를 따져 본 지 오래되었습니다. 그러나 나름대로 생각이 있어도 말로 표현할 수 없었고, 말로 표현할 수 있어도 전달할 수 없었습니다. 다행히 지금 집사 선생께서 배우는 사람들에게 바로 이 문제를 질문하셨으니, 감히 보잘 것없고 어리석은 의견이나마 다 말씀드려서 만분의 일이나마 도움이 되기를 바라지 않겠습니까?

가만히 생각건대 좋음과 싫음, 옳고 그름을 가리는 것은 인간의 타고난 본성을 따릅니다. 오직 이 감정을 올바른 방법으로 표현하고 합당하게 사용하는가 하는 것이 문제일 뿐입니다. 본연의 권도權度를 잃지 않고 제대로 사용한다면 대상의 옳음과 그름이 모두 대상에 존재할 뿐이니, 나 스스로 대상에 대해 옳은 것은 옳다고 그른 것은 그르다고 판단하면 됩니다. 따라서 옳음과 그름은 본래 대상에 존재하지 나와는 아무런 상관이 없습니다. 세상의 변화에 대응하고 세상의 일을 마주해서 탁 트인 마음으로 모든 일에 통달하고, 어느 것에 집착하거나 들러붙지 않으며, 대상 사물의 선악善惡·곡직曲直·미추美醜·후박厚薄이 각각 보응하고, 의례儀禮와 제도와 인물의 권형權衡이 순조롭고 거스르지 않으며 털끝만큼이라도 차이가 없습니다.

이 때문에 내가 좋다 나쁘다, 옳다 그르다 하는 가치판단의 대상이 되는 상대방도 이 시비 평가는 온 세상의 바른 이치에서 나온 것이지 한 사람의 사사로운 기준에서 나온 것이 아니라고 생각합니다. 그러므로 내가 옳다고 하면 평온한 마음으로 기뻐하고 그르다고 하면 평온한 마음으로 깨닫고, 좋다고 하면 힘써 노력하고 나쁘다고 하면 버립니다. 그러니 어찌 뭇사람이 거스르고 어길까 근심하겠습니까? 이것이 옳고 그름을 공정하게 판단하고, 좋고 나쁨을 공정하게 판단하는 것입니다.

사사로운 감정에 근거하면 이와 반대가 됩니다. 말하는 사람이 사심을 버리지 않으면 이기기를 바라는 자취가 있고, 듣는 사람이 사심을 버리지 않으면 부끄러워하고 주저하는 마음이 있습니다. 예의와 제도, 인물의 권형이 거스르고 순조롭지 못해서 분분하게 어지러워지며 일이 정해지지 않아 양쪽이 서로 대립각을 세우며 끝내 붕당을 형성해 조정이 위태로워집니다.

지금 우리 조정에서는 어떤 제도를 만들고 어떤 일을 시행할 때마다 공경公卿과 시종侍從을 모아 의견을 잡다하게 채택하는데, 임금께 올리는 대책이 초楚나라와 월越나라 사이만큼 거리가 있을 뿐만 아니라 열흘이 지나고 한 달이 넘도록 의논해도 의견이 정해지지 않습니다. 또한 저마다 의견을 고집하면 꺼리고 싫어하는 마음이 없어지지 않고 그런 대립이 드러나도 세월만 보내기 때문에, 서로 양보하는 아름다운 기풍을 듣지 못했습니다. 심지어 모두 자기가 잘났다면서도 자웅을 변별하지 않는 풍조가 일어나고 있으니, 좋아하고 싫어하는 것이 서로 극에 이르렀다고 할 만합니다.

제가 듣기에, 순임금의 조정에는 아홉 재상이 있었는데 서로 아름답게 양보했기 때문에 마음이 어우러져서 천지의 조화가 응했으며 주왕에게는 억만 신하가 있었는데 마음이 억만으로 갈라져서 하늘에서 주는 녹이 영영 끊어졌다 합니다. 지금은 비록 마음이 억만에까지 이르지는 않았지만 시비가 창과 방패처럼 서로 용납하지 못하니, 조정의 관료[朝著]들이 불화한 것입니다. 어찌 국가의 복이겠습니까?

군자와 소인이 서로 용납하지 않는 것은 본래 그렇습니다. 그러나 소식蘇軾과 정이, 두 분의 당은 애초에 작은 일에서 시작되었다가 마침내 틈이 벌어져서 형성되었습니다. 소식은 본래 도가 있는 자가 아니었으며 다툰 일이 천하의 안위에 관련된 것도, 정도正道가 줄어들고 늘어나는 것과 관계된 것도 아닌 듯합니다. 그러나 두 학파의 제자들이 그 뜻을 알지 못하고 마침내 저마다 스승의 도를 높이려다가 서로 공격하고 꺼렸으니, 이것이 어떤 마음입니까?

지금 집사께서 물으시는 시비가 과연 무엇을 가리키는지, 나랏일에 소원한 천한 선비로서는 알지 못하겠습니다. 국가의 안위와 관련

됩니까? 우리 도가 줄어들고 늘어나는 것과 관계됩니까? 또는 이 둘을 벗어나지는 않지만 달리 연루된 것이 있는지도 모르겠습니다. 어째서 집사께서는 그 실마리는 열어 놓고 그 일은 숨기십니까? 말할 내용이 공변된 것이면 공개해서 말할 일이지 어째서 숨기십니까?

그러나 공의를 해치고 정치를 어지럽히는 것에 관한 집사 선생의 말을 보면, 이 문제야말로 군자와 소인이 줄어들고 늘어나는 기미이며 천명과 인심이 나아가고 물러나는 즈음에 관련된 것이니 참으로 그 확정을 늦출 수 없습니다. 대체로 위에서 공도가 행해지면 아래에서 시비가 정해지는 법입니다. 위에서 공도가 폐기된다고 아래에서 시비가 어지러워지는 것은 성대한 세상의 일이 아닙니다.

우리나라는 대대로 선왕의 은택이 깊지 않은 것이 아니며, 주상께서 즉위해 계시니 기강이 주상께 있습니다. 주상께서는 음악과 여색을 지나치게 즐기는 실수가 없으시고, 안팎의 신하와 백성은 주상을 하늘처럼 높이 받들고 부모처럼 사랑하며 귀를 기울이고 고개를 늘여서 성대한 덕이 일어나기를 바라고 있습니다. 그러나 옛날에 물든 것이 아직 새롭게 씻기지 않고 어지러이 다시 나와, 다스림의 도는 아직 확립되지 않고 인심은 현혹되었습니다. 이것이 제가 집사의 책문을 붙든 채 팔을 걷어붙이고 깊이 생각하는 까닭입니다.

지금 참으로 양쪽의 사사로움을 제거하고 공정함으로 돌이킨다면 옳음과 그름을 정하고 좋음과 싫음을 일치시키기가 어렵지 않을 것입니다. 옳고 그름과 좋고 싫음에 대한 판단을 주도하는 자가 안으로 나라를 걱정하고 백성을 사랑하는[憂國愛民] 마음을 가지고 내가 좋아하는 것이 혹 국가의 명맥에 어긋나며 내가 옳다고 여기는 것이 혹 민심을 잃는 것이 있는지 살펴서 행한다면, 비록 내가 옳다고 하는 것을 다른 사람이 그르다 하고 내가 좋다고 하는 것을 다른 사람이 싫다 하더라도 어깨를 나란히 해서 우리 임금께 충성하고 우리 백성을 사랑하는 자라 할 수 있습니다. 그래서 나에게는 잃어버리는 것이 없습니다. 판단의 옳고 그름을 살필 때 내가 참으로 옳다면, 상대는 다만 생각하지 못해서 나라에 유익하고 백성에게 두터운 것이 있음을 모르는 허물이 있을 뿐이지 그의 마음이 본래 공의를 해치고 정사를 어지럽히려는 것은 아닙니다. 힘써 충고하고 생각 고치기를 기대하면, 붕당을 세우는 자취가 없고 스스로 높이며 이기기를 바라는 형적이 없어집니다. 옳고 그름과 좋고 싫음을 판단하는 책임을 맡은 자가 상대 또한 어깨를 나란히 하고 우리 임금께 충성하며 우리 백성을 사랑하는 자라고 말합니다.

옳음과 그름 및 좋음과 싫음이 반드시 나라를 걱정하고 백성을 사랑하는 정성에서 나온다면, 비록 나라의 명맥에 어긋남이 있고 민심을 잃은 것이 있어도 그는 다만 생각하지 못해서 일에 어긋나고 백성을 방해하는 허물이 있음을 알지 못하는 것일 뿐 그 마음이 본디 모든 일을 어지럽히려는 것은 아닙니다. 힘써 깨우치고 생각을 고치기를 기대하면 주발周勃과 관영灌嬰[1]같이 남을 헐뜯지 않고 부끄러워하며 잘못을 뉘우치는 데 인색한 마음을 없앨 텐데, 어찌 공의를 해치고 정사를 어지럽히며 뭇사람의 정서에 어긋남이 있겠습니까?

나랏일에 소원한 선비가 조정에서 아무개가 아무 일을 옳다 하고

1　　주발과 관영은 한의 고조를 도와 천하를 평정하고 제후에 봉해졌다. 평범한 출신으로 비루하고 학문이 모자랐으며 일찍이 진평陳平, 가의賈誼같이 뛰어난 인물을 참소했다.

아무개가 아무 일을 그르다고 하는 사실을 알지 못하니, 그사이 이해利害와 사정邪正을 어찌 다 알 수 있겠습니까? 다만 옳고 그름의 기준이 다르기에 공과 사의 나뉨이 있습니다. 그러므로 감히 공과 사로 진술하자면, 비록 행위의 옳고 그름을 가리는 마음에는 공과 사의 나뉨이 있으나 옳은 것을 옳다 하고 그른 것을 그르다고 판단하는 실상에는 순수함과 잡박함의 차이가 있으니 변별하지 않을 수 없습니다.

소원한 선비가 지금 당장의 시비에 대해 본래 간여해서 들은 것이 없으니 시험 삼아 역대의 행사를 고찰하고 성현의 말씀을 참고해서 현재의 일을 변별한다면 참으로 취하기에 알맞은 것이 혹시라도 없겠습니까? 선대 학자가 말하기를 "정치를 함에 한결같이 정직하기만 하고 충후忠厚하지 않으면 점차 각박한 데로 들어가고, 한결같이 충후하기만 하고 정직하지 않으면 나약한 데로 흘러간다." 했습니다. 저는 비록 성인이 다시 일어난다 해도 반드시 이 말을 따르리라고 생각합니다.

충후함을 중심으로 삼되 근본을 잃어버리면 남에게 원망을 사지 않는 것만 어진 덕으로 여겨, 감히 큰일 하는 것을 대체大體로 삼지 못하고 용납되기만 바라며 굽실거리는 것만 일삼고 구차하게 현상만 유지하면서 스스로 편안하기를 도모합니다. 이렇게 하면 처음에는 일이 제대로 되지 않고 오래되면 간사함이 생깁니다. 충후함으로써 스스로 옳다는 자는 그 폐단이 이와 같습니다.

정직을 중심으로 삼되 근본을 잃어버리면 밝히는 데 힘쓰고 살피기만 해, 눈앞에서는 일이 빠르게 처리되는 듯해도 형세가 원대한 경영에는 도리어 방해가 됩니다. 이렇게 하면 처음에는 기세가 있어도 오래되면 흐지부지해집니다. 정직함으로써 스스로 옳다고 하는 자는 그 폐단이 이와 같습니다.

이 두 사람의 방법은 모두 잘못되었습니다. 저는 누가 옳고 누가 그른지 모르겠습니다. 그러나 천만 년을 두고 보아도 이 두 부류는 서로 생각을 양보하지 않고 늘 옳고 그름을 다툽니다. 이런 방법으로 시비를 가리고 승패를 결정하는 것이 어렵지 않고, 조정을 바로잡고 정치[政化]를 한결같이 하기가 어렵지 않겠습니까?

비록 한 세대에서는 정해지지 않더라도 후세의 군자가 바르게 논한다면 덮어서 가릴 수 없습니다. 어찌 또한 근본을 돌이키지 않겠습니까? 충후함으로써 근본을 기르고 정직함으로써 그 말단을 다스린다면, 어찌 오로지 옳음과 그름을 바로잡고 좋음과 싫음을 가지런히 해야만 국가의 원기를 배양할 수 있겠습니까?

집사 선생의 물음에 모두 진술했는데, 끝으로 또 드릴 말씀이 있습니다. 예로부터 임금은 반드시 보필하는 재상의 도움을 받은 뒤에야 천하의 임무를 완성할 수 있었습니다. 임금과 신하가 서로 만나지 않고도 정치가 한결같이 되는 일은 없었습니다. 그러므로 모든 책무가 모인 곳으로서 대신의 지위는, 나라에 일어나는 온갖 갈등과 충돌을 진정시키고 백성의 살림살이와 형편[辛甘燥濕]을 살펴서 고르게 해야 합니다. 국가의 일 중 3공[三公]이 정하지 않는 일은 하나도 없기 때문에, 옛 성왕은 재상을 중히 여겨서 공도의 문을 열었습니다.

공도가 천지간에서 백성을 소생시키고 묵은 것을 씻어 없애는 것은 재상의 책임입니다. 재상이 이 책임을 다하면 공도를 부지하고 좋음과 싫음, 옳음과 그름도 정해질 수 있습니다. 그래서 저는 좋음과 싫음이 뒤바뀐 것을 바로잡고 옳음과 그름이 뒤섞인 것을 구제하는 일로 으뜸이 재상을 중시하는 것이라고 말합니다. 재상을 중시하는 도는 재상을 신중하게 택하는 것을 근본으로 하며 밝게 알고 독실하게 믿고 오로지 임무를 맡기고 중하게 책임을 지워야 합니다.

재상 된 자는 성실과 재능을 다해 스스로 자신이 처한 형세가 중함을 알아서 선뜻 천하를 자기 임무로 삼아 그 사이에서 힘을 다하고 공적을 이루며 정사政事가 한 사람에게서 나오고 이간하는 말이 없어야 조정의 시비가 항상 의정부議政府에서 갈라지지 않게 됩니다. 그러므로 재상은 옳음과 그름을 가려서 시행하고, 옳음과 그름을 가릴 수 없는 사안은 대간臺諫이 그 가부를 말해 재상이 시행하게 합니다.

지금은 3공을 불러 대하며 새벽까지 일을 상주하고 밤중까지 일을 논해 한 나라의 일이 한마디 말로 이해利害가 결정된다는 말을 듣지 못했습니다. 저는 3공의 위세가 가벼워져서 그들이 기꺼이 자기를 다하려고 하지 않고 구차하게 자리만 차지하고 있을까 봐 두렵습니다. 어찌해서 기강은 서지 않고 호령은 신중하지 못합니까? 행정을 조치하고 변환하는 일이 바둑판의 형세처럼 변하며 처음 명령을 낼 때 더 상세히 살피지 않고는 시행한 지 오래지 않아 또 바꿔 버립니까? 그러니 주현州縣에서는 늘 행정 조치를 두고 조정에서 한결같이 정한 명령이 아님을 알고, 관장과 아전이 서로 "굳이 행할 것 없다. 오래지 않아 반드시 고칠 것이다." 하고 말합니다. 위임하는 도리가 이런데도 국가에 어지럽게 옳고 그름을 따지는 다툼이 없기를 바란다면, 저는 그럴 수 없을 것이라 생각합니다.

이는 3공에게 맡겨서 성과를 책임지게 하는 방법이 아닙니다. 참으로 위임하는 뜻을 옛 법도대로 다해서 3공이 온갖 갈등과 충돌을 진정시키고 백성의 살림살이와 형편을 살펴서 고르게 한다면, 옳고 그름을 가리는 일도 3공에게 있을 것입니다. 곧 3공이 국가의 원대한 계책입니다. 옳고 그름을 가릴 때 구차하게 하지 않으면, 옳은 것은 공평하게 옳고 그른 것은 공평하게 그른 것이 됩니다.

학술이 거친 제가 밝은 물음에 대강 진술했습니다. 집사께서 나아와 가르쳐 주십시오.

삼가 대답합니다.

『잠암일고潛庵逸稿』

오늘 읽는 책문

이 글은 김의정이 1526(중종 21)년 별시 문과에서 제출한 대책으로 보인다. 김의정은 이 과거에서 병과로 급제했다. 7세에 어머니를 여읜 충격으로 병을 앓고 몸이 허약했으나 독서를 게을리 하지 않았다. 1516년 사마시에 합격하고 성균관에 들어가서 유명한 학자들과 교유하고 문장으로 이름을 떨쳤다. 별시에 합격한 뒤 사간원과 홍문관의 여러 관직을 역임했는데, 그에 대한 중종의 신임을 시기한 사람들이 김안로金安老에게 모함해서 파직당하고 안동 별서로 돌아갔다. 부친상을 치른 뒤 1539년에 복직해서 공조, 예조, 홍문관, 승문원, 종부시 등의 벼슬을 두루 맡았다. 인종仁宗이 갑자기 승하하자 인종으로부터 국사國士로 대우받은 은덕에 보답하지 못한 것을 애통해하며 바로 사직하고 오늘날 경상북도 안동 풍산인 오릉동으로 내려가서 모든 교유를 끊고 시문을 지으면서 자적하고 지냈다. 호를 유경당에서 잠암으로 고치고 마을 이름도 오릉동에서 오묘동으로 고쳤다. 하나뿐인 아들이 관직에 나아가지 말고 농사지으면서 살기를 바라는 뜻에서 이름을 김농金農으로 고쳐 주었다고 한다.

그가 지은 시문 가운데 「천형부踐形賦」는 『맹자』 「진심盡心」(상)에 나오는 구절에 대한 해설로, 인간과 이기理氣의 관계를 설명하고 실천을 통한 인격 승화를 주장했다. 또 「기강부紀綱賦」는 『대학』의 3강령과 8조목을 중심으로 치국평천하治國平天下의 도를 논했는데, 나라를 다스리는 데 기강 확립이 중요하고 기강은 임금이 세우는 것임을 강조했다. 이 두 글이 조광조의 칭찬을 받았다며 『동문선東文選』에 실렸다지만, 지금 전하는 『동문선』에는 보이지 않는다.

김의정의 아버지 김양진金楊震은 청백리로 이름 높고 뛰어난 관료였다. 지방관으로서 치적을 많이 남긴 그가 1520년에 전라도 관찰사로 완산, 즉 오늘날 전주에 부임했다가 이듬해 겨울에 임기를 마치고 떠나게 되었다. 그런데 한참 가다 뒤를 보니 망아지 한 마리가 따르고 있었다. 그가 "저 망아지가 누구 것이냐?" 하고 물으니, 따르는 사람이 대답하기를 부임할 때 탔던 말이 낳은 것이라고 했다. 그러자 김양진이 "그렇다면 내 것이 아니고 전라도 산물이니 돌려보내라." 했다. 망아지가 자꾸 따라가자 감영 동문 앞 버드나무에 매어 놓게 하고 떠났다고 한다.

한편 김의정의 손자 김대현金大賢은 아들을 많이 낳고 잘 키워, 일찍 죽은 아들 하나를 빼고 여덟 형제가 모두 사마시에 합격하고 다섯 형제는 문과에 급제했다. 이에 인조가 연꽃 여덟 송이와 계수나무 다섯 그루에 빗대어 '8련 5계八蓮五桂'의 아름다움이 있다고 칭찬하며 마을 이름을 오미동五美洞으로 부르게 했다고 한다.

선비가 꿈을 접고 은거한 사연

김의정이 이 대책을 제출한 때는 중종반정이 일어나고 20년 뒤이며 기묘사화가 일어나고 8년 뒤다. 중종반정은 그 주도 세력의 정체에 관해 논란이 많았다. 반정을 주도한 유순정柳順汀·박원종朴元宗·성희안成希顏이 모두 연산군燕山君 치세 기간에 요직을 두루 거치고 권력을 누렸으니, 숙청 대상이 도리어 숙청의 칼자루를 쥔 셈이었다. 연산군 말년의 황음무도한 정치의 여파로 기강이 무너지고 어수선한 사회 분위기를 틈타 많은 사람들이 하루아침에 공신으로 탈바꿈했다. 그런데 공신이 많아지면 지급해야 할 보상 비용이 많이 든다. 따라서 중종 재위 초반은 가치관의 혼란, 청산되지 않은 적폐, 국가재정의 누수가 극심했다.

개혁을 꿈꾸는 양심적 지식인이라면 사회정의를 실현하기 위해 반정으로 들어선 정권의 반정을 추진하지 않을 수 없었다. 1518년, 조광조를 필두로 한 사림파 지식인 관료들이 기득권 세력의 발호와 세력 확장을 저지하기 위해 현량과라는 관리 추천 방식을 건의했다. 당시 과거는 이미 인맥을 형성하는 소굴로 전락해 버렸기 때문에 참신한 인재, 기득권 세력에 휘둘리지 않고 국가와 사회를 위해 봉사할 양심과 양식을 갖춘 인재를 뽑는 길과는 거리가 멀었다. 점차 훈구 기득권 세력과 대립각을 세우게 된 사림파는 향약을 실시하고 현량과를 실시하는 등 정치를 혁신해서 지치주의至治主義의 이상을 실현하기 위한 발판을 마련하고 확대해 나갔다. 그러나 1519년 11월에 훈구 세력과 왕권의 결탁이 일으킨 기묘사화로 사림은 중종반정이라는 모처럼 맞이한 재생의 싹을 제대로 키우지도 못하고 뿌리가 뽑혔다.

2년 뒤에 다시 정변의 회오리바람이 불어닥쳤다. 기묘사화의 여파로 신사무옥이 일어난 것이다. 사화와 달리 권력투쟁이 아니라 무고에 따른 정변이었다. 기묘사화로 사림파를 제거하고 정권을 장악한 심정沈貞, 남곤南袞 등이 조광조 일파를 두둔했다는 이유로 안처겸安處謙, 문근文瑾, 유인숙柳仁淑 등을 파직시켰다. 안처겸의 아우 안처함安處諴은 송사련으로부터 형이 친지들과 함께 현 집권자들을 비방했다는 말을 듣고는 조광조를 발탁하고 후원했던 아버지 안당安瑭을 자기 집 농장이 있던 용인으로 모시고 갔다. 그 뒤 안처겸이 다시 자기 장인의 집에서 이정숙李正淑, 권전權磌 등을 만나 시사時事를 논하면서 군주의 측근에 있는 간신들을 제거하고 사림을 위로해야 한다는 내용의 말을 했다. 이 자리에 있던 송사련이 자기 처남인 정상鄭鏛과 짜고 안처겸의 모친상 때 작성한 조객록弔客錄과 역군부役軍簿를 훔쳐다 그들이 반란을 꾀한다고 고발했다. 송사련은 그 어머니가 서녀이기는 해도 안처겸의 고모인데, 오로지 출세에만 눈이 멀어서 외가를 고발한 것이다. 결국 안당·안처겸·안처근安處謹 세 부자와 권전·이정숙·이충건李忠楗·이약수李若水·조광좌趙光佐 등 많은 사림파 인사가 체포되어 심문을 받고 역적으로 몰려서 처형되었다. 송사련은 절충장군으로 승진하고 죄인들에게 빼앗은 전답과 가옥과 노비를 받아 30여 년간 세력을 누렸다. 그러나 심정, 남곤 일파가 몰락하고 사림의 영향력이 커지면서 1566(명종 21)년에는 안당의 손자 윤玧의 상소로 신사무옥의 피해자들이 신원하고 직첩을 돌려받았다.

송사련의 아들이 송익필宋翼弼·송한필宋翰弼 형제인데, 이들은 타고난 재능을 집안의 악연 때문에 펼치지 못한 채 음지에서 당대 최고 학자인 이이·성혼成渾과 교류하며 성리학을 연구하고 김장생金長生과 김집金集 부자를 예학으로 성취시켰다. 역사의 아이러니다.

인종이 승하한 뒤에 김의정이 낙향한 까닭은 반정부터 인종의 죽음과 명종의 즉위에 이르는 정치 현실에 대한 환멸에 있다. 정의를 바로 세우겠다던 반정 세력이 실은 기득권을 지키기 위해 정의의 탈을 쓰고 양심 세력을 짓밟으며 가치를 전도하고, 옳고 그름을 교란하고, 좋은 것과 나쁜 것을 뒤죽박죽으로 만들어 버렸기 때문이다. 그가 쓴 짤막한 글 「기만에 관하여原欺」는 인간세계에 만연한 거짓과 기만과 허위를 날카롭게 지적한다.

맹자가 말하기를 가라지를 미워하는 까닭은 곡식의 싹을 어지럽히는 데 있다고 했다. 살구는 매실을 어지럽히고, 쑥은 국화를 어지럽히고, 이무기는 용을 어지럽히고, 할단새는 봉황을 어지럽히고, 올빼미는 송골매를 어지럽히고, 무수리는 학을 어지럽히고, 찰흙은 모래를 어지럽히고, 납은 은을 어지럽히고, 도라지는 인삼을 어지럽히고, 독초는 둥굴레를 어지럽힌다. 이 때문에 간교한 무리는 비슷한 것으로 남을 속인다. 진짜를 어지럽히는 물건이 여럿이지만 그것들이 비록 이름을 뒤집어쓰고 사람을 현혹해도 사람에게 해롭지는 않다. 그러나 독초가 둥굴레를 어지럽히는 것은 반드시 사람을 죽이고야 마니 두렵지 않은가? 비록 털이 있고 발이 넷인 점이 같아도 동산의 사슴은 끝내 말이 될 수 없다. 깃이 있고 두 날개가 있다는 점이 같아도 들새는 끝내 난새가 될 수 없다. 사물을 속일 것인가, 사람을 속일 것인가? 하물며 하늘을 속이랴?

가라지, 살구, 쑥, 이무기 들은 곡식의 싹, 매실, 국화, 용과 비슷해서 헷갈리게 하는 가짜다. 겉모습이 그럴싸하고 비슷하다고 해서 헷갈리면 진짜를 제대로 알아보지 못한다. 현실은 가짜가 판을 치고, 가짜가 진짜보다 더 진짜 같다. 김의정은 옳음과 그름이 뒤섞이고 가치판단의 기준이 어지러워진 역사의 소용돌이 속에서 허위와 기만과 무고와 불의를 목도하고는, 대책에서 드러나는 정의와 역사의 진보를 향한 소박한 믿음조차 버려야 했으리라.

인간의 근본을 노래한 시인

이황李滉

1501(연산군 7)년에 태어나고 1570(선조 3)년에 죽었다. 본관은 진보眞寶, 자는 경호景浩, 호는 퇴계退溪·퇴도退陶·도수陶叟, 시호는 문순文純이다. 1534(중종 29)년 식년 문과에 을과로 급제했다.

송기수宋麒壽

1507(중종 2)년에 태어나고 1581(선조 14)년에 죽었다. 본관은 은진恩津, 자는 태수台叟, 호는 추파秋坡·눌옹訥翁이다. 1534(중종 29)년 식년 문과에 병과로 급제하고 호당湖堂[1]에 들어갔다.

책문

『시경』 300편 뒤로 역대 유명 시인은 무려 수백, 수천에 이른다. 인간의 타고난 성정과 임금에게 충성하고 나라를 사랑하는 마음을 표현해서 시의 본질을 잃지 않은 자로는 진에 도연명陶淵明이 있고, 당에 두보가 있다. 이들의 근거와 심사心事는 다른 듯한데, 사람들이 이들의 시도 임금에게 충성하고 나라를 사랑하는 마음에서 나왔다고 하는 까닭은 무엇인가?

1　성종 때(1483) 용산에 있는 빈 사찰을 증축해서 독서당을 만들고 중종 때(1517) 오늘날 서울 옥수동인 두모포豆毛浦에 동호독서당을 설치해 임진왜란 때까지 사가독서의 중심지가 되었다. 호당은 동호독서당의 준말이다.

어떤 사람은 "시인들 사이에서 도연명을 평가하는 것이 공자 문하에서 백이伯夷를 평가하는 것과 같다." 했다. 그렇다면 시를 집대성한 자는 누구인가?

두보의 시를 논평하는 자가 "(두보의 시는) 시로 서술한 역사이며 시의 경전[六經]과 같지만, 8애시八哀詩에 엄무嚴武를 넣은 것[2]은 사사로운 감정에서 나온 것이다." 하고 말했는데, 이 설은 말이 되는가?

당시唐詩의 폐단을 논하는 자는 "『문선文選』을 지나치게 숭상했다." 하며 집에 두지 않기도 하지만, 두보는 『문선』을 주로 삼을 뿐만 아니라 자제에게도 가르쳤다.

송에 이르러 황정견黃庭堅, 소식과 진사도陳師道, 진여의陳與義가 모두 두보를 주로 삼았으나 유독 구양수歐陽修는 한유韓愈를 주로 삼았다. 그가 '두보의 시에는 속된 기운이 있다'고 했는데, 어떤 면을 보고 그렇게 말했는가? 이에 관해 취사선택하고 평가할 수 있는가?

선비는 천년 뒤에 태어나서 천년 전 사람을 벗으로 삼는다. 그대들은 어떤 사람을 벗으로 삼고 주로 삼는가? 그 설을 듣고자 한다.

이황의 대책

주시周詩(『시경』) 이후 이름난 시인이 몇이나 되는지 모릅니다. 당·송 이래 시인들을 숭상해 논하건대 역시 몇 사람이나 되는지 모릅니

---

2   두보가 왕사례王思禮, 이광필李光弼, 엄무, 이진李璡, 이옹李邕, 소원명蘇源明, 정건鄭虔, 장구령張九齡 등 당 대의 여덟 사람을 애도해서 연작시를 지었다.

다. 숭상해 논하는 설을 근거로 그 시인의 시를 살펴보면 그 시를 반이상은 알 수 있을 것입니다.

지금 집사 선생께서는 과거를 보는 곳(秋闈)에서 책문을 내시되, 특별히 시인 가운데 몇 사람을 거론하고 여러 학자의 논평까지 언급하면서 배우는 저희에게 물으셨습니다. 훌륭한 질문입니다. 제가 비록 명민하지는 못하나 어찌 감히 대답하지 않겠습니까?

가만히 생각건대 시의 본질은 성정에 근본을 두고 언어(言詞)로 표현된 것입니다. 그러므로 바탕이 돈후한 사람은 그 표현(辭)이 온화하며 바릅니다. 마음이 경박하고 조급한 사람은 그 표현이 들뜨고 겉만 화려합니다. 뿌리가 깊으면 가지도 무성하고, 체형이 크면 음성도 우렁찹니다. 사람됨이 진실로 임금에게 충성하고 나라를 사랑하는 큰 절개가 있으면, 그것이 표현된 시 또한 어찌 보통 사람의 시가 미칠 수 있는 것이겠습니까? 한 대 이래 시를 잘 짓고 아름답게 표현해 낸 시인이 적지 않지만, 당시에 이름을 빛내고(震耀) 백대에 이름을 떨친 이는 한두 명뿐입니다.

그러나 한 가지 장점으로 극치를 이룬 사람이 있는가 하면 여러 가지 장점을 겸비한 사람도 있는데, 모두 『시경』을 편집한 공자의 뜻을 발전시켰습니다. 비록 출처와 심사가 저마다 다른 듯하지만 모두 임금에게 충성하고 나라를 사랑하는 정성에서 나왔습니다. 그래서 성취한 바가 이렇게 높고 우뚝했습니다. 비록 여러 학자의 설이 저마다 주장하는 바가 달라도 전체 취지는 여기에서 벗어나지 않습니다.

밝은 물음에 따라 진술하겠습니다. 진의 도연명은 타고난 자질이 온화하고 탁 트였으며(夷曠) 학문이 깊고 넓었습니다. 세속을 초월한 빛나고 굳은 절개를 통해 두 왕조를 섬기지 않는 마음을 높였습니다. 그 빼어난 기풍과 위대한 절개는 보통 사람이 엿보아 헤아릴 수 있는 것이 아니었습니다. 그 시가 또한 맑고 깨끗하며 한적하고 아취가 있어서〔沖澹閑雅〕, 굳이 시구와 운율을 다듬지 않아도 조어造語가 자연스러웠으며 시의 뜻이 순박하고 예스러웠습니다. 시를 읽고 음미하는 자는 속세의 먼지를 털어 버리고 만물 위에 우뚝 홀로 서는 뜻을 갖게 됩니다. 이 어찌 마음에 근본을 둔 절의節義가 두터워서 일부러 그렇게 하지 않아도 언사가 저절로 그렇게 드러나는 것이 아니겠습니까?

논자가 "시인들 사이에서 도연명을 평가하는 것이 공자 문하에서 백이를 평가하는 것과 같다." 했는데, 도연명이 시에서 홀로 맑고 높고 순수하고 고아한 절개를 얻어서 그 극치를 이룰 수 있었던 것이 마치 백이가 홀로 성인의 자질 가운데 청렴함을 얻어서 그 극치를 이룰 수 있었던 것과 같지 않겠습니까?

두보의 시는 이와 다릅니다. 두보는 성당盛唐 시대에 살면서 천지〔光嶽〕의 온전한 덕을 터득했으며 풍아風雅(『시경』)를 추종하고, 굴원과 송옥宋玉을 능가했습니다. 임금에게 충성하고 나라를 사랑하는 정성은 하늘로부터 타고났으니, 시대를 근심하고 시사時事를 느꺼워하고 눈으로 목격한 것이 모두 그랬습니다. 「북정北征」은 창졸간에 지었는데도 나랏일을 알뜰히 표현했고, 자은사 탑에 관한 시는 가벼운〔遊遨〕 마음으로 지었는데도 뜻은 당 현종 대에 있었습니다. 이와 같이 그의 시는 공허한 말이 아닙니다. 그래서 그의 시를 당의 역사서에서는 '시로 표현된 역사'라고 일컬으며 예전 학자들은 6경[3]에 견주었습니다. 여러 시인의 장점을 모으고 여러 유파를 통일한 공이 그에게 있지 않습니까?

소식이 시를 논하면서 두보를 집대성했다고 했으니 그 말은 믿을 만합니다. 그런데 어찌하여 후대에 선배를 가벼이 논의하는 자들은 두보가 8애시에 엄무를 넣은 사실을 두고 사사로운 정(私情)에서 나왔다고 생각하는 것입니까? 이는 생각 없이 지나치게 함부로 말하는 것입니다. 그들이 어찌 평소의 큰 절개를 알아볼 수 있었겠습니까? 추상같은 기개로 의연하게 지조를 지키는 사람이 어찌 기꺼이 이익을 탐하는(婪卷) 사사로운 감정을 품고 구차하게 인용해서 칭송했겠습니까?

『문선』을 숭상한 점에 대해서도 설이 있습니다. 태산처럼 높은 산을 쌓는 사람은 흙덩이라도 버리지 않고, 강과 바다처럼 깊은 물로 나아가는 사람은 작은 시냇물도 사양하지 않습니다. 하물며 『문선』은 위로 서한西漢으로부터 아래로 위魏, 진晉에 이르는 문장을 편집한 책으로서 좋은 문장이나 나쁜 문장이나 다 갖춰 싣지 않았습니까? 이런즉 두보는 『문선』을 숭상했어도 『문선』만 보면서 그 장점을 취하지는 않았습니다. 『문선』이 당의 시에 폐해를 끼친 것이 아니라 당의 사람들이 스스로 폐단을 지어낸 것입니다. '여러 사람의 장점을 겸하면 반드시 대성한다'는 사람들의 말은 이를 가리킵니다.

이 때문에 앞으로는 한과 위의 시가 두보에게 모여들어 다른 길로 나아가지 않았고, 뒤로는 송과 원元의 시가 두보를 종장宗匠으로 받

3　『역경』, 『서경』, 『시경』, 『춘추』, 『예기』, 『악기樂記』 등 중국 춘추시대의 여섯 가지 경서다.

들고 다른 내용은 다루지 않았습니다. 비록 소식과 황정견·진사도·진여의가 시인〔騷家〕으로서 발흥했지만, 모두 두보의 시를 고금의 으뜸으로 삼아서 칭찬하는 데 말을 아끼지 않고 흠모하기를 그만둘 수 없었습니다.

그러나 유독 구양수는 두보의 시에 세속의 기운이 있다고 논했는데, 그 뜻을 도무지 알 수 없습니다. '늙은이 이른 새벽에 흰머리를 빗질한다〔老夫淸晨梳白頭〕'는 구절을 거론한 것은 유창劉廠의 변론에 굽힌 것으로, 구양수의 이 평론은 한유의 시가 훌륭한 것에 탄복해 우연히 한 말일 뿐입니다.⁴ 학자가 이 흠을 가지고 두보를 낮게 평가할 수는 없습니다.

아아! 시를 지으면서 덕행에 근본을 두지 않으면 반드시 들뜨고 경박한 폐단이 생깁니다. 이는 예나 지금이나 공통된 문제로서 세상 사람이 꾸짖으며 병폐로 여깁니다. 『시경』300편에서 성인의 성정을 보고 시의 본질을 먼저 확립해 내지 못한다면, 아무리 빼어나고 아름답게 문장을 지어 낸다고 해도 모두 그 찌꺼기를 표현한 것에 지나지 않을 뿐입니다. 그러니 세상에서 시를 배우는 자가 어찌 임금에게 충성하고 나라를 사랑하는 것을 근본으로 삼지 않을 수 있겠습니까?

집사께서 글 말미에 또 "어떤 사람을 벗으로 삼고 주로 삼는가?" 하고 물으셨는데, 어리석은 저희를 더욱 감격하게 합니다. 저는 경학

4　구양수는 시에서 두보가 아니라 한유를 주로 삼았는데, 유창이 늘 이를 옳지 않게 여겼다. "두보가 '내가 첫새벽에 머리를 빗고 있자니 현도관 도사가 찾아왔네.' 하고 읊은 것은 속된 기운이 있다. 한유라면 결코 이렇게 읊지 않는다." 구양수의 이 평을 두고 유창이 이렇게 말했다. "한유도 '예전 사문관에 있을 때 스님이 새벽에 찾아왔네.' 하고 읊었는데, 이와 같은 종류다." 구양수는 유창의 변론을 듣고 웃었다.

을 연구하다 여가에 잠시 시의 문호를 엿보았을 뿐이니, 그 깊은 뜻을 아직 보지 못했습니다. 어찌 감히 선현의 수준을 따져 취사선택할 수 있겠습니까?

그러나 일찍이 주자의 말씀을 들으니 '시를 배우는 데는 모름지기 도연명의 문하〔陶柳門中〕를 따라야 한다' 했으니, 도연명의 시를 공부하지 않으면 안 되는 것은 당연합니다. 시를 배우는 법은 오히려 학문의 도와 같습니다. 옛날에 맹자께서 학문을 논할 때 백이와 이윤〔伊尹〕으로 자처하지 않고 '원하기는 공자를 배우는 것'이라고 했습니다. 그렇다면 유생들이 마땅히 법으로 삼고 본받아 스승으로 우러러 섬길 이는 시단의 성인(두보)이 아니고 그 누구겠습니까? 만약 인품과 절의를 공경하고 그리는 것을 시의 근본으로 삼는 이라면, 저는 마땅히 세 번 목욕재계하고 세 번 향을 피워 그를 높이기에 겨를이 없을 터입니다. 어찌 두 분 사이에 선후를 매기겠습니까?

삼가 대답합니다.

『퇴계선생전서退溪先生全書』

송기수의 대책

대답합니다. 제가 듣기로는 '마음이 가는 바를 뜻〔志〕이라 하고, 말이 문장을 이룬 것을 시라 한다' 했습니다. 마음에 느끼는 바가 있어서 그것을 말로 표현해 낸다고 한다면 옛날이나 지금이나 시를 말하는 것이 어찌 이 마음 밖에 있겠습니까? 대아大雅가 나오지 않으면서부터 세상에서 시의 성정을 강론하지 않은 지 오래되었습니다. 지금 집사 선생께서 특별히 시학詩學을 거론하면서 고금의 유명 시인을 질문으로 삼아 선택하고 평가[是非]하는 설을 듣고자 하시니, 참으로 시의 교육을 새로 일으키려는 성대한 마음이라 하겠습니다. 저는 비록 명민하지 않으나 대략을 진술하겠습니다.

가만히 생각건대 시란 사람의 소리가 문장을 이루어서 밖으로 표현된 것입니다. 하늘이 만물의 법칙[命]을 내리면서부터 가치[好惡]와 판단[是非]의 이치[理]가 있고, 사람이 성품을 타고났으니 희로애락의 감정이 있습니다. 대상에 접촉해서 마음에 반응이 일어나면 저마다 생각하는 바가 있게 되고, 생각이 쌓이면 반드시 저절로 소리와 가락이 생겨 일상생활의 언어에서 흘러나옵니다.

그러므로 마음속에 중정中正하고 화평和平한 실상이 들어 있으면 말로 표현한 것도 충후하고 간절하고 정성스러운 뜻이 있습니다. 그러니 외고 읊조리며 감상하는 사이에 착한 마음의 단서를 불러일으키고 마음의 기질을 감동시킬 수 있어서, 부자에게서는 은혜를 다하며 군신에게서는 의리를 다할 수 있습니다. 그리고 풍속의 교화에 적용하면 교화를 일으키고 풍속을 격려할 수 있어서, 부모를 섬기고 군주를 섬기는 데 아무리 먼 곳이라도 합당하지 않음이 없습니다.

그러나 시는 뜻을 말로 나타내는 것입니다. 사람의 성정이 바르면 그 말이 바르고, 말이 바르면 처신하고 일하는 데 어느 하나라도 바르지 않은 것이 없습니다. 따라서 옛사람의 성정을 살피려면 마땅히 그 시가 어떠한지를 보아야 하고, 시의 아름다움과 추함을 알려면 마음에 지닌 것의 옳고 그름[邪正]과 득실을 논해야 합니다. 이에 공자는 "『시경』 300편을 한마디로 말하면, '생각에 사특함이 없다'는 것이다." 하고 말했습니다. 후세의 시를 논하는 자들이 어찌 성정에서 벗어날 수 있겠습니까?

아! 시는 고금에 다름이 있으나 마음에는 피차의 구분이 없으니, 충후하고 온순하며 고아한 작품이 어찌 후세라고 나오기 어렵겠습니까? 아름다운 시를 선택하는 기준이 한결같이 않으니 시를 논하는 근본이 아니면 어찌 집사를 위해 말할 만하겠습니까? 그러나 집사께서 숨기지 말라셨으니 상세히 진술하지 않을 수 없습니다. 제가 조목별로 진술하겠습니다.

주의 시를 공자가 정리한 뒤에 『시경』의 체제가 바뀌어서 노래와 읊조림 같은 형식이 되었습니다. 이에 표현 기교를 다퉈 저마다 시인이 되었으니, 재주가 뛰어난 문인의 명성이 시를 담은 자루에서 넘쳐나고 붓을 휘둘러 쓴 문장이 서적 상자에 가득합니다. 그러나 『시경』이 남긴 뜻과 비슷한 것은 거의 보이지 않습니다.

유독 진의 도연명은 충담沖淡함으로 시를 써서 느긋하게 속세를 벗어나는 아취가 있었는데, 마음속의 은미한 뜻은 수양산에서 굶어 죽은 백이와 같은 지조가 있었습니다. 당의 두보는 신중함과 치밀함을 기법으로 삼고 늠름한 군대의 기율처럼 엄격함을 갖췄는데, 현실을 근심하고 마음 아파하며 개탄하는 표현은 모두 임금께 충성하고 나라를 사랑하는 정성에서 나왔습니다. 그들이 만난 시대의 상황이 달라서 서로 숨기고 드러낸 자취가 있으나 일생 임금을 향한 마음은 처음부터 조금도 해이하지 않았으니, 말로 표현된 것 중 올바른 성정 및 나라에 대한 충성과 임금에 대한 사랑에서 나오지 않은 것이 없었습니다. 이는 참으로 모두 『시경』의 종지宗旨에서 나온 것입니다.

그러나 도연명의 시는 간을 하지 않은 고깃국〔大羹〕이나 물〔玄酒〕과 같아서 고상하기는 해도 표현이 근엄하지 않고, 시의 기운이 공허하며 고요함을 숭상했기에 시 가운데 맑은 것이기는 해도 성인처럼 완전에 이르지는 못했습니다. 아! 맑고 깨끗해서 속된 기운이 없는〔秋水芙蓉〕 시구가 자연스럽기는 해도 혹 지나치게 분방한〔放逸〕 문제가 있고, 텅 빈 숲에서 현학을 논하는 듯한〔空林談玄〕 시는 그윽하고 단아하기는〔幽雅〕 해도 풍아의 풍도風度는 듣지 못했습니다. 그러니 어찌 충분히 시가詩家의 종장이 될 수 있겠습니까?

그렇다면 오직 두보가 있을 뿐입니다. 사람의 일에 비유하자면, 오직 제도를 만들어서 온갖 사회체제가 갖춰지게 한 주공이라 하겠습니다. 시어의 근원은 바다처럼 깊고 시구와 운율은 정교하고 엄격하니, 시인 가운데 집대성한 이라 하겠습니다. 창황蒼黃하게 북쪽으로 갈〔北征〕 때도 임금에 대한 사랑을 잊지 않았고 사물을 읊고 회포를 드러낸 작품에는 모두 풍자하는 뜻을 담고 있으니, 그의 시와 당의 역사서를 서로 참조해 볼 때 그의 자취는 시로 읊은 역사일 뿐만 아니라 참으로 시의 6경입니다.

예컨대 '8애'로 꼽히는 작품은 시대를 마음 아파하고 어진 이를 생각하고 있으나 각박한 엄무를 그 사이에 끼워 넣었으니, 이를 평하는 사람은 두보가 촉蜀에 있었기에 그에게 사사로운 감정을 두었다고 여깁니다. 그러나 사람을 근거로 그의 공적을 덮어서는 안 되는 것이 군자가 사람을 취하는 도량입니다. 엄무가 촉에 있을 때 참으로 적을 막은 공적이 있고, 두보가 반드시 이 사실을 보았을 것입니다.

예컨대 당의 문사文士들은 6조六朝 시대의 들뜨고 화려한 사조의 뒤를 이어 표현 기교에만 힘써서 바른 것을 해치고 들뜬 말로 사람을 미혹시켰습니다. 양형楊炯과 왕발王勃의 경박함은 사람들로부터 천하다고 평가받았고, 온정균溫庭筠과 이상은李商隱의 음란과 농염은 바른 것에 부합하지 않았습니다. 그들이 잘못 숭상한 것이 사람들로 하여금 경박하고 비루한 것을 수습하지 못하게 했으니 숭상하는 데 신중하지 않을 수 없습니다.

그러나 두보는 스스로 6조의 시문을 주로 삼았을 뿐만 아니라 자식들에게 『문선』을 외우도록 했으니 그도 당시 습속을 면하지 못한 듯합니다. 그러나 두보를 논하는 옛 학자들은 모두 '6조에서 재료를 취하되 『시경』을 시의 정신으로 삼았다' 했으니, 저들의 들뜨고 화려함이 그의 성정을 해치지 못해서 당시의 음란하고 농염한 단점이 없었습니다. 오직 이와 같았기 때문에 송의 황정견과 소식, 진여의와 진사도가 모두 두보를 주로 삼았습니다. 황정견은 '영단靈丹 한 알과 같아서 쇠를 금으로 만든다'고 비유했고, 소식은 집대성했다고 평했습니다. 진사도의 삼매三昧와 진여의의 간고簡古가 모두 두보에 귀의한 것입니다.

구양수만은 평탄함을 강력히 주장해서 당시의 폐단을 바로잡으려고 했기 때문에 평론하는 사이에 두보를 깎아내리고 비판하는 설이 없지 않았으나, 마음으로 복종하고 우러러본 점은 본디 한 글자를 어렵게 여긴 데서 나타납니다. 그렇지 않다면 임금을 걱정한 「북정」을 어찌 한갓 풍부하고 화려한 표현에만 힘쓴 한유의 「남산南山」에 견주겠습니까?[5] 그리고 청신한 시구와 율격을 어찌 문장의 기법만으로 쓴 시에 견주겠습니까?

아! 시의 도는 어렵습니다. 짓기가 어려울 뿐만 아니라 숭상해 논하기가 더욱 어렵습니다. 그래서 옛사람이 "시를 평하기가 시를 짓기보다 어렵다." 했습니다. 그러나 제가 듣기에 '세상에 버릴 사람은 있어도 버릴 말은 없다'고 했습니다. 제가 말씀드리겠습니다. 시가 소중한 것은 세상의 교화와 관련 있기 때문입니다. 시로되 세상의 교화에 관계가 없다면 공허한 말일 뿐입니다.

『시경』300편은 모두 당시 공경대부를 기리고 찬송하는 내용입니다. 그러나 민간에서 속되게 부른 가요의 노랫말이 도리어 「아」와 「송」 사이에 들어가 있습니다. 찬송하는 노랫말이 화려해도 성정의 진실을 표현한다는 점에서는, 자연스레 나오면서도 사람의 착한 마음을 자극해서 드러내고 게으른 생각을 징계해서 꾸짖을 수 있는 거리와 골목의 말만 못하기 때문이 아니겠습니까?

도연명의 시가 사람들로부터 칭송받는 것은 임금에게 충성하고 나라를 사랑하는 마음이 있었기 때문입니다. 맑은 바람이 부는 북쪽 창가에 누워서 진晉이 길이 오래도록 지속되기를 바랐으며, 시어[詩詞]에서 표현된 성정도 모두 온화하고 화평했습니다. 그렇지 않다면 비록 '붉은 구름이 하늘에서 저절로 모였다 흩어지네[絳雲在霄 卷舒自

5　「북정」은 두보가 '안사安史의 난'을 겪으면서 피폐한 민생과 국가의 앞날을 걱정하고 현실에 대한 자기 견해를 밝힌 장편 서사시다. 한편 「남산」은 한유가 장안 종남산의 산세와 풍광을 읊은 장편시다. 이 두 시에 관한 일화가 『잠계시안潛溪詩眼』에 있다. 손각孫覺은 "두보의 북정시는 한유의 남산시보다 뛰어나다." 하고, 왕안국王安國은 "남산시가 북정시보다 낫다." 하며 끝내 서로 자기 견해를 굽히지 않았다. 이때 비록 어리지만 황정견이 말했다. "교묘한 솜씨로 말하자면 북정시가 남산시에 미치지 못한다. 그러나 한 시대의 일을 서술해 『시경』과 서로 표리가 되는 것을 말할 때 북정시는 없으면 안 되지만 남산시는 짓지 않았다고 해서 해 될 것이 없다." 두 사람의 평론이 이렇게 결론 났다.

然〕'하고 읊은 구절은 한갓 들뜬 말이 될 것입니다.

두보의 시가 사람들에게 칭송받는 것은 시대를 근심하고 세상에 대해 아파하는 마음이 들어 있기 때문입니다. 험한 길을 떠돌면서도 늘 궁궐을 생각하는 정이 있었고, 시의 표현〔詩辭〕에 나타난 문장도 모두 간절하고 측은해 마지않는 마음이었을 뿐입니다. 그렇지 않다면 비록 '시단詩壇에서 대성'해도 그의 시는 한갓 신중하고 치밀한 말이 될 뿐입니다. 그러니 저 들뜬 말을 숭상하고 성정이 결핍된 것과 견주어 어느 쪽을 택하겠습니까? 오직 임금에게 충성하고 나라를 사랑하는 정성이 저절로 사람의 마음과 뜻을 자극하고 감동시켰기 때문에 뒤에 그를 주로 삼는 자들은 읊는 것도 모자라서 찬미까지 하는 것입니다. 천년 뒤에도 오히려 명교名教를 세우고 풍속을 격려할 수 있으니, 비록 숭상하는 바는 다를지라도 끝내 감히 드러내고 배척하지는 못하는 것입니다.

아! 지극합니다. 집사의 물음이여! 저는 앞에서 대략 진술했습니다. 그리고 끝으로 또 드릴 말씀이 있습니다. 사람이 세상에 살면서 느끼는 바가 있으면 반드시 말하게 되고, 말하면 반드시 숭상하는 바가 있습니다. 이미 숭상하는 바가 있다면 마땅히 천 년, 백 년 전의 옛사람과 벗하고 그를 주로 삼아 자신의 언어 표현을 모두 그 사람의 도리에 맞춰야 비로소 더불어 시를 말할 수 있을 따름입니다.

그렇다면 저는 누구를 주로 삼아야 하겠습니까? 도연명은 군신 관계가 비정상인 상황에 처했기에 스스로 불평을 털어놓았습니다. 선비는 그와 처한 바가 다르니 자기를 그에게 견주면 안 됩니다. 두보는 다급한 시대를 만났기에 객지에서 곤궁한 형편을 시가로 표현했습니다. 비록 성정이 바르고 표현이 화려한 이라도 이보다 더할 수 없습니다.

　제가 듣기에 고요皐陶의 「갱재가賡載歌」는 『시경』의 시조始祖이고, 윤길보尹吉甫의 「청풍송淸風頌」은 성주成周의 성대한 음악이라 했습니다. 이는 모두 임금과 신하의 관계가 형통하고 아름다운 기회를 만나 성정의 바름을 얻어서 화평한 음악으로 표현된 것입니다. 사군자士君子가 스스로 자기를 비김에 마땅히 이 몇 사람을 인정하고 국가의 성대함을 노래해야지, 어찌 가난하고 곤궁한 선비와 더불어 몇 마디 교묘한 표현을 다투는 것을 재주로 삼겠습니까?

　삼가 대답합니다.

『추파선생집秋坡先生集』

오늘 읽는 책문

　앞의 대책 두 편은 이황과 송기수가 중종 29년 식년 문과에서 제출했다. 이 시험에서 이황은 을과, 송기수는 병과로 급제했다.

　이황은 태어난 지 얼마 되지 않았을 때 아버지가 돌아가셨기 때문에 할머니의 양육과 숙부의 훈육을 받고 자랐다. 어릴 때 서당에 다니다가 12세에 숙부인 이우李堣에게 『논어論語』를 배우면서 학문의 길에 들어섰다. 고려 때 향리에서 사족으로 올라선 이황의 집안에서 이우는 처음으로 현달한 어른이었다. 이황은 14세 무렵부터 혼자 독서하기를 좋아했는데, 특히 도연명의 시를 좋아하고 그 사람됨을 흠모했다. 1534년에 급제하고 승문원 부정자副正字가 되면서 관계에 발을 들여놓았다.

이황은 형 이해李瀣가 을사사화에 연루되어 희생된 뒤 병약함을 구실로 관직에서 물러나고, 1546(명종 1)년에 고향인 낙동강 상류 토계의 동암에 양진암을 지어서 독서에 전념하는 구도 생활에 들어갔다. 호도 토계에서 퇴계로 고쳤다. 그 뒤로 관직을 잠시 맡거나 사퇴하기를 반복하면서 거의 평생을 보냈다. 단양과 풍기 군수를 맡았는데, 풍기 군수로 있을 때는 주세붕周世鵬이 세운 우리나라 최초의 서원 백운동서원을 최초의 사액서원인 소수서원으로 발전시켰다.

1560년에 도산서당을 지은 뒤로 7년 간 그곳에서 지내며 독서·수양·저술에 전념하는 한편 많은 제자들을 훈도했다. 명종이 예로 대하며 현직에 자주 임명했지만 벼슬길에 나서지 않았다. 1567년에 명에서 새 황제의 사절이 오자 조정에서 이황의 상경을 간절히 바라 한양에 갔다. 이때 명종이 돌연 죽고 선조가 즉위해 그에게 명종의 행장을 편집해서 펴내는 책임을 맡기고 예조 판서에 임명했는데, 그는 병으로 귀향했다. 선조의 신망으로 68세에 대제학·지경연이라는 중임을 맡고는 제왕의 길에 대한 생각을 담아 「무진6조소戊辰六條疏」를 올렸다. 1569년에는 이조 판서에 임명되었지만 사양하고 귀향하게 해 달라고 청하고 허락받았다. 귀향한 뒤 이듬해 11월에 병을 얻어 죽었다.

한편 송기수는 세도가 김안로에게 아부하지 않고 잠시 물러나 있다가 그가 실각한 뒤 복귀해서 요직을 두루 거쳤다. 특히 인종이 즉위한 해(1544)부터 좌부승지, 우승지, 도승지를 차례로 맡으면서 중종의 장례, 인종의 즉위와 승하, 명종 즉위 등 잇단 격변기에 정치 일선에 있었다. 명종이 즉위한 해(1545)에 일어난 을사사화의 논공행상에서는 훈적勳籍에도 이름이 올랐다. 승지로서 사화의 와중에 있었기 때문이다.

그런데 사촌 형 송인수宋麟壽가 사화와 그 여파로 일어난 양재역 벽서 사건의 후과로 윤원형에게 희생되었기 때문에 송기수의 처지가 난감해졌다. 이에 거짓 공훈을 삭제해 달라고 여러 차례 청하고 벼슬에서도 물러났다. 그 뒤 여러 차례 벼슬이 내려졌지만 사양하고, 1557년에 성절사聖節使로 중국에 다녀왔다. 벼슬 제수와 사퇴 사이에서 처신하는 동안 이황과 처세의 의리에 관해 편지를 주고받으며 의논하기도 했다. 두 사람은 같은 시기에 과거에 급제했고〔同榜〕 형제를 억울하게 잃은 아픔도 비슷해 의기투합했을 것이다.

1553년에 문정왕후文定王后가 수렴청정을 거두고 명종이 친정하게 되면서 윤원형을 견제하기 위해 이량李樑을 등용했는데, 그 또한 권력에 눈먼〔權鬼〕 소인배라서 정권을 전횡하고 우익羽翼을 부식扶植해서 탄핵을 받고 좌천되었다가 복귀하는 등 정계의 혼란이 계속되었다. 게다가 거듭된 흉년으로 유랑민이 늘어나고 도적 떼가 창궐해서 민생은 절망의 나락에 빠졌다. 정권의 기강과 도덕성이 아예 사라져 버렸기 때문에, 지방에서 탐관오리의 창고에는 곡식이 썩어 나갈 정도로 많은데 백성은 기근으로 유리걸식하거나 아사하는 지경이었다. 설상가상으로 1555년에는 왜구가 전라도 일대를 휩쓴 왜변이 일어났고, 1559년부터 1562년까지 3년 넘게 양주 백정 임꺽정이 이끄는 도적 떼가 황해도와 경기도 일대를 휘저었다. 민생의 파탄과 도적 떼의 창궐은 동전의 양면이다. 그리고 모두 사회의 모순과 부조리, 정치의 타락이 초래한 결과일 뿐이다.

송기수는 명종 14(1559)년에 대사간으로서 올린 것을 비롯해 여러 차례 올린 시무時務에 관한 소에서 기강을 세우고 사기를 진작하고 언로를 밝히고 넓히며 민생을 구제하라고 말했다. 그 뒤 명종과 선조의 조정에서 요직을 두루 거치고 6조의 판서를 여러 차례 연임했다. 명종이 승하했을 때는 영의정 이준경李浚慶과 함께 선조를 등극시키는 데 중요한 구실을 했다. 그가 정2품 벼슬을 20년 동안이나 누리고도 끝내 1품관에 오르지 못한 데는 아마 선조 이후 사림 정치가 정착하고 나서 사림이 그의 처신을 청류淸流로 인정하지 못한 사정이 있을 것이다.

문집의 연보에 따르면, 송기수는 선조 2(1569)년에 경연에 참여해서 을사사화의 간흉을 추탈하라고 청했다. 이에 앞서 그는 명종이 즉위한 뒤 윤원로尹元老를 탄핵했고, 을사사화 중 문정왕후의 행위에 절차상 하자가 있었다고 지적했다. 게다가 권신 이량을 거듭 탄핵하고, 이기李芑·윤원형의 관작을 깎으라고 건의하고, 문정왕후의 비호를 받던 승려 보우普雨를 처단하라고 청했다. 또한 조광조의 신원을 건의하고, 을사사화로 유배된 사람을 방환하고 신원 뒤에 등용하며, 양재역 벽서 사건에 연루된 사람의 억울한 옥살이도 풀어 주라고 청했다.

시에 담긴 철학과 문학

기묘사화와 을사사화를 거치면서 이황과 송기수 같은 사람들은 사림의 급진적인 개혁에 우려를 품었다. 혈친이 화를 당하는 사건을 목도한 사람으로서 아무리 현실의 불의와 부조리에 항거한다 하더라도 자기를 송두리째 던지기는 쉽지 않았을 것이다. 권신 세력에게 이용당하면서도 적극적으로 저항하지 못하고 심정적으로는 사림에 속하면서도 사림의 기개를 드러내지 못한 송기수는 조선 지식인의 비애를 보여 준다. 이황은 어쩌면 교묘하게 벼슬을 사양해 주가를 계속 높였지만, 송기수는 평생 벼슬길에서 요직을 두루 거치면서 오히려 사림의 냉대를 받았다. 『선조수정실록』1587년 9월 1일 기사에 실린 조헌趙憲의 상소는 송기수의 인품과 처신에 대한 당대의 평가를 보여 준다. "신이 듣건대 송인수의 어짊은 우리나라의 보배라 합니다. 그가 죽던 날 그를 알건 모르건 모든 사람이 탄식하며 마음 아파했는데, 송기수는 홀로 출사를 그만두지 않고 정원政院에 나아갔다고 합니다. 동료가 괴이하게 여겨 물으니, '이미 나라의 역적이 되었으면 마땅히 호적 관계를 끊어야 한다. 무슨 복을 입겠는가?' 하고 답했습니다. 나중에 송인수를 위해 묘지墓誌를 지을 때는 극도로 찬양하며 선비들의 공론에 따른 죄를 얻지 않으려고 했습니다. '평소 간사하고 거짓된 점은 죽은 뒤에야 진상을 알 수 있다.' 한 말이 이것입니다."

을사사화에 이언적李彦迪도 추관으로 참여했지만 그에 대해서는 크게 시비하지 않는다. 게다가 문묘에 종사되어 동국 18현東國十八賢 중 한 사람으로 추앙받는다. 이언적은 정부의 요인으로서 사림과 척신 사이에서 사림을 구제하려고 노력했고, 사림을 처벌하는 데 소극적인 태도를 일관하다가 윤원형과 이기의 의심을 받아 관직에서 물러났으며 양재역 벽서 사건에 연루되어 귀양 가서 죽었기 때문일 것이다.

한편 송기수의 외손자는 조선의 명문장가로 꼽히는 신흠申欽이다. "산촌에 눈이 오니 돌길이 무쳐셔라……." 하는 그의 시조가 중등학교 교과서에도 실렸다. 그가 일곱 살 때 어머니와 아버지를 잇달아 여의고 외가에서 외할아버지 송기수의 양육을 받았다. 송기수가 손자들을 가르치면서 '춘春' 자를 주고 글을 짓게 했는데, 신흠이 대뜸 이렇게 말했다. "천지 만물 가운데 봄이 맏이다." 송기수는 감탄하며 신흠이 크게 성공할 것이라고 기대했다. 과연 신흠은 그 기대에 부응했다.

인류는 아주 일찍부터 노래를 불렀을 것이다. 내가 어리던 1970년 대까지만 해도 시골 할머니들은 거의 문맹이었다. 그럼에도 이분들이 부르는 노래는 매우 다양하고 내용도 심오했다. 입에서 입으로 전하며 노동의 고통과 도무지 벗어날 수 없는 삶의 질곡, 뭉게뭉게 중중무진 피어오르는 구름 같은 시름을 잠시나마 덜어 내는 것으로 노래만 한 것이 있겠는가? 할머니들의 노래를 들어 보면 표현의 생동감, 직관적인 지혜, 꾸밈없는 감정이 구절구절 마디마디 어려 있다. 삼을 삼으면서, 베를 짜면서, 밭을 매면서, 알곡을 고르면서 삶의 갈피마다 노래를 끼워 넣었다. 이런 노동요, 생활 가요, 민중가요가 글자를 입으면 시가 되는 것이다.

중국 고대 시가집인 『시경』의 전반부를 이루는 '국풍國風'이 바로 아득한 2000~3000년 전 황하 중류에서 흩어져 살던 노동하는 인민이 부르던 노래다. 그래서 『시경』의 시는 동아시아 시가 문학의 원천이 되었다. 중국의 고대 시가를 대표하는 또 다른 원류는 『초사楚

辭』다.『시경』의 국풍이 특정한 지은이 없이 민간에서 바람처럼 일어났다 사라지는 노래를 다행히 공자가 정리해서 지금까지 남았다면,『초사』는 춘추전국시대 초나라의 시가로서 대부분 굴원과 송옥 등 작자가 알려져 있다. 또『시경』의 국풍이 민간의 생활 가요라면,『초사』는 지식인이 우국충정과 개인적 의분과 신화적 제재를 낭만적 기법으로 그려 낸 시가집이다.

『시경』과『초사』에서 발전한 중국의 시가 문학은 당 대에 꽃을 피웠다. 당을 대표하는 문학 장르가 바로 시다. 청의 강희제康熙帝 44(1705)년에 팽정구彭定求·심삼증沈三曾·왕역王繹·유매兪梅·서수본徐樹本 등 여남은 학자가 왕의 명령에 따라 당시唐詩를 모두 모아 900권으로 펴낸『전당시全唐詩』에 실린 시가 4만 8900여 수, 이름을 올린 시인이 2200여 인이며 시의 제목만 모은 것이 12권에 이른다. 당은 정말 시의 제국이었다. 그리고 이 제국을 양분한 시의 제왕은 단연 이백과 두보다.

이백은 시의 천재다. 영화 〈아마데우스Amadeus〉에서 모차르트Wolfgang Amadeus Mozart가 그냥 머릿속에서 떠오르는 대로 그려 내면 바로 명곡의 악보가 되듯 이백이 노래를 부르면 그대로 시였다. 낭만성을 극대화한 그의 시는 아무리 과장된 표현도 억지스럽지 않다. 반면에 두보는, 베토벤Ludwig van Beethoven이 운명과 처절하게 싸우면서 자기를 초극했듯이 삶의 현실과 역사의 비극을 진지하게 마주하고 사실대로 그려 냈다. 그래서 두보의 시를 시사詩史, 곧 시로 쓴 역사라고도 한다. 그의 시편은 부조리한 현실의 증언이며 양심적 지식인의 현실 인식을 올곧게 갈파했다. 거칠게 인상비평에 따라 분류하자면, 이백은 도교적이고 두보는 유교적 시인이라고 해도 진상에서 그다지 동떨어졌다고 할 수는 없을 것이다. 조선왕조에서는 두보의 시를 시의 전범으로 여겼다. 두보의 시를 국가사업으로 해석하고 『분류두공부시언해分類杜工部詩諺解』[6], 줄여서 『두시언해杜詩諺解』를 편찬했다. 이 책은 국문학, 국어학, 시문학에 심대한 영향을 끼친 우리 고전이다.

중국의 또 다른 걸출한 시인은 동진東晉의 도연명이다. 선진先秦과 당 사이 중국의 시가 문학을 대표하는 그는 동아시아 문화사에서 가장 저명한 은일 시인이며 귀농 시인이다. 그가 읊은 「귀거래사歸去來辭」는 시인 묵객의 자연 회귀와 안분지족, 안빈낙도의 선언문이다. 그리고 「도화원기桃花源記」는 동양적 이상향을 그려 낸 문장이다. 이 작품들에서 유래한 '귀거래'와 '무릉도원'은 곧 동아시아 문화를 이해하는 데 핵심어가 되었다.

도연명의 시는 한마디로 평이하며 담백하고〔平淡〕 자연自然스럽다. 아름답게 표현하려는 뜻은 조금도 없다. 글귀를 억지로 꾸미거나 어려운 고사성어를 따다 넣거나 기묘한 말을 만들어 내거나 현학 취미를 보이지 않는다. 전혀 인위적이지 않다. 아무나 읽어도 그 정취에 빠져들고 그 분위기에 젖어든다. 그래서 도연명의 시와 문학에 대한 역대 시인, 문장가, 평론가의 찬사도 경쟁하듯 쏟아졌다.

중국 남북조시대 문예비평가인 종영鍾嶸은 『시품詩品』에서 "도연명의 문체는 알뜰하고 깨끗해서 거의 긴 말이 없다. 깊은 뜻은 진솔하고 고졸하며 표현은 부드럽고 흥겹다. 그의 글을 볼 때마다 그 사

6　'두공부'는 두보가 촉의 절도사였던 엄무의 추천으로 검교 공부 원외랑檢校工部員外郎이라는 벼슬을 받고 절도사의 참모 노릇을 한 적이 있기 때문에 붙은 별칭이다.

람의 덕을 생각하게 된다. 세상에서는 질박하고 솔직하다고 찬탄하지만, '즐겁게 얘기하며 봄 술을 마신다.'나 '날이 저무는데 하늘엔 구름 한 점 없네.' 같은 구절은 풍조와 문채文采가 깨끗하고 우아하니 어찌 다만 시골 농부의 말이겠는가? 고금 은일 시인의 종주宗主다." 하고 평했다. 그리고 당송 8대가 중에서는 구양수가 "진에는 문장이 없다. 오직 도연명의 「귀거래혜사歸去來兮辭」가 있을 뿐이다." 했고, 소식은 "나는 특별히 좋아하는 시인이 없고 오직 도연명의 시를 좋아하는데, 그의 시는 많지 않다. 그의 시는 질박하지만 실은 화려하고, 초라한 듯하지만 실은 풍만하다. 조식曹植·유곤劉昆·포조鮑照·사령운謝靈運·이백·두보가 모두 그에 미치지 못한다." 했다. 남송南宋의 대시인 양만리楊萬里는 "도연명의 시는 봄의 난초, 가을의 국화, 소나무 위에 부는 바람, 산골짜기에 흐르는 물이다." 하고 그 자연스러움을 칭송했다. 끝으로, 성리학을 집대성한 주희는 도연명이 평담함 속에 감춘 불굴의 절조를 읽어 내고 이렇게 평했다. "도연명이 말한 것은 장자莊子나 노자老子의 말이다. 그러나 표현이 도리어 간결하고 고졸하다. (……) 사람들이 모두 도연명의 시는 평담하다고 하는데, 내가 보기에는 호방하다. 다만 호방함을 스스로 깨닫지 못할 뿐이다." 도연명은 이렇게 스스로 삶의 즐거운 경지를 터득한 시인의 전형으로 여겨지는 한편으로 사회의 불의에 저항해 은일한 지식인, 지조와 충절의 유교적 인격이 있던 시인으로 여겨지기도 한다.

　나는 도연명의 시구 가운데 "동쪽 울타리에서 국화를 꺾다가 그윽이 남산을 보네〔採菊東籬下 悠然見南山〕."를 가장 좋아한다. 방향의 전환과 동작과 연결에 군더더기가 전혀 없다. 내가 덧붙이는 평이 군더더기일 뿐이다.

주자학이 동아시아의 공인 학문이 되면서 시문학에도 변화가 일어났다. 곧 글은 도를 담는다는 문학관이 주도하게 된 것이다. 주돈이가 '글이란 도를 싣는 수단'이라고 말한 뒤로 지식인들은 글을 개인의 낭만과 감정을 담아 표현하는 수단이 아니라 삶의 진리, 이치를 표현하는 수단으로 보게 되었다. 물론 그 전에도 순수한 문학적 정조를 표현하기보다는 특정한 의사나 가르침을 전달하기 위해 시를 읊고 글을 짓기도 했다. 불교 승려들은 자기가 깨달은 소식消息을 입증하기 위해 으레 시 형식으로 게를 읊었다. 심지어 전국시대 순자荀子는 '글이란 도를 밝히는 수단'이라고 표방하기도 했다.

그러나 양이 극에 달하면 음이 생겨나고 음이 극에 달하면 양이 생겨나듯, 철리哲理를 담은 시가 우세하면 개인의 정감을 표현하는 시가 반등하게 마련이다. 이렇게 동아시아 시문학의 세계에서는 철학적 시와 문학적 시가 서로 길항하며 발전해 왔다. 학자는 모두 철학과 문학을 함께 익혔기 때문에, 시에 부분적으로 철학을 담기도 하고 철학을 온전히 시로 표현하기도 했으며 자연에 들어서는 개인의 내밀한 정감을 담기도 했다.

조선의 시문학도 중국의 영향을 받아 당시풍과 송시풍이 길항하면서 발전했다. 조선은 성리학이 사상을 주도하면서 이상화한 유교적 인격 형성을 학문의 본령으로 삼았기 때문에, 학자적 지향이 강한 선비들은 송시풍의 철리 시를 많이 읊었으며 송시의 영향이 너무 커지자 당시의 풍격을 따르는 '학당파學唐派'의 시가 나타났다. 물론 어느 한쪽에 집착하는 선비나 지식인은 없었다.

이황은 도연명의 시를 무척 좋아하고 인품도 흠모했다. 그러나 도연명과 두보를 비교 평가하라는 책문이 나오자, 주희의 평을 근거로 삼아 도연명의 시를 공부해야 한다면서도 두보를 스승으로 받들어야 한다고 유보하는 태도를 보인다. 그리고 자기 소신에 따라 마지막에는 두 사람의 우열을 따질 수 없다고 덧붙인다. 이는 시험이라는 제한하에 답안으로 요구되는 당시의 문제의식이 작용했기 때문일 것이다. 이에 비해 송기수는, 군주에게 인정받지 못한 개인의 울울한 심정을 털어놓은 도연명이든 비상시국에 객지를 떠도는 곤궁한 형편을 나타낸 두보든 숭상할 대상은 아니라고 규정하면서 『시경』의 시와 시인을 표본으로 삼아야 한다고 결론 내린다. 이황의 답안은 솔직한 면이 있지만, 송기수의 답안은 도연명과 두보의 인간과 시를 제대로 읽지 못한 듯하다.

역사를 기록하는 마음가짐

황준량黃俊良

1517(중종 12)년에 태어나고 1563(명종 18)년에 죽었다. 본관은 평해平海, 자는 중거仲擧, 호는 금계錦溪다. 이황의 문인이며 어려서부터 재주가 뛰어나 신동으로 불렸고, 문명文名이 자자했다. 1540(중종 35)년 식년 문과에 을과로 급제했다.

박승임朴承任

1517(중종 12)년에 태어나고 1586(선조 19)년에 죽었다. 경상북도 영주 출신으로 본관은 반남潘南, 자는 중보重甫, 호는 소고嘯皐다. 이황의 문인이며 1540(중종 35)년 식년 문과에 병과로 급제했다.

책문

역사란 한 시대의 일을 기록한 것이다. 위로 군주와 신하의 말과 행실에서 좋은 것과 나쁜 것부터〔君臣言行之善惡〕 아래로 마을과 골목의 풍속에서 더러운 것과 고상한 것까지 숨김없이 정직하게 써서 장래에 보이는 것이니 그 의의가 엄하다. 『서경』은 한없이 넓고 크며 엄하고 엄해 역사 기록으로서 더할 나위가 없고, 공자가 지은 『춘추』는 만세 역사가의 표준이 된다. 인륜을 해치는 무리〔亂臣賊子〕를 복종시킨 까닭을 상세히 들을 수 있겠는가?

사마천司馬遷의 『사기史記』, 반고班固의 『한서漢書』는 과연 『춘추』의 대지大旨에 부합해서 순수함과 잡박함의 차이가 없는 것인가?

속수의 사마광司馬光은 『자치통감資治通鑑』을 저술하고 자양의 주자는 『자치통감강목資治通鑑綱目』을 저술했는데, 역시 우열과 동이同異를 말할 수 있겠는가?

한 시대의 문장을 자임한 한유가 '역사를 기록하는 자에게 사람의 재앙이 없다면 반드시 하늘의 형벌이 있다' 했는데, 하동의 유종원柳宗元이 편지를 보내 이 말을 비판했다. 두 사람 가운데 누가 옳고 누가 그른가?

우리 땅에서는 삼국시대부터 고려 때까지 대대로 역사가가 있어서 그 시대의 일을 기록했는데, 그 말을 기록해서 후세에 전한 것이 과연 옛날에 부끄럽지 않은가?

우리 왕조는 여러 왕이 서로 계승해서 다스림의 도가 옛것을 준행했다. 이에 사국史局을 설치하고 오로지 역사를 편찬하고 있는데, 안으로는 6조의 낭관과 밖으로는 도사都事와 수령도 춘추의 직책을 겸하고 있으니 관직을 두고 책임을 지운 제도가 상세하다고 할 만하다. 그러나 사필史筆을 잡고 사건을 기록할 때 혹 진실을 없애기도 하는 까닭은 무엇인가?

옛날에는 재야의 역사가가 있었는데, 오늘날에도 그런 사람이 있는가?

어떻게 하면 역사가의 세 가지 자질[1]을 갖춘 사람을 얻어 아름다운 것을 가리지 않고 악을 숨기지도 않으면서 진실을 다 밝힐 수 있겠는가?

---

1 세 가지 장점이라는 뜻에서 3장이라고 하며 재지才智, 학문, 식견 등이다.

황준량의 대책

저는 시골구석에 틀어박혀서 역사서와 경전을 연구해 사학史學의 순수함과 잡박함에 대해 일찍이 핵심을 이해하고 거칠게나마 터득한 바가 있습니다. 지금 밝은 물음을 받고 어찌 감히 온 마음을 다해 답하지 않겠습니까?

가만히 생각건대 역사가의 직분은 어렵고, 그 임무는 중합니다! 군주와 신하의 말과 행실에서 득실뿐만 아니라 정사政事와 풍속의 아름다움과 추함이 사관에게 모이고 그것을 글로 써서 천하에 전하고 후세에 보여 권선징악의 도구로 쓰게 하니, 그 직분이 어렵지 않으며 그 임무가 무겁지 않겠습니까?

이런 까닭에 천하의 선비가 되어 붓으로 기록하는 임무를 맡은 자가 학문은 있으나 재능이 없으면 본래 그 직분을 감당할 수 없고, 재능은 있으나 절개가 없으면 또한 그 임무를 다할 수 없습니다. 반드시 학문과 재능과 절개를 다 갖추고 조금도 흠결이 없어야만 비로소 사관의 직분을 감당하고 사관의 임무를 다할 수 있습니다.

그러니 많이 들어 잘 기억하며 많이 보고 잘 안다고 해서 학문이라 할 수 있겠습니까? 글을 짓고 붓을 휘갈기며 잠깐 사이에 수만 마디 말을 한다고 해서 재능이라 할 수 있겠습니까? 부드러우면 삼키고 딱딱하면 토해 내는 것을 절개라 할 수 있겠습니까?

배움은 하늘에서 사람에 이르기까지 궁구하고, 식견은 고금을 통달해서 성인의 덕을 잘 관찰하고 제왕의 행위를 잘 말할 수 있어야만 비로소 학문이라 할 수 있습니다. 사물의 조리를 관통하며 분류의 체계를 잃어버리지 않아 사건은 지극히 정교하게 품평해서 편집하고, 옳고 그름을 명확하게 밝혀서 좋고 나쁨을 판단해야 비로소 재능이라 할 수 있습니다. 공론의 판단 기준을 굳게 잡고 사사로운 뜻으로 취사선택하지 않으며 마음을 세운 뒤에는 돌리지 않고 올바른 말을 정직하게 써야만 비로소 절개라 할 수 있습니다.

그렇지 않으면 가치판단은 타당함을 얻지 못하고 취사선택은 공정하지 않게 되니, 이를 천하에 전하고 후세에 보일 수 있겠습니까? 따라서 사관이 된 자는, 학문이 없음을 근심하지 않고 재능이 없음을 근심하며 재능이 없음을 근심하지 않고 절개가 없음을 근심합니다.

그러나 사심私心이 없어야 가치판단이 이치에 합당하고 공정할 수 있습니다. 그러므로 공자가 말하기를 "오직 어진 사람만이 사람을 좋아하고 미워할 수 있다." 했습니다. 가치판단을 제대로 내리려면 역시 지극히 공정해야 합니다. 참으로 지극히 공정한 마음으로 사관의 세 가지 자질을 겸하면 사관이 되는 데 무슨 문제가 있겠습니까?

옛 역사를 널리 보고 저 나름대로 역사 서술에 관해 평가해 보겠습니다. 아주 아득한 태곳적〔鴻荒之時〕에는 글과 책이 아직 생겨나지 않았고, 다만 새끼로 매듭을 지어 기록해 잊어버리지 않게 했습니다. (의사를 표시하는 부호) 서계書契가 만들어지고 나서 사관이 있었습니다. 그러나 『9구九丘』와 『8색八索』[2] 이전 자료는 아득해서 분명하지 않기에 징험으로 삼을 만한 것이 없습니다.

요순시대와 3대에야 풍기風氣가 크게 열리고 인문人文이 선명하게

2　『9구』는 아홉 구역으로 나눈 고대 중국 전역의 인문 지리에 관한 기록이고, 『8색』은 8괘에 관한 해설서다.

밝아져서 정성을 다하고 한결같이 해 중도를 지키라는 전승과 도덕 인의道德仁義의 아름다움이 『서경』의 전典, 모謨, 고誥, 명命 등 여러 편에 기록되었습니다. 몸소 그 도를 실천하고 덕행을 잘 말하는 자가 아니라면 어찌 그것들을 기록할 수 있었겠습니까? 참으로 집사 선생 께서 '한없이 넓고 크며 엄하고 엄하다' 하신 바와 같습니다.

이때부터 세도가 쇠퇴해서 난신적자가 벌 떼처럼 일어났는데, 공 자가 명분을 바로잡고자 『춘추』를 지어 200년 동안의 역사를 평가하 고 만고에 인륜을 확립했습니다. 이는 참으로 사가의 지침[指南]이지 만 사관의 재주라고 이름 붙일 수는 없습니다. 그 실상을 추구하면 지극히 공정한 마음으로 지극히 공정한 붓을 잡고서 천하에 공변된 가치판단을 제시한 것에 지나지 않습니다.

사마천의 『사기』는 황제黃帝로부터 진·한에 이르기까지 역사의 흐 름을 잘 서술했고 평가가 속되지 않아서 천마天馬가 공중을 달리듯 활달하고 탁 트인 기세가 범속하지 않으니, 어찌 후세의 사가들이 미 칠 수 있겠습니까? 반고의 『한서』는 과격하거나 괴이하지 않고 억누 르거나 드높이지 않으며 넉넉하나 법도가 있고 화려하나 체계가 있 어서 마치 가을 물이 수정처럼 맑아서 신령한 사물이 모두 드러나는 것과 같으니 참으로 명성을 얻을 수 있었습니다. 그러나 혹 황로黃老[3] 를 앞세우고 처사處士를 뒤로 물리며, 혹 죽음으로 지킨 절개를 배척 하고 정직한 것을 부정했습니다. 두 역사가는 모두 사관의 재주는 있 다고 해도 절개와 학식이 있다고 할 수는 없습니다.

3　도가에서 시조로 받드는 두 사람. 중국 고대 전설의 제왕 황제黃帝와 춘추시대의 사상 가인 노자老子를 함께 가리킨다. 여기서는 황제와 노자의 사상을 계승해서 발전했다는 황로 사상을 가리킨다.

사마광은 재주가 웅혼하고 학식이 노성했습니다. 뭇 역사서를 모아 편찬한 『자치통감』에서 위열왕威烈王부터 5대까지 치란과 득실의 유래를 명료하게 밝혔으니, 어찌 보잘것없는 제가 가장자리나마 엿볼 수 있겠습니까? 그러나 조위曹魏를 한漢의 전통에 잇고 후주後周의 무왕을 당唐의 계통에 이어서 가치판단과 취사선택이 모두 중도를 얻지 못했으니, 세 가지 자질에 모두 부합하는지 저는 모르겠습니다.

자양의 주자(주희)는 여러 역사서의 장점을 따서 『자치통감강목』을 지었는데, '강綱'은 『춘추』를 따르고 '목目'은 『좌씨전左氏傳』을 모방했습니다. 제갈량諸葛亮이 기산으로 출사出師한 일을 기록함으로써 촉을 정통으로 하는 역사의 정의가 밝아지고, '황제가 방주에 있었다'고 기록함으로써 사람의 기강이 바르게 되었습니다.[4] 신新에 아첨하고도 각閣에서 뛰어내린 자는 망대부莽大夫라는 비평을 면하지 못했으며 관직을 사양하고 갑자 몇 년이라고만 쓴 자는 끝내 처사라는 포상을 받았으니, 기린이 잡히자 붓을 꺾은 공자 이후 천년 만의 한 사람입니다.[5] 이 어찌 지극히 공정한 마음을 지니고 세 가지 자질을 겸한 것이 아니겠습니까?

당의 한유는 한 시대의 으뜸가는 유학자로서 문장으로 자임했으나 도리어 '역사를 기록하는 자에게 사람의 재앙이 없다면 반드시 하늘의 형벌이 있다' 했는데, 유종원이 편지를 보내 꾸짖었습니다. 그런데 한유는 곧은 논설로 당시 자못 추앙받았으니, 어찌 형벌과 재앙을

---

4 당 고종高宗의 황후였던 측천무후가 고종이 죽은 뒤 중종中宗이 즉위하자 황태후로서 권력을 장악하고 주周를 세웠다. 중종은 측천무후에게 밀려서 방주에 가 있었다. 주희는 중종을 황제로 기록함으로써 측천무후의 주를 정통으로 인정하지 않았다.

두려워하면서 이런 말을 했겠습니까? 다만 당시에 시비가 공정하지 못했으며 군국郡國이 숭상하는 것과 황제의 언행에 관한 기록이 대부분 여망에 비해 실망스러웠기에 힘써 곧은 도리를 펴고자 했으나 그렇게 못 한 것입니다. 한유가 결단코 사양하고 굳이 거부하면서 감히 이런 말을 한 까닭이 아마도 여기에 있었을 터입니다. 그렇지 않으면 도를 알고 이치에 통달한 한유가 재주와 학식이 도리어 간사한 무리의 편을 들고 그들에게 아부하는 사람만 못했겠습니까?

우리 땅의 예를 말씀드리겠습니다. 삼국시대부터 고려 때까지 대대로 사관이 있었는데, 전사全史도 있고 절요節要도 있어서 역사가 모두 상세하게 갖춰졌습니다. 그러나 말과 일을 기록하고 펴낸 것이 비록 옛사람의 역사 기술을 본받았어도 세 가지 자질을 가진 사관이 지극히 공정하게 기록했다는 말은 들은 적이 없습니다.

우리 조정에서는 선대 임금님들께서 서로 이어 오며 업적을 쌓아 대대로 태평했습니다. 정치를 하는 방법은 옛 법도를 따라 역사 편찬

5　　왕망이 전한을 무너뜨리고 '신'을 세웠다. 양웅은 당대 대학자로서 왕망의 정권에 참여해 천록각에서 교서校書를 맡았다. 견심甄尋과 유분劉棻이라는 사람이 상서로운 징조를 담은 글을 위조했다가 왕망의 분노를 사 처벌받았는데, 관련자를 잡는 과정에 양웅도 연루되었다. 관리가 잡으러 오자 양웅은 도망갈 수 없음을 알고 천록각에서 투신해 거의 죽게 되었다. 왕망은 양웅을 신뢰했기 때문에 그가 투신한 사건의 내막을 몰랐는데, 양웅이 유분에게 글을 가르쳤기 때문에 유분의 죄에 연루될까 두려워 투신했다는 것이 나중에 밝혀졌다. 이에 주희는 양웅을 왕망의 대부라는 뜻에서 '망대부'라고 했다.
도잠은 동진의 은사다. 생활이 곤궁해서 잠시 지방 수령을 지냈으나, 생계를 위해 지조를 굽힌 것이 부끄러워 벼슬을 버리고 은거하며 농사를 짓고 시문을 읊었다. 글을 쓸 때마다 날짜를 기록했는데, 동진의 연호는 분명히 쓰다가 동진이 망하고 들어선 송의 연호는 쓰지 않고 간지만 기록했다. 망한 고국을 그리며 새로 들어선 정권을 인정하지 않겠다는 뜻을 담은 것이다.
공자는 혼란한 사회에 정의를 세우기 위해 역사 기록인 『춘추』를 펴냈는데, 노나라에서 산림 감시인이 기린을 잡은 사건이 일어나자 이 사건 기록을 끝으로 절필했다. 기린은 태평성대에 나타난다는 상서로운 짐승이고 당시는 제왕의 도가 땅에 떨어졌으니, 기린이 나타날 시기가 아닌데 잘못 나왔던 것이다.

의 관원을 두어 역사책을 편찬하고 주석하는 임무만을 맡겼습니다. 안으로는 낭관과 밖으로는 수령이 모두 춘추의 직책을 띠고 있으니, 성취할 책임을 지우는 도리가 지극하지 않음이 없습니다. 이 책임을 맡은 자들은 근거 없이 찬미하지 않고 악을 숨기지 않으며, 시사時事의 득실과 인재의 능력(臧否)을 사실에 근거해 기록함으로써 천하 후세의 큰 모범으로 삼았기에, 오로지 사일史佚의 재질과 동호董狐의 붓만 그 전 세대의 미담으로 평가받도록 내버려 두지는 않았습니다.

그런데 어찌 된 일인지 붓을 잡은 관리가 위임받은 일의 중요성을 모르고 지극히 공정한 길을 잃어버려서, 말을 기록할 때는 혹 사실을 기록하지 않고 일을 기록할 때는 혹 진실을 없애 버렸습니다. 이렇게 가치판단이 실상을 반영하지 못하니, 지극히 공정한 역사책의 본질을 잃어버렸습니다. 임금님께서 맡긴 책임을 띤 자들이 이미 이와 같은데. 하물며 초야에서 맑은 기풍이 늠름하고 아래에서 공도公道가 행해지기를 바라겠습니까?

옛날 진晉 말기에 극도로 쇠퇴하고 혼란한 상황에서 손성孫盛은 은퇴하고 집에서 지내면서도 (진의 역사) 『진양추晉陽秋』를 지었는데, 위세가 있는 환온桓溫도 북벌에 관한 비평을 삭제할 수 없었습니다.[6] 당당한 조정에서 도리어 공도가 쇠퇴하고 혼란한 말기만도 못하다니, 참으로 집사께서 염려하시는 바와 같습니다.

6　손성은 환온 막하에 있으면서 그로부터 존중받았다. 환온이 제3차 북벌에 나섰다가 패한 것을 손성이 『진양추』에 사실대로 기록했는데, 이 사실을 안 환온이 손성의 아들들을 불러 이 기록이 전해진다면 손성의 집안을 가만두지 않겠다고 위협했다. 손성의 아들들은 두려움에 울면서 아버지에게 기록 삭제를 청했다. 그러나 손성은 환온의 위협에 조금도 굴복하지 않았다.

제 생각에 공도가 행해지지 못하는 까닭은 바로 사관의 재질을 온전히 갖춘 사람을 얻지 못한 데 있습니다. 전에는 간신이 일을 벌이면서 조정의 논의와 초야의 여론을 모두 범법으로 다스렸으니, 공도가 가려지고 소멸해서 이렇게 극도의 지경에 이르렀습니다. 근래에는 조정이 맑고 밝으니 서울과 지방이 마음을 합쳐 공도를 행해야 할 때입니다. 공도를 제창하는 방법이 때로 아직 지극하지 못하고 나약한 습성이 아직 다 제거되지 않았으나, 위에서 공도를 제창해 날카로운 기상을 씩씩하게 북돋고 길러서 아래를 격려한다면 아래에서 이를 보고 자극받아 떨쳐 일어날 사람이 반드시 매우 많을 것이며 사관된 자도 공도를 향한 순수한 마음을 갖고 곧은 말 다퉈 하기를 자기 임무로 삼을 것입니다. 그렇다면 공도가 어찌 행해지기 어려우며 온전한 재주를 가진 사람이 어찌 일어나기 어렵겠습니까?

옛날 역사가는 학문이 하늘과 사람의 도를 꿰뚫고 도가 고금에 두루 해박해서 성대한 덕을 잘 묘사하고 정치의 교화를 잘 표현해 냈는데, 지금이라고 그런 사람이 없겠습니까? 옛날 역사가는 짤막한 말과 한두 글자로 영예와 치욕을 평가하되 간사하고 아첨한 자는 죽은 뒤라도 비평하고 남에게 알려지지 않은 덕행이 있는 자는 어두운 곳에 있어도 드러냈는데, 지금이라고 그런 사람이 없겠습니까? 옛날의 역사가는 위세를 두려워하지 않고 이권에 마음을 괴롭히지 않으며 차라리 한때 죄를 얻을지언정 만고의 맑은 논의에 죄를 얻지 않았는데, 지금이라고 그런 사람이 없겠습니까?

이런 사람이 있어야 사관이 되어 그 직분을 감당하고 책임을 다해, 호오와 시비가 왜곡되지 않고 사정邪正과 곡직이 다 드러나지 않음이 없으며 요사하고 사악한 것이 저절로 공정한 평가를 피할 수 없을 것입니다. 재야의 역사〔野史〕가 생기는 것은 반드시 이런 역사가가 없기 때문이지만, 어찌 사관의 재질을 갖춘 사람이 없다고 근심하겠습니까?

집사의 물음에 제가 대략 진술했습니다만 끝으로 또 드릴 말씀이 있습니다. 사관의 재질은 세 가지를 겸해야 합니다. 세 가지 재질 가운데 반드시 학식이 근본이 되어야 합니다. 학식이 지극하면 재질과 절개는 부족할 수도 있습니다.

옛날에 선비를 기르는데 지역의 스승〔閭師〕과 집안의 스승〔族師〕이 있어서 행실의 선악을 기록했고, 자라면 당정黨正이 기록했습니다. 이런 기록을 늘 눈으로 보고 귀로 들었기 때문에 평소에 모두 선을 사모하고 악을 두려워하며 좋은 것과 나쁜 것을 분별했습니다. 사도司徒에게 천거받고 조정에 진출하면 스스로 뼈를 깎듯 더욱 노력해서 지극히 공정한 도리에 힘썼습니다. 재질이 온전하고 덕이 갖춰졌으니, 역사에 관한 책임을 맡길 경우 붓을 들어 사사로이 왜곡하는 잘못이 없었습니다.

후세에는 이 도가 이미 폐기되어, 대의가 있는 곳은 돌아보지 않고 다만 자기가 좋아하고 싫어하는 것을 기준으로 삼아 저마다 자기 견해에 집착해서 스스로 일가를 이루었습니다. 그리하여 번잡한 기록은 한갓 해박한 것에만 힘쓰고, 간략한 기록은 지나치게 간단한 실수가 있습니다. 심지어 임금의 결점을 타일러서 경계하다가 당대의 기휘忌諱에 저촉되며 뇌물 받는 일이 잦은 것은 참으로 옛 제도가 회복되지 않고 사관으로서 본분을 잃어버렸기 때문입니다.

아! 역사, 역사라는 것이 어찌 뛰어난 문장력을 말하겠습니까?[7] 세
가지 장점을 겸하면서도 학문을 근본으로 삼고 공정한 마음을 갖기
를, 당대 기록을 맡은 홍유鴻儒에게 깊이 바랍니다.

삼가 대답합니다.

『금계선생문집錦溪先生文集』

박승임의 대책

천고의 역사책[方策]을 탐구하고 백대의 역사 기록[記註]을 섭렵한
저는 역사학의 순수한 것과 잡스러운 것, 우수한 것과 열등한 것을
대조 검토하고 놀란 눈으로 돌아보며 오늘날을 마음 아파하는 탄식
이 없을 수 없었습니다. 지금 집사께서 선비를 뽑는 직책을 맡아 이
런 문제를 자세히 물으시니, 제가 감히 평소 가슴속에 품고 헤아리던
생각을 다 털어놓지 않을 수 있겠습니까?

가만히 생각건대 정치의 전말을 엮고 사건을 끝까지 서술해서 한
시대의 표준 전적으로 비치는 것이 사관의 직분입니다. 그러나 재
능이 넉넉한 자가 이를 맡아야 합니다. 시비의 실정에 밝아서 가치판
단의 기준을 장악하고 만세의 권계勸戒를 밝히 제시하는 것은 사관의
책임입니다. 그러나 도가 정직한 자라야 할 수 있습니다. 직분은 책
임 의식이 없어서는 안 되고, 책임 의식은 직분에 걸맞아야 합니다.

사관의 일이란 직분이 크고 책임이 무거운데 재능은 없고 도를 잃

7　『논어』「옹야」.

어버린 채 오직 천박하고 고루하며 실정에 어둡고 엉성한 학문만으로 간사함을 바로잡고 굽은 것을 펴려고 마음먹고 구차하게 옛 방식을 답습한다면, 번잡한 사건을 기록할 때는 잡박한 실수가 있고 간단한 사건을 기록할 때는 빠트리는 실수가 있습니다. 그러니 착한 것이 반드시 진실함을 얻지는 못하며 악한 것이 반드시 진면목을 드러내는 것도 아닙니다. 정치와 사적의 전말과 시종의 기록이 볼 것이 없으며 시비와 가치 평가의 기준과 판단이 사리에 합당하지 않을 것입니다.

전말과 시종이 볼 만한 것이 없고 시비와 가치 평가가 사리에 합당하지 않게 되기에 역사 기록은 결코 재능 없고 도리를 잃어버린 자가 손댈 수 있는 일이 아니고, 반드시 재주가 넉넉하고 도가 곧은 자라야 비로소 한 시대의 사건을 역사 전적〔典冊〕에 갖춰 기록해 만세의 권계를 제시할 수 있습니다. 도는 재능의 근본이고 재능은 도의 쓰임입니다. 도가 곧은 자는 재능이 넉넉하지 못함을 근심하지 않으나 재능은 넉넉하면서 도가 곧지 않으면 끝내 그 쓰임을 볼 수 없습니다. 그러므로 사관의 직분은 본래 재능이 넉넉한 것을 귀하게 여기고, 사관의 책임 의식은 더욱 도가 곧은 것을 귀하게 여깁니다.

천도天道는 지극히 공정해서 갖가지 사물을 이루어 내고, 무수히 많고 많은 만물이 저절로 그 작용을 따릅니다. 예쁜 것은 예쁜 대로, 미운 것은 미운 대로 생깁니다. 넓고 좁은 것, 굽고 곧은 것, 크고 작은 것, 강하고 약한 것이 어찌 누군가가 형상을 쪼고 새긴 뒤에 생겨났겠습니까? 사필을 잡고 도가 곧은 자도 이와 같을 뿐입니다. 어찌 사사로운 마음을 용납하겠습니까? 오직 곧을 뿐입니다.

도가 곧지 않은데 넉넉한 재주만 믿으면 화공畫工이 꾸미고 그려 넣는 것과 다름없으니, 정치의 전말과 사적의 시종이 잡박하고 빠뜨리는 실수를 면하지 못합니다. 하물며 시비와 가치 평가의 기준과 판단이 진실을 드러내고 사실을 사라지지 않게 하는 일은 어떻겠습니까?

그래서 사관이 된 자는 재능이 없으면 안 되고, 재능이 있어도 그 도를 곧게 하지 않으면 안 됩니다. 도가 곧으면 어찌 사람을 두려워하고 하늘을 두려워하며 그 책임을 회피하고 그 직분을 비우겠습니까? 군주와 신하의 언행 중 은미한 것까지도 사관의 기록을 피할 수 없고, 여항의 풍속이 그 사정을 모두 곧이곧대로 드러내며, 대의와 공론이 무궁한 우주와 유구한 천지에서 해와 별처럼 빛날 것입니다.

역사 기록의 의미를 조심스레 진술하겠습니다. 요순의 화평한 정치가 얼마나 성대했는지를 서술한 기록으로는 전典이 두 편, 모謨가 세 편 있으며 은과 주의 정치도 각각 고誥와 서書에 실려 있습니다. 이들은 모두 천지에 더할 나위 없는 역사 기록입니다. 그러나 더할 나위 없다 하는 데 어찌 까닭이 없겠습니까? 역시 기록한 자가 도를 얻어서 제왕이 서로 전한 핵심 정치 원리[心法]를 잃어버리지 않았을 뿐입니다.

희씨姬氏가 왕 노릇을 제대로 못하게 되자 5패五覇가 천하 회맹天下會盟[8]하는 정사를 멋대로 하며 전쟁과 정벌이 이어지고 폭행이 번갈아 일어났습니다. 당시의 역사 기록은 길 가는 사람이 알려 준 것을

---

8 희씨는 주周의 종실이다. 지역 정권이 부강해지고 주가 약해져, 지역 간 분쟁을 조정하기 위해 당사국들이 모여 동맹 체제를 만들었다. 그리고 이 체제의 맹주를 패자라고 했다.

받아 적고, 한 시대에 횡행하는 여론을 좇았기에 어수선하고 떠들썩한 낡은 서적에 지나지 않습니다. 제왕의 지위는 갖지 못했으나 제왕의 도를 지녔던 공자는 200여 년간 제왕의 권위에 의탁해서 공정한 왕법王法을 대행했으며 성명性命의 글을 지어 명분을 신중하게 하고 역사 행위의 평가[與奪]를 엄격하게 했습니다. 덕을 명하고 죄를 토벌하고 전례를 돈독하게 쓰면서 각각 당연한 이치를 끝까지 추구했는데, 우레와 벼락과 비와 이슬이 왜 일어나는지는 몰라도 저절로 일어나는 것처럼 자연스럽게 했습니다.

그러므로 당시의 난신亂臣을 주벌誅罰하자 후세에 임금을 사납게 대하고 멸시하는 자가 저절로 두려워하지 않을 수 없었고, 당시의 적자賊子를 토벌하자 후세에 부모를 마음에 두지 않는 자가 저절로 징계되지 않을 수 없었습니다. 그렇지 않았더라면 이 또한 진晉의 『승乘』이나 초나라의 『도올檮杌』처럼 평범한 역사 기록일 뿐, 어찌 천하의 사정邪正을 확정하고 모든 왕의 대법大法이 되어 만세 역사가의 표준이 되었겠습니까? 그러니 『춘추』가 『춘추』인 것은 재질이 충분하지 않아도 도가 있었기 때문이 아니겠습니까?

사마천은 『사기』를 편찬하고 반고는 『한서』를 편찬했는데, 그들은 학식이 넓고 깊으며 문장의 기세가 웅혼해서 뛰어난 사관[良史]의 재질을 지녔다고 일컫기에 합당합니다. 그러나 도에 대해서는 개요라도 터득한 것이 없었으니, 한갓 재주만 가진 자들입니다. 쓸 것은 쓰고 깎을 것은 깎는 대의에 부합해서 그 사이에 순수하고 박잡한 것이 없는 것이라 하겠습니까? 이른바 순수하고 박잡함을 말할 수 있다면 이 어찌 군더더기가 아니겠습니까?

집사께서 상세히 듣기를 바라신다면, 6경을 뒤로하고 황로를 앞세우며 간웅을 내세우고 처사를 물리친 것은 사마천이 도에 곧지 않았기 때문입니다. 절의를 배척하고 정직한 것을 굽혀서 살신성인의 아름다움을 서술하지 않은 것은 반고가 한갓 재주만 지녔기 때문입니다.

『자치통감』이 나오고서 천고의 역사에 일관된 계통을 세운 일은 참으로 아름다운 규범입니다. 그러나 주周를 급히 잘라 내고 진秦을 내세웠으며, 한漢을 경솔하게 비판하고 위魏를 치우치게 긍정한 데다, 「주기周紀」가 당경唐經을 어지럽혔으나 바로잡지 못했습니다.[9] 옛 성인(공자)이 군주의 자격을 갖추고 판결한 뜻을 계승해 우주와 강상綱常과 통기統紀의 차례를 바로잡아 대륜大倫을 밝히고 몽매한 사람들을 개명시킨 『자치통감강목』과 어찌 우열과 동이를 변별하겠습니까? 대체로 사마광이라면 재능은 매우 아름다웠으나 도는 매우 착하지 않았습니다. 그러나 주자라면 이미 도가 심오했으니 재질은 문제되지 않았습니다.

정직하다고 자처하고 거침없이 행한 사람은 한유인데, 그는 군주의 감정을 건드려서 화를 입은 사마천과 아랫사람을 엄중하게 단속하지 못해서 오명을 뒤집어쓴 반고처럼 될까 봐 두려워하면서 오히려 사람에게서 화를 입지 않으면 반드시 하늘의 형벌을 받는다고 둘

---

9 측천무후가 실권을 장악하고 주를 세운 것에 대해, 민생을 안정시키고 통치 기강을 확립해 당이 부흥하는 데 일조했다는 평가가 있다. 그러나 송, 명의 학자들은 정통 권력을 찬탈했다고 혹평했다. 사마광은 『자치통감』에서 측천무후의 주를 중국 역사의 계통을 이은 왕조로 인정했으나, 주희는 『자치통감강목』에서 이를 부정했다. 주의 역사 기록인 「주기」가 당경, 즉 정통 왕조인 당의 공식 역사를 어지럽혔다는 평가는 주자학적 역사관을 반영한다.

러댔으니 역사가로서 그의 도는 매우 곧지 않은 것입니다. 유종원이 대의大義로써 책망함에 한유가 감히 다시 말할 것이 없었습니다. 선대 학자들은 이치를 굽힌 것으로 여겼습니다. 그러니 두 사람 견해의 옳고 그름을 저도 알겠으며, 당시에 어찌할 수 없는 형세가 있었다고 하겠습니다. 따라서 역사가가 도를 곧게 하려는 뜻에 관한 것이 아니라면 제가 감히 드러내고 집사께 말할 수 없습니다.

위로 신라 때부터 아래로 고려 때까지 우리 땅의 사적事迹 중 고찰할 만한 것은 전적에 실려 전합니다. 그러나 전하는 기록은 모두 당시 시행한 사건을 펼친 것이고, 기왕의 내력을 상세히 갖춘 것으로는 김부식金富軾이 편찬한 『삼국사기三國史記』와 정인지鄭麟趾가 편찬한 『고려사高麗史』가 쓸 만합니다. 그러나 사건을 서술하는 데 법칙이 없으며 재능도 넉넉하지 않습니다. 의리가 어긋났는데 하물며 도의 곧음을 터득한 것이겠습니까?

이런 것은 그만두고 우리 조정의 사정을 말씀드려도 되겠습니까? 역사책을 펴내는 기관을 설치하고 사건을 기록하는 관원을 갖추었으되 재능이 넉넉한 사람에게 맡기고 곧은 도를 책임지게 하는 것은 충분하지 않아, 조정 안팎의 관료를 간택해 겸직시키고 나누어 관할하게 함으로써 부족한 점을 보완하게 했습니다. 이는 참으로 우리 선왕들께서 옛날의 좋은 법과 아름다운 뜻을 따른 것입니다. 그래서 사관이 된 사람은 평소 재능을 수양하고 성취를 기다렸으니, 도에 곧고 재능이 넉넉하며 쇠처럼 강하고 현弦처럼 곧아서 지조를 바꾸지 않아 한 시대의 다스림을 엮고 차례를 매기는 데 상세하고 미진함이 없었습니다.

그러나 지금은 도리어 구습을 따르고 구차히 이어 가는 습관이 형성되어서 변혁을 못 합니다. 숨김없이 곧게 기록하는 기풍은 이미 사라졌습니다. 사관의 붓을 꽂고서 손질한 죽간을 앞에 둔 채 시행하고 조치한 일의 득실과 그 일이 합당한지 여부를 기록하되 혹 진실 훼손을 면하지 못하고 혹 진실을 다 기록하지 못하기도 하는 것은, 사관이 곧음의 도를 지키지 못하는 것입니다.

정교政教와 호령號令 가운데 마땅히 기재할 것과 여러 의견과 중론衆論 가운데 마땅히 기록할 것에 대해 머리는 들고 꼬리는 들지 않으며, 하나는 걸고 둘은 빠뜨리며, 속된 말을 뒤섞는 것은 사관의 재능이 넉넉하지 못한 것입니다.

사관으로서 곧은 도를 지키지 못하고 재능이 넉넉하지 않은데 말을 기록하고 사건을 서술하며 왕의 사적〔本紀〕을 싣고 열전列傳을 서술한 것이 어찌 충분히 사관의 필법〔史筆〕이 될 수 있으며 어찌 장래에 믿음을 전하겠습니까?

아! 곧은 도와 넉넉한 재능이 없어서 이런 폐단이 생겼다면, 곧은 도와 넉넉한 재능이 있을 때는 반드시 이런 폐단이 생기지 않을 터입니다. 이미 이런 폐단이 생겼으나 이런 폐단이 다시 생기지 않게 하려면 이런 폐단이 일어나는 까닭을 생각해서 이와 다른 변혁을 이루어 내야 합니다. 없는 것을 있게 하고 곧지 않은 것을 곧게 하며 넉넉하지 못한 것을 넉넉하게 한다면, 이런 폐단이 제거되고 이와 다른 변혁이 이루어질 것입니다.

예교禮教를 중히 여기고 신의信義를 높이며 사기士氣를 배양하고 현명하고 유능한〔賢能〕 이를 존경해서 한 시대의 풍화風化를 양성하며 곧은 자는 양심을 펼쳐 나가고 굳센 자는 억지로 굽히지 않는다면, 지조가 없던 자는 지조를 갖고 곧지 않은 자는 곧아질 것입니다. 문명의 덕을 펴고 학술을 밝히며 스승이 될 만한 학자를 택하고 부지런히 권려하되 『춘추』를 근본으로 삼아 표준을 세우고 『사기』와 『한서』를 참조해서 표현[辭氣]의 자유를 높이며 여러 학자의 법도를 심사숙고하고 깊이 이해해서 참작한다면, 재능이 없는 자는 재능이 생기고 넉넉하지 못한 자는 넉넉해질 것입니다. 도가 곧지 못한 자는 곧게 되고, 재능이 넉넉하지 못한 자는 재능이 넉넉해질 것입니다.

도가 곧고 재능이 넉넉하면 본 것은 감히 게으르지 않게 부지런히 기록하고 들은 것은 헷갈리기 전에 급히 기록해 둘 것입니다. 마음의 척도를 바르게 하고 흉중의 경위涇渭를 맑게 해서 사관이 누군가를 포상하면 영화롭지 않음이 없고 비평하면 욕되지 않음이 없습니다. 옳다고 하면 후세에 아무도 감히 바로잡자고 논하지 못하고, 그르다고 하면 후세에 아무도 감히 흠잡지 못합니다.

수미와 본말이 사실대로 기록되며 크고 작은 일, 상세하고 간략한 내용이 모두 역사 기록의 법도를 잃지 않습니다. 당일 사관의 임무를 맡은 사람이 이와 같이 하고 앞으로 대를 이을 이들 또한 이와 같이 한다면, 이 시대에 역사가의 세 가지 자질을 갖춘 사람을 얻지 못할까 봐 근심할 까닭이 없고, 빈말로 칭찬하고 마음을 들뜨게 하며 지나치게 헐뜯어서 듣기에 놀라운 내용이 밝은 시대의 책에서는 사라질 것입니다.

이렇게 하지 않으면 옛것을 그대로 답습하고 구차한 근심을 끝내 변혁할 수 없으며 숨김없이 곧이곧대로 쓰는 기풍은 끝내 회복할 수 없습니다. 도가 곧지 않고 재능이 넉넉하지 않다면 이제 폐단을 감당할 수 없을 것입니다. 금을 얻어 지나치게 칭찬하고 쌀을 받아 아름다운 전기를 지어 주는 일이 반드시 없으리라고 할 수 있겠습니까?

밝은 물음에 제 보잘것없는 견해를 다 밝혔습니다. 제가 만약 조금이라도 스스로를 인정한다면 반드시 인재를 알아보는 문왕이 없더라도 자기를 드러내야 할 것입니다. 어려서 배우는 목적은 자라서 실행하는 데 있습니다. 형설의 공부(螢雪之功)를 통해 옛 성인(先聖)의 필삭과 선대 학자의 규범을 엿본 것이 어찌 조금이라도 없겠습니까? 집사께서 역사가의 순수하고 잡박한 평가를 물으시고 취하고 버릴 방법을 언급하지 않았기에, 감히 뜻만 거창할 뿐 실상은 보잘것없는 설을 자술했습니다.

삼가 대답합니다.

『소고문집嘯皐文集』

오늘 읽는 책문

이 대책들은 황준량과 박승임이 1540(중종 35)년 식년 문과에 제출했다. 이 시험에서 황준량은 을과, 박승임은 병과로 급제했다. 이들은 모두 이황의 뛰어난 제자고 출신지도 가깝다. 그래서 영남 지역에 '영주에는 소고(박승임)가 있고 풍기에는 금계(황준량)가 있다(榮有嘯皐 豊有錦溪)'는 말이 있다. 이황보다 열여섯 살 어린 두 동갑내기는 저마다 영주와 풍기를 대표하는 학자로서 이황의 학맥을 이어 경상북도 북부의 학문을 이끌었다.

박승임은 어려서부터 영민해 일곱 살 무렵 조부와 부친에게 『사략』을 배웠고, 아홉 살 때는 복희의 팔괘를 배운 뒤 구석에 들어앉아 64괘와 효사를 그리며 음양의 변화를 독학했다. 열두 살 무렵에는 『대학』과 『논어』를 독파했다. 열네 살 때 향시를 보려다가 아버지의 만류로 학문에 전념했다. 글을 잘 외고 독서에 능해 15세에는 『서전書傳』을 독파했고, 16세부터는 정이와 주희의 저술을 연구해 도학의 정수를 깨쳐 나갔다. 서재 벽에 장재의 「동명東銘」과 「서명西銘」을 붙여 놓고 늘 그것을 보며 마음을 닦았다. 점차 의문이 많아지자 21세 때인 1537(중종 32)년에는 이황을 찾아가 학문을 배우기 시작했다.

박승임은 1540년 문과에 급제한 뒤 언관이나 경연관, 사관 등 학문과 덕망이 높고 지조와 절개가 곧은 사람에게 임명되는 벼슬인 청환직淸宦職을 두루 맡고 정자正字로서 사가독서를 했다. 홍문관에 있을 때 왕의 신임이 두터웠으나 명망이 높아지면서 윤원형 일파의 횡포가 심해지자 잠시 벼슬에서 물러나 귀향하고 학문 연구에 전념했다. 내직에 있을 때는 을사사화의 위훈을 없애고 권신과 척신이 끼친 폐단을 없애라고 청하는 등 정치를 바로잡기 위해 노력했고, 외직에 있을 때는 조세를 경감하고 진휼을 베풀며 민폐를 없애고 교육 진흥을 위해 애썼다. 지방행정을 조사한 어사가 올린 보고에서 '실적이 가장 뛰어났다[治行第一]'는 평가를 받고 임금에게 특별상을 받았다. 대사간으로 있을 때는 서인의 영수 이이와 박순의 당론을 비난하는 소를 올렸다가 창원 부사로 좌천당하기도 했다. 만년에는 장남 어漁와 셋째아들 조澡를 잃는 비극을 겪었다. 1585(선조 18)년 관직에서 물러나 낙향한 뒤 1586년에 병을 얻고 세상을 떠났다.

풍채가 뛰어나고 과묵한 박승임은 서적을 두루 읽고 깊이 연구해서 이황에게 실력을 크게 인정받았다. 시문에 능해 시를 많이 지었으나 중년 이후로는 심학心學과 실천 수행에 힘쓰고 성리학을 깊이 연구해서 성리학, 역사학, 예학 등에 관한 저술을 많이 남겼다. 임흘任屹과 권문해權文海 등 많은 제자를 배출했고, 그중 일부는 임진왜란 때 의병장으로 활약했다.

역사가 생긴 이유

10여 년 전에 지방 대학 강의를 다녔다. 저녁 강의를 마치고 서울행 야간열차를 타면 새벽녘 영등포역에 내렸다. 초봄이나 늦가을이었을 텐데, 역에서 노숙하는 사람들이 추운 날씨 때문에 화장실 입구에 옹기중기 옹숭그리고 앉아서 소주잔을 기울이고 있었다. 술잔이 꽤 여러 차례 오간 듯했다. 그들끼리 나름대로 고담준론을 늘어놓으며 갑론을박하는 듯했다. 그중 한 사람이 약간 술이 오른 채 경기도와 강원도 어름 방언으로 말했다. "신이 인간한테 두 가지 선물을 주셨어. 그게 기억하고 망각이라고!" 땟국물이 줄줄 흐르는 허름한 차림에 늙수그레한 사람이, 말도 안 되는 소리를 늘어놓는 동료 노숙자들을 향해 한마디 한 것이다. 취중 노숙자의 입에서 나올 만큼 흔한 말이지만, 화장실을 가다 그 말을 들은 순간 나는 마치 정문일침頂門一鍼 같은 자극을 받았다. 당시 내가 학문과 현실 사이에서 심각한 갈등을 겪고 있던 터라 그 말의 울림이 유난히 크게 와닿았을 것이다. 노숙자의 철학은 내가 마흔 가까이 되도록 공부하고 학위를 받아 터득한 철학 지식을 능가하는 혜안으로 번뜩였다.

그렇다! 기억과 망각은 신이 인간에게 준 두 가지 선물이다. 기억을 못 하거나 망각을 못 하면 사람이 살아갈 수가 없다. 이 둘은 동전의 양면처럼 인류의 삶에 자리하고 있었다. 기억은 인간의 삶을 풍부하게 하고, 망각은 인간의 삶을 깊이 있게 만들었다.

역사가 바로 기억과 망각의 줄타기다. 시간과 공간의 좌표에서 살아가는 인간은 날마다 똥을 누듯 삶의 흔적을 만들어 간다. 그 가운데 반드시 망각할 만한 것, 망각해야 할 것, 망각해도 좋은 것이 있으랴마는 사람들은 적당히 망각하고 애써 기억하며 문화를 이루어 간다. 모든 것을 기억해도, 그것은 필시 저주다. 10년 전 어느 날 몇 시에 만난 사람의 이름과 얼굴과 그날 입은 옷의 종류와 색깔까지 영상처럼 기억하는 희소 질환도 있다지만, 평범한 사람들은 기억과 망각을 섞으면서 살아간다.

그럼에도 반드시 기억해야만 할 것들이 있다. 잊으면 안 되는 것들이 있다. 기억을 모아서 기록으로 남겨야만 할 일들이 있다. 그래서 역사가 생긴 것이다. 아마도 뭔가를 기록하는 행위는 인류가 할 수 있는 일들 가운데 분명히 아주 숭고한 것이었다. 문자가 만들어지기 전 상고의 인류는 암각화와 동굴벽화로 기록했다. 역사를 뜻하는 한자 '사史'가 붓이나 꼬챙이 같은 것을 들고 뭔가 쓰는 모습을 본떠 만든 글자라고 한다.

고대에 기록하는 행위는 아주 어렵고도 귀했기 때문에, 공동체에서 중요하고 엄숙하고 의미 있는 일들이 그 대상이었으리라. 어떤 일이겠는가? 공동체는 수장을 중심으로 존속했을 테니, 수장을 중심으로 한 공동체의 명운을 결정할 만큼 중요한 말과 행위와 결정 들을 기록했을 것이다.

정치체제가 형성되고 권력이 분화하고 조직이 정교해지면서 기록하는 일을 세습했다. 동양 역사의 아버지라 하는 사마천이 바로 대대로 이어진 역사 기록이라는 가업을 맡아 『사기』를 쓰며 동아시아 역사의 전범을 마련했다. 고대 동아시아에서는 왕의 언행이 국가의 존폐와 흥망을 좌우하기 때문에 왕의 언행을 일일이 기록해 반성과 교훈의 바탕으로 삼는 전통이 있었다. 고대 중국의 문화 총서라 할 수 있는 『예기禮記』에 사관의 구실로서 '좌사우언左事右言'이 설명되어 있다. "행동을 하면 왼쪽 사관〔左史〕이 그것을 기록하고, 말을 하면 오른쪽 사관〔右史〕이 그것을 기록했다." 『한서』에는 반대로 되어 있다. "옛날 왕이 된 자는 대대로 사관을 두었다. 임금이 거동하면 반드시 기록했는데, 언행을 삼가고 법식을 밝히기 위함이다. 왼쪽 사관은 말을 기록하고 오른쪽 사관은 일을 기록했다. 일을 기록한 것이 『춘추』, 말을 기록한 것이 『상서』다." 텔레비전 사극에서 가끔 어전 회의를 할 때 왕과 대신들 사이에서 단역배우 두 사람이 작은 책상을 앞에 두고 앉아 고개를 숙인 채 열심히 붓을 놀리는 장면을 볼 수 있다. 바로 이들이 왼쪽 사관과 오른쪽 사관이다.

중국 역대 왕조의 사적을 기록해서 정사로 꾸민 것을 『사기』부터 『명사明史』까지 합해 '24사' 또는 『청사고淸史稿』를 더해 '25사'라고 한다. 중국의 역사 기록 방법은 『사기』에서 확립한 기전체를 따른다. 기전체는 천명天命을 받은 정통 제왕의 연대기를 기록한 '본기本紀'와 한 왕조의 역사에 긍정적이든 부정적이든 의미 있는 일을 한 수

많은 사람들의 생애와 활동을 때로는 단독으로 때로는 유형별로 서술한 전기인 '열전列傳'을 양대 축으로 역사를 기록하기 때문에 붙은 이름이다. 이 밖에 공자가 『춘추』를 편찬한 일을 천명을 받아서 이룬 사명으로 보고, 그 기록을 이어 연대순으로 중국 역사를 서술한 사마광의 『자치통감』이 있다. 사마광이 『춘추』의 기록을 이은 것은 공자에 관한 독특한 신화 때문이다. 역사의 주인은 왕이지만 공자 시대에는 세상의 도리가 타락하고 왕의 권위가 상실되었기 때문에 왕이 있어도 없는 것과 같았다. 이에 역사의 주인공으로서 왕이 해야 할 구실과 사명을 대신했는데, 그것이 바로 『춘추』의 편찬이다. 사마광이 연대순으로 역사를 서술한 방법은 편년체編年體라고 한다. 조선 역대 왕들의 사적을 기록한 『조선왕조실록朝鮮王朝實錄』은 연월일 순이라서 편년체와 같지만, 사론史論이 있고 인물에 대한 평이나 전기도 있어서 복합적이다.

정론 직필이 필요한 이유

동아시아 역사에서는 사회의 불의와 부정이 들끓을 때마다 역사가의 전범, 역사 서술의 모범을 보인 인물과 행적이 끊이지 않고 이어지며 문화를 찬란하게 빛냈다. 그중 정론 직필의 화신은 춘추시대 진晉나라의 사관 동호董狐다. 진나라에 정변이 일어나 대부인 조천趙穿이 주군인 영공靈公을 시해했다. 동호는 당시 정경正卿인 조돈趙盾이 군주를 시해했다고 기록했다. 정변이 끝나고 안정을 되찾은 뒤 조돈이 역사 기록을 보니 자기가 군주를 시해했다고 되어 있었다. 깜짝 놀란 그가 동호에게 사실과 다르다고 지적했다. 그러자 동호가 말했다. "그대는 정경의 신분으로 망명했으나 국경을 넘지 않았으며 돌아와서 도적을 토벌하지도 않았습니다. 그러니 그대가 아니면 누가 죽였단 말입니까?" 이에 조돈은 아무 말도 하지 못했다. 나중에 공자가 이를 두고 평했다. "동호는 옛날의 훌륭한 사관이다. 역사 기록의 원칙을 지켜 정직하게 기록했으며 숨기지 않았다."

이런 역사 기록이 현대 과학으로서 역사학의 본령과는 거리가 있다. 역사는 곧 해석학이다. 어떤 사건이라도 순수하게 객관적으로 기술될 수는 없다. 아무리 건조하게 사건을 기록해도 반드시 기록하는 사람의 관점과 해석이 끼어들게 마련이다. 사건의 맥락을 기술하는 과정에서 세부 사항을 취사선택해야 하고 어떻게든 평가해야만 한다. 어떤 점에서는 취사선택 자체가 포폄인 셈이다. 이는 공자가 『춘추』에 적용한 방식으로, 사건을 취사선택하거나 사건에 따라 주인공의 명분을 달리 적용했기 때문에 관직이나 이름을 부르는 다양한 방식으로 포폄했다고 여겨진다. 물론 현대 문헌 비평의 관점에서는 이런 포폄론의 근거가 약하다. 아무튼 공자 이후 동아시아에서는 역사를 거울로 삼는 감계주의鑑戒主義 역사관이 역사 해석의 주요 자리를 차지했다.

동호와 조돈의 일화는 역사적 사건을 해석할 때 명분이 중요하다는 의식을 반영한다. 우리 역사에도 이와 비슷한 측면에서 명분이 사람의 명운을 갈라놓은 사건이 있다. 야사에 기초한 것이지만, 바로 예종 때 남이南怡의 옥사에 관한 이야기다. 남이가 유자광柳子光의 모함 탓에 역모자로 몰려 고문받게 되었다. 공모자가 있느냐고 문초를 받을 때 마침 강순康純이 영의정으로서 참관했다. 그런데 남이가 강순과 모의했다고 진술했다. 강순이 아니라고 해명하자 임금도 그럴 듯하게 여겼다. 그러자 남이가, 죄인이 숨기는 말을 믿고 벌을 면하게 한다면 어떻게 죄인을 찾을 수 있겠느냐고 말했다. 이에 강순을 국문하자 여든 살이던 강순이 고문을 이기지 못하고 자복하며 부르 짖었다. "이놈, 남이야! 네가 나에게 무슨 원한이 있기에 나를 무함 하느냐?" 남이가 대답했다. "원통하기는 나와 네가 마찬가지다. 네 가 영의정으로서 내가 원통하다는 사실을 알고도 구원하지 않았으 니 원통하게 죽는 것이 당연하다." 이에 강순은 입을 다물었다. 남이는 강순이 영의정으로서 명분과 책임을 다하지 못했다고 고발한 것이다.

우리나라 역사에도 목숨을 돌보지 않고 소신과 양심을 지킨 역사가가 많다. 태종 때 사관은 태종이 사냥하다 낙마한 일을 기록하면서 태종이 사관이 모르게 하라고 지시했다는 사실까지 그대로 전했다. 김일손金馹孫은 사관으로 있으면서 사초에 '김종직이 「조의제문弔義帝文」을 써서 충의를 불러일으키니 보는 사람이 모두 눈물을 흘렸다' 고 기록했다. 이 일은 나중에 무오사화의 빌미가 되었다.

조선 시대의 유명한 사관으로 안명세安名世도 잊을 수 없다. 1545(인종 1)년에 이기, 정순붕鄭順朋 등이 을사사화를 일으켜서 많은 사림과 원로 현신賢臣을 숙청했다. 안명세는 이 일의 자세한 전말을 두고 춘추필법에 따라 정론 직필로 「시정기時政記」를 작성했다. 1548(명종 3)년에 이기를 비롯해 자기들의 행위를 정당화하려는 이들이 『무정보감武定寶鑑』을 찬집했는데, 이때 을사년 당시 사관이던 한지원韓智源이 「시정기」의 내용을 밀고해 안명세가 체포되어 국문을 당했다. 「시정기」에는 인종의 장례식 전에 윤임尹任을 비롯해 세 대신을 죽인 일은 국가의 불행이라는 지적, 이기 일파가 무고한 선비를 많이 처형한 사실과 이를 찬성하거나 반대한 선비의 명단 등이 상세히 담겨 있었다. 안명세는 국문을 당하면서도 소신을 굽히지 않고 당당하게 이기·정순붕의 죄악을 폭로해 형장에서 의연한 모습을 남겼다.

현대사회에서는 언론이 역사 기록이고 언론인이 사관이다. 사마천과 반표班彪도 뇌물을 받고 역사에 이름을 넣어 주고 포폄을 바꾸었다는 설이 있는데, 언론이 정론 직필의 정신을 잃어버리면 그 사회는 건강성을 잃어버린다. 지금 우리 사회는 정부 수립 이후 언론의 역사에서 유례없는 곡필의 더러운 불순물을 녹여 버리고 정론의 순금을 뽑아내는 중이다.

어떤 권력이라도 비판의 칼날 앞에 서지 않으면, 포폄의 거울에 비치지 않으면, 타락하게 되어 있다. 권력은 늘 타락할 준비를 갖추고 있다. 언론이 조금이라도 무뎌지면 곧바로 타락의 길을 걷는다. 그래서 언론은 사회의 파수꾼이다. 그런데 과거 몇 년간 언론이 권력의 맛을 보고, 권력의 충실한 종이 되어 본연의 임무를 망각하고 역사의 퇴행에 큰 구실을 했다. 결정적인 구실을 했다고 해도 과언이 아니다. 이제라도 열화같이 타오르는 민중의 의지를 받들어서 새로 태어나려고 하고 있으니 그나마 다행이다. 썩은 살은 도려내야 새살이 돋는다. 우리에게는 동호와 안명세가 많기에, 절망의 동토凍土에서도 희망의 싹은 자랄 것이다.

선비의 기풍을 바로잡는 방법

정철鄭澈

1536(중종 31)년에 태어나고 1593(선조 26)년에 죽었다. 본관은 연일延日, 자는 계함季涵, 호는 송강松江, 시호는 문청文淸이다. 왕실의 인척으로 어렸을 때 궁중에 출입했다. 을사사화에 아버지와 맏형이 연루되었고, 12세 때(1547) 아버지를 따라 유배지에서 생활했다. 1551(명종 6)년에 원자 탄생의 은사로 아버지가 귀양살이에서 풀려나자 할아버지의 산소가 있는 전라남도 담양 창평 당지산 아래로 이주하고 과거에 급제할 때까지 10여 년을 보냈다. 여기에서 임억령林億齡에게 시를 배우고, 양응정·김인후金麟厚·송순宋純·기대승에게 학문을 배웠으며 이이·성혼·송익필과 사귀었다. 1562(명종 17)년에 문과 별시에 장원급제하고 벼슬길에 나아갔다. 관료로서 내직·외직을 두루 겸하고, 정쟁의 한복판에서 부침을 많이 겪었다. 가사와 시조, 시문을 많이 남겼다. 저서로 시문집인『송강집松江集』과 시가집인『송강가사松江歌辭』가 있다. 창평의 송강서원과 영일의 오천서원 별사에 배향되었다.

책문

임금님께서 이렇게 말씀하셨다. 하늘이 백성을 생기게 한 뒤에 백성에게 한결같은 성품이 갖추어졌다. 그들을 다스리고 가르치는 책임은 군주와 스승[君師]에게 있다. 3대 이전에는 선비의 습성[士習]이 아름답고 인심이 발랐다. 그래서 기대하지 않아도 풍속은 저절로 두터워졌고 사람들은 저절로 염치 있게 행동했다. 어떤 도를 시행했기에 그렇게 될 수 있었는가?

후세로 내려오면서 정치의 도가 날로 비천해지고 좋은 기풍[風聲]과 기질 습관이 바뀌었으며 인민의 마음과 선비의 습성이 옛날 같지 않은데, 어떻게 하면 풍속이 두터워지고 염치 있는 행동을 바랄 수 있겠는가? 이렇게 된 까닭은 무엇인가? 3대 이후 지금까지 선비의 습성과 인민의 마음이 바르고 풍속과 염치를 칭찬할 만한 사례가 있는가?

부덕한 내가 정치를 맡고 잘 다스리기를 바란 지 어느덧 18년이 되었는데, 정치의 실적은 나타나지 않고 폐단은 날로 자라난다. 선비의 습성은 무너져서 절개를 서로 숭상하는 것을 볼 수 없고, 인민의 마음은 교활해져서 충실하고 두터워야[忠厚] 한다는 것을 알지 못한다. 인류의 법도[綱常]도 변해 풍속이 날로 야박해지고, 탐욕을 부리는 풍조가 크게 일어 염치를 다 잃어버리고 혼탁해졌다.

이렇게 말하는 것은 지금 상황이 참으로 한심하기 때문이다. 어떻게 하면 선비의 습성이 아름다워지고 인민의 마음이 바르게 되며 풍속이 두터워지고 염치 있게 행동해서 정치의 도가 융성한 옛날처럼 성대해지고, 이에 군주와 스승의 책임을 저버리지 않을 수 있겠는가?

그대 대부들은 이 시대의 어려움을 보고 분명히 의분에 북받쳐서 할 말이 많을 터, 하나도 숨김없이 진술하라.

대책

신이 대답합니다. 신이 듣기에 송의 유학자 주희가 이런 말을 했습니다. "세상일의 근본은 한 사람에게 있고, 한 사람 몸의 주인은 한 마음에 있다. 그러므로 임금의 마음이 정해지면 세상일 가운데 바르지 않은 것이 없다. 마치 겉모습이 단정하면 그림자가 반듯하고 근원이 맑으면 하류도 깨끗한 것과 같다. 이치가 반드시 그러하다."

주상 전하께서는 총명한 자질을 갖춘 제왕〔建極〕으로서 근본을 바로잡아 정치하시니, 위에서는 잘 가르치고 아래에서는 변해 나라를 다스리는 방법에 덧붙일 것이 없습니다. 그런데도 오히려 백성을 올바르게 통솔하지 못하고 다스리는 도리가 날로 비천해진다고 염려하시며 신들을 궁전 계단〔軒墀〕 아래로 나아오게 하셔서 책문을 내셨습니다. 전하께서는 선비의 습성과 사람의 마음이 옛날 같지 않음을 근심하고 풍속과 염치가 날로 무너짐을 절박하게 여기면서 옛 시대를 인용해 오늘날의 일을 언급하셨습니다. 이는 참으로 나라〔宗社〕와 백성〔臣民〕의 복입니다. 신이 비록 말재주는 없으나 임금님의 명령에 만분의 일이나마 대답하지 않겠습니까?

첫째, 고대에는 선비의 습성이 바르고 인심이 아름다웠는데 후대로 내려올수록 타락한 까닭과 3대 이후의 역사에서 그나마 거론할 만한 사례를 들어 보겠습니다. 신은 이 물음에서 반드시 옛 시대를 모범으로 삼아 나라를 영원히 이어 가고자 하는 전하의 거룩한 마음을 보았습니다. 신이 듣기에 진덕수〔眞德秀〕가 이런 말을 했습니다. "하늘이 사람에게 지극히 착한 성품을 부여했으나 사람들이 그 성품을 온전히 보존하게 할 수는 없다. 그러므로 그 성품을 온전히 보존하게 할 수 있는 사람들이 군주와 스승의 책임을 맡았다."

사람들은 똑같이 하늘로부터 성품을 받았기 때문에 애초에는 지혜로운 사람과 어리석은 사람의 구별이 없습니다. 그러나 부여받은 기질에는 맑고 순수하고 탁하고 불순한〔淸粹濁駁〕 차이가 있습니다. 그래서 기운과 정신[氣魂]이 뛰어나고 재능과 덕이 있는 사람에게 하늘이 책임을 맡겼으니, 백성은 군주와 스승에게 의뢰하지 않을 수 없고 군주와 스승이 하는 일 또한 사람들이 본디 갖고 있는 떳떳한 성품을 발휘할 수 있도록 열어 주는 것에 지나지 않습니다.

3대 이전을 예로 들어 보겠습니다. 공손한 몸가짐으로 남쪽을 향해 앉아 임금 노릇을 했으나 특별한 조치를 하지 않아도 교화가 저절로 아래에까지 미친 예는 위대한 요와 순이 임금이 되어서 한 일입니다. 형벌을 쓰지 않아도 저절로 법도를 따를 줄 알았던 백성이 '임금의 바른 자리[子正]'를 감히 범하지 않은 예는 지극한 문왕과 무왕이 임금이 되어서 한 일입니다.

그러나 이들은 오히려 떳떳한 도리를 실행하게[迪彝] 하고 가르침을 준수하도록[遵敎] 하는 수단을 잊어버리지 않았습니다. 그런즉 백성을 법도에 따라 바르게 살게 하고 오륜[伍典]을 아름답게 빛낸 것은 요와 순이 지극히 가르친 것을 말하며 6경을 연구하고 여섯 가지 행실[六行]**1**을 밝힌 것은 문왕과 무왕이 극진히 가르친 것을 말합니다.

이로써 선비의 습성에 관해서는 수많은 선비들이 모여서 서로 읍하고 양보하는[濟濟揖遜] 성대한 모습을 말했고, 사람의 마음에 관해서는 수많은 사람들이 충직하고 두터운[藹藹忠厚] 아름다운 모습을 말한 것입니다. 집집마다 덕행이 있고 사람마다 표창할 만큼[比屋可封] 교화가 이루어지고 풍속이 저절로 두터워졌으며 예의와 사양으로 서로 대하되 저절로 염치 있게 행동했습니다. 교화가 빨리 이루어

1　六行, 孝友睦姻任恤. ―『주례』「지관地官」'대사도大司徒'.

지도록 서두르지 않아도 저절로 빨리 이루어지고, 억지로 하지 않아도 저절로 변했습니다. 그러니 백성을 가르치고 풍속을 이룬 방법은 본디 있는 떳떳한 성품을 발휘하도록 한 것뿐입니다.

훌륭한 변화〔於變之化〕는 타고난 밝은 덕을 밝힘〔明德〕에 근본을 두었고, 훌륭한 끝맺음〔克終之始〕은 나라의 규범을 세운 데〔立極〕서 시작했습니다. 정성스럽고 한결같은 마음으로 중정의 도리를 지키라는〔精一執中〕 전승된 가르침이 또한 모든 세대 정치의 근본이 되었습니다. 그런즉 3대의 정치가 어찌 유래한 바가 없겠습니까?

아! 3대는 이미 멀고 정치의 도는 날로 퇴락했으며 마음을 바르게 하고 자기를 수양하는 설은 세상에 밝혀지지 않습니다. 눈앞의 편한 것만 좇으며〔趨便目前〕 으슥한 방에서 건들거리고 세월만 보내니〔架漏度日〕 선비의 습성과 사람의 마음이 옛날 같지 않은 것이 어찌 이상하겠습니까? 풍속이 날로 무너지고 염치가 날로 없어지는 것도 실은 까닭이 있습니다. 3대 이후 지금까지 일컬을 만한 일이 비록 한두 가지는 되겠지만 선비의 습성이 아름답지 않고 사람의 마음이 바르지 못하며 풍속이 두터워지지 않고 염치 있게 행동하지 못하게 되었으니, 신으로서는 이런 것들을 들먹여서 전하를 번거롭게 해 드릴 수 없습니다. 전하께서는 반드시 3대를 본받고 반드시 후세를 경계로 삼기를 바랍니다.

둘째, 선비의 습성이 아름다워지고 사람의 마음이 바르게 되며 풍속이 두터워지고 염치 있게 행동하도록 정치를 해 군주와 스승의 책임을 저버리지 않는 방법을 말씀드리겠습니다. 신은 이 물음에서 그릇된 정치를 바로잡고 이상 정치를 회복하려는 전하의 거룩한 마음을 보았습니다.

전하께서는 왕위에 오르신 이래 잘 다스리고자 걱정하고 부지런히 힘쓰면서 나날이 성실하게 다달이 독실하게 노력하십니다. 이상 정치의 근본이 몸소 실천하는 데 있음을 알고, 군주와 스승의 책임이 모두 전하에게 있음을 늘 생각하십니다. 선비의 습성이 바르지 못함을 근심하셔서 학교에 불러 모아 스승 및 학자들과 맺어지게 하시니, 가르치고 타이르는 도리가 이르지 않은 곳이 없습니다. 인심이 옛날 같지 않음을 염려하셔서 관리가 성실하게 직책을 수행하게 하고 예법으로 바로잡으시니, 백성을 열어 주고 이끌어 가는 도리가 이르지 않은 곳이 없습니다. 풍속이 무너짐을 걱정하셔서 3강을 밝히고 5륜〔伍常〕을 펴시니, 사람의 도리를 가지런하고 바르게 하는 일에 이르지 않은 곳이 없습니다. 염치가 없어짐을 걱정하셔서 욕심 부리고 혼탁한〔汚濁〕 사람을 내쫓고 절개 있는 사람을 표창하시니, 선을 권하는 도리 또한 이르지 않은 곳이 없습니다.

그러니 선비들이 기개와 절개에 힘쓰고 사람들이 덕을 밝히며 풍속이 화락하고 성대해지고 염치 있게 행동해서 3대의 정치와 더불어 나란히 앞으로 달려가야 마땅할 터입니다. 그런데 근년 들어 다스림의 효과는 드러나지 않고 정치의 폐단은 날로 늘어나니 어찌 된 일입니까?

선비의 습성을 말씀드리자면, 과거만 일삼고 벼슬과 녹봉 받기만 도모할 줄 알아서 이해득실만 요모조모 따집니다. 아버지가 타이르고 형이 권장하는 내용도 이것을 벗어나지 않습니다. 그러므로 재앙과 복이 지조를 빼앗고 영광과 치욕이 마음을 얽어매어, 아부를 서로 숭상하고 부드럽고 원만한 처신(軟熟)을 높이 여깁니다. 이 가운데 바른말을 하고 낯빛을 바르게 하는 사람이 나왔다는 말을 듣지 못했으니, 절개를 지키는 신하를 볼 수 없습니다.

사람의 마음을 말씀드리자면, 간악하고 거짓되고 교활하고 속이는 습성이 몸에 배어 서로 기회만 엿보며 속임수가 마음속에 이미 싹터 있습니다. 겨우 관례(官弁)를 치르고 성인이 되면서부터 남을 얽어매고 모함해서 한껏 욕심을 부립니다. 눈을 흘기며(睚眦) 원한을 품고 헤아릴 수 없는 화에 빠뜨립니다. 손톱만 한(錐刀) 이익을 다투고 아침저녁으로 돌봐 준 부모의 은혜(朝暮之恩)를 저버립니다. 그러니 신은, 충성하고 효도하는 백성을 보지 못했습니다.

풍속을 말씀드리자면, 자식이 아버지를 시해하는 변고가 생기고 종이 주인을 시해하는 변고가 생깁니다. 서로 해치는 재앙이 꼬리를 물고 잇따르며 음란하고 저속한(桑濮) 행실이 선비의 집안에서 벌어집니다. 형벌(拷掠)이 나날이 엄격해져도 악한 행실을 뉘우치지 않고, 사형을 자주 집행해도 죄를 범하는 사람이 더욱 많아졌습니다. 심지어 악한 일이 자주 벌어지며 그치지 않습니다. 그러니 신은, 충직하고 정의로운 풍속을 보지 못했습니다.

염치를 말씀드리자면, 재상은 아무리 채워도 채워지지 않는 끝없는(尾閭) 욕심을 드러내고 수령은 이리 같은 탐욕을 멋대로 부립니다. 관리들이 이처럼 가혹하게 백성의 재물을 빼앗아 욕망을 채우며, 가죽을 벗기고 살을 베어 내듯 백성의 재물을 걸태질해 탐욕을 채웁니다. 뇌물(苞苴)이 수레 가득 많은 것을 자랑하고 화려한 것을 다투니, 금과 구슬을 갖추려고 인민의 살로 포를 뜨고 젓을 담그며 계약서〔契券〕를 시문詩文으로 삼습니다. 거리낌 없이 공공연하게 청탁하고 돈으로 옥사를 해결하는 것을 보통 일로 여깁니다. 그런니 신은, 염치의 도리를 보지 못했습니다.

이 때문에 식견 있는 선비가 먼 앞날을 걱정하면서〔長慮却顧〕 참으로 한심하게 여겨 왔습니다. 그런데 임금님께서 이에 대해 물으시니, 참으로 오늘이야말로 변혁할 좋은 기회입니다. 신이 듣기에 정이가 이런 말을 했습니다. "정치의 도는, 근본을 따라 말하는 것이 있고 일을 따라 말하는 것이 있다. 근본을 따라 말한다면, 오직 임금의 마음의 잘못을 바로잡는 데서 시작한다. 임금이 마음을 바르게 해서 조정을 바르게 하고, 조정을 바르게 해서 백관을 바르게 해야 한다."[2] 또한 장재는 이렇게 말했습니다. "조정이 도덕과 정치술〔政術〕, 두 가지를 일로 삼는다. 이것이야말로 예로부터 걱정해 온 것이다." 두 현인의 말씀은 지당합니다. 참으로 모든 세대의 제왕이 바꾸지 못할 귀감입니다.

바라건대 전하께서는 학문을 강론해서 마음을 바르게 하고, 마음을 바르게 해서 정치를 하십시오. 강직하고 분명하며 정직한 사람을 취해 보좌하게 하고, 순후하고 염치 있는 사람을 표창해 풍속을 장려하며, 글재주를 중히 여겨 기량과 식견을 중시하십시오. 그러면 지조와 절개가 있고 의기 넘치는 선비들이 조정에 줄지어 모여들어서, 임금님이 밝은 덕을 베풀고 교육하는 근본을 튼튼히 하도록 돕고 군주와 스승이 백성을 이끌어서 교화를 이루도록 도울 것입니다. 이렇게

2 治道, 亦有從本而言 亦有從用而言. 從本而言, 惟從格君心之非. 正心以正朝廷, 正朝廷以正百官. ―『정씨유서程氏遺書』권 15.

하면 사람의 마음이 바르게 되고 풍속이 두터워지며 염치의 도리가 저절로 행해지고, 재물을 탐하며 뇌물을 좋아하는〔貪墨〕 풍조가 저절로 사라질 것입니다. 크게는 조정의 백관, 작게는 크고 작은 지방 고을의 감사나 수령, 멀리는 바다 끝에 사는 백성에 이르기까지 똑같이 부여받은〔同然〕 착한 마음을 일으키지 않는 사람이 없을 것입니다.

네 가지 폐단이 다른 결과를 가져오는 듯하지만, 그 근본은 선비의 습성을 바르게 하는 데 달려 있습니다. 선비의 습성을 바르게 하는 방법이 많은 듯하나, 그 근본은 전하의 한 마음에 달려 있습니다. 전하께서는 이 도리를 아는 참된 선비를 널리 찾아 곁에 두고서 의리의 학문을 강론으로 밝히고, 성현의 말씀을 탐구하고 토론해서 이치를 날로 더욱 밝히며 의리를 날로 더욱 정밀하게 하십시오. 마음을 잡아지키기를 날로 더욱 굳게 하고, (마음을) 넓혀서 충실하게 하기를 날로 더욱 멀리까지 미치게 하십시오. 그러면 전하의 학문을 밝다고 할 수 있고, 전하의 마음을 바르다고 할 수 있습니다. 그리고 융성한 옛 시대와 똑같이 아름답고 똑같이 훌륭한 정치를 할 수 있을 것입니다. 이는 곧 지키는 바는 간략하지만 미치는 바는 넓다는 것입니다. 전하께서는 깊이 생각하시기를 바랍니다.

셋째, 신의 포부를 말씀드리겠습니다. 신은 마지막 질문에서 마음을 비우고 간언을 받아들이며 아랫사람에게 묻는 것을 부끄럽게 여기지 않는 전하의 성대한 마음을 보았습니다. 신이 듣기에 공자는 "그대가 올바르게 솔선수범한다면 누가 감히 바르지 않겠는가?" 하고 물었으며 『대학』에서는 "요와 순이 세상을 인仁으로 거느리니 백성이 이를 따랐고, 걸桀과 주紂가 세상을 폭력〔暴〕으로 거느리니 백성이 이를 따랐다." 했습니다. 그렇다면 우리 백성의 올바름은 전하가 마음을 바르게 하는 데 달려 있지 않겠습니까? 그리고 우리 백성이 따르는 것은 전하가 인을 추구하는 데 달려 있지 않겠습니까?

인을 추구하는 요령은 마음을 바르게 하는 데 있고, 마음을 바르게 하는 요령은 사물에 나아가서 사물의 이치를 아는 데 달려 있습니다. 사물에 나아가서 사물의 이치를 아는 결실은 경건함과 의리에 달려 있습니다. 바라건대 전하께서는 경건함으로 마음을 곧게 하고[敬以直內], 의리로 언행을 반듯하게 하십시오[義以方外]. 은미한 마음 씀씀이에 공을 들이고 인륜과 교화[風化]의 근본에 부지런히 힘을 써서[孜孜矻矻] 조금도 끊어짐이 없으면, 네모난 그릇에서 물도 네모가 되듯 감히 바르지 않은 사람이 없을 것이며 바람에 풀이 눕듯 감히 따르지 않는 사람이 없을 것입니다. 그래서 장차 요순시대보다 백성이 더 안정되고 나라의 운수가 영원무궁할 테니, 어찌 심각한 폐단을 떨어 없애지 못했다고 근심하고 정치의 도가 날로 더럽혀진다고 근심할 까닭이 있겠습니까? 전하께서 더욱 유의하십시오.

신이 삼가 대답합니다.

『송강집松江集』

오늘 읽는 책문

정철은 조선 시대의 주요 논쟁적 인물이다. 정여립鄭汝立을 비롯해 수많은 선비가 희생당한 기축옥사에서 정철의 책임 소재에 관한 논란이 있고, 동서 붕당이 본격화하면서 서인의 영수로서 당론과 당쟁을 주도하는 가운데 타고난 성격과 정세의 변화 탓에 부침을 거듭하며 파란만장한 삶을 보냈다. 정철은 정치가와 문학자로서뿐만 아니라 수많은 야담이나 일화의 주인공으로서 조선의 역사와 문화를 대표하는 아주 중요한 인물 가운데 한 사람이다.

정철은 큰누이가 인종의 후궁이고 작은누이가 성종의 형인 월산대군月山大君의 손자 계림군桂林君의 부인이었기에, 왕실의 인척으로서 어렸을 때부터 궁중에 수시로 드나들면서 나중에 명종이 된 경원대군慶原大君과 친하게 지내는 등 아주 유복한 유소년기를 보냈다. 그러나 을사사화와 함께 그의 삶이 파란의 한가운데로 떼밀려 간다. 을사사화 때 자형인 계림군이 윤임 일파의 추대를 받았다는 모함으로 수배를 당하면서 아버지 정유침鄭惟沈과 맏형 정자鄭滋가 체포되어 고문을 받았다. 이때 정철은 어리다는 이유로 사면받았다. 계림군이 잡혀 처형당한 뒤 정유침은 1546년에 함경남도 정평에 이어 경상북도 영일로 유배되었고, 형은 전라남도 광양으로 유배되었다가 함경북도 경원으로 이배되던 중에 장독을 얻어 32세 나이로 세상을 떠났다. 정철은 아버지 유배지를 따라다니면서 어린 시절을 보냈다.

행복과 불행이 급변한 유소년기 경험이 정철의 불같은 성격과 투쟁의 일선에 나서는 정치적 행보를 결정지었을 것이다. 또한 그가 술에 취해 일생을 보낸 데는 울울한 심정을 달래고 부조리한 세상에 대한 분노를 씻어 내려는 뜻이 있었을 것이다. 송시열이 쓴 조헌의 행장에서는 그가 술을 많이 마신 것이 완적阮籍의 계책에서 나온 행위라고 했다. 중국 위·진·남북조 시기 죽림칠현 중 한 사람으로 꼽히는 완적은 혼란한 시대에 자기 삶을 보존하기 위해 술에 취해 한평생을 보냈다. 정철도 완적처럼 술로 자기를 위장했다는 것인데, 조헌의 행장은 그 근거로 정철이 부모의 기일을 당하고는 한 달 동안 술을 금하고 재계한 점을 든다.

1551년에 순회세자順懷世子가 태어나는 경사 덕에 풀려난 정유침은 부친의 묘소가 있는 창평으로 식구들과 이주했다. 이 무렵 정철은 둘째형 정소鄭沼를 만나러 순천으로 가다가 성산 근처 환벽당에서 스승 김윤제金允悌를 만난다. 김윤제는 여러 고을의 수령을 지냈는데, 을사사화가 일어나자 정치에 환멸을 느껴 나주 목사 자리에서 물러난 뒤 성산 맞은편에 환벽당을 짓고 후학을 양성하면서 살고 있었다. 임진왜란 때 의병장으로 활동한 고경명, 김덕령金德齡과 조카 김성원金成遠이 그의 문하에서 수학하며 영향을 받았다.

김윤제가 어느 날 환벽당에서 졸다가 용이 개울에서 노는 꿈을 꾸고 정철을 만났다. 정철의 됨됨이를 알아본 김윤제는 그를 환벽당에 머물게 하고 사위 유강항柳强項의 딸과 혼인시킨 뒤 정철의 초기 학문을 이끌어 주었다. 정철은 김윤제의 문하에서 수학하며 대학자 김인후·기대승의 문하에 나아갔고, 양응정·임억령에게서 시문을 배웠다. 25세 때 김성원의 서하당 식영정을 배경으로 지은 한글 가사가 바로 「성산별곡」이다. 이 무렵부터 이이, 성혼, 송익필과 교유했다.

정철은 1562년 문과 별시에서 장원급제한 뒤 환로를 걷는다. 명종은 소꿉동무였던 정철이 장원급제하자 대단히 기뻐하면서 궁궐의 액문 안에서 특별히 술과 음식을 내리라고 명했다. 이에 정철이 "벼슬길에 나서 신하 된 처지니, 이런 사사로운 예를 받을 수 없습니다."

하고 사양했다. 명종은 명을 거두고 그를 경복궁 북문인 신무문神武門을 통해 나가게 한 뒤 그가 나가는 모습을 누대에서 지켜보았다.

명종에게 지우를 받으면서 관료 생활을 시작한 정철은 얼마 뒤 사간원 정언正言에 임명되는데, 명종의 사촌인 경양군景陽君 이수환李壽環이 처가 재산을 빼앗으려고 서얼 처남을 꾀어 죽인 사건이 일어났다. 사헌부에서 이 사건을 논하면서 법대로 처벌할 것을 청했다. 이때 명종이 친속을 시켜 은근히 정철을 설득해 논박을 그만두게 했지만 정철이 감히 그렇게 하지 않았다. 결국 파면된 정철은 전라남도 광주로 돌아갔고, 여러 차례 청환직 후보에 올랐으나 3년 동안 낙점받지 못했다.

정철의 일생에서 강렬한 인상을 주는 두 사건은 정여립의 역모 사건을 처리하는 과정에 일어난 기축옥사와 세자 책봉 문제로 일어난 건저 파문이다. 우선 많은 선비가 희생된 기축옥사는 조선 중기 최대의 정치 사건이라고 할 수 있다. 발생 당시부터 음모론적 요소가 상당하던 이 사건은, 3년 뒤 임진왜란이 일어나는 바람에 명료한 재구성이 어려워져 여전히 논란을 빚고 있으며 정철의 생애와 관련해 끈질긴 악연이 있다. 그 악연은 정철이 성혼과 송익필의 사주를 받아 동인을 탄압하려고 옥사를 확대했다는 설, 유생 정암수丁巖壽를 사주해 동인의 중진인 이산해李山海·유성룡柳成龍·정인홍鄭仁弘·정개청鄭介淸 등을 옥사에 연좌시키려 했다는 설, 이발李潑의 여든 넘은 노모와 어린 아들들이 심문을 받고 죽었을 때 재판관으로서 최종 책임이 있다는 설 등 확인하기 어려운 문제들에 관한 것이다. 특히 나이가 여든이 넘은 노인이나 어린아이에 대한 심문은 인륜을 침해하는 중대한 사건이다. 동인은 이 사건 자체가 동인을 탄압하기 위해 서인이 일으킨 정변이라고 보기 때문에 재판관으로 참여한 정철에게 책임이 있다고 보고, 서인은 당시 재판관은 유성룡이었다고 주장하는 등 저마다 처지에 따라 정철과 유성룡에게 책임을 지운다. 21세기에도 이 문제에 관해 논란이 있으니, 참 알 수 없는 일이다. 실제로 정철이 재판관이었건 아니건 간에 이 사건으로 동인은 크게 위축되고 서인은 대세를 장악했다. 사건 초기에 정철이 재판관으로서 옥사를 주도했고, 술을 즐겨 실수를 저지른 데다, 직설적이며 반대파에 대해 조금도 타협하지 않고 저돌적으로 몰아붙이는 성격이었기 때문에 정철의 책임론이 부각한 듯하다.

한편 건저 파문은 임진왜란 직전인 1591년 2월에 우발적으로 일어난 일이 확대된 정치적 사건이다. 선조가 나이 40을 넘기자 후계자를 정해야 한다는 공론이 나타났다. 선조는 의인왕후懿仁王后 박씨 소생은 없이 여러 후궁 소생 왕자와 왕녀를 두었는데, 당시 공빈恭嬪 김씨 소생인 임해군臨海君과 광해군光海君이 장성해 있었다. 광해군이 후계 물망에 올랐지만, 적실 소생이 없는 선조는 후계 결정을 미루고 있었다.

유성룡이 우의정이 되고 나서 정철을 찾아가 말했다. "우리가 나라의 중책을 맡았으니 마땅히 큰일을 해야 합니다. 지금 후궁에게 왕자가 많고 나라의 근본을 정하지 못하고 있으니, 세자를 세울 계책을 세워야 합니다. 우리가 이 일을 힘써 청하지 않을 수 없습니다." 정철은 "영상이 잘 듣겠습니까?" 하고 반문했다. 그러자 유성룡이 주장했다. "우리 두 사람이 하자고 하면 영상이 어찌 듣지 않을 수 있겠습니까?" 이에 정철이 뜻을 같이하기로 했다. 이렇게 영의정 이산해를 비롯해 좌의정 정철, 우의정 유성룡, 부제학 이성중李誠中, 대사간 이해수李海壽 등 조정 중신들이 모여 후계를 논의하기로 약속했다. 그런데 약속한 날에 이산해가 병을 핑계로 참석하지 않았다. 또한 대궐에 나아가 직접 면대하고 청하기로 했는데, 이때도 이산해는 참석하지 않았다. 이산해는 신성군信城君을 낳은 인빈仁嬪 김씨의 오빠 김공량金公諒에게 이 일을 넌지시 알려서 인빈 김씨가 선조를 찾아가 정철이 자기 모자를 모해하려고 한다며 울면서 하소연하게 했다. 선조가 이 일로 정철을 의심하고 있는데, 뒷날 경연에서 정철이 '세자를 세워야 한다'는 의논을 꺼냈다. 이에 선조가 크게 노하자, 이산해는 벙어리처럼 움츠러들었고 유성룡도 멀뚱하게 말이 없었다. 이성중과 이해수는 "정철 혼자만 하는 말이 아니라, 신들이 모두 같이 의논한 일입니다." 했다. 하지만 선조의 미움을 산 정철은 곧 사직서를 올린 데 이어 유생들의 탄핵으로 파직되고 명천으로 유배되었다가 진주로, 강계로 이배된 끝에 위리안치까지 당했다.

1592년에 임진왜란이 일어나자 정철은 다시 소환되어 임금을 호종했고, 양호 체찰사로 임명된 뒤에는 호남으로 내려가 의병을 모았다. 이듬해 5월에는 명에 사신으로 갔다가 11월에 귀국했다. 전란이 소강상태로 접어들고 당쟁이 다시 시작되어 동인의 공격이 잇따르자 정철은 벼슬을 내놓고 강화도 송정촌으로 들어가서 칩거하다 그해 12월에 죽었다.

정철의 일생은 술과 시와 정쟁으로 점철되었다. 그가 지은 시조 「장진주사將進酒辭」는 이백의 「장진주將進酒」에 견줄 만큼 대단한 술

예찬가다. 그가 마지막으로 남긴 시 「섣달 초엿새 날 밤에 앉아서臘月初六日夜坐」에는 "계사년(1593) 겨울, 강도江都(강화도)에 우거할 때 이 시를 지었다. 절필이다." 하고 주석이 붙어 있다. 이 시에도 술이 등장한다.

외로운 섬 나그네 신세에 해는 바뀌려는데旅遊孤島歲崢嶸

남쪽에선 아직도 적을 평정하지 못했네南徼兵塵賊未平

천 리 밖 서신은 언제나 오려는지千里音書何日到

새벽녘 등불은 누굴 위해 밝히는가五更燈火爲誰明

사귄 정 물처럼 흘러 머물기 어렵고交情似水流難定

시름은 실오라기처럼 더욱더 어지럽네愁緒如絲亂更縈

원님이 보낸 진일주를賴有使君眞一酒

눈 덮인 벽촌에서 화로 끼고 마시네雪深窮巷擁爐傾

정치의 일선에서, 정쟁의 최전선에서 몸을 불사르듯 싸우며 겪은 온갖 영욕을 회고하는 쓸쓸한 심정과 함께 삶의 마지막 순간까지 나라를 걱정하는 마음이 흠씬 묻어난다. 진일주는 송의 학자이자 문호인 소식이 황주로 좌천되어 갔을 때 쌀과 밀과 물로 직접 빚은 술이라고 한다.

사실 정철은 정치나 학문보다는 문학으로 역사를 빛냈다. 국문학사에서 윤선도가 시조의 표현을 극대화했다면, 정철은 가사를 준령으로 빚어냈다. 김만중金萬重도 정철이 지은 가사 「관동별곡關東別曲」과 「사미인곡思美人曲」, 「속미인곡續美人曲」을 우리나라의 참된 문장이라고 극찬했다. 김만중의 평을 요약하면 이렇다. 사람의 속마음이 입으로 나오는 것을 말이라 하고 말에 가락이 붙은 것을 시가와 문장이라 하는데, 지금 우리나라의 시문은 자기 말을 버리고 남의 나라 말을 배우는 것이라 앵무새가 사람의 말을 흉내 내는 데 지나지 않는다. 나무꾼 아이와 물 긷는 아낙이 흥얼거려서 서로 화답하는 소리가 비록 비속하다 하더라도, 감정을 진솔하게 표현한 것으로는 사대부의 시부詩賦 따위와 견줄 수 없다. 이런 점에서 정철의 가사 세 편은 미묘한 조화가 저절로 나타나서 조금도 비속하지 않으니, 예부터 우리 땅의 참된 문장은 이 세 편뿐이다.

왕정의 벼슬아치와 선비를 오늘날 공무원과 '공시생'으로 볼 수 있다. 즉 조선 시대 선비는 누구나 과거로 벼슬길에 나가 사회를 정의롭게 꾸려야 할 사명이 있다고 생각했다. 이런 선비의 삶을 대표하는 사람이 공자다. 그는 역사와 문학과 철학에 관한 지식과 정보를 당시 사람 어느 누구보다도 방대하게 축적하고 예술과 심미적 감성을 수양한 다음 이를 바탕으로 국가와 국제 질서를 정의롭고 합리적이고 합법칙적이며 심미적인 세계로 재구성하는 데 일생을 바쳤다. 실패할 줄 알면서도. 유교가 동아시아의 공식 학술 구실을 하면서 공자의 '행도수교行道垂敎'는 학자 관료의 모범적 처세가 되었다. 군신 간에 수어지교水魚之交를 맺어서 서로 믿고 의지하며 힘을 합해 좋은 사회를 만들 여건이 성숙되면 모든 역량을 바치고, 상황이 여의치 않고 부조리와 모순이 쌓여서 도저히 국면을 전환할 수 없으면 물러나서 후진을 양성하며 미래를 대비했다. 물론 그 정치적 신념이 옳은가 그른가는 논외로 하고 말이다.

조선 시대 선비는 벼슬길에 나아가면 관료, 물러나 학문을 닦고 제자를 양성하면 다시 선비이자 학자였다. 선비의 지식과 수신을 위한 교과서는 4서3경이고, 학문과 수양의 주제는 천리와 인욕의 투쟁이었다. 인간의 마음은 천리와 인욕이 다투는 전장이다. 천리는 보편적 가치이며 공의公義고 사회정의다. 인욕은 개인의 욕망이며 신체의 욕구고 사사로운 이기심이다. 따라서 공공에 복무하고 그 대가로 생계를 유지하는 관료는, 천리를 실현하고 인욕을 억제해야 한다. 반면에 생산하고 노동하는 인민은, 자연스레 인욕을 따르며 인욕을 추구한다. 인욕을 추구해야 생산의 효율이 높아지고 사회의 물질적 조건이 발전한다. 다만 인욕을 지나치게 추구하거가 인욕과 인욕의 갈등이 커지면 법률에 따라 다스린다. 고급 공무원, 고위 관료가 인욕을 앞세우는 것은 가장 심각한 문제다. 조선의 역사를 얼룩지게 만든 온갖 권력투쟁과 행정 문란, 부정과 불의가 모두 여기서 발생했다.

그러나 천리와 인욕의 갈래는 너무도 미묘해서 알기가 어렵다. 조금만 방심하면 인욕으로 흐르고, 인욕으로 흐르는 줄 모르고 마음을 다잡지 못했다가는 어느새 걷잡을 수 없는 인욕의 물줄기에 휩싸인다. 그러고는 스스로 정당화하고 합리화한다. 처음은 털끝만 한 차이밖에 안 나지만 나중에는 천 리나 떨어진다. 그래서 늘 깨어 의식을 기울이고 마음이 미세하게 움직이는 결을 살펴야 한다. 신독愼獨, 곧 홀로 있을 때 아무도 의식하지 못하는 내 마음의 움직임을 신중하게 검속해야 한다. 조선 시대 선비도 처음 과거의 문을 두드려 궁궐에 들어갔을 때는 누구나 천리를 보존하고 인욕을 없애는 투쟁에 나서겠다고 결연히 다짐했을 것이다. 그러나 거의 대부분이 초지일관하지 못했다. 조선 시대 관료 가운데 청백리로 인정받은 사람은 얼마 되지 않고, 그나마 거짓 공훈〔僞勳〕이 적지 않다고 한다.

　지금 공무원이 되는 것이 거의 유일한 꿈인 청춘이 많다. 이른바 공시생이 50만 명이나 된다고 한다. 이 가운데 90퍼센트는 시험을 통과하지 못하고 청춘을 고시촌 쪽방에서 보낸다. 조선 중기 이후 과거의 폐단이 사회문제가 되었을 때와 똑같은 현상이다. 조선 시대에는 거의 유일한 출세 수단을 갖기 위해, 지금은 거의 유일한 평생직장을 갖기 위해 바야흐로 혈기가 강건하고 의식이 명랑하고 정신이 활발한 젊음이 시험에 바쳐졌고, 바쳐진다.

3

정치와 사회

역사의 진보는 결정되어 있는가

이곡李穀

1298(충렬왕 24)년에 태어나고 1351(충정왕 3)년에 죽었다. 본관은 한산韓山, 초명은 운백芸白, 자는 중보仲父, 호는 가정稼亭, 시호는 문효文孝다. 대유학자 이색의 아버지다. 원에 들어가 1332(충숙왕 복위 1)년 정동성 향시에 수석으로 선발되었고 전시에 차석으로 급제했다. 한림 국사원 검열관이 되어 원의 문사들과 교유했고, 고려와 원을 오가며 여러 벼슬을 역임했다. 공민왕의 옹립을 주장했는데 충정왕忠定王이 즉위하자 신변에 불안을 느껴 관동 지방을 주유했다. 1350년에 원으로부터 봉의대부 정동행중서성 좌우사낭중으로 제수되었다. 일찍이 원에서 문명을 떨친 그의 작품 100여 편이 『동문선』에 실려 있고, 그중 대나무를 의인화한 가전체 문학 「죽부인전竹夫人傳」이 유명하다. 한산의 문헌서원, 영해의 단산서원 등에 배향되었으며 저서로 『가정집稼亭集』 4책 20권이 전한다.

책문

황제께서 조칙을 내려 이렇게 말씀하셨다. 짐이 듣건대 『역』에서 이르기를 "군자는 옛 성인의 말과 행동을 많이 알아 그것을 본받아 덕을 쌓는다." 했다. 대체로 일을 함에 반드시 옛일을 모범으로 삼는 것은 제왕이 숭상하는 바다. 옛날에 천하를 소유한 자를 황皇, 제帝, 왕王, 패霸라고 부른다. 이 넷은 지위가 같고 작록을 내리며 행정구역을 설치하거나 폐지하고 사람을 살리고 죽이며 상벌을 내리는 행정의 권한이 같은데 유독 칭호만 다르다. 그렇다면 황이라, 제라, 왕이라, 패라 하는 명칭의 의미를 알 수 있겠는가?

천하를 다스리는 자가 어떤 일을 하면 반드시 결과가 생기는데, 그 결과를 간책에 실어서 후세에 전한 전통이 오래되었다. 3분三墳¹의 서적과 소호少皡·전욱顓頊·고신씨高辛氏(제곡帝嚳)의 전적은 모두 사라져서 전승되지 않는다. 그렇다면 어떻게 이들이 일해 쌓은 결과〔事功〕를 고찰해서 현대에 징험할 수 있는가?

요순시대부터는 기록된 서적이 남았는데, 모두 의심 없이 믿을 수 있는가?

억조 백성의 윗자리에 앉은 사람은 반드시 올바른 정치 이념〔爲理之道〕을 처음부터 끝까지 지키고 따라서 한 시대를 잘 다스려야 한다. 황·제·왕·패의 정치 이념은 같은가, 다른가?

경전에서 "덕으로 다스린다." 했다. 대체로 도를 행해 마음에 터득한 뒤에야 그것을 정치에 적용할 수 있다. 황·제·왕·패의 덕을 깊이〔淺深〕와 자질〔純雜〕에 따라 나누어 말할 수 있는가?

군주의 마음은 정치의 근원이다. 황·제·왕·패의 군주로서 지향하는 마음의 미세한 차이를 알 수 있는가? 짐은 이런 문제에 관해 듣고 싶다.

그대 대부들은 집안에서 여러 해 동안 학업을 닦았을 터, 이에 조정에 널리 불러들여 평소 갈고닦은 지혜를 묻고자 한다. 『상서』에서는 '오늘날 백성을 다스리는 도리는 돌아가신 문왕이 하시던 일을 공경히 따르는 데 있다'고 했다. 또한 '옛 현명한 왕〔哲王〕이 백성을 잘 다스린 방법을 찾아서 듣는다' 했다. 짐은 위로 하늘의 밝은 명령〔天明〕을 받고 여러 대를 이어 온 조상〔累聖〕의 큰 기업〔丕業〕을 계승해서 부지런히 다스리고자 마음먹었다. 조상〔祖宗〕을 본받는다는 점에서

1   복희·신농·황제에 관해 기록한 책을 함께 일컫는 말이다.

는 애초에 그대 대부들의 지혜를 듣지 않아도 될 것이다. 그러나 등급을 따져 유추하건대, 황·제·왕이 마음의 덕으로 삼은 도리 가운데 무엇을 스승으로 삼고 무엇을 취할 만한가? 마음을 비우고 현자의 말을 듣고자 하는 짐의 뜻에 부응해 낱낱이 진술하기를 바란다.

근세의 학자는 황, 제, 왕, 패를 봄, 여름, 가을, 겨울과 짝짓기도 한다. 그렇다면 황, 제, 왕, 패가 되는 원리는 마치 기氣가 한 해를 두루 흐르는 것과 같아서 정해진 순서를 따를 뿐 애초에 권력자가 무엇을 지향하는가와는 관계없는 것이리라!

자연의 질서[天道]는 돌고 돌아서 겨울[貞]이 되면 다시 봄[元]이 되는 것이 이[理]의 필연이다. 애오라지 네 철에 견준다면, 진·한 이후 역사를 참으로 황·제·왕·패에 배열해도 문제가 없겠는가?

그대 대부들이 짐을 위해 말해 주기를 바란다. 짐이 장차 거울로 삼겠다.

대책

신이 듣건대 "천하를 다스리는 자는 반드시 황과 제와 왕을 본받을 뿐이다. 패자의 일은 천박하다." 했습니다. 황제 폐하께서 처음 보위에 오르신 뒤 조칙을 내려 저희를 대궐 뜰에 불러 모으고 이렇게 말씀하셨습니다. "짐이 듣건대 『역』에서 이르기를 '군자는 옛 성인의 말과 행동을 많이 알아 그것을 본받아 덕을 쌓는다.' 했다. 대체로 일을 함에 반드시 옛일을 모범으로 삼는 것은 제왕이 숭상하는 바다."

이 말씀은 곧 폐하의 마음이 옛 성인의 마음과 부합하며 황·제·왕처럼 정치하시겠다는 뜻입니다. 이는 진·한 이후 전혀 없던 일입니다. 아! 참으로 성대합니다. 보잘것없는 신이 어찌 아름다운 명에 만분의 일이나마 대답해 올리겠습니까?

첫째, 군주의 명칭이 다른 까닭과 각 명칭의 의미를 말씀드리겠습니다. 신이 듣건대 '태극이 갈라져서 양의兩儀(음과 양)가 생겼다' 합니다. 이에 하늘과 땅이라는 이름이 생겼습니다. 사람은 하늘과 땅 사이에서 삼재三才가 됩니다. 이에 천황天皇, 지황地皇, 인황人皇이라는 칭호가 생겼습니다.

맨 처음에는 우주가 드넓고 아득하게 커서 아직 정치제도와 교화[政敎]가 형성되지 않았습니다. 복희씨가 나타나 글자[書契]를 만들어서 그 전에 새끼로 매듭 지어 기록하던 방식을 대체했습니다. 신농씨가 일어나서는 쟁기와 보습을 만들어 백성에게 농사를 가르쳤습니다. 황제와 요·순이 대를 이어 임금이 된 뒤에야 의상을 갖춰 입고 가만히 앉아 있기만 해도 천하가 저절로 잘 다스려졌습니다. 그들의 행적을 살펴보면 요와 순 이상은 저절로 다스려졌는데, 인仁과 의義에 따랐기 때문입니다. 이는 본성대로[性之] 다스린 것입니다. 그들을 황이라, 제라 함은 천성을 따라[天之] 다스렸다는 뜻입니다. 그래서 '그들은 하늘과 같이 어질었다[其仁如天]' 했습니다.

하나라가 쇠퇴하면서 위에서는 도를 잃어버리고 아래에서는 백성이 흩어졌습니다. 상과 주가 차례로 일어났지만, 왕조를 창업한 자가 덕에 부끄러운 점[慚德]이 적잖았습니다. 하늘이 하는 일과 같은 오묘한 사업을 이루었지만 제의 덕에 견주기에는 거리가 멉니다. 그들의 덕을 살펴보건대 비록 저절로 다스려진 것은 아니라도 공적을 이룬 점은 제와 같았습니다. 이는 질서를 회복한 것[反之]입니다.

패자의 사적은 모두 인과 의의 명목을 빌려 자기 한 몸의 사사로운 욕망을 채웠습니다. 이는 덕을 가장한 것[假之]입니다. 그래서 '덕으로써 인을 행하는 자는 왕王이고 힘으로써 인을 가장하는 자는 패覇'라고 말한 것입니다.

이상을 근거로 말씀드리자면 황이라, 제라, 왕이라, 패라는 하는 말은 굳이 글자를 하나하나 풀이하지 않더라도 명칭의 의미가 저절로 그 가운데 있습니다.

둘째, 역대 역사 기록의 신빙성을 말씀드리겠습니다. 신이 듣기에는 "전대에 성인이 일어나서 사업을 일으키면 반드시 후대의 성인이 계승했다. 그런 뒤에야 그들의 도가 전해지고 그들에 관한 기록을 믿을 수 있었다." 했습니다. 공자 대에는 천하가 생겨난 지 오래되었으며 치란治亂을 여러 차례 거듭했습니다. 그런즉 그 군주들에 관한 전적이 번다하고 어수선하다 하겠습니다.

공자는 세월이 오래될수록 올바른 역사를 잃어버릴까 두려워서 옛 성인의 업적을 낱낱이 취하고 계통을 세워서 서술했습니다. 예컨대 『역』의 도리는 해설하고, 팔괘에 관한 책[八索]은 버렸으며, 지방행정[職方]에 관한 일은 서술하고, 아홉 지역의 지리에 관한 기록[九丘]은 삭제했으며, 3황5제의 전적[墳典]을 토론해서 요와 순 이후 일만 믿을 만하다고 단정한 것입니다.

이에 따라 살펴보면, 성인이 서술하고 창작한 뜻이 깊으며 취사선택의 취지가 미묘해서 후세 사람이 감히 따질 바가 아닙니다. 그런데

3황의 책과 소호·전욱·고신씨의 전적이 사라지고 전하지 않아 그들의 공적을 고찰해서 징험할 수 없게 된 지 오래되었습니다. 하물며 진 시황제始皇帝의 분서焚書 이후 남은 것들, 예컨대 대대로 역사 기록을 업으로 삼은 집안의 사마천 같은 사람이 실마리를 찾아 밝혀낸 것들조차 위서緯書[2]의 내용이 있기도 하니 옛 서적을 어찌 다 믿겠습니까?

제자서諸子書와 역사서뿐만 아니라 성인의 경전과 현인의 해설서〔聖經賢傳〕조차 혹 의심스러운 부분이 있습니다. 그러나 의심스럽다는 말은 그 책이 의심스럽다기보다는 기록하는 과정에 과장된 점이 있다는 뜻입니다. 그래서 공자가 "나는 오히려 사관이 다 기록하지 않고 빼놓는 것을 본 적이 있다." 했고, 맹자는 "『상서』의 기록을 다 믿는다면 차라리 『상서』가 없는 것만 못하다." 한 것입니다.

셋째, 황·제·왕·패의 정치 이념 차이를 말씀드리겠습니다. 신이 듣기에 "마음은 한 몸의 주인이며 모든 변화의 근본이다. 그리고 임금의 마음은 정치의 근원이며 천하 치란의 기틀이다. 그러므로 임금은 마음을 바르게 해 조정을 바로잡고, 조정을 바르게 해 백관을 바로잡는다. 그러면 멀리서나 가까이서나 모두 하나같이 올바르게 된다." 했습니다. 마음에 덕을 터득하고 덕행으로 정치해야 합니다. 마음에 덕을 터득하지 않은 채 정치에 적용할 수 있는 자는 아직 없습니다. 옛날 임금은 그 까닭을 알았습니다. 그래서 천하를 평화롭게 하기 위해 먼저 나라를 다스렸고, 나라를 다스리기 위해 먼저 집안을 다스렸으며, 집안을 다스리기 위해 먼저 자기 몸을 닦고, 몸을 닦기

2　유학의 경전인 경서經書에 대응해 만들어진 해설서로, 신화적·예언적 내용이 많다.

위해 먼저 자기 마음을 바르게 했습니다. 이 과정에 잠깐이라도 마음을 쓰지 않은 적이 없습니다.

황·제·왕·패의 덕이 비록 깊이와 자질의 차이는 있지만, 처음부터 끝까지 덕을 지키고 따라서 한 시대를 잘 다스린 자는 모두 마음에서 덕을 터득한 자입니다. 억조 백성의 윗자리에서 반드시 지녀야 할 올바른 정치 이념은 다름이 없습니다. 오직 황·제·왕·패의 군주로서 마음의 지향에 미세한 차이가 있을 뿐입니다. 이 때문에 덕에 깊이와 자질의 차이가 있습니다.

신은 이런 명칭의 의미에 대한 물음에 본성대로 한 자, 본성을 회복한 자, 인과 의를 가장한 자로 답했습니다. 이것이 황·제·왕·패의 마음이 구별되는 까닭입니다. 그러나 옛날이나 지금이나 마음은 하나인데 오직 왕과 패만 다르겠습니까? 신이 살펴건대 『상서』에 '인심人心은 위태롭고 도심道心은 은미하다' 했습니다. 대체로 도심을 채우는 자는 황·제·왕이 되고, 인심을 따르는 자는 패가 됩니다. 황·제·왕·패의 마음이 지향하는 미세한 차이를 여기에서 볼 수 있습니다. 이를 버리고 다른 데서 찾는다면, 신의 생각에는 아마도 곁가지로 흘러 버리거나 허탄한 환상에 빠지고 말 것입니다.

넷째, 정치를 잘하기 위해 모범으로 삼아야 할 사항을 말씀드리겠습니다. 폐하께서는 '성스럽고 경건한 덕성이 날로 자라나서〔聖敬日躋〕' 모든 행실이 황실의 조상〔祖宗〕을 본받고 계십니다. 그러나 신은 초야에 사는 미천한 몸이라 몽매해서 아는 것이 없으니, 임금의 도리에 무엇을 본받고 무엇을 취해야 할지 어찌 감히 함부로 논하겠습니까?

그러나 신은 일찍이 거칠게나마 경서를 읽어서 제왕의 도를 엿보았습니다. 신이 살피건대 『주역』의 맨 처음 건괘에서 '하늘의 원리는 원, 형, 이, 정하다' 했습니다. 이 네 가지는 자연의 순환 질서〔天道〕로, 왕이 된 자가 이것을 본받습니다. 그래서 '하늘의 운행이 굳세니 군자는 이를 본받아 스스로 부지런히 힘쓰며 쉬지 않는다'는 말이 있습니다.

『시경』의 첫머리 「관저關雎」는 풍속과 교화의 근본이 집안에서 시작해 나라에까지 미침을 보여 줍니다. 그래서 '사람이면서 주남周南과 소남召南의 시[3]를 익히지 않으면 마치 담장 앞에 서 있는 것과 같다'고 했습니다. 그리고 『예기』에서 '경건하지 않음이 없게 하라〔毋不敬〕'고 한 것은 마음을 바르게 함을 가리킵니다. 또 『춘추』에서 '하나로 크게 통합한다〔大一統〕'는 말은 천하를 평화롭게 함을 뜻합니다.

『상서』에는 이런 기록이 있습니다. 요는 "큰 덕을 밝혀서 아홉 겨레를 화목하게 하고, 백성을 평화롭게 살도록 하며, 온 세상 여러 나라가 협력하고 화목하게 했다." 했습니다. 순은 "어리석은 사람을 물리치고 현명한 사람을 들어 썼다." 했습니다. 우는 "좋은 말을 들으면 절을 했다." 했습니다. 탕은 "허물을 고치는 데 서슴지 않았다." 했습니다. 문왕은 "해가 떠서 한낮이 되었다 기울 때까지 식사할 겨를도 없이 모든 백성을 화목하게 했다." 했습니다. 무왕은 "신실을 중시하고 충의를 밝히 드러내며, 덕이 있는 사람에게 높은 작위를 주

3　『시경』 국풍의 첫머리에 있는 시가들이다. 주남은 주공 단周公旦에게, 소남은 소공 석召公奭에게 준 채지采地로서 주 왕조 초기 왕의 직할지였던 오늘날 산시 성陝西省 치산 셴岐山縣의 황하 유역 일대를 가리킨다. 이 지역에서 불린 주 민요를 모아 '주남'과 '소남'을 만들었고, '주남'의 첫 시가 「관저」다.

고 공을 세운 사람에게 녹을 주어 보답했다." 했습니다.

이러한 모범 사례가 뚜렷하니 그대로 실행할 수 있습니다. 폐하께서도 이런 사적을 익히 들어 아실 텐데 질문하신 것은, 진부한 말과 범상한 이론이라고 여기셨기 때문입니까? 신의 어리석은 소견에, 본받고 취할 만한 모범은 이런 일에 지나지 않는다고 생각합니다. 참으로 폐하께서 이런 데 마음을 써서 등급을 따져 유추하신다면, 황·제·왕이 마음의 덕으로 삼은 도리를 따르는 데 무슨 어려움이 있겠습니까?

다섯째, 황·제·왕·패의 교체를 자연의 순환 질서와 결부할 수 있는가 하는 문제를 말씀드리겠습니다. 신이 듣기로는 황의 도가 쇠퇴해서 제가 되고, 제의 도가 쇠퇴해서 왕이 되며, 왕의 도가 쇠미해서 패자가 나온다고 합니다. 마치 봄이 가면 여름이 오고, 여름이 가면 가을이 오고, 겨울은 한 해의 마지막에 오는 것과 같습니다. 그러나 어찌 반드시 네 철에 견주어 짝지을 수 있겠습니까?

순환의 질서를 적용한다면 상황을 유지하는 때[貞]로부터 만물을 생성하는 때[元]로 옮겨 가는 데 해당한다 할 수 있겠으나 일의 공적은 서로 아주 다릅니다. 비록 한과 당이 융성할 때도 왕도王道에는 감히 나아가지 못했으니, 왕의 덕·도·공功이라 하는 것은 도대체 무엇이란 말입니까? 이뿐만이 아닙니다. 시대에 따라 각각 충忠·질質·문文을 숭상한다는 설, 수·화·목·금·토 오행의 운행에 따라 왕조가 바뀐다는 설이 있습니다. 그러나 이런 원리와 왕조의 순환이 일치하지 않아 비정통 제위[閏位]에 관한 설이 있습니다. 대체로 이런 설은 술수術數에 가깝습니다. 그러므로 당시에도 이미 배우기를 원하지 않는 사람들이 있었습니다. 참으로 반드시 황·제·왕·패를 봄·여름·가을·겨울에 나누어 짝지어야 한다면, 당연히 공자와 맹자가 먼저 그렇게 했을 것입니다.

원元은 태조太祖 황제가 처음 나라의 기틀을 열고, 세조世祖 황제가 천하를 통일했으며, 여러 황제가 계승해 군사력으로 난리를 평정하고 학문으로 태평 시대를 이루었습니다. 천지개벽 이래 이렇게 융성한 때가 없었으니, 지금이 바로 상황을 유지하는 데서 만물을 생성하는 데로 옮겨 가는 시기입니다. 폐하께서는 춘추가 한창이시며 큰일을 하실 시운을 만나 황·제·왕의 도를 배우고자 하시니, 이는 천재일우千載一遇의 기회입니다. 엎드려 바라건대 폐하께서 이 도를 쇠나 돌처럼 굳게 지니시고 다스림의 근원(군주의 마음)을 맑게 하며 황실 조상의 기업을 발전시킨다면, 천하가 매우 다행이겠습니다.

신은 다행히 폐하의 물음을 받고 글의 마지막에 이 말씀을 드립니다. 오직 폐하께서 취사선택하시기를 바랍니다.

신은 삼가 대답합니다.

『가정집稼亭集』

오늘 읽는 책문

이곡은 고려 말, 지금 충청남도 서천인 한산군의 군리郡吏였던 이자성李自成의 아들로 태어났다. 고려 말과 조선 초에 지방 향리 출신이 명문을 이룬 경우가 많았는데, 이곡의 성씨인 한산 이씨도 그 가운데 하나다. 이곡의 집안은 정읍 감무 벼슬을 지낸 이자성 때부터 중앙 관료를 배출했다. 어릴 때부터 행동거지가 남다르던 이곡은 글을 읽을 줄 알게 되면서부터 조금도 게으름 없이 부지런히 글을 읽었다. 일찍 아버지를 여의고 어머니를 효성으로 섬겼으며 도평의사사 서리로 일했다. 1317(충숙왕 4)년, 거자과擧子科에 급제하고 경전과 역사서를 깊이 연구했다. 이에 당시 공부하는 사람들이 그의 문하에 많이 들어가 질정을 받았다. 1320년에 이제현李齊賢이 주관한 시험인 수재과秀才科에 2등으로 급제해서 오늘날 경상북도 안동인 복주의 사록참군司錄參軍이 되었다. 1326년 가을에 정동행성 향시에서 3등으로 급제했고, 1331(충혜왕 1)년에 예문관 검열이 되었다. 1332(충숙왕 복위 1)년에는 원에 들어가 정동행성 향시에서 장원으로 급제하고, 이듬해 전시에서 갑과 2등으로 급제했다. 당시 원의 과거제도는 향시에서 300인을 뽑았다. 그 가운데 정동행성에 배당된 인원은 3인, 즉 몽골인·색목인·한인漢人이 각 1인이었다. 고려인은 한인에 포함되었다. 그러므로 이곡이 급제한 것은 정동행성에 속하는 고려인과 중국 한인 가운데 유일하게 뽑힌 것을 의미한다. 당시 고려인으로서 원의 과거에 급제하는 것은 출세의 지름길에 들어선 것이었다. 고려인은 최종 합격하더라도 성적이 그리 좋지 않은 경우가 많았는데 이곡은 2등으로 급제했기 때문에 바로 주목받았다. 이때 그가 지은 대책을 본 독권관讀券官이 감탄하기도 했다. 이곡은 재상들의 건의로 한림 국사원 검열관이 되고부터 원의 문사들과 교유하고 공부하면서 학문에 조예가 더욱 깊어졌다. 붓을 잡으면 바로 글을 지을 수 있었으며 말은 엄밀하게 격식에 맞고 뜻이 오묘했다. 문체가 전아典雅

하고 고상하며 예스러워서 외국인이 지은 글로 볼 수 없을 정도였다. 귀국해서 학문을 진흥하라는 조서를 받고 고려로 돌아왔다가 얼마 뒤 다시 원으로 가서 정동행성의 중서성 벼슬을 맡았다.

당시 원에서는 고려에 자주 공녀貢女를 요구했는데, 이곡이 어사대에 이 일을 중지해 달라고 청하는 한편 어사대의 언관 대신 이 일에 관한 상소를 지었다. 당시 공녀로 간 처녀들의 신분은 양인 이상이었다. 원 조정은 물론이고, 귀족과 지배층에서도 원에 예속된 여러 지역에 공녀를 요구해서 그 폐단이 심했다. 게다가 이에 편승해 고려 왕실에서도 양가의 처녀를 선발해서 원의 황실이나 고위 관료에게 뇌물로 바치는 예가 많았다. 공녀 제도의 폐단을 지적하는 상소에 대해 황제는 그 건의를 받아들였고, 고려는 그를 판전교시사에 임명했다. 이 벼슬은 유교 경전 및 여러 문서와 전적을 관리하고 종묘와 도교 관련 제례의 축문을 작성하는 전교시의 최고 책임자다.

1341(충혜왕 2)년에 표문을 전하러 원에 가서는 7년 동안 머물면서 관직에 있었고, 충목왕忠穆王이 왕위를 이어받아 고려로 돌아가자 재상에게 정치에 대해 조언하는 편지를 보냈다. 원에서 활약한 공으로 고려에서 그를 여러 차례 승진시키고 한산군韓山君에 봉했다. 1348년에 고려로 돌아온 뒤 1317년에 민지閔漬가 완성한 편년체·강목체 고려 역사서인 『본조편년강목本朝編年綱目』을 증보했고, 충렬왕忠烈王·충선왕忠宣王·충숙왕忠肅王의 실록을 편수했다. 1347(충목왕 3)년에는 양천군陽川君 허백許伯과 과거를 주관했는데, 두 사람이 공부가 변변치 못한 권문세가의 자제를 사사로운 인연 때문에 많이 뽑아 헌사憲司의 탄핵을 받고 새로운 급제자를 배출하지 못했다. 시험을 주관

하는 지공거知貢擧나 동지 공거同知貢擧를 좌주座主라 하고 좌주가 뽑은 사람을 문생門生이라고 해 학문과 정치의 인맥이 형성되었다. 따라서 새로 급제자를 배출하지 못했다는 말은 계속 인맥을 형성할 기회를 얻지 못했다는 뜻이다.

1350년에 원에서 정동행중서성 관직을 내렸는데, 다음 해에 54세로 죽었다.

역사의 해석에 관한 고찰

중국과 본격적으로 학문과 문화가 교류된 삼국시대 이래 한반도에서 중국으로 건너가 그곳에서 활약하며 출세한 사람이 적지 않다. 그 가운데 중국 전역에 문명을 떨친 사람으로는 신라 말에 최치원崔致遠이 있었고, 고려 말에 이곡이 있었다. 이곡은 원의 전시에 우수한 성적으로 급제해 정동행성에서 여러 관직을 맡았을 뿐만 아니라 고려의 요직에 있으면서 원과 고려의 정치적 가교가 되어 고려와 원의 관계에서 발생하는 폐단을 시정하고 고려의 정치 개혁에 중요한 구실을 했다. 또한 그의 아들 이색은 고려 말 조선 초 역사를 주도한 신진 유학자들을 배출하며 역사의 전환을 추동했다. 이곡, 이색 부자의 의식은 비록 구세계를 깨끗이 청산하지 못했다 하더라도 원과 학술, 문화의 교류를 통해 습득한 주자학을 바탕으로 새로운 사회를 창출할 이념을 이식하는 데 큰 구실을 했다.

이 책문은 역사 기록에 대한 해석학적 태도, 역사의 전개가 특정한 목적이나 이념을 구현하는 방향으로 결정되어 있는가 하는 문제의식을 다룬다. 또한 원이 중국 역사에서 차지하는 의의에 대한 근원적인 문제의식이 깔려 있다.

거칠게 말해, 역사 기록은 승자의 기록이라고 한다. 왕조 교체 또는 국가 내부의 권력 교체만으로도 역사의 상당 부분이 수정되거나 폐기되거나 왜곡되기 때문이다. 그래서 역사 기록을 대할 때는 방증할 수 있는 자료, 고고학적 자료, 출토 문서 등을 폭넓게 참조해야 한다. 또 방증 자료가 없으면 기록의 맥락을 심층적으로 분석해야 한다. 역사 기록의 비판적 독해에 관해서는 이미 맹자도 언급했다. 『맹자』에 '『서書』[4]의 기록을 다 믿을 거라면 『서』가 없느니만 못하다'고 한 것이다. 이 말은 어떤 기록이나 언설을 100퍼센트 맹신·맹종하는 교조주의나 맹목적 문자 추수의 위험성을 경고한다. 합리적 해석과 비판적 독해는 역사 기록뿐만 아니라 모든 원전 해석에 기본이 된다.

이 책문에서 중요하게 논하는 황, 제, 왕, 패의 역사 결정론적 해석의 문제점도 이런 맥락에 있다. 황, 제, 왕, 패란 한 사회 공동체나 정치권력체의 영도자를 시대에 따라 일컫는 말일 뿐이다. 고대 신라에서 왕이라는 칭호가 나오기 전에는 거서간이니 차차웅이니 이사금이니 마립간이니 하는 칭호가 쓰인 것과 같다. 이 이름들의 차이는 지도자상에 대한 당대의 의식을 나타내는 것으로 보인다. 모두 우두머리를 뜻하지만 미묘한 의미의 차이가 있는데, 그 차이가 당대 사회에서 우두머리에게 요구한 구실에 따른 것이다.

황, 제, 왕, 패도 마찬가지다. 모두 사회의 우두머리나 정치권력체의 영도자를 가리키지만, 근본적으로는 한자의 제자制字 원리에 따른 의미 부여나 역사 전개에 결부하려는 의식에서 각 칭호의 의미를 재

4　『서』는 『상서』, 즉 『서경』을 가리킨다.

해석했다고 볼 수 있다. 황과 제는 이른바 3황5제로 대표되는 군장 사회와 초기 정치권력체의 수장을 가리킨다. 왕은 배타적인 국가권력이 형성되고 국제 관계가 형성된 세계에서 최고 권력자를 가리킨다. 고대 동아시아 사회에서는 국제 관계의 종주국인 하·상·주의 최고 권력자를 일컫는 말이었는데, 춘추전국 이후 한 지역 국가의 권력자를 가리키는 말로 격하했다. 그리고 패는 역내 소규모 국제 질서의 맹주를 일컫는다.

공교롭게도 황, 제, 왕, 패로 최고 권력자를 나타내는 기표記標가 바뀔 때마다 세도世道의 쇠퇴, 곧 인간세계의 양상이 원초적인 순수성을 잃고 힘과 이익을 다투는 투쟁의 장으로 바뀌고 권력의 야망을 달성하기 위해 수많은 인민이 희생되는 인간성 타락의 길로 접어들었다. 그래서 일부 고대 학자들은 황, 제, 왕, 패를 오행의 교체나 계절의 순환에 비겨서 봄, 여름, 가을, 겨울이 끊임없이 순환하듯 인간의 역사도 황, 제, 왕, 패가 다스리는 시대의 순환을 반복한다고 곡해한 것이다.

인류의 역사가 원초의 황금시대에서 퇴보를 거듭했다는 관념은 신화적 의식에서 비롯한다. 헬라스 신화든 유대 신화든 신화에서는 인류의 기원과 인류 사회의 전개를 원초의 황금시대에서 인간의 자의식과 지성이 깨어나면서 점차 타락한 것으로 설명한다. 헬라스 신화의 금-은-동-철로 이어지는 시기 설정이나 에덴동산의 순수한 원초 상태에서 인간이 타락하고 저주받아 낙원에서 추방되면서 인간 사회에 죽음과 부조리와 갖가지 실존적 문제가 생겼다는 식이다. 황, 제, 왕, 패의 전개에도 일견 이런 신화적 설명과 비슷한 유형이 보인다.

원초적 순수로 회귀하려는 신화적 의식이 역사의 해석으로 전환된 것이다. 개인에게 이것은 자궁으로 회귀하려는 본능, 과거를 순수하게 또는 아름답게 윤색해서 기억하려는 심층 의식의 장난이다.

중국 역사에서 원은 천하의 주인이라는 자기 정체성에 대한 확신이 부족했던 것으로 보인다. 중국사를 이른바 호한胡漢 체제로 보는 학자들이 있다. 호한 체제란 중국 역사가 한족과 주로 유목 민족을 중심으로 한 이민족의 길항으로 전개되었다고 해석하며 쓰는 단어다. 진이 중국 대륙의 정치체를 통일하기 전은 논외로 하고 한 이후를 보더라도 한 대에는 흉노와 기미정책羈縻政策으로 이어져 있었고, 진晉 이후 남북조시대에는 북조의 5호16국이 북쪽을 차지했으며, 그 이후 요遼·금金·원·청淸이 이민족으로서 중국을 장악했다. 이들의 역사를 합하면 중국사의 거의 절반이다. 이민족 중국 정권 가운데 하나인 원은 중국 대륙에 진출하고 중국화한 다른 지배 민족과 달리 자기 민족의 정체성을 견지하려고 했고, 독특한 신분제도를 통해 민족별로 달리 대했다. 이런 정책은 원이 망한 뒤 몽골족의 독립성을 확보하는 바탕이 되었지만, 한편으로는 중국 역사에서 원의 의의를 명확하게 정립하지 못하는 원인이 되었다. 이 책문의 문제에도 이에 대한 무의식적 고민이 엿보인다.

백성을 잘 살게 하는 방법

채수蔡壽

1449(세종 31)년에 태어나고 1515(중종 10)년에 죽었다. 본관은 인천仁川, 자는 기지耆之, 호는 나재懶齋, 시호는 양정襄靖이다. 1469(예종 1)년 식년 문과에 장원급제했다.

책문

임금님께서 이렇게 말씀하셨다. 내가 조상의 기업基業을 계승해 늘 뜻과 사업을 이어 가려고〔繼志述事〕 생각하고 있지만 아직 그 방법을 얻지 못했다.

가만히 생각건대 정치를 하는 데 백성을 양육하는 것이 가장 중요하다. 흉년이 들지 않았는데도 백성이 먹는 데 여유가 없는 까닭이 무엇인가? 세금 징수에 절도가 없기 때문인가? 평지와 산지와 습지에서 하는 세 가지 형태의 농사〔三農〕[1]지을 시기를 놓쳐 버렸기 때문인가? 굶주린 백성을 구제하기에 마땅한 방법이 없기 때문인가?

1 『주례』, 「천관天官」 '태재太宰'.

백성의 살림살이를 넉넉하게 하는 데는 세금을 공평하게 매기는 것이 가장 중요하다. 세금을 공평하게 매기지 않은 것은 아니지만 백성이 세금 내기를 고통스러워하는 까닭은 무엇인가? 세금 징수가 생산을 고려하지 않았기 때문인가? 생산이 세금을 내기에도 부족하기 때문인가?

백성의 마음을 편하게 하는 데는 도적을 막는 것이 가장 중요하다. 법이 엄격하지 않은 것은 아니지만 도적이 떼를 지어 주민을 약탈하는 까닭은 무엇인가? 도적을 막는 법이 치밀하지 못하기 때문인가? 관리가 법을 지키는 데 게을러서 마침내 이런 상황이 일어나도록 내버려 두기 때문인가?

이런 문제를 해결할 방법이 반드시 있을 것이다. 그대 대부들은 남김없이 진술하기를 바란다.

대책

신이 대답합니다. 신이 듣기에 "뜻이 있는 사람은 반드시 일을 성취한다." 했습니다. 임금이 정치를 하려면 가장 먼저 뜻을 세워야 합니다. 따라서 임금의 정치를 잘 관찰하는 사람은 반드시 먼저 임금의 뜻을 관찰해야 합니다. 임금이 다스릴 수 있는 자질을 갖추고 다스릴 형세를 잡고 있으면, 하고자 하는 일을 모두 이루고 꾀하는 것을 얻을 수 있습니다.

이를 바탕으로 하늘에 구하면 하늘이 감응하고, 사람에게서 구하면 사람이 따르는 것입니다. 세 왕[三王]은 세상의 올바른 왕이 되겠다는 데 뜻이 있었기 때문에 왕이 된 자로서 지녀야 할 규모가 저절로 정해졌습니다. 다섯 패자[伍伯]는 오로지 패자가 되는 데 뜻이 있었기 때문에 그 규모 또한 패자에 머물고야 말았습니다. 이제 우리 주상 전하께서는 처음으로 보위에 오르셔서 부지런히 정치를 하려고 다짐하고 계십니다. 그래서 신들을 대궐 뜰에 불러 백성을 양육하는 법, 세금을 공평하게 거두는 법, 도적을 막는 법을 책문으로 내시고 처음 하는 정치의 급선무로 삼으셨으니 참으로 아름다운 일이라 하겠습니다. 전하의 이 뜻은 세 왕에 버금가고 다섯 임금[伍帝]에 버금가니 나라의 복이고 만백성의 다행입니다. 신이 비록 어리석지만 감히 온 마음으로 전하의 아름다운 명령에 답하지 않겠습니까?

첫째, 나라를 물려받아 조상의 뜻을 계승하고 사업을 이어 가는 방법을 말씀드리겠습니다. 신은 이런 말을 들었습니다. "무릇 사람은 효도하려는 뜻을 가장 먼저 세워야 한다. 왕자의 가장 큰 효도는 선왕들의 뜻과 사업을 잘 이어 가는 데 있을 뿐이다."

우리 태조太祖 대왕께서는 고려 말에 사회가 퇴폐하고 나라가 기울어져서 백성이 도탄에 빠져 있을 때 하늘의 명령에 부응하고 백성의 바람을 따라 왕조의 기틀을 닦으셨습니다. 두려움과 근심으로 새벽부터 늦은 밤까지 조금도 게을리 하지 않으시면서 오로지 백성이 잘 살도록 하려는[民事] 뜻을 품으셨습니다. 백성을 양육하고 세금을 공평하게 거두며 도적이 일어나지 않도록 막는 정치를 시행하지 않은 것이 없으니, 백성은 정치의 혜택을 입고 국가는 태평한 시대로 나아가게 되었습니다. 세종대왕과 세조대왕에 이르러서는 국가를 안정시키고 체제를 지켜 번영을 이루고[持盈守成], 예와 음악을 비롯한 문화를 일으켜서 평화롭고 살기 좋은 세상이 되었습니다.

우리 전하께서는 조상의 기업을 물려받고는 상을 입는 기간[諒陰]에도 공손하고 묵묵하게 도리를 생각하면서 역시 백성이 잘 살도록 하겠다는 뜻을 품으셨습니다. 그러므로 백성을 양육하고, 백성의 삶을 넉넉하게 하며, 백성이 편안히 살 수 있도록 하려는 정책이 임금님의 마음속 계획에 무르익었습니다. 그럼에도 '아직 그 방법을 얻지 못했다' 하시니, 신은 전하께서 다스리는 방법을 추구하는 마음이 얼마나 절실한지 알겠습니다.

둘째, 백성을 양육하는 문제를 말씀드리겠습니다. 신이 듣기로는 "나라는 백성에게 의지하고 백성은 밥에 의지한다." 했습니다. 이런 점에서 백성은 나라의 근본이고, 밥은 백성의 하늘입니다. 그래서 옛 성왕聖王들은 모두 백성이 잘 살도록 하는 문제를 가장 중요하게 여겼습니다. 순임금과 주의 문왕은 "때에 따라 먹을 수 있게 해 주었다.", "백성을 마치 다친 사람처럼 돌보았다." 한 경전과 같이 했기 때문에 성왕이 될 수 있었습니다. 절약하고 검소해서 백성의 부담을 덜어 주고 사랑[仁]과 정의[義]를 힘써 실행함으로써 한의 문제文帝와 당의 태종은 어진 군주가 될 수 있었습니다.

이제 정치를 시작하는 전하께서는 백성을 다스리는 정치를 부지런히 하려고 하시는데, 순임금이나 문왕의 마음도 이런 마음에 지나지 않습니다. 변변치 못한 한·당의 군주는 한 자리에서 말할 거리가 되지 못합니다. 그런데 9년 동안 홍수가 졌다는 순임금 때와 7년 동안 가뭄이 들었다는 탕임금 때와 같은 혹독한 자연재해가 없는데도 백성이 먹을거리를 얻기 어려워서〔艱食〕고통을 겪고 있으니 어찌 된 일입니까? 세금 징수에 절도가 없기 때문입니까? 세 가지 형태의 농사를 지을 시기를 잃었기 때문입니까? 굶주린 백성을 구제할 방법이 없기 때문입니까? 나라에서 세금을 제정하는 데 정해진 법이 있고 재화를 사용하는 데 절도가 있다면, 어찌 세금 징수에 절도 없다는 말이 있을 수 있겠습니까? 고을 수령이 농사를 장려하라는 명령을 받들어 농사를 장려하는 행정을 편다면, 어찌 세 가지 형태의 농사를 지을 시기를 잃었다는 말이 있을 수 있겠습니까? 의창義倉과 사창社倉을 설치하고 궁핍한 백성을 구휼한다면, 어찌 굶주린 백성을 구제할 방법이 없다는 말이 있을 수 있겠습니까? 이는 아랫사람이 임금님의 뜻을 이해하지 못하고 있기 때문입니다.

수령이라는 사람들이 세금 징수의 도리를 깨닫지 못해 간사한 아전이 함부로 거두어들이는 바탕으로 삼고, 농사를 장려하고 감독하는 도리를 다하지 못해 함부로 부역을 일으키기도 하고, 쌀값을 안정시키고 식량을 확보하기 위해 쌀 때 거두어들였다가 비쌀 때 방출하는 제도를 적절하게 시행하지 못한 탓에 가난하고 곤궁한 사람들이 양식을 빌릴 곳이 없습니다. 임금님께서 백성을 양육하려는 의지가 어디에서 실현되고 있단 말입니까? 이는 수령의 죄입니다.

신은 송의 부필富弼이 청주青州에 있을 때 굶주린 백성을 아주 많이 구제했다는 말과 주자가 남강南康을 다스릴 때 온 고을 사람이 혜택을 입었다는 말을 들었습니다. 전하께서 참으로 이런 사람을 얻어서 수령의 직분을 맡긴다면 세금 징수에 절도가 없을까, 세 가지 형태의 농사를 지을 시기를 잃어버릴까, 굶주린 백성을 구제할 방법이 없을까 걱정하지 않으려도 됩니다.

셋째, 세금을 공평하게 매기고 걷는 문제를 말씀드리겠습니다. 신이 듣기에는 선왕이 세금을 제정할 때 토질에 따라 많고 적은 차이를 두었다고 합니다. 그래서 하나라 때 공법貢法은 청주와 예주豫州의 징수액이 다르고, 예주와 양주楊州의 징수액이 달랐습니다. 그러나 세금의 정해진 양은 상 대처럼 조법助法을 쓰건, 주 대처럼 철법徹法을 쓰건 모두 수확량의 1/10을 정해진 수로 삼았습니다. 이것이 세금 징수가 균등했던 까닭이며 백성이 생업에 종사할 수 있었던 까닭입니다.

우리나라는 산천이 좁아서 다시 정전제井田制를 실시할 수는 없지만 1/10세를 적용하니 세금 징수의 부담이 적다고 할 수 있습니다. 물과 땅의 지형과 지세를 파악하고 지역에 따라 산물을 살펴서 일정한 공납貢納 제도를 정하고 고을(郡)에 따라 산물을 살펴서 조세 제도를 정했으니, 생산을 고려해 세금을 징수한다고 할 수 있습니다. 그런데 백성이 공물과 세금 납부에 고통을 겪는 까닭은 무엇입니까? 이 또한 제대로 된 수령을 얻지 못했기 때문입니다.

산물 가운데 전에는 생산되다가 요즘은 생산되지 않는 것도 있고, 전에는 생산되지 않다가 요즘 와서 생산되는 것도 있습니다. 그래서 형주와 양주가 3대 이전에는 수도에서 아주 멀리 떨어진 벽지(要荒)였으나 후세에는 재화가 나고 세금을 납부하는 곳이 되었습니다.

우리 땅인들 어찌 다를 리 있겠습니까? 전에는 생산되다가 요즘은 생산되지 않는 것이 있어도 이상하지 않지만 수령은 보고할 줄 몰라서 옛 조례를 그대로 따르니, 새로운 생산품에는 조세를 매기지 않고 지금은 생산되지 않는 산물에 대해 징수합니다. 이는 마치 이리저리 온 사방으로 뚫린 큰길〔中逵〕에서 마름〔萍〕을 찾고, 강북에 귤나무를 심는 것과 마찬가지입니다. 이러니 백성이 어찌 곤란하고 고통스러워하지 않을 수 있겠습니까?

신이 듣기로는 "백성의 생업을 제정해 주는 일은 법에 달려 있고, 법에 따라 시행하는 것은 사람에게 달려 있다." 했습니다. 전하께서는 참으로 사람을 잘 가려 뽑아 수령의 직책을 맡기고, 수령은 토질에 따라 공물과 세금을 정하며, 백성을 사랑하는 마음을 당신 마음으로 삼아 제도에 적용한다면 생산을 고려하지 않고 세금을 징수하는 문제, 백성이 공물과 세금 납부를 고통스러워하는 문제는 걱정할 필요가 없습니다.

넷째, 도적을 그치게 하는 방법을 말씀드리겠습니다. 신이 듣기에 "도적이 일어난 유래는 오래되었다. 비록 요, 순과 3대의 융성한 시대에도 도적이 없을 수는 없다. 다만 도적이 일어나지 않게 하는 방법을 터득했을 뿐이다." 했습니다.

우리 땅은 거룩한 임금들이 대를 이어 내려오면서 백성의 고통〔民隱〕을 불쌍하게 여겨 백성이 늘어나고 가멸게 했으며 집안은 생계가 넉넉하고 사람마다 살림살이가 넉넉했으니, 도적을 그치게 하는 근본 방법을 터득했다고 할 수 있습니다. 그리고 이따금 도적질하다가 적발된 사람이 있으면 죄에 따라 엄한 형벌로 처벌하고 자주 사면해서 악한 일을 벌이도록 두는 일이 없었으니 법이 엄하다고 할 수 있습니다. 그러나 도적이 떼를 지어 주민을 약탈해 나라의 법을 어기고 임금님께 염려를 끼치는 까닭은 무엇입니까?

신이 듣기에 전라도의 도적들이 월출산에서 서로 불러들이고 끌어 모으며 작당해서 낮에는 숨어 자취를 감추고 밤이면 나와 사람을 해치며 빼앗아 남쪽 지방에 큰 해를 입히고 있다고 합니다. 이런 일이 일어나는 원인은 단순하지 않습니다. 수령이라는 사람들이 사랑으로 백성을 다스려야 할 책임을 다함으로써 도적이 일어나기 전에 미리 막지 못하고, 상황에 맞게 행정을 처리함으로써 이미 일어난 도적을 해결하지 못했기 때문입니다. 이는 또한 아랫사람의 죄입니다.

지금 따를 만한 계책은 후한 때 우후虞詡같이 유능한 사람을 가려 뽑고 수령으로 삼아 도적 막는 책임을 맡기고 도덕의 교화를 펼쳐서 임금님의 뜻을 잘 깨우치는 일입니다. 이렇게 한다면 엄한 형벌로 다스리지 않아도 도적이 저절로 사라질 테니, 도적이 덩굴처럼 뻗어 나가 제거할 방법이 없다고 근심할 까닭이 없습니다.

전하께서는 책문의 끝에서 반드시 이런 여러 문제를 해결할 방법이 있을 것이라시면서 신들에게 견해를 모두 밝히라고 하셨습니다. 신이 듣기에, 한의 선제宣帝가 이런 말을 했다고 합니다. "백성이 시골에서 편안히 살고 근심하며 한탄하는 소리를 들을 수 없는 것은 정치가 태평하고 송사가 잘 다스려지기 때문이다. 나와 함께 다스릴 수 있는 사람은 오직 선량한 지방관[良二千石]뿐이다."

백성이 먹을거리가 풍족하고 공물과 세금이 고르며 도적이 일어나지 않는 것, 이 세 가지는 모두 백성이 시골에서 편안히 살 수 있는 조건입니다. 그리고 그 요점은 수령의 유능함 여부에 달려 있습니다. 따라서 신은 세 가지 폐단이 알맞은 수령을 얻었는가에 달려 있으며 이 모든 문제를 해결하는 방법도 알맞은 수령을 얻었는가에 달려 있다고 생각합니다.

그러나 신이 듣기에, 마음이 모든 변화의 근원이며 정치의 근본이라고 합니다. 그러니 나라가 다스려지고 어지러워지는 것, 백성의 기쁨과 근심이 어찌 임금의 한 마음 바깥에 따로 있겠습니까? 전하께서는 처음 정치를 맡으면서 백성을 양육하고, 백성의 살림살이를 넉넉하게 하며, 백성을 편히 살게 하려는 뜻을 품으셨습니다.

신은 전하께서 영원히 이 의지를 굳게 지니시기를 바랍니다. 백성을 양육하려는 마음이 처음부터 끝까지 한결같이 이어지고 『상서』 「무일無逸」의 취지[2]를 체득하며 『시경』 「빈풍豳風」에서 노래한 것처럼 되기를 꾀해 나날이 새로워진다면, 저 수령이 된 사람들은 전하의 뜻을 물이 흐르듯 이어받아서 널리 선정을 펼 테니 백성을 양육할 방법이 없다고 근심할 까닭이 있겠습니까?

신은 전하께서 비용을 아껴, 백성에게 부담 주지 않기를 바랍니다. 부역을 적게 시키고 세금을 적게 거두며 『상서』 「우공禹貢」에서 우임금이 토질에 따라 세금을 매긴 사례를 상고함으로써 기득권을 가진 사람들의 이익을 덜고 아랫사람에게 보태 줄 방법을 생각한다면 저 수령이 된 사람들은 전하의 뜻을 물이 흐르듯 이어받아서 널리 선정을 펼 텐데, 백성이 공물과 세금을 납부하는 데 고통을 느낄까 근심할 까닭이 있겠습니까?

신은 전하께서 먼저 도덕의 교화를 펼치고, 형법 같은 행정 조치는 나중에 하시기를 바랍니다. 백성에게 의식주 생활의 여건을 넉넉하게 제공하고 염치를 아는 마음을 갖게 한다면 저 수령이 된 사람들은

2　남의 윗자리에 있는 사람은 책임이 크기 때문에 편안을 추구해서는 안 된다는 것이다.

전하의 뜻을 물이 흐르듯 이어받아 널리 선정을 펼 텐데, 도적이 떼를 이루고 덩굴처럼 뻗어 나갈 것을 근심할 까닭이 있겠습니까?

신은 전하의 질문을 받고 감히 입을 다물고 있을 수 없어서 거칠고 어리석은 견해지만 전하께서 세우신 뜻에 귀착되게 진술했으니 살펴보시기를 바랍니다.

신은 삼가 대답합니다.

『나재집懶齋集』

오늘 읽는 책문

이 대책은 채수가 1469(예종 1)년 식년 문과에서 제출한 답안이다. 그는 식년 문과의 초시·복시·전시에 장원함으로써 조선 개국 이래 이석형李石亨에 이어 두 번째로 삼장에 연달아 장원한 사람으로 이름났다. 음악에도 뛰어나서 장악원의 관직을 겸하기도 한 채수는 일찍부터 왕의 신임을 받아 승지와 대사헌 등 요직을 거쳤다. 천재지변을 핑계로 건의해, 단종 복위 사건에 연루되어 귀양 가 있던 사람들을 많이 풀려나게 했다. 성종 때 임사홍任士洪의 전횡을 탄핵했고, 연산군의 생모인 폐비 윤씨를 동정하다가 성종과 인수대비仁粹大妃의 노여움을 사서 벼슬에서 물러났다. 나중에 복직되어 충청도 관찰사가 되었고, 명에 사신으로 두 차례 다녀온 뒤 성균관 대사성과 호조 참판을 역임했다.

연산군이 즉위한 뒤 폐비 문제를 거론할 것을 염려해 외직을 전전했기 때문에 김종직과 교분이 있고 신진 사림과도 가까웠지만 무오사화를 면할 수 있었다. 무오사화 뒤 벼슬에서 물러나 은거했고, 연산군이 여러 차례 벼슬을 내렸지만 모두 병을 구실로 사직했다. 폐비 문제를 본격적으로 거론하면서 갑자사화가 일어났는데, 정희왕후貞熹王后가 폐비 윤씨의 죄상을 밝힌 언문 문서를 사관에게 건넸다는 사실이 드러나서 곤장을 맞은 뒤 경상남도 단성으로 유배되었다가 곧 풀려났다. 중종반정이 일어나자 반정 측에 가담해서 정국공신 4등에 녹훈되고 인천군仁川君에 봉해졌는데, 세 차례나 사양한 것이 받아들여지지 않았다.

채수는 연산군 재위 기간 동안 자의 반 타의 반으로 외직을 전전하고 정희왕후의 언문 교서를 사관에게 전달했다는 죄목으로 장배를 당하며 고생했지만, 중종반정에 적극 가담하지는 않은 것으로 보인다. 그가 반정에 이름을 올리게 된 것은, 연산군의 총애를 받다가 말을 갈아타고 반정에 가담해서 2등 공신으로 책훈된 기회주의자 사위 김감金勘이 모략한 결과라고 한다.

박원종을 비롯해 거사를 모의한 이들이 여론의 지지를 얻기 위해 덕망 있는 선비를 포섭하려고 할 때 채수가 거론되었다. 채수는 성품상 반정에 적극 가담하지 않으리라는 것을 간파한 박원종이 위력을 써서 채수를 끌어오려고 계획하고 포섭되지 않으면 죽이라고 했다. 김감은 채수의 화를 피하기 위해 부인을 시켜 그가 잔뜩 술에 취하게 한 뒤 집에 모시고 가는 척하고는 궐문 앞에 데려다 놓았다. 채수는 술에서 깨기 전에 반정에 가담한 형국이 되었다.

중종반정 뒤, 채수와 가깝던 친구들은 거의 다 죽고 조정의 주요 관직은 모두 후배들이 차지했다. "젊었을 때 임금이 알아주셔서 녹을 먹은 지 40여 년이 되었으니 이미 극도로 영화를 누렸다. 이제 물러가지 않고 무엇하랴!" 그는 이렇게 탄식하며 벼슬을 버리고 오늘날 경상북도 함창인 함녕으로 돌아가서 작은 정자를 짓고 쾌재정快哉亭이라고 이름 붙였다. 정자 벽에 시를 지었는데, "세상사 다 버리고 봉래산 정상의 신선을 벗함이 어떠하리〔何似盡抛塵世事 蓬萊頂上伴神仙〕!" 하고 읊었다. 얼마 뒤 병도 앓지 않고 죽었다. 중종의 조정에 출사한 중요 관료가 모두 후배라는 사실을 들어 채수가 은퇴한 것이 실제로는 반정에 적극 가담하지 않은 자신에 대한 변명일 수도 있고 반정 뒤 중종조의 정치 현실에 대한 환멸의 발로일 수도 있다. 연산군 때 특권을 누린 기득권 세력이 혁명정부에서도 여전히 실권을 차지하면서 연산군 때의 적폐가 그대로 반복되었기 때문에, 반정에 대한 회의와 환멸을 금할 수 없었으리라.

채수는 총명한 데다 다방면에 관심을 갖고 수많은 서적을 두루 읽어서 학문과 지식이 풍부했다. 지리와 패관소설에 해박하고, 음악에도 조예가 깊었다. 특히 시문에 뛰어나 어려서부터 문명을 떨쳤다. 김종직에게 영향을 받았으며 『용재총화慵齋叢話』를 지은 성현成俔과 교제가 깊었다. 채수가 성현과 금강산을 유람한 적이 있다. 두 사람은 시중드는 노비를 거느리지 않고 신분을 숨긴 채 서로 번갈아 노비 행세를 하면서 유람했다. 그런데 채수가 시중들 때는 번번이 좋은 집주인을 만나 대접을 잘 받고, 성현이 시중들 때는 집주인의 노여움을 사서 쫓겨나고 봉변했다. 성현이 채수에게 까닭을 물었다. 채수는 남의 집에 들어가면 그 집 물건을 칭찬부터 하는 것이 비결이라고 했고, 순진한 성현은 채수의 말을 새겨 두었다. 다음 날 어떤 집을 찾아 갔는데, 마침 그 집 아낙이 우물가에서 발을 씻고 있었다. 성현은 집 주인에게 곧이곧대로 부인의 발이 매우 희고 아름답다고 칭찬했다. 이 말을 들은 주인이 대뜸 지팡이를 들고 달려 나와 휘두르면서 남의 처가 발이 희든 곱든 나그네에게 무슨 상관이냐고 노발대발 화를 내며 내쫓았다. 봉변한 성현이 채수에게 "자네 말을 듣고 칭찬했다가 오히려 변을 당했으니, 어찌 된 일인가?" 하고 물었다. 채수는 "남의 마누라 발을 예쁘다고 칭찬했으니 집주인이 질투하는 것은 당연하지 않은가?" 했다. 둘이 크게 웃었다.

한편 채수에게는 아주 똑똑한 손자, 무일無逸이 있었다. 무일이 대여섯 살 때 하루는 채수가 밤에 그를 안고 누워서 글 한 구를 지었다. "손자는 밤마다 글을 읽지 않는구나〔孫子夜夜讀書不〕." 무일이 대꾸했다. "할아버진 아침마다 술을 많이 자시네요〔祖父朝朝飮酒猛〕!" 어느 눈 내리는 날 채수가 손자를 안고 거닐면서 또 한 구를 읊었다. "개가 달아나니 매화가 지네〔犬走梅花落〕!" 무일이 이를 받아 대꾸했다. "닭이 다니니 댓잎이 피었네〔鷄行竹葉成〕!"

한시에는 대장對仗 또는 대우對偶, 즉 대구나 대조로 위아래의 두 구절이 서로 짝을 이루게 하는 표현법이 있다. 손자와 할아버지, 밤과 아침, 독서와 음주가 같은 위치에 다른 내용으로 짝을 이루었다. 또 달아나는 개와 다니는 닭, 개 발자국과 닭 발자국이 짝을 이루었다. 채무일은 한시를 본격으로 배우지 않은 어린 나이였지만, 타고난 총기로 상황 판단과 맥락 파악을 잘해 응구첩대한 것이다.

채수에 관해 특기할 또 다른 사실은 패관소설 『설공찬전薛公瓚傳』

을 지었다는 점이다. 이 소설은 한문본으로 쓰였지만 국문으로 옮겨
졌고, 국문으로 표기된 최초의 소설로 꼽힌다. 채수의 가족으로 여겨
지는 설공찬이라는 사람이 요절했는데, 소설은 그 혼이 돌아와 저승
의 일을 증언하는 형식으로 되어 있다. 채수는 어릴 때 동생과 귀신
이 씌었다가 혼자 살아남았다는 일화가 있다. 채수는 이런 경험이 있
어서 소설을 창작하게 된 것으로 보인다.

이 소설이 세상에 크게 유행했는데, 중종반정의 정당성을 훼손하
고 당시 신분 질서를 어지럽히는 내용이 있다는 이유로 금서가 되었
다. 아마 채수가 보기에 기왕 반정을 했으면 개혁을 해야 명분이라도
설 텐데, 개혁 대상이 개혁을 주도하면서 개혁 추진 세력의 개혁 의
지를 틀어막았으니 반정 주도 세력이 실제로는 반역자와 같았다. 소
설에서 채수가 당의 절도사로 있다가 당을 배반하고 후량後梁을 세운
뒤 무원칙하고 무분별한 행동을 일삼다가 셋째아들에게 죽임 당한
주전충朱全忠을 경계할 인물로 굳이 내세운 데는 혁명이든 반정이든
역사의 선순환을 이끌어 내지 못하면 반역일 뿐이라고 경고하려는
뜻이 있지 않을까? 이 소설이 나오자마자 민간에 널리 퍼진 것은, 반
정의 결과가 적폐 청산과 더 나은 사회여야 한다는 민중의 열망을 반
영한 현상으로 보인다. 소설은 결국 권력의 심기를 건드려 분서의 화
를 입고 말았다. 『설공찬전』의 처리와 채수의 처벌에 관한 논의가 실
록에도 자세히 소개되어 있다.

『중종실록中宗實錄』 채수의 졸기卒記, 즉 죽음에 관한 기록에 이런
평이 실려 있다. "채수는 사람됨이 영리하며 글을 널리 보고 기억을
잘해 젊어서부터 문예文藝로 이름을 드러냈다. 성종조에서는 폐비 사

건의 문제점을 극진히 간해 간쟁하는 신하의 기풍이 있었다. 그러나 성품이 경박하고 조급하며 허망해서 하는 일이 거칠고 경솔했다. 늘 시와 술과 음률을 즐겼다. 일찍이 『설공찬전』을 지었는데, 떳떳하지 않은 말이 많았기 때문에 사림士林이 부족하게 여겼다. 반정 뒤에는 직책을 맡지 않고, 늙었다는 구실로 고향에 물러가기를 청해 5년 동안 한가하게 휴양하다 죽었다. 뒤에 양정이라는 시호를 내렸다."

국가 경영의 기본

채수가 이 책문을 제출한 시험은 예종 1년의 식년 문과다. 예종은 조선의 8대 왕이지만 왕가의 혈통을 보면 태조의 4대손이다. 예종은 세조의 둘째아들이었는데, 형이 세자로 책봉되고 2년 만에 죽자 세자가 되었으며 세조가 죽기 전에 직접 대권을 물려받고 즉위했다.

예종은 타고난 자질이 총명하고 과단성이 있으며〔英明果斷〕, 공손하고 검소하며 속이 깊고 과묵했다〔恭儉淵黙〕. 학문을 좋아하고 효성이 지극해서 부왕의 수라와 약을 직접 챙겼다고 한다. 그러나 즉위한 때부터 정희왕후의 수렴청정과 한명회韓明澮·신숙주申叔舟·구치관具致寬 등 원상院相의 관여로 정치를 주도하지 못하고, 종친과 훈신이 벌이는 세력 다툼의 틈바구니에서 정치적 영향력을 발휘하지 못했다. 예종 때 훈신의 발호를 보여 주는 중요한 사건이 바로 '민수閔粹의 사옥史獄'이다. 민수는 세조 때 춘추관에서 사관을 지냈는데, 세조가 죽고 사초를 제출하라는 명이 내려지자 당대 가장 막강한 권력자인 훈신 한명회를 부정적으로 기록한 것이 마음에 걸려서 사초를 몰래 빼내어 고쳐 썼다. 이 일이 발각돼, 예종은 민수를 비롯해 관련자들을 처벌하는 선에서 마무리했다. 이때 예종은 사관들이 훈신을 왕보다 더 두려워한다며 분통을 터뜨렸다고 한다.

세조가 훈신의 발호를 견제하기 위해 배양한 종친 세력도 예종에게는 위협이 되었다. 특히 부왕이 세종의 손자이자 임영대군臨瀛大君의 아들인 구성군龜城君 준浚을 총애하자 예종은 세자 시절부터 구성군에 대한 불안을 느꼈다. 왕실의 인척이면서 당시 병조 판서였던 젊은 장수 남이에 대해서도 경계의 눈초리를 거두지 않았다. 결국 유자광의 고변으로 남이가 옥사했고, 이를 계기로 종실 세력과 무인이 타격을 입었다. 종실 세력이 힘을 잃자 적이 없어진 훈신이 더욱 입지를 다졌다. 예종은 즉위한 뒤 분경奔競 금지, 겸판서兼判書 폐지, 대납代納 금지, 면책특권 제한 등 일련의 개혁 정책을 실행해서 훈신 세력을 견제하려고 했지만 역부족이었다. 결국 훈신의 권한을 제한하는 정책을 추진하던 예종이 갑자기 죽으면서 왕권은 훈신의 대표 격인 한명회의 사위 잘산군乽乙山君에게 돌아갔다. 이 이가 성종이다.

이 책문은 나라의 내정을 살피는 핵심 문제를 언급한다. 동서고금을 막론하고 국가 경영의 기본은 나라의 근간인 백성의 살림살이를 돌보고 나라의 재정을 건실하게 유지 관리하며 치안을 확보하는 일이다. 고려 말 신흥 사대부 지식인은 당대 사회의 모순을 혁신하고 새로운 질서를 세우려고 투쟁한 결과 새 왕조까지 개창했다. 그러나 새 왕조인 조선도 개국한 지 채 100년이 되기 전에 전 왕조와 같은 사회적 모순이 다시 누적되기 시작했다. 조선 초기에 반복된 권력투쟁 끝에 정통성 없는 권력이 자기 정당화를 위한 공신의 특권 남발로 새로운 기득권 세력을 형성하면서 역시 토지의 집중과 훈구 대신의 권력 사유화가 심해졌다.

예종이 고민한 지점은 훈신이든 종친이든 사적 권력이 공권력에 심대한 영향을 미치는 현실이었다. 왕조 사회에서는 이념적으로 권력이 왕 한 사람에게 집중되어야 안정과 발전을 도모할 수 있다. 왕조와 명운을 같이한다는 교목세신喬木世臣, 훈구의 신하, 왕실의 척신, 종실이라도 왕 이외에 관료로서 출사해 세력을 형성한 집단은 어디까지나 사적 권력이다. 사적 권력이 우세하면 공권력은 약해질 수밖에 없다. 공권력이 약해지고 국가의 기강이 문란해지면 그 피해는 하소연할 데 없는 서민에게 오롯이 갈 뿐이다.

전국시대 제나라의 선왕이 왕도 정치〔王政〕를 물었을 때 맹자는 이렇게 대답했다. "옛날 문왕이 기岐 땅을 다스릴 때 농사짓는 이들에게는 수확의 9분의 1을 세금으로 받고, 벼슬아치에게는 대대로 녹을 주고, 관문과 시장은 기찰만 할 뿐 세금을 받지 않고, 못과 어살에서 고기잡이를 금하지 않고, 죄로 처자식을 연좌시키지 않았습니다. 아내 없는 늙은이를 홀아비〔鰥〕라 하고, 남편 없는 늙은이를 과부〔寡〕라 하고, 자식 없는 늙은이를 독거노인〔獨〕이라 하고, 부모 없는 어린이를 고아〔孤〕라 합니다. 이 네 부류는 세상에서 가장 곤궁한 백성으로서 하소연할 데가 없는 사람들입니다. 문왕이 정치를 펼쳐 인仁을 베풀었는데, 반드시 이 네 부류에게 먼저 했습니다. 『시詩』(『시경』)에 이르기를 '부유한 사람은 괜찮지만, 이 의지할 데 없이 외로운 사람은 가엾다' 했습니다."

백성을 편안히 잘 살게 하는 방법은 채수가 대책에서 지적하듯이 세금을 절도 있게 공평하고 합리적으로 징수하고, 농사를 장려해서 생산량을 늘리고, 복지의 사각지대에 놓인 곤궁한 사람을 위한 정책을 적극 실행하는 것이다. 이는 예나 지금이나 변함없는 행정의 원칙이다. 인민이 늘어나야 사회가 유지되고 발전한다. 인구가 줄어들면 공동체는 소멸할 수밖에 없다. '영원의 상相 아래에서' 본다면 한반도도 언젠가는 소멸하고야 말겠지만, 이 땅에서 사람이 살아가는 한 그리고 한민족이 살아가는 한 이 공동체가 존속하고 발전하기를 바라는 것이 우리 민족의 공통 염원이리라.

1970년대에는 산아제한이 인구정책의 주요 목표였다. 아이를 둘만 낳아도 눈총 받아야 하던 시절이 있다. 그런데 이제는 인구 절벽을 걱정하며 지자체마다 인구 감소 대비책 마련에 골머리를 앓고 있다. 온갖 출산 장려 정책이 주먹구구로 나오고 갖가지 기발한 혜택을 남발하지만 출산율 감소는 백약이 무효하다. 젊은 부부가 왜 아이를 안 낳겠는가? 모든 일에는 원인이 있다. 아이를 낳기 싫을 수도 있겠지만 낳을 수도 없다. 젊은 부부가 아이를 낳아 기를 상황과 여건이 도무지 맞지 않기 때문이다. 근본 원인을 찾아서 해결하지 않고 대증요법에만 매달리면 언 발에 오줌 누기다.

살기 좋은 사회란 모든 시민이 생업을 갖고 능력에 맞게 노동하며 생산을 통해 얻은 소득으로 살면서 국가에 정당하게 세금을 내고 그 세금으로 국가의 기간산업을 일으키고 국가를 정의롭게 합리적으로 운영하며 사회의 기강과 질서가 유지되어서 일상에서 안녕을 기대할 수 있는 사회다. 채수에게 부과된 질문은 오늘날 우리에게도 여전히 유효하다.

재상이 갖춰야 할 것

이자李耔

1480(성종 11)년에 태어나고 1533(중종 28)년에 죽었다. 본관은 한산韓山, 자는 차야次野, 호는 음애陰崖·몽옹夢翁·계옹溪翁, 시호는 문의文懿다. 이색의 후손이다. 1504(연산군 10)년 식년 문과에 장원급제했다.

책문

임금님께서 이렇게 말씀하셨다. 나라의 안정과 위기가 재상[輔相]에게 달려 있다. 역대 재상의 직분을 다한 사람에 관해 말해 보라.

주의 성왕成王이 즉위했을 때 은(상)의 유민은 아직 다 복종하지 않았다. 왕실은 아직 틀을 잡지 못해 나라의 안정과 위태로움이 경각에 달려 있었다. 주공이 재상이 되어서 마침내 국면을 위기에서 안정으로 돌려놓고, 그 뒤 800년 지속된 왕조의 기틀을 다졌다. 주공은 과연 무슨 방법으로 이런 업적을 이루었는가? 그가 재상으로서 정치를 보좌하는 데 원칙으로 삼은 것은 성실함이던가? 그가 성실함으로 보좌한 일은 과연 어떤 것인가?

곽광霍光이 한의 황실을 보좌한 공로도 적지 않으나 끝내 주공과 같은 공적을 쌓지 못한 까닭은 무엇인가? 성실함이 부족했기 때문인가? 재상이 된 사람이 성실하게 군주를 섬기고 자기 직분을 다하면 성주(낙읍)에 도읍을 정한 전성기 서주와 같은 정치를 후세에도 이룰 수 있겠는가?

그대 대부들은 옛날과 오늘날의 일을 자세하게 연구해 재상의 도리에 대해서도 반드시 터득한 점이 있으리라. 저마다 최선을 다해 대답하기를 바란다. 내가 직접 읽어 보겠다.

대책

신이 대답합니다. 주상 전하께서 몸소 수많은 선비들에게 책문을 내시면서 특별히 재상의 중요성을 거론하고 이상 정치를 융성하게 하고자 기약하셨습니다. 이는 어리석은 신이 언급할 바가 아닙니다. 그러나 임금의 질문을 받고 외람되이 아무 말도 하지 않으면 신도 감히 편치 않기에 질문의 내용에 따라 말씀드리겠습니다.

첫째, 역대 재상의 직분을 다한 사람을 말씀드리겠습니다. 신이 들기에, 임금의 직분 가운데 재상을 뽑는 일보다 중요한 일은 없다고 합니다. 걸맞은 인물을 재상으로 뽑으면 재상의 보좌를 받아 위태로운 나라도 안정될 수 있고, 자질이 안 되는 사람을 재상에 앉히면 편안하던 나라도 위태로워집니다. 그러므로 『주역』에서는 군자와 소인을 잘 가려서 군자를 불러들이고 소인을 내치면 나라가 태평해지며,

군자를 소외하고 소인을 가까이하면 나라가 어지러워진다고 했습니다. 『서경』에서도 나라가 불안한 것〔扤陧〕이나 평안한 것〔榮懷〕이 한 사람에게 달려 있다고 했습니다. 나라를 보호하고 신중하게 다스리는 도리를 중시하지 않을 수 있겠습니까?

재상의 도리를 다한 사람으로는 요순시대의 고요, 기夔, 직稷, 설契이 있었습니다. 그리고 상과 주 대에는 이윤, 부열, 주공, 소공이 있었습니다. 후세 사람들 중에도 시대를 잘 만나 공적을 세운 사람이 있지만, 재상 직책을 맡았을 때 모두 지극히 공정하고 성실한 도리를 다하지는 않았으니 열거해 말씀드리고 싶지 않습니다.

둘째, 주공과 곽광이 재상이 되어 한 일을 평가하고 전성기의 주와 같은 이상 정치를 회복하는 방안을 말씀드리겠습니다. 신이 듣기에, 성인으로서 변화의 시기에 잘 대처한 사람으로 주공 같은 사람이 없다고 합니다. 서주 초기, 성왕이 어린 나이로 즉위해 자리에 나아가기도 전에 성왕의 숙부이자 은의 유민을 관리하는 책임을 맡은 관숙管叔·채숙蔡叔·곽숙霍叔 등 세 감독〔三監〕이 난을 일으켜 수도 성주에 위기가 닥쳤습니다. 당시 주공은 오랫동안 업적을 많이 쌓았지만 모함을 받고 동쪽으로 피해〔居東〕 조심조심 살고 있었습니다. 그래도 주공이 한결같이 성실하게 처신했기 때문에, 나중에 그 진심을 안 성왕이 교외에 나아가서 직접 주공을 맞아들였습니다. 그러자 쓰러졌던 벼와 나무가 모두 일어나고 풍년이 들었습니다. 주공이 성왕과 백성을 「대고大誥」를 비롯한 훈계 여덟 편으로 깨우쳐서 완고한 백성이 모두 교화됐습니다. 준동해서〔蠢爾〕 모반하던 관管, 채蔡, 상商, 엄奄 등 네 나라가 도리어 은의 수많은 선비들처럼〔濟濟多士〕 순종했습니

다. 비바람이 몰아치듯〔風雨飄搖〕 다사다난한 상황을 극복한 끝에 800
년 동안 이어진 희씨 주 왕조를 완성했습니다. 성실함이 마음속에서
맺히면 아무리 은미해도 오묘한 변화와 작용을 통해 모습을 드러내
는 법입니다. 이런 경지에까지 이른다면 성실함의 도리가 위대하다
고 하겠습니다.

전한의 곽광이 한 황실을 위해 한 일은 본디 주공이 한 일과 비슷
합니다. 주공이 성왕을 업고 제후를 조회하는 그림을 주면서〔授圖〕
무제가 어린 소제昭帝의 보필을 부탁했습니다〔託孤〕. 그런데 곽광은
소제를 옹립했다가 소제가 죽은 뒤 선제를 세웠습니다. 관대하고 신
중하며 충직하고 중후한 성품도 끝내 그의 거칠고 비루하며〔樸陋〕 교
양 없는〔無文〕 바탕을 바꿀 수는 없었습니다. 궐문을 드나들 때 매우
조심해서 멈추는 곳과 나아가는 곳을 지키고 한 치〔尺寸〕도 법도를
어기지 않았지만, 끝내 군주를 호위하고 제멋대로 권력을 휘두르며
사치하려는〔縱侈〕 욕망을 숨길 수는 없었습니다. 선제는 가시를 등에
진 듯 곽광의 존재를 껄끄러워 했습니다〔芒刺在背〕.

곽광은 끝까지 권력을 장악하고 있었는데, 그것이 어린 왕을 가르
치다가 왕이 자란 다음에 정권을 돌려준〔復子明辟〕 주공의 의리와 같
단 말입니까? 부인 현顯의 사악한 꾀를 따라 바른길에 어긋난 일을
남몰래 했는데, 이것이 과연 세 단을 쌓고 조상들에게 나라의 안정을
위해 기도 드린 주공의 정성과 같단 말입니까? 곽광이 군주를 섬길
때 보인 행실이 대략 이와 같으니, 그가 실시한 일의 효과도 주공이
이룬 것과 달랐습니다. 그의 행실이 주공만 못하다는 사실은 조금도
이상하지 않습니다.

아! 후세에 왕을 잘 보좌하고[亮天工] 세상[陰陽]을 잘 다스린 재상들은 고요, 기, 직, 설이 어떤 도리를 따랐기에 자기 직분을 다할 수 있었는지 생각해야 합니다. 그리고 후세에 자기 직분을 다하지 못한 사람은 과연 무엇 때문에 그랬을지 생각해야 합니다. 참으로 고요, 기, 직, 설이 자기 직분을 다할 수 있었던 까닭을 알거든 자기가 성실하지 않으면 마땅히 의리를 생각해야 합니다. 사구司寇(형법 장관)가 된 사람은 마땅히 명확하게 판결하는 데 성실해야 합니다. 전악(문화 장관)이 된 사람은 마땅히 정직하고 온화한 기풍을 이루는 데 성실해야 합니다. 후직后稷(농업 장관)은 마땅히 때에 맞게 농사를 장려하는 데 성실해야 합니다. 백성의 교육을 담당하는 사람은 마땅히 오륜의 가르침을 넉넉하게 펼치는 데 성실해야 합니다. 사방의 오랑캐가 복종하지 않으면 그들이 스스로 찾아오게 할 방법을 생각해야 합니다. 추위에 떨고 굶주린 백성이 있으면 그들을 입히고 먹일 방법을 생각해야 합니다. 아래로 최하급 관료[一命之士]에 이르기까지 성실을 귀한 것으로 삼으며 믿음직하고 공손하되[有孚顯若] 한·당 이후 재상을 경계로 삼으면 정치의 질서와 천지자연의 조화를 돕는[參贊化育] 이치가 오늘날에도 실현될 것입니다. 그러니 성주와 같은 정치가 후세에 다시 실현되지 않을까 걱정할 필요가 없습니다.

셋째, 신의 견해를 말씀드리겠습니다. 신은 시골의 보잘것없는 선비니, 어찌 위로 임금님의 깊은 생각을 엿볼 수 있겠습니까? 그러나 진심으로 충성을 바치겠다는 결심[犬馬之懷]은 지극한 정성에서 나온 만큼 가만히 보고만 있을 수가 없어서 죽음을 무릅쓰고 조심스럽게 대책을 올립니다.

신은 전에 『중용』에서 이런 글을 읽었습니다. 노나라 애공哀公이 공자에게 정치에 관해 묻자 공자가 답했습니다. "정치를 하는 것은 사람을 얻는 데 달려 있습니다. 자기가 몸을 수양해야 정치를 맡길 사람을 얻을 수 있습니다. 자기 몸의 수양은 도리로 해야 합니다."[1] 또 세상을 다스리는 아홉 가지 원칙〔九經〕을 제시하면서 자기 몸을 수양하는 것〔修身〕과 대신을 공경하는 것〔敬大臣〕과 뭇 신하를 자기 몸처럼 살필 것〔體羣臣〕을 말했습니다.

성인이 정치 원리를 논하면서 유능한 재상을 얻는 것을 가장 처음 해야 할 일로 삼고 궁극으로는 반드시 임금의 한 몸으로 귀결한 까닭은 무엇입니까? 임금 스스로 조금이라도 성실하지 않으면 옳고 그름이 뒤집혀서 간사함을 충성으로 여기고 아첨을 성실한 것으로 여기게 됩니다. 그러니 마치 겨를 날려 눈을 잘 못 뜨게 하는〔播糠眯目〕 격이 되어 세상의 모든 가치가 뒤바뀔 것입니다〔天地易位〕. 비록 현명한 사람이 있다 한들 무슨 수로 자기 직분을 다하겠습니까?

그래서 임금 된 사람은 몸가짐을 반듯하게 하고 깨끗이 하며 복장을 갖춰〔齊明盛服〕 몸을 수양하는 도리는 어떻게 하면 성실하게 따라갈 수 있는가, 헐뜯는 말을 멀리하고 여자를 멀리하며 재화를 천하게 여기고 덕을 귀하게 여겨서 어진 사람을 권장하는 도리는 어떻게 하면 성실하게 따라갈 수 있는가 하는 점을 생각해야 합니다. 끊임없이 지극히 성실하고 쉬지 않으며, 한결같이 나라를 다스리고 백성을 편안히 하되 그 일을 어렵다고 여기고 임금의 지위를 신중하게 지키며, 오직 조화를 추구하고 오직 한결같은 마음을 지닌다면 어느 시대

1　故爲政在人. 取人以身. 修身以道. ─『중용』20장.

엔들 유신有莘의 들판에서 밭을 갈던 이윤이나 담장 쌓는 공사장에서 일하던 부열처럼 세상에 능력이 알려지지 않은 인물이 없겠습니까?

전하께서 재상의 도리를 물으셨는데 신이 재상을 임명하는 원칙을 말씀드린 까닭은 물음에 군더더기를 덧붙이려는 것이 아닙니다. 신도 들은 바가 있기 때문입니다. 송의 유학자 정이가 이렇게 말했습니다. "3대보다 더 훌륭한 정치를 하고 싶다면 3대의 인물들보다 더 훌륭한 인물에게 정치를 맡겨야 한다. 3대의 인물들보다 더 훌륭한 인물에게 정치를 맡기려면 3대보다 더 뛰어난 도리를 써야 한다." 그러므로 신은 전하께서 이 말씀을 부지런히 따르시기를 바랍니다.

주제넘은 죄가 용서받을 수 없다는 것을 잘 압니다. 그러나 전하〔淸光〕를 우러러 뵈니 너무도 감격해서 그만 이런 말씀까지 드리고 말았습니다.

삼가 대답합니다.

『음애집陰崖集』

오늘 읽는 책문

이 대책은 이자가 1504(연산군 10)년 식년 문과에서 제출한 것으로 보인다. 그는 고려 말 명문인 한산 이씨로, 대학자 이곡과 이색의 후손이다. 서울에서 태어났으나 지방관을 지낸 아버지의 임지를 따라 다녔기 때문에 영남과 관동에서 자랐다. 14세 때(1494, 성종 25) 삼척에 있는 두타산 중대사에 올라가『송사宋史』를 읽다가 비분강개해 만

언소萬言疏를 지어 나라에 올리려고 했으나 아버지가 말려서 그만두었다. 열네 살 소년이 1만 글자나 되는 정치 평론을 썼다는 사실은 놀랍기 그지없다. 청소년으로서 그의 순수한 의분과 열정, 세상의 불의와 부조리에 대한 치열한 비판 의식을 엿볼 수 있는 일화다. 아버지 이예견李禮堅은 당시 대사간으로 있었기 때문에 10대 아들의 거르지 않은 의분과 열정이 일으킬 파장이 어떤 결과를 가져오든 기성세대로서 보기에 철없고 주제넘은 짓이었을 수도 있겠다. 너무 어린 나이에 문명을 떨치고 많은 사람의 주목을 받다가는 착실하게 넓고 깊이 뿌리를 뻗으며 튼튼하게 자라지 못하기 십상이다. 자질이 영리하고 두각을 나타낼수록 도회해서 실력을 안으로 쌓아야 큰일을 하고 오래 나아갈 수 있는 법이다. 또한 당시 왕조 사회에서는 설화舌禍·필화筆禍가 청소년이라도 비켜 가지 않았고, 조그마한 꼬투리를 잡아 출세하려는 소인배는 늘 있는 법이니 언제 어떻게 일이 비화할지 알 수 없었다. 아버지로서는 규각圭角을 드러내는 아들을 말릴 수밖에 없었을 터다.

이자가 15세 때는 김종직과 김굉필金宏弼의 문인이며 태종의 현손인 주계군朱溪君 이심원李深源의 문하에 나아갔다. 이심원은 어릴 때 학문에 입문해 13세(1466)에 이미 학문이 깊었다고 한다. 총명하고 민첩하며 박학하고 부지런히 경전을 연구해서 종친의 영재라고 칭송받았다. 왕족이면서도 정몽주의 학맥을 이은 사림파 김종직의 문하로 들어가서 성리학을 익힌 뒤 김굉필에게서 배웠는데, 최부崔溥·정여창·김일손·남효온南孝溫 등과 동문이다. 이들은 모두 뛰어난 학자이자 명사였다. 최부는 추쇄관으로 제주도에 파견되었다가 부친상

기별을 받고 돌아오는 길에 제주 앞바다에서 풍랑을 만나 오늘날 중국 저장 성에 표착해 베이징을 거쳐서 조선으로 돌아왔다. 그 뒤 왕명으로 표류와 귀환의 과정을 서술한 『표해록漂海錄』을 남겼다. 이 기록은 15세기 중국의 실상을 있는 그대로 보여 주는 귀한 자료다. 최부는 무오사화 때 화를 입어 귀양 갔다가 갑자사화 때 사형당했다. 정여창은 문묘에 종사된 조선 초의 뛰어난 학자고, 김일손은 김종직의 제자로서 사림의 중앙 정계 진출에 중요한 구실을 했으며 무오사화를 초래한 장본인이다. 김일손의 생애는 조선 초 학문과 정치의 방향을 정하는 데 결정적인 구실을 했다. 그리고 남효온은 생육신 중한 사람이다. 이렇게 이심원이 교유한 인물을 통해 그의 정치적 성향과 가치관, 학문의 특징을 알 수 있다. 이심원이 조광조에게는 동문선배다. 성종 때 홍문관과 예문관의 관원이 유자광과 임사홍을 탄핵하다가 도리어 하옥되자 어전에서 이들의 정당성을 주장하며 대질로 죄상을 밝혀내고 원상 복귀시킨 것으로 훈구파의 공격과 견제를 받았다. 성종의 총애를 입은 임사홍의 탐욕과 간사함을 간하다가 임사홍의 장인인 할아버지와 아버지의 무고를 받았다. 갑자사화 때는 김종직, 김굉필에게 배웠다는 이유로 결국 두 아들과 함께 화를 당했다. 중종반정 뒤 조광조의 주도로 복권되고 문묘 종사가 거론되기도 했다.

　이자가 이심원의 문하에 들었다는 사실은 역시 그의 학문과 교우의 세계를 결정했다. 이자는 21세 때(1501) 사마시에 합격했는데, 이때 함께 합격한 김안국金安國, 성세창成世昌 등과 교유했다. 24세 때 장원급제한 뒤 사헌부 감찰에 제수되고 천추사千秋使의 서장관으로 북경에 다녀온 뒤 이조 좌랑에 승진했지만, 연산군의 조정에서 마지 못해 벼슬을 하다가 술에 빠져 자학하며 지냈다. 부모 봉양을 위해 오늘날 경상북도 의성인 문소의 원으로 나갔다가 중종반정 뒤 우선 적으로 불려 요직에 올랐다. 조광조·김정 등 신진 사류와 어울려서 지치至治의 이상을 실현하려고 하는 한편 급진적인 개혁 정책을 완 화하려고 했다. 사림파에 속했으면서도 성품이 온유해서 남곤을 비 롯한 훈구 세력과도 원만하게 지냈으며 채수의 사위로서 김안로와는 동서였다. 기묘사화 뒤 쫓겨나고는 산수에 묻혀 여생을 보냈다.

중종 13(1518)년에 종계宗系 개정[2]을 청하는 사신으로 한충韓忠, 남 곤과 북경에 갔을 때 남곤이 중병에 걸렸다. 한충은 "이놈이 죽지 않 으면 반드시 선비들 씨를 말리고 말 것이다." 하면서 구해 주려고 하 지 않았다. 반면에, 이자는 지성껏 간호하면서 "이 간사한 사람이 죽 는 것은 애석하지 않으나 만리타국에 함께 왔다가 어찌 죽어 가는 것 을 앉아서 보기만 하고 구하지 않겠는가?" 했다. 사화가 일어났을 때 이자가 쫓겨나기만 하고 죽임을 당하지 않은 것은 남곤이 간호받은 일을 보답했기 때문이라고 한다.

김안로는 이자와 이심원의 문하에서 배웠으나 사람됨과 성격이 이 자와는 딴판이었다. 심지어 이자를 제거하려고 늘 기회를 노렸다. 기 묘사화 뒤 이자가 예천의 용궁으로 물러나 있을 때 좌의정이던 김안 로가 함창에 있는 선산에 성묘하러 갔다가 돌아가는 길에 이자를 찾 았다. 실은 이자를 미워했기 때문에 탐지하려는 것이었다. 이자는 김

---

2   명의 기록에 태조가 고려 권신 이인임李仁任의 아들로 되어 있어서, 잘못된 기록을 고 치라고 조선 초부터 200년 가까이 요구했다.

안로의 의도를 알았기 때문에, 그가 올 때쯤 괴화탕으로 얼굴을 씻고 이불을 두른 채 앉아서 맞았다. 김안로는 이자의 손을 잡고 은근히 눈물을 흘리면서 작별하고 나가 이렇게 말했다. "음애공이 이제는 그만이다. 염려할 게 없다." 누런 색깔이 나는 괴화탕을 얼굴에 바른 이자가 마치 황달에 걸린 사람처럼 보였던 것이다.

이자는 자기 됨됨이를 이렇게 술회했다. "늙은이의 성정이 널리 사람을 사랑했으나 사람들이 친하게 대하지 않았고, 후하게 베풀었으나 사람들이 고마워하지 않았다. 선을 좋아하되 독실하지 않고, 악을 미워하되 용감하지 않았다. 그럭저럭 한 세상을 살면서 되는대로 시일을 보내 쉰한 해에 이르렀다. 늙은이의 평생이 대략 이와 같았다." 이 술회에는 모나지 않게 처신하며 보낸 삶에 대한 회한이 들어 있다. 현실의 부조리와 모순을 비판적으로 보면서도 근본적인 개혁에는 회의적이었고, 사림파의 가치관과 세계관을 지향하면서도 훈구 세력과 교유를 청산하지 않았다. 절충과 완충 구실을 자의 반 타의 반 떠맡은 사람의 일생이 남긴 회한이다.

이자가 이 대책을 제출한 시험은 폐비 윤씨를 그리는 연산군의 무자비한 복수가 사화로 발전하던 정국에 실시되었다. 연산군 집권기에는 기득권 구세력과 신진 개혁 세력 간 충돌이 본격화했다. 갑자사화 때는 1498년 7월에 일어난 무오사화와 달리 훈구파로 분류되는 관료들도 대거 숙청되었다. 곧 무오사화가 신구 세력 갈등이 표면으로 드러난 정치투쟁이라면, 갑자사화는 연산군 개인의 원한이 표출된 사적 분풀이의 성격이 담긴 정변이다.

당초부터 폐비 윤씨의 신원을 기도하던 연산군은 갑자년 3월, 폐비 윤씨에게 사약을 전달한 이세좌李世佐를 사소한 트집으로 자결시킨 것을 필두로 10월까지 본격적인 사화를 일으켜 선왕의 후궁인 숙의 엄씨와 정씨·윤필상尹弼商·이극균李克均·성준成俊·김굉필 등 폐비 사건과 관련 있는 신료와 종실 들을 차례로 잔학하게 처단했다. 그리고 이미 죽은 한치형韓致亨·한명회·정창손鄭昌孫·정여창·남효온 등을 부관참시했다. 이 밖에 홍귀달洪貴達·이심원·최부·조지서趙之瑞·정성근鄭誠謹·박은朴誾·김처선金處善 등 명망 있는 인사들이 연루되어 참혹한 화를 당했다. 이 사건의 여파로 사림 세력은 다시 된서리를 맞고 시들어 버렸으며, 정치적 비판과 건전한 개혁의 흐름은 막히고, 견제 없는 연산군의 황음무도한 패륜이 극을 향해 치달았다.

　실록에 따르면, 이해 9월 7일(갑오)에 "문과에 이자 등 31인을 선발했다." 이자가 과거에 급제하고 한 달이 채 안 된 10월 1일에 이심원을 능지처사하고 그 아들을 참하면서 나이 어린 자식은 처벌하기에 알맞은 연령이 되기를 기다리게〔待年〕 했다. 그리고 10월 7일에는 김굉필을 효수했다. 이 두 사람은 이자의 스승이었다. 관료 생활의 공인된 문을 연 순간에 그를 가르친 스승 두 사람이 잇달아 희생되고 말았으니, 이 무슨 운명의 비극이며 역사의 아이러니인가! 이자가 연산군 치세에서 마지못해 벼슬살이를 하는 동안 내내 술로 세월을 보내고 외직을 자청한 것은 무도한 현실을 타개하지 못하는 자기 자신에 대한 환멸이 아니었을까?

　연산군 치세에 관료로 지내는 것은, 기회를 잘 타고 권력에 아부하며 처신에 능해 후안무치하게 양심과 이성과 지조와 절개도 버리고 오로지 이익과 권력을 탐하는 사람이 아니고 제정신이 있는 사람으로서는 견디기 어려웠으리라. 실록에 흥미 있는 기록이 있다.

연산군 8년 임술(1502) 5월 14일(을유). 전 대교待敎 정희량鄭希良이 고양군에서 어머니 묘를 지키다가 병으로 풍덕현 종의 집에 피해 가서 묵었는데, 이내 도망해 버려 간 곳을 알 수 없었다. 승지들이 아뢰기를 "희량은 오랫동안 경연에서 모시던 사람인데, 지금 미친병을 얻어 집을 나간 뒤 간 곳을 알 수 없습니다. 청컨대 경기·황해 두 도의 감사로 하여금 널리 찾도록 하소서." 했다. 연산군이 전교하기를 "착하지 않은 사람을 무엇 때문에 찾겠는가?" 했다.

그리고 이 기록 밑에 사신史臣의 논평이 붙어 있다.

희량은 총명하고 민첩하며 널리 배워서 글을 잘했다. 유생 때 상소해 시사時事를 논하다가 해주로 귀양 갔다. 과거에 급제해 예문관에 뽑혀 들었는데, 성질이 교양을 갖추고 마음이 넓고 온화하지 않으며 자부심이 너무 강해서 남에게 지기 싫어했다. 복서卜筮를 즐겨 보며 일이 있을 때마다 길흉을 점쳤다. 무오사화가 일어나기 전에 친구에게 말하기를 '아무 해에는 반드시 사림의 화가 있을 것'이라고 했다. 사화가 일어나자 남쪽 고을로 귀양 갔다가, 이때 마침 사면되어 고양군에서 어머니 산소를 모셨다. 상기喪期가 끝나 가자 벽곡하며 말도 하지 않았다. 풍덕군으로 가서는 여러 가지 버섯과 풀을 캐어 먹으며 열흘이나 한 달 동안 물 한잔을 마시지 않기도 했다. 단옷날 몸을 빼고 도망해 버려 간 곳을 알 수 없었다. 그 가족이 찾아서 해변에 갔더니 신 두 짝만 물가에 남아 있었다. "갑자사화가 일어날 것을 미리 알고 물에 빠져 죽은 것이다." 하는 사람이 있고, "거짓으로 미친 체하며 세상을 피해 아직도 살아 있다." 하는 사람도 있다.

정희량 실종 사건은 실록에 자세히 기록될 만큼 특이한 일이었다. 세간의 평대로 정말 죽었는지, 속세를 피해 살아갔는지 알려진 바는 없다. 하지만 평소 앞일 예측하기를 즐겼다는 기록을 보면, 연산군이 광란의 질주를 할 것으로 예견하고 잠적했다는 점은 충분히 짐작할 수 있다. 홍명희洪命熹의 『임꺽정』에는 이때 실종된 정희량이 '이천년 李千年'으로 변성명하고 신분을 바꾼 채 은거하다가 나중에 임꺽정의 스승이 되는 양주팔을 가르친 것으로 되어 있다. 이황의 언행을 기록한 『퇴도언행록退陶言行錄』에는 정희량이 사화를 예견하고 벽에 숨겨 둔 사초를 자손이 찾아 『연산군일기燕山君日記』를 편수할 때 바쳤다는 일화가 소개되었다.

재상의 도리와 필부의 책임

민주 사회에서 대통령은 재상이다. 행정부와 그 수반은 국민의 삶과 재산을 보호하고 공동체의 안녕과 질서를 유지하기 위한 권력을 주권자인 국민으로부터 일정 기간 위임받는다. 주권자이며 국가의 상징이던 군주가 인민으로 대체되었으니, 행정부의 수반인 대통령은 왕정 국가에서 재상이 하던 일을 하는 셈이다.

재상은 좋은 정치를 하려는 최고 권력자의 의지를 인민에게 펼치고, 잘 살려고 하는 인민의 열망과 삶의 현실을 최고 권력자에게 전달해서 한 사회가 지향하는 정치적 가치를 최고도로 실현해야 할 책무를 진, 국가 관료 체계의 정점에 있는 최고경영자다. 그래서 국가와 사회의 안위는 재상의 현명한 정책 판단과 결정에 크게 의지한다. 역사 기록이 풍부한 중국과 우리나라 역사에는 뛰어난 재상의 활약으로 국난을 극복하고, 사회의 기강을 세우고, 인민의 복지를 증진한 사례가 셀 수 없이 많다. 창업 시기에는 창업의 재상이, 수성守成이 필요한 시기에는 수성의 재상이 나타나 제구실을 다함으로써 사회를 발전시키고 역사를 진보시켰다.

재상 자리는 개인이 누릴 수 있는 권력의 정점이다. 왕이나 주권자는 국가와 명운을 같이하지만, 재상은 반드시 국가와 명운을 같이해야 하는 것은 아니다. 중국 역사에는 당이 망하고 송이 건국하기까지 50여 년 간 이어진 5대 시기에 한족 정권인 후당後唐·후진後晉과 거란족이 세운 요, 다시 한족이 세운 후한·후주 다섯 왕조의 열한 군주를 차례로 섬기면서 늘 민생을 지킨 풍운의 재상, 풍도馮道가 있다. 그에게는 유학의 '교조적 충절'로는 해석할 수 없는 역사적 구실이 있었던 것이다.

재상은 합법적 권력자가 권력의 본질을 배반하거나 권력의 정당성을 훼손해서 국가의 명운을 위태롭게 할 때 비상한 사태를 비상한 방도로 헤쳐 나가야 한다는 사명을 띠기도 한다. 고구려의 재상 창조리倉助利와 중국 고대 상의 이윤이 이런 사명을 부여받은 재상이었다. 창조리는 고구려 봉상왕烽上王 때 재상이다. 봉상왕은 왕족을 억누르고 대규모 토목공사를 일으켜서 왕권을 강화하려고 했는데, 당시 고구려는 전연前燕 모용慕容의 침입을 겪은 뒤 거듭된 흉년으로 민심이 흉흉했다. 창조리는 백성이 도탄에 빠진 상황에 대규모 토목공사를 일으키는 것은 군왕의 도리가 아니라고 충고했으나 봉상왕은 그 충고를 무시했다. 이에 창조리는 귀족들과 폐위를 도모하고 거사를 일으켜서 봉상왕을 폐위하고 왕의 조카 을불乙弗을 찾아 옹립했다. 을불이 바로 미천왕美川王이다. 미천왕은 현도, 낙랑 같은 외부 세력을 몰아내고 영역을 크게 확장했다. 이윤은 탕왕을 도와 하의 걸왕桀王을 몰아내고 상을 세웠으며, 탕왕을 보좌해 상 왕조의 기반을 굳건히 다졌다. 탕왕이 죽은 뒤 그 아들인 외병外丙과 중임仲壬을 차례로 보좌했고, 탕왕의 손자 태갑太甲이 즉위한 뒤에도 그를 보좌했다. 그러나 태갑은 방탕한 생활로 국정을 어지럽혔다. 이윤은 충고를 해도 소용이 없자 태갑을 탕왕의 무덤이 있는 동궁에 유폐하고 섭정으로서 상을 다스렸다. 3년 뒤 태갑이 탕왕의 교훈을 되새기고 회개하자 다시 그를 왕으로 맞이하고 보좌하며 상의 정치를 안정시켰다.

이 대책은 주공과 곽광의 사례를 들어 대비하며 재상이 어떤 구실을 해야 하는지에 대해 논증한다. 주공은 유교 사회에서 재상의 전형으로 추앙받는다. 주공은 주 부족의 수장 희창姬昌, 즉 문왕의 넷째아들로 태어났다. 이름은 단旦이다. 희창의 맏아들인 백읍고伯邑考가 상의 주왕에게 죽임 당한 뒤 둘째 발發(무왕)이 대를 이어 주 부족의 수장이 되고 상 왕조를 무너뜨린 뒤 주 왕조를 개창했는데, 주공은 형인 무왕을 도와 신생 왕조인 주의 기틀을 다졌다. 주 왕조를 창립하고 얼마 지나지 않아 무왕이 죽고 어린 조카 성왕이 즉위했을 때 국가가 아직 안정되지 못하고 왕권도 안착하지 못해서 혼란이 빚어졌다. 성왕을 보좌한 주공은 이때 왕권을 위협한 상의 유민과 주의 불만 세력을 진압하고 주의 왕권을 안정시켰다. 예악과 법도를 정비하고, 봉건제도를 정착시켰다. 정치, 경제, 문화 등 모든 방면에서 동아시아 고대국가의 전범을 마련했다.

공자도 주공을 평생 스승으로 받들며 본받으려고 했고, 꿈에도 잊지 못했다. 정몽주의 이름에 얽힌 일화에도 주공이 나온다. 정몽주의 어릴 때 이름은 몽란夢蘭이었고 자라면서 몽룡夢龍이었는데 성인이 된 뒤 주공이 나오는 꿈을 꾸고 몽주夢周로 바꾸었다고 한다. 정몽주가 꿈에 주공을 본 것은 그를 표본으로 삼고 이상 사회를 건설하는데 일생을 바치겠다는 포부를 상징한다. 게다가 조선을 세운 태조는 개국 뒤에 이름을 성계成桂에서 단旦으로 바꾸었는데, 이 역시 주공의 이름을 의식한 것이 아닐까?

조선 6대, 비운의 소년 왕 단종은 짧은 재위 기간 내내 기세가 등등한 숙부 수양대군首陽大君에게 위협을 느끼고 전전긍긍했다. 단종이 두려움을 내비칠 때마다 주공을 자처하며 안심시키던 수양대군은 결국 단종을 폐위하고 그 자리를 차지했다. 정당한 권력을 폭력으로 강탈한 것이다. 권력이 바뀔 때면 언제나 출세할 기회를 노리는 사람이 대부분이지만 역사의 퇴행, 역사의 반동을 바로잡으려는 순결한 양심과 행동하는 지성도 있게 마련이다. 단종 복위 운동이 실패한 뒤 관련자를 심문하는 자리에서 세조가 성삼문成三問에게 왜 자기를 배반했는지 묻자 성삼문은 이렇게 답했다. "옛 임금을 복위시키려고 했을 뿐이오. 천하에 누가 자기 임금을 사랑하지 않겠소? 어찌 이를 모반이라 말하시오? 내 마음은 나라 사람이 다 압니다. 나리가 남의 나라를 빼앗아 내 군주가 폐위당하는 것을 보고 견딜 수가 없어서 그런 것이외다. 나리가 평소 걸핏하면 주공이라고 자칭하는데, 주공도 이런 일이 있소? 삼문이 이렇게 하는 것은 하늘에 태양이 둘이 없고 백성에게 군주가 둘이 있을 수 없기 때문이오." 주공은 온갖 의혹과 참소를 이겨 내고 조카의 자리를 굳건히 지켜서 주 왕조의 역사를 열었고, 세조는 조카의 자리를 불의한 폭력으로 빼앗아 그 뒤 조선 사회의 모순과 왜곡된 흐름의 기원이 되었다.

한편 곽광은 한 무제의 탁고託孤를 받고 좌장군 상관걸上官桀과 함께 소제를 보좌했으나, 곧 상관걸과 권력투쟁을 벌여 그를 조정에서 축출하고 최고 권력자가 된다. 소제가 죽은 뒤 창읍왕昌邑王 유하劉賀가 즉위했는데 27일 만에 폐위하고 그 자리에 선제를 앉힌다. 그러고는 딸을 선제의 황후로 만든 뒤 무소불위의 권력을 휘둘렀다. 그가 죽은 뒤 선제는 황후 곽씨를 폐위하고 그 일족을 멸망시켰다. 곽광이 창읍왕을 폐위한 일은 고려사에도 흔적을 남긴다. 1388년에 이성계가 위화도에서 회군한 직후 윤소종尹紹宗이 『한서』「곽광전霍光傳」을 바친 것이다. 이성계에게 창읍왕을 폐위한 곽광을 본받으라는 꼬임이었다. 물론 윤소종으로서는 이성계가 아예 혁명에 관심을 두지 않고 자기를 견제하거나 이성계의 거사가 실패했을 경우 곽광이 무소불위의 권력을 휘두르다 멸족한 것을 거울삼아 일인지하 만인지상의 자리를 가벼이 여기지 말라고 충고하려는 것이었다고 이중 복선을 깔았을 수도 있겠지만 말이다.

현대사에서 대한민국 국민은 여러 재상(대통령)을 겪었다. 재상의 본분을 망각하고 주권자인 시민을 신민으로 착각한 사람도 있고, 혁명을 일으켜서 주권자를 억누르고 왕 노릇을 하려던 사람도 있고, 재상의 본분을 지키려고 애쓴 사람도 있었고, 재상 신분을 망각하지는 않았지만 재상으로 있을 때 자기 세력을 가능한 한 최대로 키워 가능한 한 많은 이권을 챙기려고 한 사람도 있다.

최고 권력자 한 사람의 자질에 따라 국가의 기강이 좌우되고 사회 체제가 변전한다면 건전하고 합리적인 사회가 아니다. 그러나 불행하게도 우리는 재상 한 사람의 됨됨이에 따라 역사의 발전과 퇴행이 자리바꿈하는 일을 겪었다. 대한민국은 민주공화국이고 대한민국의 주권은 국민에게 있다. 주권자는 권력을 위임받은 법정 최고 대리인인 재상이 제구실을 못하면 소환해서 책임을 따져 물을 권리가 있다. 우리는 근래 국민의 주권이 어떤 것인지, 어떤 것이어야 하는지, 선한 국민의 일반의지가 얼마나 강력한지, 역사의 퇴행을 막고 건전한 발전을 추동하는 데 시민의 역사의식이 얼마나 중요한지 등을 뼈저리게 느꼈다. 민주 사회는 글자 그대로 민주 시민이 주권을 갖고 주인 노릇을 하는 사회다. 주인은 주인 의식을 가져야 한다. 주인으로서 책임감이 있어야 한다. 왕 한 사람이 주인이던 왕정 사회에서도 어떤 지식인은 이렇게 말했다. "천하가 흥하거나 망하는 데는 필부에게도 책임이 있다."[3]

3　명 말 청 초의 학자 고염무顧炎武의 『일지록日知錄』에 이런 대목이 있다. "나라가 망하는 것과 천하가 망하는 것이 있다. 나라가 망하는 것과 천하가 망하는 것을 어떻게 변별하는가? 왕조의 성이 바뀌고 나라 이름이 바뀌면 나라가 망하는 것이라 한다. 인의가 틀어막혀서 짐승을 몰다 사람을 잡아먹게 하다가 사람이 서로 잡아먹는 지경에까지 이르면 천하가 망하는 것이라 한다. 따라서 천하를 보존할 줄 알고야 나라를 보존할 수 있다. 나라를 보존하는 것은 군주와 지배 계층이 도모할 일이다. 그러나 천하를 보존하는 것은 보통 사람과 같은 천한 사람에게도 책임이 있다.〔有亡國有亡天下. 亡國與亡天下奚辨? 曰, 易姓改號 謂之亡國, 仁義充塞而至於率獸食人 人將相食 謂之亡天下. 是故知保天下 然後知保其國. 保國者 其君其臣肉食者謀之. 保天下者 匹夫之賤與有責焉耳矣.〕"

사치하는 풍조를
검소한 풍조로 바꾸려면

나세찬羅世纘

1498(연산군 4)년에 태어나고 1551(명종 6)년에 죽었다. 본관은 금성錦城, 자는 비승조承, 호는 송재松齋, 시호는 희민僖敏이다. 1528(중종 23)년 별시 문과에 급제했다.

책문

선왕이 예를 제정한 뜻은 모든 사람이 검소하게 살기를 바란 데 있다. 그러나 오늘날 검소한 풍조가 사치스러운 풍조로 변했다. 혼인의 예는 지극히 삼가야 하는데 한없이 분수에 넘친다. 상례와 장례는 정성을 다해야 하는데 죽은 이를 모독하며 난잡해서 인륜이 없다. 궁실의 제도는 웅장하고 화려하게 꾸미는 데만 힘쓴다. 의복의 규정은 화려하고 좋은 옷을 다퉈 숭상한다. 절도가 있어야 하는 음식은 호사스럽게 차려서 절도를 잃어버렸다.

이 다섯 가지 폐단이 생긴 데는 반드시 원인이 있을 터, 그 원인을 명확하게 지적할 수 있겠는가? 더러워진 풍습을 단호히 뜯어고치고

사치하는 풍조를 검소한 풍조로 바꿔 선왕이 예를 제정한 뜻에 맞게
하려면 어떤 방법을 따라야 하는가?

대책

　정치가 잘 되는 이 시대에 선비를 뽑느라 집사 선생께서 가을철 과
거에 책문을 내며 오늘날 사치와 화려함만 추구하는 폐단을 특별히
거론하고 선왕이 예를 제정한 본뜻을 회복하려 하시니, 예로써 국가
를 다스리려는 뜻이 참으로 옛 군자에 뒤지지 않습니다. 제가 비록
명민하지 않으나 한 말씀 올리지 않을 수 있겠습니까?

　예란 민심에서 생겨나고 공손과 검소에서 형성되며 절도와 꾸밈
을 통해 드러나고 사치와 분수를 넘는 데서 훼손됩니다. 이른바 공손
과 검소는 본성에 뿌리를 둔 고유한 덕성으로 천리天理를 담고 있습
니다. 이른바 사치와 분수에 넘침은 대상 사물로 생겨난 욕망으로서
인욕人欲이 외부와 감응한 것입니다. 외부와 감응해서 생기는 욕구는
도리를 해치기 쉽기 때문에, 성인은 반드시 절도와 꾸밈을 예의 실천
도구로 삼아 인민의 마음을 단속하며 규범을 정했습니다. 내재된 천
리는 욕구를 제어할 수 있기 때문에, 성인은 반드시 예를 제정하는
데 인민의 마음을 근본으로 삼아 절도와 꾸밈을 온전하게 했습니다.

　그러나 검소에서 사치로 흐르기는 쉬워도 사치에서 검소로 흐르
는 어렵습니다. 그러므로 윗사람이 반드시 먼저 교화의 근본을 몸소
실천해 세상 사람의 마음을 착하게 해야 민심이 저절로 본연의 성품

을 회복합니다. 그렇게 공손하고 검소하며 신실하고 후덕한 성품의 실마리가 싹터 인륜을 순후하게 하고 시초를 바르게 하는 도리가 저절로 행해지는 한편 부모의 은혜에 보답하고 조상을 추모하는 도가 저절로 서서 방자하고 치우치며 사치하는 마음이 사라질 것입니다. 그리고 궁실과 의복 제도에 이르기까지 저절로 규범을 넘지 않게 될 것입니다. 이렇게 살펴보면 인민의 마음을 착하게 하는 것이 곧 검약으로 돌아가고 옛날의 예를 회복하는 근본인데, 그 근본 또한 어찌 임금의 한 몸을 벗어나겠습니까?

질문에 따라 말씀드리겠습니다. 혼인이란 두 성씨가 우호를 맺어서 인륜의 시작을 바르게 하는 바탕입니다. 그러므로 선왕은 신랑이 직접 신부를 예로 맞이해 오는 친영례親迎禮를 제정했습니다. 이는 남녀가 서로 삼가도록 하는 수단입니다.

상례와 제례는 부모와 조상의 한없는 은혜에 보답하는 의식으로서 끝없는 슬픔을 가슴에 품는 수단입니다. 그러므로 선왕은 상을 당했을 때 조심스럽게 장사 지내고 조상의 제사를 정성껏 모시는 예를 정했습니다. 이는 공경을 다하는 수단입니다.

궁실에도 제도가 없어서는 안 되기 때문에 선왕은 법을 제정해 귀천을 분별하게 했습니다. 의복에 규정이 없어서는 안 되기 때문에 선왕은 규정을 제정해 상하의 차등을 두었습니다. 백성이 하늘로 여기는 음식 또한 절제가 없어서는 안 되기 때문에 선왕은 음식을 마련하고 사용하는 데 절도를 세웠습니다.

아! 혼인의 예법이 이렇게 중요한데 요즘 사람들은 어째서 군자의 덕이 부부 사이에서 시작된다는 사실을 생각하지 않고 재산의 유무만 따진단 말입니까? 수레와 말이 넉넉하고 기구와 의복을 사치스럽게 갖추고 늘 남보다 돋보이는 것을 스스로 일신의 영화로 생각하니, 어찌 뜻을 성실히 하고 마음을 바르게 해 자기를 닦고 집안을 다스리며 집안의 모범이 되기를 바랄 수 있겠습니까? 참으로 '한없이 분수에 넘친다'는 집사의 말씀과 같습니다.

상례와 제례는 이렇게 중대한 예법인데 어째서 요즘 선비로서 부모상을 치르는 자가 정에 얽매여, 죽은 이를 장사 지내는 예에 분별과 한계가 있음을 알지 못하고 제사를 함부로 지내 조상의 혼령이 임하신 듯 모시는 정성을 볼 수 없단 말입니까? 참으로 '모독하며 난잡해서 인륜이 없다'는 집사의 말씀과 같습니다.

궁실의 제도는 분별이 없는 것은 아니지만 오늘날 사치하는 습성이 오래도록 사람의 마음을 물들였기에, 농부나 상인이 사대부의 집을 본뜨는 경우가 있고 사대부가 궁궐을 흉내 내는 경우도 있습니다. '웅장하고 화려하게 꾸미는 데만 힘쓴다'는 집사의 말씀이 바로 이런 현실을 가리키지 않습니까?

의복에 규정이 없지는 않지만 오늘날 사치하는 습속이 이미 백성들 사이에 유행하고 있습니다. 그러므로 남들보다 아름다운 옷을 입어 도에 넘치게 사치하고 교만하며 뽐내고 자랑하는 것을 서로 숭상합니다. 흰 실로 다섯 군데를 꿰맨 검소한 차림은 볼 수 없을 만큼 의상이 화려합니다. '화려하고 좋은 옷을 다퉈 숭상한다'는 집사의 말씀이 지당합니다.

음식은 인정상 늘 실수하기 쉽습니다. 대체로 우리나라 사람은 앞날의 원대한 계획을 세우기보다는 그저 호사스럽게 차려 놓고 배불리 먹으면서 취하는 것만 대단하게 여깁니다. 그래서 여러 사람이 먹을 수 있는 식량을 한 사람이 떳떳이 축내기까지 합니다. 한 번 도박에 천금을 걸고 한 번 웃음에 만 전을 쓴다는 말이 이를 가리킵니다. 이로써 어떻게 재물을 허비하고 곡식을 낭비하는지 알 수 있습니다.

아! 선왕이 예를 제정할 때는 예가 본래 검소했는데 오늘날에는 어찌 폐단이 이 지경에까지 이르렀습니까? 인심과 세상의 도리가 날로 타락해서 이렇게 됐습니까? 사치하는 풍습이 날로 유행해서 옛날로 돌아갈 수 없기 때문입니까? 이 백성이 3대에는 바른 도리를 따라 행하던 바로 그 백성인데, 공손하고 검소한 도를 어찌 옛 시대에만 행하고 오늘날에는 행할 수 없단 말입니까? 저는 초야에 묻혀 살면서 슬며시 건방지게 스스로 이 분야의 책임 관료가 되었다고 생각하고 그 원인을 탐구해 보았습니다.

공손하고 검소함은 인심의 고유한 모습인데 인심이 흘러넘쳐서 사치하게 됩니다. 그러나 이를 본성의 죄라고 할 수는 없습니다. 사치하는 마음이 한번 싹트면 공손하고 검소한 마음은 저절로 없어집니다. 공손하고 검소한 마음이 한번 없어지면 사치하는 마음은 제멋대로 움직이게 됩니다. 사치하는 마음이 한번 싹트면 바로 천리가 소멸하고 공손하고 검소한 마음이 한번 막히면 인욕이 자라납니다. 예의와 제도가 잘 행해지거나 폐지되는 것이 바로 여기에 달려 있습니다.

그러므로 임금이 반드시 교화를 밝히고 풍습을 중후하게 만들어 인심이 천성의 의리를 편안히 따르게 하고 외부의 물건에 쏠리는 마음을 갖지 않도록 한 뒤에야 풍습이 크게 안정되고 풍속이 크게 이루어질 것입니다. 지금 위에서는 성스럽고 밝으신 임금님께서 부지런하고 검소한 덕으로 나라를 다스리고, 아래에서는 현명하고 유능한 신하가 절약하고 검소하며 정직한 기풍을 가지고 있습니다. 이렇게 잘 다스려지는 시대에는 당연히 사치하는 폐습이 없어야 할 텐데 오히려 있으니 유감입니다.

이런 문제의 원인이 어찌 민심에만 있겠습니까? 오히려 민심을 착하게 이끄는 도리가 지극하지 못해서 이런 폐습이 생겨나지 않았습니까? 어느 옛 학자가 '사치의 폐해는 천재天災보다 심하다'고 했습니다. 지난 몇 해 동안 나라에 천재지변이 이따금 있었고, 가뭄과 메뚜기 떼의 해를 잇달아 입은 탓에 백성의 살림살이가 지금처럼 곤궁한 때가 없습니다. 그런데도 오히려 사치하는 마음이 나날이 걷잡을 수 없고 다달이 늘어만 가니, 저는 세상의 도리가 필경 어찌 될지 모르겠습니다. 나라에서도 어찌 이를 염려하지 않겠습니까?

사치를 좋아하고 검소를 싫어함은 인지상정입니다. 오늘날의 사치하는 습속은 이미 오래된 일입니다. 따라서 하루아침에 명령으로 금할 수는 없습니다. 윗사람부터 검소한 덕을 실천하며 일상생활에서 솔선수범해야 합니다. 왕궁과 서울에서부터 마을과 골목에 이르기까지 본연의 선善을 따르는 풍조가 파급되면 교화가 행해지고 민심이 착해질 것입니다. 민심이 착해지면 예의와 제도가 행해질 것입니다.

혼인이 조심스럽게 치러지지 않을 경우, 그 원인을 깊이 생각해서 '관저'와 '작소鵲巢'의 시[1]에 묘사된 주 문왕처럼 교화에 힘쓴다면 혼

1　'관저'는 『시경』 국풍 주남의 첫 시이며 『시경』 전체에서도 맨 처음 나오는 시로, 남녀의 정절과 애정을 노래한다. '작소'는 국풍 소남의 첫 시로, 군주의 혼례를 노래한다. 주남과 소남은 모두 서주의 중심지였고, 문왕과 문왕 비의 교화를 받아 예의와 문화가 융성한 지역으로 여겨졌다.

인이 지극히 올바르게 되어 분수에 넘는 폐단이 저절로 없어질 것입니다.

상례가 정성껏 행해지지 않을 경우, 그 원인을 깊이 생각해서 조상을 추모하고 부모를 기리되 마치 조상의 혼령이 오르내리며 뜰에 머물러 계신 듯 대하면 상례가 지극히 정성껏 행해져서 혼령을 모독하고 난잡해지는 폐단이 저절로 없어질 것입니다.

궁실과 의복 제도에서 사치하고 분수에 넘는 폐단이 생길 경우, 그 원인을 깊이 생각해서 하의 우임금처럼 집을 소박하게 꾸미고 거친 옷을 입으며 검소해지려고 힘쓰면 궁실의 제도가 예전처럼 오늘날에도 합당하게 정해질 것입니다. 의복의 규정도 예전처럼 오늘날에도 합당하게 정해질 것입니다.

음식의 범절에서 절도를 잃어버린 경우, 그 원인을 깊이 생각해서 『대학』에서 말한 듯이 '생산하는 사람이 많고 쓰는 사람이 적도록' 노력하면 음식의 범절도 예전처럼 오늘날에도 절도가 있을 것입니다.

먼저 몸소 실천해 마음으로 터득하는 것이 없으면서 백성에게만 예의 조항에 정해진 대로 따르라고 한다면, 이는 이미 백성을 착하게 하는 근본을 잃어버린 것이니 나쁜 습속을 혁파하고 옛날의 예를 회복하는 것이 어찌 어렵지 않겠습니까? 맹자는 '윗사람이 어떤 것을 좋아하면 아랫사람은 반드시 그것을 더 좋아한다'고 했습니다. 집사 선생께서 올바름을 추구하시는 데 이를 단서로 삼으시기를 바랍니다.

삼가 대답합니다.

『송재선생유고松齋先生遺稿』

오늘 읽는 책문

이 대책은 나세찬이 1528(중종 23)년 별시 문과에서 제출했다. 그는 1525년 사마시에 합격하고 1528년 별시 문과에 급제한 뒤 나주·황주의 훈도訓導와 성균관 학유學諭를 거쳐서 예문관 검열이 되었다. 1534년 정시庭試에서 예양禮讓에 관한 책문을 지어 올렸는데, 그 내용이 권신 김안로 일파의 전횡과 비리를 비판하는 것이라는 이유로 탄핵받고 고성固城에 유배되었다. 1537년에 김안로가 사사賜死되자 다시 봉교奉敎에 기용되었고, 이듬해 탁영시擢英試에서 장원을 차지하며 문명을 떨쳤다. 그 뒤 몇 년 간 병조, 홍문관, 사헌부, 사간원, 시강원의 요직을 맡았다. 대사간으로 있을 때 윤원형이 유관柳灌 일파를 탄압하려고 했는데, 이를 반대하다가 체직遞職[2]당했다. 그 뒤 곧 대사헌이 되었지만, 권신 이기와 알력이 있어 일시 면직되었다. 나중에 한성 우윤이 되어 인종의 신주를 문소전[3]에 모시려고 했다가 좌천되어 전주 부윤으로 지내던 중에 병으로 죽었다.

나세찬이 정시에서 김안로 일파를 빗대어 비판하다가 처벌받은 전말은 『중종실록』에 자세히 전한다.

1534년 10월 24일, 당시 시관이던 김안로가 '주장이 바르지 못하고 글도 잘 짓지 못했다'면서 나세찬의 책문에 갱更[4]을 매겼다. 책문의 내용은 대체로 이랬다. 조정은 길을 함께 가는 자들끼리 붕당을

2　관료의 임기가 만료되거나 공로, 과실, 비리, 상피相避 등 인사이동의 사유가 생겼을 때 관직을 바꾸는 것이다.

3　원래 태조의 비 신의왕후神懿王后 한씨의 사당이었는데, 태조와 당대 왕의 4대조를 모시는 사당으로 바뀌었다.

만들어서 서로 배척하느라 겨를이 없으니 잘 다스려지기를 바랄 수 없다. 임금이 공변되지 못하고 부정한 자의 마수에 떨어진다면 조정이 불화하는 데서 그치는 것이 아니다. 공정한 도는 싸락눈처럼 흩어지고 사사로운 도가 구름처럼 일어난다. 상의 주왕은 억만 신하를 두고 마음이 억만으로 갈라졌지만 주 무왕은 신하 3000을 두고 마음은 오직 하나라고 했거늘 지금 조정의 인심은 몇 억만인지 모르겠다. 한직에서 원망을 품고 있는 자들이 뒷날 분란의 불씨가 된다. 중종은 이런 내용을 듣고 관심을 보여 문장을 베껴서 들이게 했다.

10월 28일에 중종이 나세찬의 책문을 거론하면서, 주장이 바르지 못한 데다 조정에 해를 끼칠 수 있으니 죄를 주지는 못해도 뽑을 수는 없다고 했다. 애초에 채택하지 않고 경고하는 선에서 마무리하려고 한 것이다. 그러나 김안로 일당이 책문 가운데 지록지신指鹿之臣[5]이라는 글귀가 자기들을 가리킨다고 여겨 강경하게 처벌을 주도했다.

사건이 점차 확대되어서 10월 29일에는 사헌부와 사간원에서 나세찬의 추고를 청하고, 11월 1일에는 마침내 체직했다. 11월 4일에는 장 100에 관료의 직첩을 빼앗는[追奪告身] 판결을 내렸다. 11월 5일 자 사관의 논평은 이랬다. "나세찬의 죄는 단지 글의 내용 때문에 일어난 사건으로서 임금이 특명으로 법조문을 적용해 판결한 뒤 장 100은 벌금으로 대신하며 고신(직첩)은 모두 빼앗고 내치라고 했다.

4 과거의 답안을 채점해 등급 매기는 일을 과차라고 한다. 과차는 원래 상상上上 또는 일지상一之上부터 하하下下 또는 삼지하三之下, 삼하三下까지 9등급으로 나뉘며 이 안에 들면 합격이다. 이보다 못한 경우는 차상·차중·차하·갱·외外로 매겼는데, 삼하 안에서 선발할 인원을 채우지 못하면 차상·차중·이하·갱·외의 등급에서까지 선발했다.

5 진 시황제의 둘째아들에게 사슴을 바치면서 말이라고 속인 조고趙高 같은 간신을 가리킨다.

그러자 양사兩司(사헌부와 사간원)와 홍문관에서 모두 그에 대해 그 정도 조처하는 것으로 그쳐서는 안 되며 끝까지 죄상을 밝혀내고 바로 잡아야 한다고 논계했다. 그 의도는 아마도 그를 죽음에 빠뜨리려는 것이리라. 임금이 오히려 불쌍히 여겨, 형벌을 가해 신문〔刑訊〕하라는 명을 내리지 않았다.”

11월 12일에는 나세찬이 아무런 의도가 없었다며 선처를 호소하는 글을 올리고, 임금도 승복한 내용을 근거로 더는 형벌을 가해 신문하지 말고 법조문에 따라 판결하라고 했다. 그러나 11월 27일, 김안로 일당이 줄기차게 형장을 청해 마침내 중종이 윤허했다. 11월 30일에는 나세찬의 사건을 축소하려고 했다는 이유로 송세형이 추고를 당했다. 결국 나세찬은 고성으로 유배되었다.

12월 7일 자 사관의 논평은 이렇다. “예문관 검열 나세찬은 자가 비승이다. 가정嘉靖 무자년(1528) 가을 별시에 급제했다. 문벌이 있는 집안은 아니었으나 재주와 명망이 남보다 뛰어났다. 지난 10월 정시庭試에서 책문을 지었는데, 그 가운데 ‘조정의 신하들은 한마음이 아니다.’ 하는 구절이 있었다. 그래서 시종과 대간이 김안로의 비위를 맞추기 위해 다퉈 선동하며 큰 옥사를 일으켰다. 11월 1일에 죽어 마땅한 죄로 논죄했지만 특별히 가벼운 형벌을 내려〔未減〕, 장 100에 벼슬을 모두 빼앗고 먼 곳에 귀양 보내라고〔付處〕 명했다. 40여 일 동안 수감되어 있으면서 형벌을 더한 신문을 여섯 차례 받았다. 옥에서 나오는 날 들것에 실려 나왔는데, 길에서 문득 시 한 구를 읊었다. ‘40일 옥중 생활이요, 3000리 귀양길이로다.’ 마침 글을 아는 같은 고향 사람이 아무도 도와주지 않는 것을 가엾이 여겨 부축하면서 가다가 이 시를 듣고 사람들에게 전했다. 전해 들은 사람들은 모두 '원망이 없는 군자'라고 했다. 귀양 가는 길에 진주의 친구 집에 들러 묵게 되었다. 깊은 밤에 마침 달이 환한데, 흔들거리는 그림자가 창에 비쳐 나가 보니 나세찬이었다. '어찌하여 이렇게 하는가?' 하고 물으니 '내가 정강이에 형장을 맞아 발은 움직이기가 어렵지만 손은 춤출 수 있기 때문에 시험해 본 것뿐이네.' 했다. 이 말을 들은 사람은 '참으로 원망할 줄 모르는 사람이다. 슬퍼하고 서운히 여기는 빛은 없고 화락하고 진솔한 기상이 있는데, 이는 억지로 힘써서 할 수 있는 것이 아니다.' 하고 기특히 여겼다. 그래서 식자들은 그가 끝까지 곤궁하게 살지는 않을 것을 알았다. 뒤에 과연 소환되었고, 탁영시에 장원해서 요직을 두루 거쳤다."

김안로 일당이 나세찬을 모질게 고문한 것은 대책의 내용을 보고 배후가 있다고 여겼기 때문이다. 아직 신진이라 시국을 잘 모를 나세찬이 권력에 비판적인 내용을 준열하게 갈파한 것은 필시 뒤에서 사주한 사람이 있어야 가능하다고 생각한 것이다. 김안로 일당이 배후로 지목한 사람은 송순이다. 송순은 1533년에 김안로가 권력을 장악하자 귀향해서 면앙정을 짓고 소요 자적했다. 김안로 일당은 나세찬과 송순이 모두 호남 사람이고 송세형은 송순의 친구니, 송순이 안을 내고 나세찬이 글을 쓰고 송세형이 비호했을 것으로 의심했다. 그래서 송순까지 얽어 넣으려고 나세찬을 여섯 차례나 형벌과 함께 신문해 거의 죽음까지 본 것이다.

1537(중종 32)년 10월 27일, 김안로가 패망한 뒤 중종이 나세찬의 처벌에 관해 소회를 밝힌다. "나세찬의 일은 나 역시 의논하고자 했

다. 나세찬의 대책을 오늘날 보면 참으로 정론正論이다. 그런데 그때 김안로가 시관으로서 어전에서 등수를 정했다. 그 글을 보고는 '논의가 바르지 않다' 하며 논죄했다. 송세형은 나세찬을 편들다가 함께 배척되었다." 중종은 나세찬의 대책을 둘러싼 언론 탄압의 책임을 김안로에게 떠넘긴다. "나세찬을 비롯한 이들의 일은 오로지 김안로가 한 짓이다." 하고. 참 뻔뻔하다. 최종 결정권자는 왕이 아닌가?

임금부터 솔선하라

이 책문이 출제된 중종 23년 1월에는 팔도에 금주령이 내렸다. 전해 3월에도 혼인이나 상례, 제례와 질병 치료 목적 이외의 음주를 금했다. 이 책문은 이런 대대적 금주령과도 관련 있는 것으로 보인다. 기묘사화와 신사무옥이 일단락되어 차츰 정치가 자리를 잡고 권력투쟁에서 승리한 권신들은 사치와 향락에 빠졌다. 위에서 형성된 사치 풍조가 아래로 파급되는 것은 시간문제다. 책문의 논지는 바로 이런 사치 풍조를 일소하고 검소한 기풍을 진작할 방법을 논하는 것이다.

사람은 누구나 남보다 큰 힘을 가지려 하며 남보다 우월해지고 남보다 돋보이고 싶어 한다. 생존 투쟁이 일상인 사회에서는 물리적 힘이 가장 중요한 존재의 조건이지만, 물질문명이 발달한 산업사회에서는 니체Friedrich Wilhelm Nietzsche가 말한 '힘 의지'가 소비력으로 나타난다. 소비할 수 있는 힘이 곧 그가 가진 힘의 총량이다. 현대 자본주의, 산업사회는 소비를 동력으로 삼는다. 소비를 많이 할수록, 소비를 개발할수록 자본주의는 잘 굴러가게 되어 있다. 생필품 소비는, 지나치지만 않다면 필수적인 생명 활동의 수단이며 소비와 판매 과

정은 생업의 연장이다. 그러나 사치품 과시는 생계와 무관한 인정 욕구에 기인한다. 그런데도 사실상 생계 수단을 확보하려는 욕구보다 사치품을 획득하려는 욕망이 더 크다. 고가품을 소비할 수 있는 역량이 곧 사회적 지위와 신분을 대표하기 때문이다.

사회는 유기체와 같아서 생성과 소멸을 반복한다. 고대 중국의 동진이나 당, 우리나라의 고려가 난숙한 문화를 자랑할 때 사치품 소비와 과시에 관한 기록은 지금 우리로서도 상상을 초월하는 수준을 담고 있다. 가난한 인민 수백 명이 몇 달 먹을 양식을 구할 금액을 한꺼번에 소비한다든지 고가품을 경쟁적으로 구입하고 낭비해서 사회의 건전한 경제 생태를 왜곡하고 교란했다는 기록이 역사서 지면의 대부분을 차지한다. 사치품의 생산과 소비도 경제를 추동하는 힘이지만, 사회 공동체의 건강한 발전이라는 측면에서 보면 역시 부정적이다. 사치품의 과시와 소비는 한 사회의 빈부 격차를 더 벌리는 원인이 되기도 하는데, 극심한 빈부 격차는 사회 통합과 건전한 노동 의욕을 송두리째 파괴해 버린다. 경제력에 기반을 둔 새 신분제도를 만들기도 한다. 사회의 회복력이 크다면 소수의 일탈을 용인할 수 있겠지만, 폐쇄적이고 회복력이 약한 조선에서 사치 풍조가 형성되면 국가 경영이 심각한 영향을 받을 수밖에 없었다. 이 책문은 이런 국가 경영의 문제의식을 반영한다.

권력의 본질에 대한 성찰을 촉구하는 나세찬의 글, 「임금은 배와 같아라君猶舟賦」를 보자.

나는 남몰래 생각한다네, 임금 자리는 아주 어렵다는 것을. 천명이 한결같기 어려움을 번민한다네. 배는 어지러이 방향을 돌리며 뒤집어지고 기우뚱거리며 온갖 위험을 무릅쓰네. 성인은 망해 가는 왕조를 붙들어 세우려고 했다는데, 나는 장차 큰 바다를 저어 가리라. 조각배 띄워 노를 저으니 강은 아득히 끝 간 데 없다. 큰 강이 험하고도 험해 사공에게 나를 안전하게 건네 달라 하네. 노 하나에 목숨을 맡겨 두고 겁이 나 가슴을 바짝 졸이네. 홀연 바람이 사납게 불어 세차게 물보라 일으키고 조각배에 물이 드나드니 목숨이 경각에 달렸네. 대비해 두면 근심이 없나니 험한 데 가더라도 길하게 된다네. 아! 배 저어 가는 것은 물의 성질을 따르는 데 있네. 하물며 물결은 한결같지 않고 미세기 얼마나 오가는가? 배를 젓다 까딱 조심하지 않으면 눈 깜짝할 사이에 큰 화를 당하니, 헤아릴 수 없는 위험에 몸을 맡기는데 어찌 잠깐이라도 조바심치지 않으랴? 봉창에 기대어 생각하노라니 임금 노릇 쉽지 않음을 느끼네. 드넓은 강토를 차지하고 높디높은 최고 자리에 임하니 사방 바다 안 빽빽한 사람들이 모두 내 새끼들이로다. 백성은 지극히 어리석으나 지극히 신령하나니, 참으로 속마음을 믿기 어렵도다. 마땅히 은혜의 물결을 널리 퍼뜨려 모두 내 집으로 돌아오게 해야지. 왕의 혜택이 한 번이라도 마르면, 모두 골치를 앓으며 원망하고 미워한다네. 이를 일러 두려워할 만한 자 백성이 아닌가 했으니, 참으로 안정과 위기는 스스로 취하는 것이라네. 누가 말했던가, 지존의 한 사람은 위태로움이 외로운 배보다 심하다고. 저 드넓은 강은 하늘로부터 쏟아져서 험하게 흘러가지만 형체가 있으니, 마음만 먹으면 험한 강이라도 신경 쓰지 않고 건널 수 있네. 하물며 키를 옮겨 배를 저어 감에 어찌 쉬운 길, 험한 길이 따로 있으랴? 백성의 마음은 형체가 없기에 깎아지른 협곡(巫峽) 한가운데 있는 듯해, 극도로 거스르다 극도로 순종하며 지극한 안정에 지극한 위기를 숨기고 있네. 오직 어지러움을 싫어하고 다스림을 좋아하니, 어찌 거취에 단서가 없으랴! 아침에는 나를 어루만진다고 임금으로 여기다가, 저녁에는 나를 학대한다고 원수로 여긴다네. 임금이 오시면 소생한다 함은 하夏의 인민이 아니던가?[6] 앞선 대열에서 창을 거꾸로 들고 반역한 것은 상商 천하의 일 아니던가? 백성이 어찌 남의 나라를 위태롭게 하랴? 임금이 (나라의) 명맥을 스스로 허문다네. 민심을 한번 잃어버리면 배 안이 모두 적이라네. 천하 사물의 이치를 살펴보니 막히고 통하는 것이 서로 간에 엎드려 있네. 세상의 도가 한번 상승하면, 이는 바다에 물결이 일지 않는 격이라네. 어리석은 초나라 사람이 배 젓기를 막 배우고는 바람이 없다 우습게 보고 함부로 저었으니, 어찌 재앙이 문득 일어나 마침내 서로 물에 빠질 줄 알았으랴? 아! 물 때문인가, 사람 때문인가? 재앙은 전철을 보고 살펴야 한다네. 나는 참으로 편안함에 빠져서 위태로움을 잊는 것이 지도자가 가장 경계해야 할 것임을 안다.

끝으로 읊는다. 백성은 물과 같고 물은 백성과 같네. 험하고 평탄함 물에 있고 편안하고 위태로움 사람에게 있다. 요순은 백성을 편안하게 다스렸기에 요순이 되고, 한·당은 백성을 위태롭게 했기에 한·당이 되었네. 그 기미는 나로 말미암으니 어찌 망할지도 모른다, 망할지도 모른다 염려하지 않으랴?

---

6 걸왕의 폭정에 시달리던 하의 여러 지역 사람들이 임금, 곧 탕왕이 와서 걸왕을 정벌하면 살 수 있다고 기대했다.

적폐를 개혁하는 방법

황준량黃俊良

1517(중종 12)년에 태어나고 1563(명종 18)년에 죽었다. 본관은 평해平海, 자는 중거仲擧, 호는 금계錦溪다. 이황의 문인이며 어려서부터 재주가 뛰어나 신동으로 불렸고, 문명文名이 자자했다. 1540(중종 35)년 식년 문과에 을과로 급제했다.

책문

왕은 이렇게 말한다. 법이 오래되면 폐단이 생긴다. 전조銓曹[1]의 벼슬길[仕路]이 맑지 못하고, 학교의 인재 양성이 밝지 못하고, 군졸이 위축되는 폐단이 날로 심해진다.

대책

신은 이렇게 대답합니다. 신이 듣기에 성명한 제왕이 천하와 국가

---

1 관리 전형을 맡은 이조와 병조를 함께 이르는 말이다.

를 다스리는 데 정치의 큰 근본[大本]이 있었고 정치의 큰 작용[大用]이 있었으니, 정치의 큰 근본은 마음에 있고 정치의 큰 작용은 정사政事에 있습니다. 도가 마음에 있으면 정치가 확립되고 도가 정사에 통하면 정치가 행해지니, 본디 도를 떠나서는 마음을 보존할 수 없고 마음을 버리고서는 정사를 시행할 수 없습니다. 참으로 이 마음을 모든 변화에 대응하는 주체로 삼고 이 정사를 시세에 따라 왜곡된 것을 바로잡는 도구로 삼는다면, 국가는 영원히 다스려지며 끝내 어지러워지고 망하는 재앙이 없을 테니 폐단을 개혁함에 무슨 어려움이 있겠습니까?

삼가 생각건대 주상 전하께서는 영명英明하고 천고에 으뜸가는 자질로 그지없이 경계하고 두려워하는 정성을 더해 마음에는 제왕의 마음을 두고 다스림에는 제왕의 다스림을 이었으니, 시사時事에 염려할 일이 별로 없었습니다. 그러나 오히려 법이 오래되어서 폐단이 생김을 우려하시고 위로 3대로부터 아래로 한, 당과 오늘날의 폐단을 언급하시며 해결할 방책을 듣고자 하십니다. 신은 밭 가운데 엎드려 있었지만 하루도 전하를 잊은 적이 없습니다. 이제 이렇게 정중한 물음을 받으니, 감히 마음속 생각을 숨김없이 다 드러내 만분의 일이라도 도움이 되게 하지 않겠습니까?

첫 번째 물음에 답하겠습니다. 신이 들건대 『주역』에서 "끝이 나지 않도록 길이 이어지게 하니, 이로써 만물이 훼손됨을 안다." 했습니다. 선대 학자는 "법이 오래되면 폐단이 생기는 것이 고금에 공통된 근심이다." 했습니다. 한 시대가 흥하면 반드시 한 시대의 정치가 있으니, 정치의 규모와 제도가 모두 자세히 갖춰집니다. 애초에는 만세에 전할 만하던 것이라도 오래 시행하면 폐단이 없을 수 없습니다. 세상이 변하고 바뀌기 때문에 그런 것이 아니라, 이치와 형세[理勢]의 필연입니다. 선대로부터 이어진 것을 지키기 힘들어하는 자는 적임자가 아니어서 제왕의 도를 늘 지킬 수는 없습니다.

신이 살펴건대 3대가 융성했을 때 임금은 우임금·탕왕·문왕·무왕이었고, 신하는 익益·이윤·주공·소공이었습니다. 강구講求한 것은 훌륭한 계책이 아닌 것이 없었고, 규획規畫한 것은 좋은 정사와 좋은 교육이 아닌 것이 없었습니다. 좋은 법과 아름다운 뜻[良法美意]도 굳이 비평할 거리가 없었는데, 어찌 말할 만한 폐정弊政이 있었겠습니까?

멀리 말세의 군주는 과거를 답습하며 구차히 간편함만 따르고 타락하며 시들어서 활기가 없는 탓에 우임금·탕왕·문왕·무왕의 마음으로 우임금·탕왕·문왕·무왕의 정치를 시행하지 못했으니 전형典刑이 뒤집히고 폐단이 생겨도 구제하지 않았습니다. 계승한 군주가 선왕의 마음을 늘 지켰다면 오래도록 전해도 폐단이 생기지 않았겠으나, 법이 저절로 시행될 수 없기에 끝내 어지러워지고 망하는 데 이르렀으니 탄식을 금할 수 없습니다!

아래로 한, 당부터 송에 이르기까지 한두 군주는 타고난 자질이 고상하고 계획과 사려가 주도면밀해 예의와 법도[儀度]를 새로 만들고 정치의 도구[治具]를 멋있게 꾸몄습니다. 그러나 『시경』, 『서경』을 공부하지 않았으며 선정善政은 전해지지 않았습니다. 궁궐은 덕 앞에 부끄럽고 이미 큰 근본을 잃어버렸으며 옛 법도[舊章]를 경솔하게 바꾸고 민생을 잔인하게 해쳤습니다. 마음은 그 마음이지만 도를 체득한 제왕의 마음은 아니고, 정치는 그 정치지만 마음을 보존한 제왕의 정치는 아니었습니다. 계통을 이은 시초에 이미 근본이 없었으니, 하물며 후계자가 현실을 변혁해 착한 이치로 바꾸고 시대에 따라 합당하게 계승하며 혁신하기를 바랄 수 있겠습니까? 난리와 멸망이 서로 이어진 것도 이상하지 않습니다. 전하께서 이를 모르시지 않으나 신에게 물으신 까닭은 신의 학식이 정밀한지, 거친지를 살피는 데 있습니다. 신도 전하께서 3대를 본받고 한, 당을 거울처럼 여기시기를 바랍니다. 전하께서 마음을 보존하고 착하게 정치하시기를 엎드려 바랄 뿐입니다.

두 번째 문제를 말씀드리겠습니다. 신이 가만히 우리나라를 살펴보니, 태조 강헌대왕康獻大王께서 집안을 나라로 발전시키고 성스러운 마음으로 재량해 한 시대의 정치를 정하고 열성조를 계승 발전시켜 정치의 도구로 삼으시되 모두 정도正道로 하며 결점이 없었습니다. 따라서 「관저」, 「인지麟趾」의 아름다운 뜻으로 『주관周官』(『주례』)의 법도를 행했다고 할 수 있습니다.

게다가 전하께서는 심오하고 지혜롭고 교양 있고 밝으시며(潛哲文明) 온화하고 공손하고 성실하고 독실함(溫恭允塞)으로 기미幾微를 밝히 살펴서 일 처리에 허술함이 없고 이른 아침부터 늦은 밤까지 정신을 가다듬으며 지극한 정치를 도모하십니다. 그러니 일을 조치할 때 행동이 법도를 잃지 않고, 정령을 시행할 때 폐단도 생기지 않아야 마땅합니다.

그런데 어찌 된 일인지, 근래에는 관리 임용(吏蔭)을 잘못해 벼슬길에 어리석고 비열한 사람들이 많고 교육과 훈계에 법도를 잃어 학교에 스승과 학자의 책임을 지는 사람이 없으며 병졸이 훈련을 하지 않아 군정軍政은 방비가 허술할 우려가 있습니다. 그리하여 성상께서 아침저녁으로 나라를 걱정하시고 마침내 책문을 내는 노고를 겪으시게 되었습니다.

세 가지 폐단은 반드시 원인이 있거늘 전하께서 다스리는 도가 지극하지 못해서 그런 것입니까, 아니면 군주의 명을 받들어 덕화를 펴는 사람이 잘 봉행하지 못해서 그런 것입니까? 지금 기회를 놓치고 구제하지 않는다면 폐단이 장차 어떻겠습니까?

신은 일찍이 곤궁한 처지였기에 비록 조정의 의논을 헤아려 보지 못했습니다만, 여러 벼슬아치[百執事]의 끄트머리에 참여해 참람하게 대책을 따져 보았습니다. 책문에 "이 세 문제가 애초에는 좋지 않은 것이 아니었다. 다만 법을 시행한 지 오래되고 봉행하기에 적당한 사람을 얻지 못하면서 점차 진정한 의도를 잃어버려 끝내 이런 폐단에 이르고 말았다." 하셨습니다.

신이 폐단의 원인부터 진술하고 해결할 방도를 언급해도 되겠습니까? 벼슬길을 말씀드리자면, 옛날에 선비를 취할 때에는 지방 학교[序]에서 천거해 중앙 고등교육기관[學]에 진학시켰으며 고등교육기관에서 사도司徒에게 천거했습니다. 하루아침에 진학시키거나 한 사람의 손이 천거하는 것이 아닙니다. 집안에서 수양하고 나라에서 등용했으니 훌륭한 선비가 성대하게 배출되어 여러 직책에 포진한 채 한 사람의 눈에 들려고 했습니다.

우리 조정의 선비를 취하는 방법도 정비되지 않은 것은 아닙니다. 이과吏科의 법은 보증 천거[保擧]의 예고, 문음門蔭의 법은 세록世祿을 마련하는 뜻에 해당합니다. 또 경서經書를 강講해 시험을 치른 뒤 벼슬을 허락했는데, 이는 옛것을 배워 관官에 들어간다는 뜻입니다. 그러나 시행한 지 이미 오래되니 폐단이 없을 수 없습니다. 편지에 기대거나 인척을 매개로 해 글은 반줄도 모르는 자가 관료의 반열에 참여해 낭관을 맡고 수령을 맡습니다. 이런 사람들은 일이 닥치면 담장 앞에 선 듯 무식해서 일 처리가 번잡하기만 합니다. 배움이 넉넉하면 벼슬을 하고 자기를 닦은 뒤 남을 다스리는 도는 어디에 있습니까?

학교를 말씀드리자면, 옛날에는 가숙家塾, 당상黨庠, 술서術序, 국학國學에서 가르치지 않은 사람이 없었고 학교가 없는 곳이 없었으며 사표師表의 책임을 진 사람은 모두 적임자였습니다. 우리 조정의 가르치고 배양하는〔教養〕 법도도 정비되지 않은 것이 아닙니다. 안으로는 성균관과 4학四學이 있고 밖으로 주현州縣에도 향교를 설립했으며 교도教導하는 관원 또한 경전에 밝고 여러 차례 천거된 인물을 택했으니 책임을 지우는 방도 중 지극하지 않은 바가 없습니다. 그러나 시행한 지 이미 오래되니 폐단이 없을 수 없습니다.

여러 고을에서 가르치고 훈계하는 직책을 맡은 자는 모두 용렬하고 비루한 무리라 학문의 방도를 모르며 한갓 이익을 노리는 계책만 품고 있습니다. 심지어 가르치고 훈계한다는 이름만 지녔을 뿐 구두句讀를 이해하지 못하는 자도 있습니다. 하물며 고비皋比(스승의 자리)에 앉아 문난問難의 책임을 감당하기를 바라겠습니까? 이로 말미암아 수업료〔束脩〕에 뜻을 둔 자는 선생〔函丈〕이라는 호칭에 부끄럽고 교적校籍에 이름을 올린 자는 글 읽는〔皷篋〕 자리를 부끄럽게 여기니, 인재를 교육하고 덕을 기르며 인재를 고무하는 뜻이 어디에 있습니까?

군정을 말씀드리자면, 병사를 농사에 붙여 무예를 익히게 하는 옛 법도가 이미 폐단이 되어 병사들이 피곤해하기 시작했습니다. 국가의 군사정책〔詰戎〕은 지극하지 않은 바가 없습니다. 물에는 선군船軍을 두고 뭍에는 보기步騎를 두어 비상시에 대한 예방〔陰雨之防〕과 앞날을 견고히 하는 준비〔苞桑之備〕가 치밀하다 하겠습니다. 그러나 시행한 지 이미 오래되니 폐단이 없을 수 없습니다.

군사를 통솔하는 만호萬戶는 침탈侵奪하는 일만 알 뿐 아끼고 보호하는 은혜를 생각하지 않습니다. 항오行伍를 편제하는 자는 실제 장정은 없애고 액수만 두었으며, 수령이 된 자는 십상팔구 인보隣保를 구분하지 않고 양천良賤을 따지지도 않고 때에 닥쳐서야 군적軍籍을 메워 책임을 면합니다. 어찌 무기〔刀鎗〕의 쓰임을 알며 어찌 무예〔弓馬〕의 일을 알겠습니까? 병사의 야위고 초췌한 모습이 오늘보다 더 심한 적은 없습니다. 혹 생각지도 않은 사이에 전란이 일어난다면 장차 어떻게 사용해야 할지 모르겠습니다. 국가의 병비를 충분히 한다〔足兵〕는 도리는 어디에 있습니까?

그래서 신이 '폐단을 해결하려면 마땅히 폐단이 이르게 된 연유부터 생각해야 한다'는 것입니다. 신이 앞에서 진술한 세 가지 폐단은 모두 오래된 폐단이며 해결의 요령은 적임자를 얻는 데 있습니다.

참으로 그 적임자를 얻어서 전선銓選의 책무를 맡기면 반드시 고려의 최우보崔祐甫가 관직에 제수되자 800명이 모두 흡족하게 여기듯 할 수 있으니 조정에는 다퉈 나아가는 습성이 없고 재야에는 어진 이를 빠뜨렸다는 탄식이 끊어져서 벼슬길이 맑게 되지 않을 수 없을 것입니다. 참으로 그 적임자를 얻어서 가르치고 인도하는 책무를 맡기면 반드시 송의 호원胡瑗이 호학湖學의 교수가 되어 학교에 교육의 이념과 방법〔體用〕을 갖춘 것처럼 할 수 있으니 스승이 자리에 기대어 꾸짖는 일이 없고 인재를 양성하는 아름다움이 성대해서 교양이 극진하지 않을 수 없을 것입니다. 참으로 그 적임자를 얻어서 군려軍旅의 일을 맡기면 반드시 조趙나라 이목李牧이 조세를 거두어 병사를 대접하자 병사들이 다투어 쓰이는 것을 좋아한 것처럼 할 수 있으니 살을 도려내는 아픔이 없고 모두 편안히 죽을〔死綏〕 뜻을 품어서 군액軍額이 날로 줄어드는 것을 걱정하지 않을 것입니다.

그러나 이는 다만 폐단을 구제하는 말단의 도구이고 정치를 하는 단서의 하나일 뿐입니다. 정치를 하는 큰 근본은 전하의 한 마음〔一心〕에 달려 있습니다. 전하의 한 마음은 정령을 내는 큰 근본이고 정치를 하는 근원입니다. 근본이 가지런하면 반드시 그 말단을 헤아리지 않아도 궁궐이 고요하게 맑아서〔虛明〕 심원해진 뒤 끝까지 이를〔條達〕 것입니다. 근원이 맑으면 반드시 흐름을 격하게 하지 않아도 물결이 막힌 것을 뚫어 고요하게 티끌이 없어질 것입니다.

신이 바라건대 전하께서는 마음을 보존해 정령을 내는 근원을 맑게 하시며, 몸소 행하고 마음으로 터득한 실상을 미루어 교화를 밝힘으로써 사람의 마음을 바르게 하십시오. 그러면 사람들이 조급하게 나아가려고 하지 않고 모두 자중하는 마음이 들어, 성급하게 다퉈 남의 자식을 이끌어 벼슬에 앉혔다가 망치는 것을 경계로 삼고 자신의 능력을 믿지 못하겠다는 술회를 본받을 테니 함부로 벼슬길에 나아갈까 걱정할 것이 아닙니다.

신이 바라건대 전하께서는 마음을 보존해 정령을 내는 근원을 맑게 하시며 몸소 먼저 실천하고 스스로 터득한 이를 스승으로 삼으십시오. 예컨대 성탕이 이윤에게 배우고 한 명제가 3로에게 절한 듯이 한다면 아래에서 보고 매우 감동해 흥기하는 자가 있을 테니, 가르치고 훈계할 적임자를 얻지 못할까 걱정할 것이 아닙니다.

신이 바라건대 전하께서는 마음을 보존해 정령을 내는 근원을 맑게 하십시오. 그러면 군정의 책무를 맡은 자가 임금이 인민을 아끼고 기르는 어짊〔仁〕을 우러러 체득하고 군졸을 어루만지는 마음을 품을 테니, 장수는 고름을 빨아 은혜를 사고 높이 뛰는 능력으로 용기를 팔며 병졸은 훈련되지 않을까 걱정할 것이 아닙니다.

신이 이미 어리석고 분별없는 말로써 물음〔淸問〕의 만분의 일이나마 우러러 대답했습니다. 글의 끝에 다시 마음〔心〕이라는 글자로 남은 생각을 다 밝히겠습니다. 옛날 동중서는 마음을 바로잡는 것을 만민을 바르게 하는 근원으로 삼았고, 정이는 근독謹獨하는 것을 하늘의 덕〔天德〕에 이르는 근본으로 삼았습니다. 참으로 임금이 정신精神과 마음 씀〔心術〕의 운용을 궁정의 깊은 곳에 숨기고 있어도 증거가 환하게 밖으로 드러나 숨길 수가 없습니다.

그러므로 임금의 마음이 한 번이라도 발라 거울처럼 맑고 저울처럼 평평하기만 하다면, 인재人才의 사정邪正과 정사政事의 가부可否가 투명해서 폐단이 없을 테니 나머지는 말할 나위가 없습니다. 임금의 마음이 한 번이라도 바르지 않으면 실타래를 풀려다 엉크는 것과 같아 일일이 고치더라도 이루 다 고칠 수가 없습니다.

지금은 염치의 도리를 잃어버려 뇌물로 벼슬살이를 하기에, 임명하는 문서가 채 내려지기도 전에 사람을 찾아냅니다. 그러니 먼저 정령을 내는 바탕을 엄격하게 해 관리 선발[銓注]의 길을 맑게 하지 않을 수 있겠습니까? 옛 기풍[古風]이 사라지자 사제師弟의 도리를 잃어버려 의리의 학문은 강론하지 않고 공리功利의 설이 날로 치성하며 선비는 경전을 연구해 질문하지 않고 스승은 곳간만 축낸다는 놀림이 있습니다. 그러니 먼저 정령을 내는 근원을 바르게 해 군사君師의 책임을 다하지 않을 수 있겠습니까? 공도公道가 엄폐되어 소멸하고 채수債帥가 풍조를 이루어 병사의 고혈膏血과 군사의 기력이 권문의 뇌물 때문에 꼼짝달싹 못합니다. 그러니 먼저 정령을 내는 근본을 맑게 해 뇌물[苞苴] 주고받는 길을 막지 않을 수 있겠습니까?

참으로 이와 같이 한다면 한 사람이 창도함에 한 나라가 본받고 한 마음을 미루어 감이 온갖 정치 교화[萬化]의 근간이 되어, 덕을 행하는 큰 근본이 수립되고 정치를 하는 큰 작용이 이루어질 것입니다. 오늘날 정치 교화[治化]의 수준은 3대의 높은 경지[閫域]에서 한, 당의 낮은 수준을 내려다보는 격입니다. 하물며 이 몇 가지 일은 모두 '작은 덕은 냇물처럼 쉼 없이 흘러가고 큰 덕은 만물을 두텁게 생장시킨다'는 천지의 도에 포함되니, 성상의 생각을 번거롭게 할 필요가 없습니다. 일을 하나하나 차례로 하다가는 폐단을 고칠 수 없습니다. 근본을 바로잡지 않는다면 비록 성상께서 부지런히 계획하고 묘당에서 계책을 다 짜내도 될 수 없습니다. 선대 학자가 말했습니다. "도 자체는 만세에 이르도록 폐단이 없다. 폐단은 도를 잃어버린 결과다." 삼가 바라건대 성상께서는 깊이 생각하소서.

신은 삼가 대답합니다.

『금계선생문집』

황준량은 경상북도 풍기에서 태어났다. 재질이 남다르게 뛰어나 스스로 문자를 해독했고, 말을 하면 사람들을 놀라게 해 신동이라고 칭찬받았다. 18세에 진사시에서 책문을 잘 지어 이름이 널리 알려졌다.

이황의 문하에 있었는데, 수학한 기간은 길지 않아도 이황에게 크게 인정받았다. 1563년에 47세로 죽었을 때 이황이 "하늘이 나를 버렸다." 하고, 마치 공자가 안회의 죽음을 절망한 것처럼 애통해했다고 한다. 이황은 평생 행장을 쓰는 데 아주 엄격해서 명종과 선친 외에는 조광조, 이현보李賢輔, 이언적, 권벌權橃과 황준량의 행장만 썼다. 유운룡柳雲龍이 쓴 글에는 황준량이 일찍 죽지만 않았으면 퇴계의 학맥이 황준량에게 이어졌을 것이라며 안타까워했다. 황준량의 문집인 『금계집錦溪集』에 수록된 편지 중 다수가 이황과 학문을 문답한 것이고, 『퇴계집退溪集』 권19~20이 모두 황준량에게 보낸 편지다. 황준량이 죽자 이황은 손수 그의 관에 명정銘旌을 썼고, 행장을 지어 그의 일생을 기술했으며, 제문과 만사輓詞를 직접 지어 그의 넋을 위로했다. 게다가 『금계집』의 내집內集 네 권을 직접 교열하고, 편차를 마친 뒤 이산해에게 발문을 부탁했다. 이처럼 이황과 황준량의 사제 관계가 각별했다.

황준량은 교육 실무를 맡은 관직에서 출발해 여러 벼슬을 역임했는데, 지평持平에 제수되었을 때는 일찍이 청탁했다가 거절당한 언관에게 '성질이 안정되지 못하고 평판이 좋지 않다'고 탄핵당하기도 했다. 이황의 문집 고증에 따르면 이 언관은 이기, 정순붕 등의 하수인

〔鷹犬〕 노릇을 한 한지원으로 추측된다. 한지원은 을사사화의 전말을 정직하게 기록한 사관 안명세의 기록 내용을 이기, 정순붕 등에게 밀고해 안명세가 처형당하게 한 장본인이다.

황준량은 부친의 3년상을 치르는 동안을 제외하고 대부분 공직에 있었는데, 신녕 현감으로 있을 때는 굶주린 백성을 진휼해 소생시켰다. 고을의 재정을 긴축 운용해 전임자가 진 부채를 덜어 내고 부채 문권을 태운 일도 있다. 문묘를 수축하고 백학서원白鶴書院을 창설하는 등 학교와 교육 진흥에도 힘을 기울여 많은 치적을 남겼다.

명종 12(1557)년 가을에 단양이 피폐해지자 조정에서 특별히 적임자를 뽑았는데, 황준량이 발탁되어 군수로 부임했다. 3년 동안 단양에 있으면서 피폐상을 상소했는데, 그 내용이 매우 절실하고 구체적인 대안을 담고 있었다. 상책으로는 10년간 부역과 공물의 조세를 면제할 것, 중책으로는 단양군을 폐지하고 원주에 귀속시켜 살아남은 백성을 이주시킬 것, 하책으로는 백성에게 고통을 안겨 주는 열 가지 공납의 폐단을 해소할 것을 건의하고 공물과 부세를 10년간 감면받았다. 단양향교를 중수하고 고려 말의 뛰어난 학자 우탁禹倬을 배향하기도 했다. 성주 목사로 있을 때도 전임 목사 노경린이 세운 영봉서원을 증수하고, 문묘를 수리했다. 그리고 성주에 교관으로 있던 오건吳健과 협력해 제자를 네 등급으로 나눠 교육은 오건에게 맡기고 자신은 감독을 맡으며 교육 진흥에 힘써 많은 학자를 배출했다. 후학의 요구에 응해 공곡서당孔谷書堂과 녹봉정사鹿峰精舍를 세워서 강학의 터전을 확보해 주기도 했다. 또한 스승 이황이 편집한 주희의 편지 선집인 『주자서절요朱子書節要』를 간행했다. 그 발문에 '이 책이 유행하면 『근사록』과 함께 4서를 공부하는 데 사다리가 될 것'이라며 그 가치를 평가하고, 유명한 주자학자인 송의 왕백王柏과 하기何基, 명의 오눌吳訥과 송렴宋濂이 제대로 해내지 못한 위업을 이루었다고 그 의의를 높이 인정했다. 이 무렵 고향에 금양정사錦陽精舍를 세워 만년의 강학처로 삼으려고 했지만 실행에 옮기지 못하고 1563년에 병을 얻어 사직하고 귀향하던 중에 병이 악화해 예천에서 죽었다.

황준량은 지방관으로 부임하는 곳마다 교육 진흥에 심혈을 기울였다. 그가 증축하거나 창설한 교육기관은 공립, 사립을 통틀어 일여덟 군데나 된다. 이황도 황준량이 교육에 힘써서 많은 인재를 배출한 점을 특별히 인정했다. 이황과 조식의 학맥을 모두 이었다고 일컬어지는 정구鄭逑가 성주의 영봉서원과 녹봉정사에서 황준량에게 배웠다고 한다.

황준량은 학문과 실천이 조화를 이룬 선비 학자라고 할 수 있다. 그가 주세붕에게 보낸 편지에서 최충을 두고 '세상에 뛰어들어서는 도를 밝히는 효험이 없고, 몸으로 돌이켜서는 이치를 궁구하는 실상이 없었다〔措世而無明道之效, 反身而無窮理之實〕'고 평가했는데, 이 말을 바꿔 생각하면 곧 세상에 참여해서는 도를 밝히고 자기 몸으로 돌이켜서는 이치를 탐구해야 진정한 학자이며 스승이라는 것이다.

황준량은 죽은 뒤에 편치 않은 일을 많이 겪었다. 그에 관한 역사 기록은 '재기가 탁월해서 글을 잘 지었다'는 좋은 평가가 있고, 앞에서 말한 언관의 평을 인용해 '성질이 안정되지 못하고 평판이 좋지 않다'는 나쁜 평가도 있다. 김장생 같은 대학자도 '간흉한 자들이 권력을 잡았을 때 그들에게 아첨해 선량한 이들을 해쳤다'고 폄하했다. 이런 부정적인 평가와 몇몇 사람의 원한이 촉발한 사건이 세 차례나 반복된 '금계선생변무錦溪先生辨誣' 소동이다. 이 사건은 황준량의 혼령을 편히 쉬지 못하게 했다. 그는 1662년에 풍기에 세워지고 이황을 배향하는 욱양서원郁陽書院에 1669년에 종향되었는데, 이는 퇴계학이 그를 통해 풍기에 계승되었음을 의미한다. 그런데 욱양서원에서 그의 위패가 출향과 복향復享을 반복한다. 이 사건의 전말은 이렇다.

1556년에 소수서원에서 불미스러운 사건이 일어났다. 당시 소수서원의 사무를 보던 김중문金仲文이 유생을 얕보고 함부로 대해 격노한 유생이 권당捲堂하고 서원을 비우는 등 말썽이 생겼다. 관청까지 개입하고 이황이 이런 수습책을 제시했다. '영주 군수 안상安瑺이 날짜를 정해 유생을 서원에 모은다. 풍기의 황준량과 영천의 박승임은 후진이 우러러보고 한 지방을 인도하는 자니, 이들에게 수습을 부탁한다. 두 사람이 저마다 자기 고을 선비들에게 편지를 보내 불러들이고, 선비들이 모이면 개혁을 통해 서원의 규모를 확장할 것이다.'

이렇게 사건을 수습하는 과정에 황준량이 주도적으로 개입해 주희가 작성한 (백록동서원의 규약) '백록동규白鹿洞規'에 따라 학령學令을 엄격하게 하고 상벌을 명확하게 해서 패악하거나 게으른 사람들을 다그치고 가르침에 따르지 않는 자는 쫓아내 함께하지 못하게 했다. 이때 황준량에게 앙심을 품은 사람들이 생겨났다. 마침 강유선康惟善의 묘갈문에 '학정이 성균관 유생의 과거 응시 자격을 박탈했다[停擧]'는 구절이 있었다. 노수신盧守愼과 심희수沈喜壽의 강유선 묘갈명과 묘지명에는 모두 강유선이 인종 재위 때 조광조의 복작復爵을 청하는 글을 여러 차례 올렸는데, 권신의 뜻을 받든 황준량이 강유선을 '성균관에 있을 때 궤변 늘어놓기를 좋아했다'는 핑계로 정거했다고 한다. 이에 따라 1674년에 순흥 사람 24인이 욱양서원 원장 안만유安晩瑜와 위패를 철거하려고 모의하고 마침내 소수서원 원장 김윤하金潤河와 작당해 일을 저질렀다. 그 뒤 출향과 복향이 반복되었는데, 나중에 밝혀진 진상으로는 황준량이 학정으로 있던 시기와 강유선이 정거된 시기가 일치하지 않으며 명망 있는 인사들이 황준량을 폄훼한 것은 강유선이 정거될 때 학정이 황준량과 동명이인이라 오해한 것이었다고 한다. 출향의 이면에는 당파적 갈등이 빚은 편견도 작용했으리라는 추측도 있다. 실제로 북인인 정인홍이나 노론 적통인 김장생, 송준길 같은 사람은 황준량을 매우 나쁘게 평한다. 김장생은 황준량을 불길한 사람이라고 했고, 송준길은 『주자서절요』에 수록된 황준량의 발문을 삭제해야 한다고 주장하기까지 했다.

　퇴계학의 맥을 잇는 이익李瀷은 『성호사설星湖僿說』에서 몇 가지 일화를 소개하면서 황준량을 간접적으로 변호한다.

　　퇴계는 금계 황준량을 매우 깊이 알아주었다. 그가 쓴 제문에서 "오늘의 일을 당해 옛일을 헤아리니 어찌 이런 사람에게 비방이 많았던가! 근거 없는 일을 지적해 뼈를 녹이는 참소를 했으니 모두 원한에서 나온 것임을 알겠도다." 했다. 이는 금계가 평소 비방받은 까닭을 가리킨다. 노수신이 지은 강유선의 비문에 '학정 황준량이 권신의 지시를 받아 공이 과거에 응시하지 못하도록 정지시켰다'는 구절이 있다. 당시 이런 말이 전해졌으나 사실이 아니다.

어떤 사람은 '금계가 일찍이 순흥에 왕의 기운[王氣]이 있다고 말했는데, 이 때문에 군자들이 그를 부족한 사람으로 여겼다'고 말했다. 그러나 퇴계는 자기가 좋아하는 사람이라는 이유로 편들지는 않았을 것이다. 만약 떠도는 말만 믿고 퇴계를 의심한다면 의심하지 않을 일이 없을 것이다. 제문에서 '갑자기 근거 없는 의혹[盃蛇]의 느낌이 있다' 한 것도 까닭이 있을 듯하다.

세상에 전하는 말이 있다. "금계는 풍채가 뛰어나서 남들을 감동시켰다. 그가 성주에 부임했을 때 어떤 관속의 아내가 문틈으로 그를 엿보고 흠모해 마침내 상사병으로 죽었다. 하루는 금계가 관아에 앉아 있는데, 흰옷 입은 여자가 문밖에서 어른거리다가 점점 다가와서 몰아세웠다. 이 때문에 그가 얻은 병이 날마다 깊어져 마침내 죽음에 이르렀는데, 죽을 때까지 맞잡은 손을 떠미는 시늉을 하면서 입으로는 남녀가 분별이 있다는 말을 그치지 않았다. 굽힐 수 없는 지조가 있었던 것이다." 퇴계는 이 일을 드러내고 말하고 싶지 않아서 다만 '근거 없는 의혹'이라고 한 것이다.

이 밖에도 이익은 이황이 여러 제자와 지인에게 보낸 편지에서 황준량의 인품, 행실, 학문에 관해 인정하고 신임한 구절을 들어 황준량의 됨됨이를 유추하면서 근거 없는 오해 탓에 그의 혼령이 욕을 당했다고 넌지시 드러낸다.

황준량은 퇴계학의 정맥을 이을 학자로 촉망받았을 만큼 학문적 성취가 뛰어났으며 그에 못지않게 관료로서 학문의 실천에도 탁월한 업적을 남겼다. 이 책문도 사회제도가 오래 지속되면서 나타나는 주요 적폐를 청산하고 혁신할 방법을 논한다. 책제는 아마 멸실해서 문집을 꾸밀 때 대책을 근거로 재구성한 것으로 보인다. 관리의 전형이 공정하고 깨끗하지 못한 문제, 학교에서 인재 양성이 제대로 되지 않는 문제, 군사정책이 위축되는 문제에 대한 대책을 묻고 답했다.

지금 우리나라는 황준량의 대책에서 제시된 문제가 고스란히 그대로 재현되고 있다. 관료 사회, 교육 현실, 국방 위기 등이 황준량 시대의 문제와 판에 박은 듯 닮았다. 관료 사회에서 인사가 만사라는 말은 괜한 말이 아니다. 어느 사회라도 관료는 생산자 인민과 지도자를 매개해 사회를 굴러가게 한다. 관료 사회가 학연, 혈연, 지연 등 인맥으로 얽혀서 그들끼리 앞에서 끌어 주고 뒤에서 밀어주면 필연코 기득권이 생기고 폐단이 쌓인다. 또 교육은 교육의 본질을 외면한 채 계급의 재생산 수단으로 전락할 위기에 처해 있다. 초등·중등 교육이 의무교육이라지만 민주 시민을 길러 낸다는 목표를 일찌감치 잃어버린 채 오로지 좋은 대학을 가기 위한 사다리가 되었다. 게다가 교육이 사업이 되어 버렸다. 도대체 교육 사업이라는 말이 성립할 수나 있나? 국방과 군사행정은 적폐에 가장 취약한 분야다. 온갖 부조리와 불의, 부패가 난마亂麻처럼 얽혀 있지만 한꺼번에 해결할 쾌도快刀는 없다. 그나마 민중의 의지가 역사의 선순환을 강력하게 요청한 덕에 문제가 표면으로 드러나고 있지만, 지금까지 얼마나 심각한 문제가 심연 깊이 잠복해 썩어 가고 있었던가? 어떤 문제라도 단칼에 해결할 수는 없다. 그러나 지금까지 그럭저럭 굴러왔으니 앞으로도 미봉으로 넘길 수 있다고 생각한다면, 나만 무사하면 그만이라고 여기고 만다면, 심판의 역사는 어김없이 반복될 것이다.

기술자를 불러 모아
나라가 잘되게 하려면

양응정梁應鼎

1519(중종 14)년에 태어나고 1581(선조 14)년에 죽었다. 본관은 제주濟州, 자는 공섭公燮, 호는 송천松川이다. 1552(명종 7)년 식년 문과에 을과로 급제했다. 1556년 중시 문과에 장원급제했다.

책문

기술자는 백성의 네 부류 가운데 하나이며 (『중용』에서 말한) 세상을 다스리는 아홉 가지 원칙에 속하기 때문에 없어서는 안 될 존재다. 기술을 맡은 관직을 설치해 관장하게 한 것은 어느 시대부터인가?

순임금이 '누가 우리 기술자를 다스릴까' 하고 물은 것과 우임금 때 '기술자가 자기 기술에 관한 문제로 임금께 충고했다'는 내용에 관해 자세히 말할 수 있겠는가?

후세에 신기한 기술과 교묘한 재주를 뽐내서 모든 사람에게 솜씨가 뛰어나다고 칭찬듣는 사람들이 있었는데, 이들의 기술이 모두 옛 도와 부합하는가?

우리나라는 위대한 임금이 대를 이어 제도를 완비했으니, 여러 기술자를 장려하는 정책이 결코 융성했던 옛날만 못하지 않다. 따라서 여러 기술자가 즐겨 자기 일을 하고 실적을 올려야 마땅하다. 그러나 오늘날 기술자 명부를 가지고 실적을 따져 보면 게을러서 자기 업무를 완수하지 못할 뿐만 아니라 자기 손가락을 잘라 노역을 피하는 사람까지 있다. 일을 해도 모두 하나같이 자기 일만 하려고 드니, 공무나 개인의 일이나 모두 곤란해져 폐단을 없애기 어렵게 되었다. 나라에서 기술자에게 녹을 주되 실적에 따라 공평하게 주지 못해서 그런 것인가, 업무가 지나치게 많아서 그런 것인가?

기술자를 불러 모으고 관리해 기꺼이 일하게 하고 업무를 맡게 하자면 어떤 방법이 좋겠는가?

그대들 가운데 세상을 다스리는 데 뜻을 두고 이 문제에 관해 진술할 사람이 있을 터, 의견을 듣고자 한다.

대책

집사 선생께서 봄철에 과거를 실시해 구름처럼 모여든 선비를 대상으로 특히 기술자의 시원과 편안과 수고를 거론하셨습니다. 그리고 먼저 기술자와 관련된 폐단의 원인을, 다음으로는 폐단을 해결하는 방법을 책문으로 내셨습니다. 공무를 걱정하고 개인의 사정을 불쌍히 여기는 마음이 문장 밖으로 넘칩니다. 제가 비록 어리석지만 입을 다물고 집사의 두터운 바람을 저버릴 수 있겠습니까?

저는 이렇게 생각합니다. 백성을 네 부류로 나누면 기술자가 한 자리를 차지합니다. 나라를 다스리는 아홉 가지 원칙을 순서대로 열거해도 기술자가 포함됩니다. 기술자는 국가에 꼭 필요한 존재이며 공과 사의 모든 일상 영역에서 그들의 힘을 빌려야 하기 때문에 없어서는 안 됩니다.

그러나 기술자의 처지를 알아주는 것은 윗사람에게 달려 있고, 복무에 충실한 것은 아랫사람의 책임입니다. 윗사람이 아랫사람의 사정을 잘 살펴 주면 아랫사람은 윗사람이 시키는 일을 충실히 받들 것입니다. 아랫사람의 사정을 알아주는 가장 좋은 방법은 대가를 충분히 주어 생계를 여유 있게 하며 노역을 절도에 맞게 시켜 수고를 더는 것입니다.

윗사람이 시키는 일을 부지런히 충실하게 처리하는 가장 중요한 길은, 즐겁게 일하며 슬기를 다 발휘해 맡은 일을 성실하게 처리하고 최선을 다하는 것입니다. 성화같이 공정을 감독하고 실적을 재촉하는 데 급급하면 팔다리가 저리고 뼈마디가 쑤시며 골병이 들게 되어 윗사람에게 충실한 기술자가 생기지 않을 텐데, 어찌 장인들이 어버이의 일을 돕는 자식처럼 모여들겠습니까? 그러므로 윗사람과 아랫사람이 함께 일을 성취하고, 공과 사의 일이 모두 갖추어질 방법은 아랫사람이 충실하고 윗사람이 사정을 살피는 길뿐입니다.

물음에 따라 말씀드리겠습니다. 옛날에 쟁기와 보습 같은 농기구가 있었기에 씨 뿌리는 사람들이 그것을 사용했고, 남쪽을 가리키는 지남거가 있었기에 정벌하고 토벌하는 사람들이 그것을 주관했습니다. 그러니 기계를 고안하고 만드는 관직을 설치해 일을 맡긴 데 어찌 유래가 없겠습니까?

순임금은 "누가 우리 기술자를 관리할까?" 하고 아홉 관직을 설치해 사명을 맡겼습니다.[1] 하夏 대에는 봄에 사신이 길에 방울을 울리고 다니면서 명령을 전했고, 기술자는 기예技藝의 일에 관한 정책을 건의했습니다. 당시에 아랫사람은 충실하고 윗사람은 사정을 살피는 기풍이 있었기에 동의하지 않아도 온화하게 대하며 바로잡아 주면 흡족하게 받아들였으니, 윗사람과 아랫사람 사이의 정이 어떠했겠습니까?

그런데 상의 (주왕) 수受는 기발한 기술과 음란한 재주에 관심을 두어 벌겋게 달군 구리 기둥으로 죄수를 고문하는 것으로 부인을 즐겁게 했고, 한의 선제는 제위에 오르기 전에 온갖 뛰어난 재능으로 윗사람의 환심을 샀습니다. 이는 윗사람과 아랫사람이 서로 해치고 군주와 신하가 함께 사치한 것입니다. 그러니 어찌 충실하고 사정을 살피며 서로에게 보답한 옛 도리와 부합하겠습니까?

우리나라는 훌륭한 임금이 서로 계승해 제도를 갖추고 기술자와 장인을 두어 그 수가 100여 명에 이릅니다. 각 마을〔曹〕에서 명부를 점검하고, 해당 관리가 재주와 기술을 격려하며 기술자에게 생계 물자를 넉넉히 공급하고, 부지런하고 게으른 것을 평가해 장려하고 감독하는 규정을 엄격하게 적용했습니다. 체아遞兒는 녹봉을 고르게 주기 위한 제도고, 월봉月俸은 급박한 사정을 구제하기 위한 제도입니

1　국정을 맡아보는 아홉 관직은 총리를 맡는 사공司空, 농정을 맡는 후직后稷, 교육을 맡는 사도司徒, 소송과 옥사를 맡는 사士, 온갖 기술을 맡는 공공共工, 산림과 늪과 못을 관리하는 우虞, 제사를 맡는 질종秩宗, 음악과 무용을 맡는 전악典樂, 위의 정책을 아래로 전하고 아래의 여론을 위로 전하는 납언納言 등이다.

다. 이런 제도를 통해 기물을 편리하게 쓰고 백성의 생활을 윤택하게 하는 도리가 어디에나 미쳤습니다. '공적을 많이 쌓았다'는 「우전虞典」의 기록이나 『주관』의 기술자 실적 심사〔考工〕도 여기에 덧붙일 게 없을 정도입니다.

아! 윗사람에게 충실하고 아랫사람의 사정을 살피는 도리가 갖춰졌다면 오늘날 기술자들은 당연히 충성을 다해야 합니다. 집을 짓고 수리하면 며칠이 되지 않아 완성을 보고하고, 구슬이나 돌을 다듬게 하면 쪼고 가는 수고를 잊은 채 열심히 해야 합니다. 그런데 어째서인지 오늘날 기술자를 감독하는 부서에서는 텅 빈 명부를 점검하고, 기술에 관한 일을 맡은 관리는 텅 빈 장부만 어루만지고 있습니다.

이른바 기술자와 장인은 100에 한둘만 남아 있을 뿐 나머지는 모두 몰래 달아나고 멀리 숨은 채 노역을 죽을 일처럼 여기고 면하려고만 합니다. 가혹하게 감독하고, 가족과 친척에게 화가 미칠까 봐 간혹 괴로움을 참고 어쩔 수 없이 노고를 받아들이는 사람이 있습니다. 이 때문에 게으른 사람은 기술을 익힐 뜻이 없으니, 사업이 끝내 성취되지 않습니다. 급박하게 재촉받고 버티기 어려운 사람은 분김에 손가락을 잘라 억지로 노역을 피하려고 합니다.

만일 나라에서 갑자기 토목공사를 벌이거나 공기工期가 촉박한 보수공사를 벌이면 기술자가 모자라고 노역이 과중해져 즉시 일을 일으킬 방법이 없습니다. 그러면 민간의 기술자를 징발해 한 사람도 남김없이 몰아대기를 서울의 다섯 구역에서 시작해 집집마다 점검하고 불러냅니다. 이름을 적어 임금께 보고하고 도청都廳에서 결정해 한번 공공 기술자의 명부에 실리면 어떤 방법을 써도 빠져나오기가 어렵습니다. 그래서 영영 관에서 시키는 일만 하고 자기 식구는 돌볼 수 없게 됩니다. 처자식은 울고 가축은 돌보는 이가 없어서 공공의 일이나 개인의 일이나 폐단이 말도 못하게 심해집니다.

아! 우리 임금께서 정성을 다하고 아랫사람을 불쌍히 여겨 사정을 살피는 마음이 부족해서 이렇게 되었습니까? 아니면 여러 기술자가 윗사람을 따르고 나라를 위해 일하는 충실한 마음이 성실하지 못해서 이렇게 되었습니까? 나라에서 일의 실적에 따라 공평하게 녹을 주지 않아 이런 일이 생겼다고 할 수도 있겠지만, 실은 녹으로 줄 양식을 넉넉히 쌓아 두고 달마다 주었습니다. 국가에서 벌이는 노역이 절도에 맞지 않아 이런 일이 생겼다고 할 수도 있겠지만, 임금께서는 노대露臺를 쌓으려는 계획을 취소하고 백성을 아낀 한 문제文帝보다 더 간절한 마음을 갖고 계십니다. 저는 왜 이렇게 되었는지 모르겠습니다.

저는 온갖 생각을 하고 궁리를 한 끝에 오늘날의 폐단을 분석해 보았습니다. 우리 전하께서는 자상하시고 백성을 안타깝게 여기시며 자기를 근거로 다른 이에게까지 미루어 가는 마음이 지극하십니다. 그러나 명령을 받들어 시행하는 신하가 혹 사랑으로 어루만지는 마음이 모자라고, 감독하고 다스리는 관리가 위세를 부리는 일이 많습니다. 공적을 따져 녹을 나누는 규정이 법전에 있습니다. 그러나 지부地部(호조戶曹)에서는 걸핏하면 이를 어겨 규정에 따라 줘야 할 것을 깎고 서리가 함부로 빼내어 자기 배나 불리니, 노역을 해도 공적에 따른 상을 주지 않고 수고를 해도 힘들여 일한 대가를 받지 못합니다. 우리 기술자만 왜 이런 괴로움을 겪어야 한단 말입니까? 사정이 이러하니 녹을 주는 것이 공평하지 못하다는 말은 옳은 말입니다.

돌아가며 부역하고 균등하게 노역하는 제도는 선왕 때부터 유래했습니다. 그러나 일선 아전이 완강하게 기술자를 동원해서 공공의 일을 빙자하며 사적인 일을 시키고 권세 있는 사람이 일부 기술자를 제품에 넣고 사사로운 경영〔經끼〕을 도모하니, 부유한 사람은 평생 편안하고 가난한 사람은 늘 고생하며 어리석고 무식한 사람은 하소연하려고 해도 방법이 없습니다. 그러니 노역이 절도에 맞지 않는다는 말은 옳은 말입니다.

아! 어떤 정치라도 폐단이 있으며 어떤 폐단이라도 구제할 수 있으니, 올바른 방법을 강구해서 구제한다면 잘 해결되지 않을까 걱정할 필요가 없습니다. 제가 보잘것없는 말로 오늘날의 폐단을 구제할 방법을 말씀드리고자 합니다.

저는 예전에 소공이 "무익한 일로 유익한 일을 해치지 마십시오." 하고 무왕을 훈계한 글을 보았습니다. 이 말을 오늘날 사정에 빗대어 본다면, 산붕山棚을 설치하고 황제의 조서를 받드는 일이건 기계를 갖추고 능묘를 조성하는 역사건 기술자의 힘을 다 쓰고도 끝낼 수 없습니다. 심지어 왕자王子의 저택을 짓는데 누각을 구름에 닿을 만큼 높이 이으며 나무를 조각하고 금속을 녹여 날아갈 듯 꾸미는 것이 무슨 유익한 일이겠습니까? 그런데도 기술자를 거듭 피곤하게 만들고 이렇게 혹독하게 다룬단 말입니까?

성상께서는 남의 사정 알아주는 마음을 더욱 널리 베풀고 신하들이 백성 아끼는 충성에 더욱 힘쓰게 하기를 바랍니다. 자기를 미루어 남에게 미치고 자기 사정을 바탕으로 남의 사정을 알아, 기술자 한 사람이라도 녹을 받지 못하면 내가 굶주린 듯이 여기며 장인 한 사람이라도 오래도록 노역에 시달리면 내가 피로한 듯 여겨, 내 한 마음으로 100사람의 마음을 헤아리고 내 한 몸으로 만 사람의 노고를 헤아리십시오. 그들이 말하지 않아도 먼저 그들의 마음을 알아주고, 그들이 원망하지 않아도 먼저 그들을 쉬게 하십시오.

『서경』의 '무익한 일을 하지 말라'는 말씀을 법으로 삼아 여러 궁궐의 제도 가운데 규정에 어긋난 것은 사이사이의 전각을 줄이고 명분이 없는 완상물玩賞物 일체를 없애면, 일은 간략해지고 결실은 쉽게 이루며 노역은 성취되고 실적은 쉽게 거둘 것입니다. 이른바 기술자를 '위로하고 오게 하며' '따르고 순종하게 하는' 방법은 아랫사람은 충실하고 윗사람은 사정을 알아주는[忠恕] 도리를 다하는 것뿐입니다.

집사의 물음에 대해 앞에서 간략하게 진술했으니 더 무슨 말을 하겠습니까? 그러나 끝으로 한 말씀 올리고자 합니다. 저는 기술자와 상인은 똑같은 존재여서 경중을 나눌 수 없다고 생각합니다. 그런데 집사께서 상인에 대해 묻지 않은 것은, 저희에게 하나를 제시했을 때 셋으로 반증하는 지혜를 시험하고자 하기 때문입니까?

제가 듣기에 현재 내탕고內帑庫에는 금전이 비축되어 있지 않고, 외부 창고에는 베와 비단이 비축되어 있지 않으며, 단청·깃털[羽毛]·산초와 향료[椒香]·구슬[珠貝] 등이 모두 모자란다고 합니다. 만일 갑자기 이런 물품이 필요하고 시급히 쓸 데가 있다면 하나라도 결채結綵하는 사람들에게서 찾지 않을 수 없을 것입니다. 그들은 비록 놀고 먹거나 재물을 늘리는 무리이기는 하나 기술자나 장인만큼 가련하지

는 않습니다. 그러나 요사이 몇 년 동안 온갖 국산품과 외제품의 값
이 날로 뛰어 징발해 쓰려 해도 끝이 없고 보상해 주려 해도 한계가
있으니, 저 무리가 어찌 물 흐르듯 형편에 맞게 잘 주선할 수 있겠습
니까? 이 때문에 볼기 맞고 팔 묶이는 형벌과 파산하고 재물을 다 쏟
아 버리는 근심을 이루 말할 수 없습니다. 이것이 어찌 문명 시대의
흠이 아니겠습니까?

원컨대 집사께서 이 두 가지 폐단을 임금님께 아뢰어 임금님께서
여러 방면으로 사정을 살피는 마음을 열어 누구나 똑같이 사랑하며
기술자와 상인은 여유 있고 느긋하게 충성을 펴는 것으로 태평한 세
월에 소외된 불만이 해결된다면, 어찌 기술자나 상인이 한때 행복을
얻는 데 그치겠습니까? 또한 우리나라가 영원히 복을 누리게 될 것
입니다.

삼가 대답합니다.

『송천유집松川遺集』

오늘 읽는 책문

양응정은 1552(명종 7)년 식년 문과 을과로 급제해 검열이 되고,
1556년 중시 문과에서 장원급제해 호당에 들어갔다. 윤원형의 탄핵
을 받아 파직당했다가 복직했다. 관료로서 청렴하지 못하고 부정을
저질렀다는 평이 있다. 시문에 능해 선조 때 여덟 문장 가운데 한 사
람으로 뽑혔으나 임진왜란 때 집이 불타 시문 원고를 대부분 잃었다.

효행으로 정려되기도 했다.

그의 아버지 양팽손梁彭孫은 1516년 식년 문과에 갑과로 급제했으며 현량과에 발탁된 뒤로 정언·전랑·수찬·교리 등을 역임했다. 정언으로 있을 때 조광조가 주도한 반정공신의 위훈 삭제 대상이 된 이성언李誠彦을 탄핵한 일로 직책이 갈렸지만 신진 사류로부터는 언론을 보호한 인물로 평가받았다. 기묘사화가 일어나자 조광조, 김정 등을 위해 소두疏頭²로서 항소했다. 이 때문에 벼슬이 갈려 고향인 능주로 돌아가서 '학포당學圃堂'을 짓고 독서로 소일했다. 기준·박세희朴世熹·최산두崔山斗 등 기묘명현己卯名賢과 교류했으며 능주로 유배된 조광조와 매일 경론을 탐구하며 지냈다. 조광조가 사사되자 그의 시신을 수습했다고 한다.

양응정의 세 아들은 임진왜란이 일어나자 의병에 투신해 김천일金千鎰 휘하에서 활동했으며 셋째아들 양산숙梁山璹은 2차 진주성 전투에서 남강에 투신해 순절했다. 또 양응정의 부인 죽산 박씨는 왜군에 쫓기다가 두 아들과 며느리, 딸, 손부와 바다에 투신해 지조와 정조를 지켰다. 인조의 특명으로 양산숙을 비롯한 충신, 효자, 열녀, 절부 등 7인의 뜻을 기려 '양씨삼강문梁氏三綱門'을 세웠다. '양씨삼강문'이 지금도 광주광역시 광산구 박호동에 있다.

양응정은 이이가 「천도책」으로 장원한 1558년 별시의 책문을 출제했다. 그가 출제한 책문이 그의 문집에 실렸고, 이이의 대책도 기록되어 있다.

우리가 양응정의 이름을 기억하는 것은 1970~1980년대 중학교 2

2　연명 상소의 맨 앞에 이름을 적어, 상소를 대표하는 사람이다.

학년 국어 교과서에 나온 고전 수필 때문이다. 그 수필은 유몽인柳夢寅의 『어우야담於于野談』에 나오는 이야기 한 토막이다.

송천 양응정이 원님이 되어 고을의 청사를 지을 때 일이다. 대목이 상량上樑을 하며 톱질을 하고, 송천은 손님과 그 밑에 앉아 술을 마셨다. 소반에 놓인 잣이 매우 신선한 것을 보고 아이를 불러 동산에 심으라면서 "나중에 이 솔이 자라거든 마땅히 베어 관판棺板을 하리라." 했다. 손님이 송천더러 "그 소나무가 장대해서 열매를 맺거든 나는 마땅히 그 열매를 따다 심고, 그 나무가 장대해지면 내 관재棺材를 하리라." 했다. 대목이 말했다. "뒷날 두 합하閤下 만세萬歲 후에 소인은 마땅히 두 합하의 관을 짜리다." 두 사람이 손뼉 치며 크게 웃고 곡식 닷 섬을 가져다 말 잘했다고 상을 주었다. 슬프다! 수명 장단壽命長短이 어찌 사람의 입에 달려 있겠는가?

국어 시간에 배울 때는 어려운 단어가 많은 고전인 데다 맥락을 이해하기도 어렵고, 애초에 실감이 나지 않는 죽음을 두고 농담을 하는 것이 어떤 의미가 있는지도 모르니 크게 재미있지는 않았다. 다만 고전 취향이 조금은 있어서 예스러운 말투가 인상 깊었다.

양응정의 대책은 공업 기술 진흥 문제를 다룬다. 조선이 사농공상士農工商으로 신분이 엄격하게 정해져 있고 그에 따른 차별이 심했다고 알려졌지만 반드시 그런 것은 아니다. 과거 사회가 농업에 견주어 상대적으로 상업을 억제한 것이지, 상업을 아예 억제해 상거래나 상업의 발달을 막은 것은 아니다. 역사책에서 '숭본억말崇本抑末'이라는 표현을 접할 수 있는데, 여기서 본은 농업이고 말은 상업을 가리킨다. 조선 사회는 농업이 기간산업이며 1차 생산양식으로서 가장 중요한 산업 활동이었다. 공업은 농업 생산에 필요한 도구, 사회 문화의 수요에 따른 기구, 국방과 치안을 위한 기계 등을 제작하는 산업이기 때문에 농업 생산을 장려하는 산업 정책에서 중요한 분야다. 그러나 상업은 근본적으로 생산양식이 아니라 유통을 통해 이윤을 남기는 산업 분야다. 사회의 기간 시설이 미비하고 교통과 통신이 발달하지 않은 상태에서는 상업이 융성할 수도 없고 융성한다 해도 오히려 생산에 저해가 될 수 있다. 근대 전까지, 아니 거의 1970년대까지 시골에서는 5일장이라는 장시가 상업 활동과 유통으로 지역사회를 묶었다. 이 정도 상거래만으로도 농민의 생계에는 큰 지장이 없었다.

양응정의 대책에서 언급하는 공업의 수준은 국가에 필요한 기구를 제작하는 정도다. 공업 생산을 촉진하고 공업 생산품을 유통시켜 기술 문명을 발전시키는 정책을 마련하려는 것이 아니라, 국가의 사업과 문화 행사에 필요한 공업 기술을 양성하고 공업 기술자의 생계를 마련하려는 것이다. 국가가 기술자의 노동을 이용하면서 적절한 대가를 지불하지 않고 착취해서 그들의 사기를 떨어트리고 공적 의무를 피하려는 풍조가 생겼기 때문에, 이 문제를 해결하기 위한 대책을 제시한다.

대책이라고 해서 획기적인 대안을 제시하는 것은 아니다. 기술 정책을 잘 입안하고, 정책의 목적에 맞게 효율적으로 기술자를 고용하고 감독하며, 기술자의 의무 노역이 편중되지 않게 하고, 고급 관료의 사사로운 일에 기술자를 임의로 차출하지 않으며, 기술자의 노역에 알맞은 대가를 지불하는 것일 뿐이다. 아무리 의무라도 편중되거나 불공평하면 자기 몸에 위해를 가해서라도 피하려고 한다. 현대사회에서도 병역을 피하려고 신체를 손상한 예가 적지 않은데 하물며 이 대책에서 언급했듯이 기술자의 의무 복무가 체계적이기는커녕 착취와 억압으로 변질되니 손가락을 잘라서라도 피하려고 한 것이다. 예나 지금이나 원칙을 바로 세우고 실행하는 것이 기본인데, 그 기본을 지키기가 쉽지만은 않은가 보다.

인재를 어떻게 기르는가

홍성민 洪聖民

1536(중종 31)년에 태어나고 1594(선조 27)년에 죽었다. 본관은 남양南陽, 자는 시가時可, 호는 졸옹拙翁, 시호는 문정文貞이다. 1564(명종 19)년 식년 문과에 병과로 급제해 정자, 교리 등을 지냈다. 1567년에 사가독서를 한 뒤 대사간을 지냈다. 1575(선조 8)년에 사은사謝恩使로 명에 가서 종계변무宗系辨誣를 허락받고 돌아와 공신에 책훈되고 익성군益城君에 봉해졌다. 1591년에 선조의 후사를 세우는 문제로 정철이 실각할 때 일파로 몰려 함경도 부령에 유배되었다. 이듬해에 임진왜란이 일어나자 특사로 풀려나고 복관되어 대제학을 거쳐 호조 판서가 되었다. 당시 신진 사류의 지도급 인물이었으며 윤두수尹斗壽와 함께 서인으로서 유능한 선비였다. 저서에 『졸옹집拙翁集』이 있다.

책문

임금님께서 이렇게 말씀하셨다. 인재의 성쇠는 국가의 흥망과 관련되어 있다. 옛날부터 제왕은 어김없이 인재를 기르는 데 최선을 다했다. 3대 이전은 더할 나위 없고, 애오라지 한·당·송을 말하자면 도덕을 자기 임무로 삼고 국가의 치란에 관여한 사람이 몇이나 되는가?

반고·사마천·양웅 같은 문장가와 한유·유종원·이백·두보 같은 인재가 빽빽이 배출되어서 세상에 이름을 크게 떨친 것은 당시 군주가 인재 기르는 방법을 다한 결과인가?

염락의 여러 현자[濂洛諸賢](주돈이, 장재, 정호와 정이, 소옹)는 제왕을 보좌할 재목으로서 유학[斯文]의 도통을 이었다. 당시 인재를 기른 방법에 관해 들을 수 있겠는가?

덕이 없는 내가 나라[조基]를 이어받고[嗣承] 인재를 기르는 방안을 간절히 강구했지만, 선비의 습성은 점점 천박해지고 인재는 날로 비천해진다. 학교에서는 학문을 갈고닦는 교육이 부족해지고 민간에서는 글을 읽고 음악을 익히는 소리가 사라졌다. 이는 내가 성실하게 인재를 진작하지 못했기 때문인가, 아니면 세상의 도리가 더러워지고 타락한 탓인가? 인재가 날로 왕성해서 문왕이 사람을 진작한 것처럼 할 방법은 무엇인가?

그대들은 평소에 포부가 있었을 터, 저마다 글로 다 나타내 보라.

대책

신은 대답합니다. 인재는 저절로 일어나지 않으니 인재를 일으키는 방법은 가르치고 인도하는 데 달려 있습니다. 훌륭한 교화는 저절로 행해지지 않으니 훌륭한 교화는 참다운 덕을 닦는 데 달려 있습니다. 참다운 덕을 닦아서 도리를 밝히는 근본으로 삼고, 훌륭한 교화를 시행해 사람을 진작하는 방책으로 삼는다면 인재를 기르는 방법이 반은 이루어진 것과 같다고 생각합니다.

주상 전하께서는 총명한 덕을 지니고 군주와 스승[君師]의 책임을 맡아 늘 학문에 뜻을 두어[典學] 이미 지극하게 본원本源을 함양涵養했으며 한 세상의 인재를 양성해[陶甄] 풍속 또한 극진하게 교화[風

敎]했습니다. 문명의 교화가 이미 푹 젖어 들어 물고기가 못에서 뛰고 솔개가 하늘에서 날아 도가 이루어진 본연의 세계를 드러내고, 『시경』)「사제思齊」와 「황의皇矣」의 시에서 노래한 것처럼 인재를 기르고 덕을 닦아 아름다워진 세상을 쑥이 우거진[菁莪] 못가에서 거의 볼 수 있었습니다. 그러나 스스로 대단하게 여겨 만족하지 않고[滿假] 오히려 특별히 신들을 궁전 뜰에 나오게 해 선비의 습성이 점점 더러워지고 인재가 날로 비천해짐을 개탄하며 인재를 기르는 방법을 물으며 상황을 바꿀 대책을 듣고자 하십니다.

신은 비록 변변치 못하나[無似] 『시경』「대아」의 '역복棫樸' 시[1]를 읊고서 사람을 진작하는 묘미를 알았고, 『희역羲易』「대축괘大畜卦」[2]의 가르침을 읽고서 바른 것을 기른다는 '이괘頤卦' 괘사의 효험을 알았습니다. 이제 임금님의 질문이 마침 이런 문제를 언급하니 보잘것없는 의견[一得]이나마 사방의 말을 듣고자 하는[四聰] 임금님께 감히 남김없이 아뢰지 않을 수 있겠습니까?

첫째, 국가의 치란에 관여한 인재들과 역대에 인재를 기른 방법을 말씀드리겠습니다. 신은 이 질문을 읽고서 인재 양성을 즐거워하고 과거를 모범과 경계로 삼는 전하의 성대한 마음을 우러러봅니다.

신이 듣건대 송의 신하 정이가 "나라를 잘 다스리려는 사람은 인재 육성을 급선무로 삼아야 한다." 했습니다. 이는 참으로 뜻깊은 말입니다. 큰 집을 지으려면 반드시 좋은 재목을 써야 하고, 정치제도

1　문왕이 인재를 잘 뽑아 쓴 것을 칭송하는 내용이다.

2　『희역』은 복희씨가 만든 역이라는 뜻으로, 『주역』의 별칭이다. '대축괘'는 축적되어 온 과거의 문화를 많이 알아 덕을 쌓는다, 현자를 숭상한다는 뜻이 있다.

를 정비하려면 반드시 훌륭한 인재를 써야 합니다. 위에서 하늘을 대신해 백성을 다스리는 것도 사람이요, 여러 정사를 함께 다스리는 것도 사람이기 때문입니다.

정치가 잘 되도록 돕고, 임금님의 원대한 계책〔皇猷〕이 잘 실현되도록〔黼黻〕 하며, 사물의 이치를 밝혀서 나라를 다스리는 일에 적용하고 성취함으로써〔開物成務〕 백성을 윤택하게 하는 공을 세우고, 자기를 수양하고 남을 다스려 세상을 경륜하는 교화를 이루는 것이 모두 사람에게 달려 있습니다. 인재가 많으면 나라의 중요한 임무를 맡을 만한 능력 있는 사람〔楨幹〕이 많으니 나라가 창성해지고, 인재가 적으면 국정의 전반 업무를 총괄할〔彌綸〕 도구가 없으니 나라가 공허해집니다. 인재와 국가의 관계가 어찌 중대하지 않겠습니까?

그러나 인재는 반드시 위에서 진작해야만 크게 일어날 수 있습니다. 이 때문에 옛 제왕들은 인재가 중요하다는 점을 알고 인재를 진작할 방책을 다했습니다. 하늘의 뜻을 이어 표준을 세워서〔繼天立極〕 가르치고 이끄는〔訓迪〕 법도를 정비했으며, 중도를 세우고 보편의 표준을 세워〔建中建極〕 규범을 따르도록 이끌어 가는〔標率〕 데 힘썼습니다. 맏아들을 가르칠 때는 강직하고 온화하며 너그럽고도 엄격한〔直溫寬栗〕 방법으로 온갖 정성을 기울였으며, 사람을 북돋우고 징계할 때는 도에 따라 편안하게 살도록〔克綏厥猷〕 하려는 간절한 뜻이 있었습니다. 그래서 인재를 기르는 제도를 상庠·서序·교校와 같은 각급 학교에서 볼 수 있었습니다. 인재를 기르는 방법이 참으로 이보다 더 나을 수는 없을 것입니다.

3대가 이미 아득히 멀어지고 시대가 한·당으로 접어들자, 덕을 숭상하는 풍조가 멀리 사라지고 덕행을 갈고 닦는〔勵行〕 노력을 하지 않았습니다. 예원藝苑(예문관)에서 문장의 기교나 다듬는〔雕篆〕 사람은 실제 일에 쓸 만한 재주가 전혀 없고, 한 시대를 화려하게 수놓은〔粉繪〕 사람이라도 문장의 글귀나 다듬는 데 지나지 않았습니다. 재잘재잘 지껄이는 것이 성품을 어지럽히고 감정을 방탕하게 했으며 아침저녁으로 읊조리는 것이 결국에는 진실을 벗겨 버리고 거짓으로 갔습니다. 신은 이들 가운데 덕행을 자기 임무로 삼은 사람을 보지 못했습니다.

반고와 사마천은 역사가가 지녀야 할 세 가지 자질〔三長〕을 지녔지만 처신을 바르게 하지 않아 조잡하고 비루하다는 비판을 면치 못했습니다. 양웅은 우주의 최고 원리〔太玄〕를 드러내 보였으나 역적 왕망에게 아부하고 마침내 개돼지처럼 행동했습니다.

해처럼 빛나고 옥처럼 깨끗한 문장과 가을 물결처럼 맑고 곱디고운 비단 같은 미사여구로 당대에 빛을 발한 것으로는 한유와 유종원의 문장을 일컬을 만하나, 이들에게는 자기를 수양하는 학문〔爲己之學〕이 결여되어 있습니다.

시단詩壇의 천자天子라는 명성과 쇠를 금으로 만들 듯이 아름답게 묘사한 것으로 사람들의 입에 오르내리기로는 이백과 두보의 풍미와 아취가 가장 뛰어나지만, 이들은 스스로 터득한 실상이 없으니 이를 근거로 한·당의 인재가 어떠한지를 곧바로 알 수 있습니다. 당시 군주들이 인재를 잘 배양했는지 못했는지는 오늘날 거론할 필요가 없습니다.

송에 이르러 학문의 기운이 크게 일어나〔五星聚奎〕 주돈이에서 정호와 정이로, 장재에서 주희로 이어지면서 훌륭한 모범[懿範]이 되는 석학과 철인이 뒤를 이어 일어났습니다. 그들은 천년 동안 끊어졌던 도통의 맥락을 잇고, 오랜 세월 어둠에 가려 무지몽매했던 세상을 밝혀 주었습니다. 갖가지 학설을 융합해 철저하게 전면 이해한 사람은 격물치지·성의정심의 결실을 얻었고, 사업을 자기의 임무로 삼은 사람은 수신제가修身齊家·치국평천하治國平天下의 도리를 다했으니 이때야말로 참된 선비가 가장 많았습니다.

그러나 당시 군주 가운데 인재를 기른 공적을 일컬을 만한 사람은 한둘뿐으로, 선비를 칭찬해 뛰어난 자질을 갖게 한[譽髦] 융성한 옛 시대의 교화와 비교하면 하늘과 땅만큼이나 차이가 납니다[天冠地履]. 그러니 신이 어찌 감히 수다스럽게 말을[喋喋] 늘어놓겠습니까? 전하께서는 3대를 모범으로 삼고, 한·당을 경계로 삼으시기를 바랍니다.

둘째, 인재를 기르는 실제 방법을 말씀드리겠습니다. 신은 이 질문을 읽고 군주와 지도자 구실을 충실히 해[克君克長] 교육하고, 상벌을 공평하게 시행해서 세상을 올바르게 바꾸려는 전하의 성대한 마음을 우러러봅니다. 전하께서는 즉위하신 이래 부지런히 애쓰고 온 정신을 쏟아[勵精] 정치하려 하십니다. 경연[經筵]에서 토론하는 문제[論思]가 모두 인재 육성 계획이고, 아침 일찍 옷을 갖춰 입고 늦은 밤에 저녁을 먹으면서[宵旰] 오로지 생각하는 것[軫念]은 모두 사람을 진작하는 계책입니다.

근궁芹宮(성균관)에서 성현에게 제사 지내는 예를 거행하시고, 대궐 뜰[廈甎]에서는 익힌 경전의 소양[橫經]을 질문으로 내셨습니다.

그러니 마땅히 선비의 습성이 순수하고 두터워짐으로써 경박하고 사치하는[僑靡] 근심이 없고, 인재가 왕성하게 일어나 선비들이 많아짐으로써 임금께서 편해지는[以寧] 효과가 나타나야 할 터입니다. 그런데 어째서 시대의 풍조가 점차 타락하고 사람들의 마음이 날로 더러워지는 것입니까?

선비의 습성은 국가의 원기元氣인데 선비의 습성이 경박해져, 어금니가 나고 겨우 씹을 수 있으면 벌써 간교하고 거짓된 습관이 형성되고 채 성인이 되기 전에 이미 벼슬을 구해 나아가고자 하는[干進] 생각이 싹틉니다. 인재는 국가의 이기利器인데 인재가 비루해져, 갓을 쓰고 띠를 띠고 벼슬에 오른 사람들이 널리 공부했다는 말은 아직 듣지 못했으며 장보관章甫冠을 쓰고 학교[庠序]에 다니는 사람들은 모두 앞뒤가 꽉 막힌[面墻] 사람들입니다.

조정과 민간[朝野]이 똑같고, 중앙과 지방[中外]이 모두 그러합니다. 사림이 사모하는 것은 내용은 없고 겉만 번지르르한 시가와 문장을 화려하게 표현해 내는[月露] 행태일 뿐, 학문을 갈고닦는[講劘] 풍조는 끊어졌습니다. 거리와 골목에서 숭상하는 것은 다만 공명을 추구하고 벼슬과 녹을 탐하는 것[利祿]에 관한 이론일 뿐, 글을 읽고 음악을 익히는[絃誦] 소리는 사라졌습니다.

신은 일찍이 초야에 있을 때 이런 현실을 보고 듣고 눈물 흘리고 통곡하며 마음속 깊은 곳[衷曲]에 들어 있는 안타깝고 느꺼운 심정을 임금님께 아뢰어야 되겠다는 생각을 늘 품었습니다. 마침 전하께서 이렇게 물으시니, 신이 차마 말을 하지 않음으로써 성군聖君의 뜻을 저버릴 수는 없습니다.

지금 전하께 말씀드리는 사람은 반드시 이렇게 말합니다. "인재가 부족한 것은 세상의 도의가 더러워지고 타락한 데서 비롯되었습니다." 이는 봉륜封倫이 '사람이 점점 경박[澆漓]해졌다'고 말하며 당 태종을 기망欺罔한 것과 무엇이 다르겠습니까? 신은 차마 봉륜의 설로 진상을 가려 전하를 속이지는 못하겠습니다.

신은 이렇게 생각합니다. 전하께서 인재를 진작하는 방법이 지극하지 않은 것은 아니지만 선례[故常]를 따르기만 할 뿐 이끌고 부축해 주는[誘掖] 실상은 볼 수 없습니다. 그러니 인재를 진작하는 데 정성을 다했다고 할 수 있겠습니까? 전하께서 가르치고 인도하는 노력이 부지런하지 않은 것은 아니지만 알맹이가 없는 공허한 형식[虛文]만 일삼을 뿐 몸소 실천하는 실상은 듣지 못했습니다. 그러니 가르치고 인도하는 데 정성을 다했다고 할 수 있겠습니까? 그러니 선비의 습성이 날로 더러워져도 이상할 것이 없고, 인재가 날로 비천해져도 이상할 것이 없습니다.

이제 전하께서 문왕처럼 성대하게 사람을 진작하려고 하시니, 신은 문왕이 성실하게 가르치고 인도한 정성과 참다운 덕을 닦던 실상으로 전하께 말씀드리겠습니다. 신이 살펴건대 『주례』에서는 고을에서 세 가지 일[三物]로 백성을 가르치고 그 가운데 뛰어난 인재를 뽑아 빈객으로 추천[賓興]했다 하며, '봄과 가을에는 예와 음악을 가르치고, 겨울과 여름에는 『시』와 『서』를 가르친다.' 했습니다. 또 '스승이 존경받아야 도가 존귀해진다.' 했습니다. 그런즉 문왕이 스승의 도리를 널리 밝히고, 가르치고 양성하는 방법을 다한 것이 과연 어떻습니까?

엎드려 바라건대 전하께서는 백성을 교화하고 순후한 풍속을 이루는 가르침으로써 상세하게 이끄시기를 바랍니다. 『시』, 『서』, 예, 악의 가르침으로 (인재를) 진작하는 데 모든 도리를 다하시기를 바랍니다. 또 기蘷와 고요皐陶 같은 현명한 사람을 얻어서 모든 사람이 따르는 스승[師表]의 책임을 맡기면, 보태어 돕고 인도해 이끄는 요령을 다할 수 있습니다. 이렇게 되면 전하가 기르는 것이 곧 문왕이 기른 것과 같이 됩니다.

그러나 배양의 근본은 임금님께서 몸소 실천하고 마음에 터득하는 데 달려 있으니, 문왕이 가르침을 베풀어서 진작한[提撕] 것 또한 반드시 유래가 있습니다. 『시경』에 이런 구절이 있습니다. "깊고 원대하신 문왕이여! 아! 계속 밝혀 공경하셨도다."[3] 이를 통해 문왕이 세 가지 일로 가르치고 『시』, 『서』, 예, 악으로 훈계한 것이 실은 세밀한 마음 씀씀이에서 비롯했음을 알 수 있습니다.

전하께서는 학문의 깊은 진리를 끝까지 탐구해 스스로 진리를 터득하고 본원의 경지를 명료하게[澄澈] 깨달아 백성을 교화하는 도구로 삼으시기를 바랍니다. 그렇게 하면 전하의 마음공부가 곧 문왕의 마음공부일 것입니다. 가르침이 문왕의 가르침과 같고 덕이 문왕의 덕과 같다면, 어찌 인재만 문왕 때만큼 융성하지 못하겠습니까?

셋째, 신의 포부를 말씀드리겠습니다. 이 질문을 읽고서 신은 아랫사람에게 묻는 것을 부끄러워하지 않으시고, 꼴을 베고 나무하는 사람에게까지 묻는 전하의 성대한 마음을 우러러봅니다.

신이 듣기에 "자기를 닦은 뒤에 남을 다스릴 수 있고, 마음을 바르

---

3   穆穆文王, 於, 緝熙敬止. ―『모시』, 「대아」 '문왕'.

게 한 뒤에 남을 가르칠 수 있다. 가르침을 세우려는 사람은 마음을 바르게 하는 것보다 먼저 할 것이 없고, 남을 다스리고자 하는 사람은 자기를 닦는 것보다 먼저 할 것이 없다." 했습니다. 엎드려 바라건대 전하께서는 비록 홀로 그윽한 데서 마음대로 할 수 있는 처지에 있더라도 더욱 굳게 조심하고, 번화하고 소란한 데 처하더라도 마음가짐을 더욱 엄격하게 하시기를 바랍니다. 그렇게 한다면 인재를 진작하는 것은 단지 조치하는 일 가운데 하나일 뿐입니다.

신은 삼가 대답합니다.

『졸옹집拙翁集』

오늘 읽는 책문

홍성민은 어릴 때 정서적으로 매우 불우했다. 어린 나이에 어머니와 할머니를 여의고, 열 살 때는 아버지마저 여의고 계모 김씨와 형 홍천민洪天民의 양육을 받으며 자랐다. 어머니가 돌아가신 뒤 계모 김씨가 여러 자녀에게 자기 외에 아버지의 측실이 있으니 저마다 어미로 섬길 이를 찾으라고 했다. 홍성민이 혼자 "어머니가 없다가 어머니가 생겼는데 어머니를 버리고 어디로 가겠어요?" 하면서 김씨를 선택했고, 이에 아버지가 기이하게 여겼다.

아홉 살 때 할머니를 따라 안성에 갔는데, 그곳 사람이 과일을 보내왔다. 어린 홍성민은 그 과일을 명목 없는 선물로 여겨 물리치고 먹지 않았다. 할머니가 이 말을 듣고 기뻐하며 "나에게 참으로 손자가 있구나!"했다.

아버지가 돌아가신 뒤 맏형 홍천민에게 공부를 배웠는데, 하루는 홍성민이 매우 슬피 울었다. 형이 이상하게 여겨 까닭을 묻자 홍성민이 대답했다. "내가 형님 밑에서 공부한 지 몇 달이 되었는데도 매를 맞아 보지 못했어요. 내가 아버지를 여의었다고 불쌍히 여겨 매를 때리지 않은 것이지요. 내가 이 때문에 슬퍼서 웁니다." 이 말을 들은 형도 감격해서 눈물을 흘리며 더욱 지성껏 가르쳐서 홍성민의 학업이 날로 진보했다. 학문이 어느 정도 성취되자 서경덕徐敬德, 이황의 문하로 나아가서 배웠다.

1561(명종 16)년 진사시에 갑과로 합격했다. 이 과거에는 당시 척신이며 권신이던 심통원沈通源의 아들 심화沈鏵가 함께 급제해 논란이 되었다. 심통원이 이 과거의 시관이었고 그 아들이 강경講經에는 통과하고 제술製述에는 합격하지 못했는데, 명종이 둘 다 합격시켰기 때문이다. 이 밖에도 외척이 많이 응시하고 구차히 합격했기 때문에 공정하지 못하다는 평을 받았다. 어쨌든 홍성민은 1564(명종 19)년 식년 문과에 병과로 급제해 3사三司의 요직을 지내고 1567년에는 사가독서를 했다.

1575년에는 명에 진위사陳慰使 박계현朴啓賢의 서장관으로 다녀왔다. 이 사행에서 종계변무에 관해 홍성민이 중요한 구실을 했다. 그전에 이미 여러 차례 중국에 시정을 요청했으나 제대로 처리되지 않다가 홍성민의 노력으로 비로소 중국에서 개정이 통과된 것이다. 명의 예부禮部에서 황제의 칙서를 작성하면서 홍성민의 공로를 부기해 본국에 알리려고까지 했는데, 수정된 『대명회전大明會典』이 공식 반포되지 않았다는 이유로 사양하면서 뒷날을 기다려 달라고 청했다.

그는 돌아온 뒤에도 중국에서 있었던 일을 말하지 않았다. 선조가 중국에서 있었던 여러 가지 일을 묻자 홍성민은 이렇게 대답했다. "황제께서 조회 보시던 날 어떤 직언을 한 자에게 장형을 내렸습니다. 그런데도 직언하는 자가 계속 나왔습니다. 우리 조정에서는 직언하는 자를 우대한다고 하나 직언하는 자를 보지 못했습니다. 임금께서 겉으로는 용납하는 척하면서 속으로는 책망하면 그 해가 장형보다 더 심할 것입니다." 주위에서 이 말을 듣는 사람들은 임금이 진노할까 봐 목을 움츠렸다.

세월이 15년이나 흐른 1588년, 유홍이 중국에 사신으로 갔다가 수정 반포된 『대명회전』을 가지고 돌아왔는데, 칙서에 '일찍이 홍성민이 아뢰었을 때 벌써 허락했다'는 내용이 있었다. 이에 조선에서 처음으로 홍성민의 공로를 모두 알게 되었다. 선조가 이를 원훈元勳으로 삼으려고 신하들에게 의논시켰다. 그런데 홍성민이 "종계의 일로 중국에 가서 청한 사람이 수없이 많은데, 나보다 먼저 갔던 사람들이 꼭 나만 못했을 리 없고 나보다 뒤에 간 사람들도 나만 못할 리 없습니다. 나는 다만 시기를 만난 것뿐입니다. 그런데 어찌 공을 탐해 내가 힘쓴 덕이라고 할 수 있겠습니까?" 하고 극구 사양하며 공을 자처하지 않았다.

1575년, 붕당의 조짐이 일자 이이가 주도해 심의겸沈義謙과 김효원金孝元의 갈등을 조정하려고 한 '을해당론乙亥黨論'이 일어났다. 이에 이황의 문인인 윤근수尹根壽·윤두수와 서인에 가담하고, 이이·성혼 등과 가깝게 지냈다. 선조가 일찍이 당 태종의 마음 씀씀이가 바르지 못하다고 논평했을 때 홍성민이 이렇게 진언했다. "태종은 진실로 바르지 못해도 직간을 받아들일 수 있었기에 태평 세대를 이룩했습니다. 지금 전하께서는 참으로 3대의 임금들에게도 손색이 없으나 묻기를 좋아하는 덕은 당 태종보다 못한 듯합니다."

1580년에는 선조가 친히 주관하는 문신의 정시廷試에 합격했다. 『선조실록』에는 이때 이문吏文의 제술에 우등해 품계를 올렸다〔加資〕고 기록되어 있다. 그리고 『선조수정실록』에는 이문을 짓고 수석을 차지해 가선대부로 올려 준 것을 두고, 사헌부에서 작은 일로 품계를 올리는 것은 덕 있는 사람을 임명하는 정사가 아니라고 논하며 개정을 청했으나 윤허하지 않았다고 기록되었다.

1590(선조 23)년에 종계변무를 성사한 공으로 광국공신 2등에 올라 숭정대부로 승진했지만, 이듬해 건저 파문으로 정철이 파직될 때 같은 당으로 몰려 유배되었다. 유배되어 떠날 때 위로 사대부에서 아래로 서리에 이르기까지 모두 남몰래 눈물을 흘리며 안타까워했다. 길가에서 전송하는 사람 가운데 한 사람은 쌀을 지고 와서 주었다. "나는 옛날 김해 감옥에 수감되었던 사람입니다. 그곳 방백으로 오신 어르신 덕에, 10년 동안 억울하게 쓰고 있던 누명을 벗었습니다. 그 덕을 갚기 위해 오늘 이 자리에 왔습니다." 그러나 홍성민은 이 쌀을 사양하고 끝내 받지 않았다. 홍성민이 영남의 관찰사로 갔을 때 미결수가 800명이나 되었는데, 부임한 해가 다 가기도 전에 감옥이 텅 비었다고 한다. 쌀을 가져온 사람은 바로 이때 공정한 판결을 받은 사람일 것이다. 홍성민과 북쪽에 유배된 대사간 이해수는 물건을 사양하거나 받을 때 늘 그를 본보기로 삼았다.

임진왜란이 일어나자 특사로 석방되고 의주 행재소로 가서 관직에 복귀했다. 그곳에서 정철, 함께 연루되어 귀양 갔던 황신黃愼 등 세 사람이 만났다. 정철이 황신에게 누누이 위로하고 사과했다. 홍성민은 정철에게 정색을 하고 상대하면서 한 번도 그 일을 언급하지 않았다. 이에 황신이 늘 그가 마음이 개결하고 사심이 없다고 칭찬했다. 이해 12월에 계모 김씨의 상을 당했다. 부모의 거상 중에 출사하게 〔起復〕 되어, 사직 소를 일곱 차례나 올리고 해직되었다. 3년상을 다 마치지 못하고 1594년에 죽었다.

『선조수정실록』1594년 7월 기사에 수록된 홍성민의 졸기는 그의 됨됨이를 이렇게 평했다. "익성군益城君 홍성민이 졸했다. 성민은 자가 시가다. 효성과 우애가 있고 충직하고 맑은 행실이 있었다. 간소하고 담박해서 시속의 기호를 좇거나 잘 보이려고 꾸미지 않았다. 권세 있는 자를 보면 자기를 더럽히려는 존재처럼 여겼고, 달가워하지 않는 자에 대해서는 한 차례 읍할 따름이었다. 평생 남에게 청탁하지 않았으며 남들도 감히 사사로운 일로 청탁하지 못했다." 일찍이 선조의 형인 하릉군河陵君 이린李鏻은 그에게 인척으로서 종형제뻘이었는데, 홍성민을 몹시 만나고 싶어 했으나 한 번도 사사로이 만나지 않았다.

홍성민은 시문에 아주 뛰어났다. 시를 지을 때 겉모습을 다듬는 데 공을 들이지 않고 한결같이 이치를 주로 하면서 자기 뜻을 분명히 밝히는 데만 주력했다. 글을 지을 때도 경전에 근거해 전고典故를 해박하게 인용했으며 공허한 말은 일절 늘어놓지 않았다. 평소 저술한 글이 무척 많았는데, 왜란으로 다 없어지고 말았다. 홍성민이 외고 있던 글을 기록해서 시문 900여 편을 복원했다고 한다. 그의 문집은 손자 홍명구洪命耉가 안동에서 수령으로 있을 때 펴냈다.

인재의 의미, 노동의 철학

인재人材는 사회의 존속을 위한 자산이다. 한 공동체가 인재라고 규정한 사람은 그 사회의 수단이 된다. 인재人材와 인재人才가 전문적인 지식과 기능을 갖추고 창조적 활동으로 사회 공동체에 공헌할 수 있는 사람의 재능 또는 그 재능을 가진 사람을 가리키는 말로 비슷하게 쓰이지만, 엄밀히 말해 인재人才는 사람이 타고나거나 갈고닦은 재능이라는 뜻으로 주로 쓰이며 인재人材는 목재와 석재처럼 용도에 따른 자재나 재료라는 말맛이 있다. 그러므로 통나무를 목재로 가공해 책상이나 의자나 가구를 만들듯 인재人材를 조탁해 인재人才로 만들어 내는 것이다. 고전에서 두 어휘가 대개 별 구분 없이 비슷한 뜻으로 쓰이지만 굳이 구별하자면 그렇다.

인재는 길러 내야 한다. 인재를 양성하는 주체는 특정 인재가 필요한 개인이나 집단이다. 과거 왕정 국가에서는 모든 교육에 국가가 개입해 국가의 이념과 원칙에 맞는 인재를 길러 냈다. 현대 민주 사회에서도 시민의 기본 소양 교육은 국가가 맡지만, 구체적인 실무 영역에서는 숙련된 인재가 필요한 공적·사적 기업이나 산업 분야에서 따로 훈련한다. 현재 우리나라에서 사회에 인재로서 발을 딛으려면 초등·중등교육을 받은 뒤에 고등교육기관의 교육과정을 밟은 뒤 다시 따로 실무 교육을 받거나 자격증을 취득하는 과정을 거쳐야 한다.

현대사회에서 인재가 어떤 의미에서는 인적 재능이 아니라 자격증

취득 여부를 규정하는 말로 전락한 것이다. 예컨대 똑같이 교육할 수 있는 능력을 갖추고 실제 교육 현장에서 교육을 담당해도 임용 고사를 거쳐 교원 자격증을 취득한 사람과 필요에 따라 기간을 계약하고 교육과정에 투입된 사람은 신분 규정에서부터 차별한다. 교육 분야만이 아니라 어느 분야에서든 마찬가지다. 능력과 관계없이, 노동의 숙련도나 강도와 관계없이 자격증 유무에 따라 노동의 고유한 가치에서 차별하는 것이다. 노동은 생계의 물질적 수단을 산출하기 위한 행위일 뿐만 아니라 자연에 던져진 사람이 자기를 형성해 가는 '사람만의' 행위다. 자기를 실현하며 자기를 한 인간으로서 만들어 가는 또는 자연에 내던져진 존재인 사람이 자기를 미래로 옮겨 가는 행위다. 그런데 능력이 아니라 자격증에 따라 노동 가치를 차별한다면 노동의 숭고한 의미는 잃어버린다.

우리 사회는 현재 단순 노동시장에서조차 정규직과 비정규직 간 분열이 일어나며 노동의 의미가 왜곡되고 있다. 임금격차를 줄이고 인간의 자기실현으로서 노동의 가치를 새롭게 의식해야 하는데, 노동의 종류나 내용에 따라 차별하고 자격증 유무에 따라 노동 가치를 가른다면 사회의 건전한 발전을 기대할 수 없다. 사람을 인적 재료로서 대우하기보다는 노동 주체로서 대우해야 한다. 시민이 모두 노동의 가치를 새롭게 인식해야 한다. 노동에 대한 의식이 바뀌어야 한다. 노동의 철학을 성찰해야 한다.

화폐제도의 장단점

권득기權得己

1570(선조 3)년에 태어나고 1622(광해군 14)년에 죽었다. 본관은 안동安東, 자는 중지重之, 호는 만회晚悔다. 1610년 식년 문과에 장원급제해 예조 좌랑이 되었다. 정치가 혼란해지자 관직을 버리고 야인 생활을 했다. 1618년에 고산도 찰방高山道察訪이 되었고, 죽은 뒤 공조 참판이 추증되었다. 대전의 도산서원道山書院에 배향되었고, 저서로 『만회집晚悔集』·『연송잡기然松雜記』 등이 있다.

책문

임금님께서 이렇게 말씀하셨다. 옛날부터 백성이 삶의 바탕으로 삼은 것 가운데 옷과 밥보다 더 중요한 것은 없다. 그런데 옷과 밥 외에 따로 화폐〔錢幣〕를 제정한 뜻은 어디에 있는가? 화폐제도는 어느 시대에 시작되었는가?

하 대에는 공물로 금속 세 종류(금·은·구리)를 바치게 했을 뿐인데, 후대에는 포전布錢·도전刀錢·구패전龜貝錢 따위가 생겨났다. 이는 무엇에 근거한 것인가?

순임금 때는 여섯 부서〔六府〕를 두었는데, 태공太公은 아홉 부서〔九府〕로 늘렸다. 이 둘을 상세한 것과 간략한 것, 우수한 점과 열등한 점으로 나누어 말해 보라.

진秦의 화폐는 너무 무거웠는데, 한漢에서 이를 개량해 유협전楡莢錢과 사수전四銖錢을 만들었고, 6조六朝 시대에 다시 아안전鵝眼錢으로 고쳤다. 과연 어느 것이 더 낫고 어느 것이 더 못한가?

옛사람은 화폐를 형兄이라 일컫기도 하고, 신神이라 일컫기도 하고, '이것〔阿堵〕'이라 할 뿐 이름을 말하지 않기도 했다. 이렇게 돈을 싫어하기도 하고 좋아하기도 하는 까닭은 무엇인가?

우리나라는 중국을 본떠 다스렸는데, 신라와 고려 때부터 천폐泉幣라는 것이 있었다. 이것은 옛 중국의 화폐제도와 같은가?

우리 조선의 역대 임금께서는 정치제도를 창안하기도 하고 계승하기도 했는데, 모두 옛 제왕의 제도를 이은 것으로서 어느 하나라도 중국의 제도와 다름이 없었다. 그러나 화폐만은 사용하기도 하고 폐지하기도 해 지금껏 큰 효과를 보지 못했다. 법에는 같은 점도 있고 다른 점도 있으니 반드시 강제로 따르게 할 필요는 없는가, 아니면 백성의 정서는 익숙한 것을 편하게 여기고 견문이 좁으니 옛 제왕의 뜻을 본받으려는 생각이 없어서 그런가?

현재 중국은 집집마다 부유하고 사람마다 풍족하지만〔家殷人足〕 우리나라 백성은 가난하고 곤궁하지 않은 사람이 없다. 세금 징수를 무겁게 하거나 가볍게 하고 국가를 운영하는 데 부지런하거나 태만한 결과가 아니라면, 반드시 재화를 관리하고 백성을 넉넉하게 하는 방법을 모르기 때문일 것이다.

우리 선왕께서는 화폐 사용의 편리한 점과 불편한 점을 들어 조정의 의견을 널리 들었지만 끝내 시행하지는 못하셨고, 그 일이 이 어리석고 사리를 분간하지 못하는 나에게 이르렀다. 나는 한결같은 마음으로 옛 제도를 본받고 중국의 제도를 따라 나에게 맡겨진 커다란 과업을 실추하지 않으려 하고 있다. 그래서 근래 2품 이상의 대신에게 자문해 보았지만 아직 과단성 있게 시행하지는 못하고 있다.

그대 대부들은 모두 뛰어난 재주가 있고 세심한 기준으로 뽑혀서 모두 이 자리에 나왔다. 옛일을 원용하고 오늘 일을 참작해 백성을 소생시키고 나라를 살릴 계책을 그대들에게서 듣고 싶다. 내가 대책을 직접 살펴보겠다.

대책

신이 대답합니다. 신이 듣기로는 "백성을 아끼는 마음을 가진 사람은 백성을 편안하게 하는 정치를 할 수 있고, 백성을 편안하게 하는 정치를 하는 사람은 백성을 사랑하는 정치의 효과를 얻을 수 있다." 했습니다.

임금 된 사람이 이 마음으로 이런 정치를 시행한다면 정치의 실효를 얻기란 먼일이 아닙니다. 주상 전하께서는 순임금처럼 옛날과 오늘날에 통달하고 귀가 밝고 눈이 밝아 백성의 사정을 잘 살피시는 거룩한 자질을 갖추셨으며, 주의 성왕처럼 선왕을 계승하고 막 정치를 시작하면서 여러 신하와 국사를 의논하는〔訪落〕처지에 계십니다. 백성이 다칠까 봐 경계하는 마음은 늘 백성을 걱정하는 데서 절실하게 나타나고, 도를 갈망하는 정성은 항상 드러나지 않는 데서도 마음을 쓰십니다.

백성을 돌보는[若保] 계책을 강구하시고, 화폐를 유통해서 얻는 이익을 연구하시며 정기 과거[大比]를 기회로 삼아 아무리 무지한 사람에게라도 지혜를 묻는 의리를 넓혀 수많은 선비를 불러 모아 조정 뜰에서 책문을 내셨습니다. 간절한 마음으로 백성의 의식주와 화폐에 관해 물으시면서 백성을 소생시키고 나라를 살리는 계책을 듣고자 하십니다. 위대합니다, 임금님의 이 말씀이여! 참으로 하늘과 땅이 백성을 아끼는 마음과 같습니다.

그러나 유사有司가 과분하게도 보잘것없는 저 같은 사람까지 이 자리에 나오게 했으니[充賦], 비록 재주가 없어서 만에 하나라도 제대로 대답하지[對揚] 못하겠습니다만 봄철에 미나리와 햇볕을 바치려고 하던 순박한 정성을 본받아 어리석은 충성을 다 바치고자 합니다. 임금님께서는 제 견해에 뜻을 기울여 주시기를 바랍니다.

첫째, 화폐의 유래와 화폐제도의 개혁과 화폐에 대한 사람들의 생각을 말씀드리겠습니다. 저는 두 무릎을 꿇은 채 책문을 읽고 감히 임금님께 제 견해를 올리게 되어 두려운 마음을 이길 수 없습니다.

제가 듣기로는 "하늘과 땅의 상징을 본떠 저고리와 치마, 곧 의상衣裳 제도가 생겨났다. 나뭇가지를 비벼서 불을 일으키는 방법이 생긴 뒤에 음식을 익혀 먹는 문화가 시작되었다." 했습니다. 옷과 밥은 백성의 일상생활에 가장 중요한 것들입니다. 옷과 밥만큼은 아니지만 옷과 밥의 쓰임새를 보조하는 것이 화폐입니다. 그러므로 추우면 옷을 입고 배고프면 밥을 먹지만, 옷과 밥의 공급이 막혀 통하지 않으면 돈으로 유통하게 합니다. 돈이란 생필품을 유통해서 늘 풍족하게 하는 수단입니다.

옛 성인은 『주역』 '서합괘噬嗑卦'의 상징을 본떠 시장을 열어 사람들이 서로 물건을 유통하는 뜻을 취하고 교역을 편리하게 하도록 화폐제도를 정했으니, 이 또한 백성을 아끼는 방법이며 백성을 편안하게 하는 정치입니다. 그러니 아마도 옛날부터 화폐제도가 있었을 것입니다.

저는 학문이 모자라서 멀리 융성했던 고대에서 근거를 댈 수는 없습니다. 학자들은 홍수와 가뭄 이후 요임금과 탕왕이 화폐제도를 창안했다는데, 그럴 수도 있습니다만 꼭 그런지는 확신할 수 없습니다. 서적 기록을 근거로 말씀드리자면, 우禹가 중국 땅 전체를 아홉 구역〔九州〕으로 나누고 토질에 따라 공물을 정하고 나서 금속 화폐가 생겼는데, 그 종류에 금·은·구리 등 세 가지가 있었다고 합니다. 3대가 번갈아 일어나면서 제도가 더욱 치밀해졌고, 주 대에 이르러 화폐제도가 크게 정비되었습니다. 널리 유통된다는 뜻을 담은 포布가 있었고 아주 편리하고 이롭다는 뜻을 담은 도刀가 있었으며 조개껍데기 다섯 개〔朋〕에 해당하는 구龜가 있었는데, 모두 화폐의 종류입니다.

순임금 때는 재화의 산출을 여섯 부서〔六府〕가 맡았는데, 태공망太公望 여상呂尙이 화폐와 재화를 원활하게 유통시키기 위한 제도로 아홉 부서〔九府圜法〕를 두었습니다. 어떤 것이 더 상세하고 간략한지 저로서는 알 수 없습니다. 그러나 백성을 아끼는 마음과 백성을 편히 살게 하는 정치를 했다는 점에서는 그 전 성인과 나중 현인 사이에 우열을 따질 수 없습니다.

동주東周 시대에 대전大錢을 주조한 뒤 화폐제도가 붕괴하기 시작했습니다. 그래서 진秦에서 반량半兩짜리 화폐를 사용했는데, 너무 무거운 폐단이 생겼습니다. 한에서는 그 폐단을 바로잡으려고 중량이 가벼운 유협전을 만들었는데, 자꾸만 더 가볍게 만드는 사람들이 생겨났습니다. 그래서 또 그 폐단을 바로잡으려고 사수전, 팔수전八銖錢 같은 화폐를 따로 만들었습니다.

마침내 아안전은 1000전을 꿰어도 그 꿰미의 길이가 겨우 세 치밖에 되지 않았다고 합니다. 화폐의 가치는 가벼워지고 물가는 올라 상인이 통용하지 않게 되니, 화폐제도의 폐단이 6조 시대에는 극에 달했습니다. 그사이 오수전五銖錢이 주조되어 균형을 맞췄는데, 비록 어쩌다 조금 개선된 점이 있다고는 해도 새는 집을 임시로 얽어 막고 대충 기워 놓은 것과 같아〔牽補〕 화폐의 정상 유통은 잘 되지 않고 혼란만 많았습니다. 위에서는 백성을 아끼는 마음이 없고 아래에서는 보화를 감추어 두고 속인 것입니다. 그래서 목숨을 걸고 재화를 추구하며 신으로 받들고 형으로 받드는 사람도 있고, 이런 세태를 싫어해서 아예 돈이라는 말을 입에 담지 않는 사람도 있었습니다. 이런 말을 하려니 추악하다는 생각이 듭니다. 역대의 화폐제도 운용은 오십보백보여서 어느 것이 쓸 만한지 알 수 없으니, 이 자리에서 어느 것이 옳다고 말씀드리겠습니까? 전하께서는 옛 제도를 본받아서 잘 해나갈지 후세에 징계가 될 실책을 범할지 택하시기를 바랍니다.

둘째, 우리나라의 화폐제도가 중국의 화폐제도를 따른 점을 말씀드리겠습니다. 저는 두 무릎을 꿇은 채 책문을 읽고 감히 임금님께 제 견해를 올리게 되어 두려운 마음을 이길 수 없습니다. 압록강 동쪽에 있는 우리 지역은 단군이 터를 닦고 기자가 나라를 세운 이래 중국의 문화를 모방했습니다. 신라가 건국되고 고려로 이어지면서 정치제도가 모두 갖춰졌으니, 화폐제도도 반드시 옛 제도를 본받아 시행되었을 것입니다. 그러나 문헌이 부족해서 검증하기 어렵고 기록 또한 많지 않으니, 두 왕조의 화폐제도에 관한 역사 기록의 흔적이 간혹 민간에 남아 있어도 학식이 부족하고 조잡한 저로서는 아는 것이 없습니다. 그러나 요, 순이 백성을 아끼던 마음을 자신의 마음으로 삼고 하와 주 왕조를 본받아 백성이 편히 살도록 보살피는 정치를 했다는 말은 두 왕조에서 들어 보지 못했습니다.

우리 조선은 두 왕조를 계승해 나라를 아름답게 이었습니다. 거룩한 조상이 창업해서 국가의 이념을 세우고 기강을 정했으며 후손이 선왕의 뜻을 계속 이었습니다. 그래서 정치가 제대로 이루어지고 제도가 정해졌으며 문화는 크게 빛나고 강한 무력은 정의를 만회했습니다. 이룬 공은 높고 커서 제왕의 법률을 준수하고 있으며, 예악 문화는 빛나고 빛나 중국의 법제와 관련되지 않은 것이 없습니다.

재화를 관리하는 방법[理財]과 백성을 풍족하게 하는 도리는 이미 모든 것이 표준에 들어맞습니다. 그런데 화폐제도만큼은 연혁이 한결같지 않습니다. 건국 초기에는 통보[1]를 주조해서 유통시켰지만 마침내 통용되지 않았고, 중도에 저화[楮貨]를 찍어 발행했지만 근년에 폐기되어[2] 끝내 큰 효과를 거두지 못했습니다.

이는 옛날과 오늘의 제도가 다르고 풍속이 달라, 나라를 다스리는

---

1   조선통보가 1423(세종 5)년에 주조되었다.

2   태종이 즉위한 이듬해인 1401년에 저화를 발행했으나 널리 유통되지 못하고 1512년 무렵에는 아예 기능을 잃었다.

법도가 애초에 반드시 똑같지는 않기 때문입니까? 또는 백성이 낡고 익숙한 것을 편하게 여기고 견문이 좁기 때문에 정부에서 백성을 이롭게 하려는 큰 뜻을 몸으로 느끼지 못하기 때문입니까? 아! 도는 언제 어디서나 같지만 제도를 시행하는 실제 현안에서는 반드시 같을 필요가 없습니다. 인민은 정치의 의도나 이념을 깨닫게 할 수는 없고 행정의 방침을 따르게 할 수는 있는 대상입니다. 위에서 백성을 움직이고 이끌어 가는 자루를 쥔 이는 군주입니다.

중국 인민은 동전과 화폐를 유통해서 사람마다 생필품을 공급받고 집집마다 풍족합니다. 우리나라 어리석은 백성은 화폐를 유통하지 못해 마침내 누추하고 가난하게 삽니다. 한쪽은 부유하고 한쪽은 가난한 것은 땅이 다르기 때문이 아닙니다. 세금을 부과하고 거두는 데 부지런하고 게으른 차이가 있는 것이 아니라면, 반드시 재화를 관리하고 백성을 풍족하게 하는 도리를 제대로 시행하지 못하고 있기 때문입니다.

우리 소경대왕昭敬大王(선조)께서는 상의 탕왕처럼 백성을 자식같이 사랑하는[子惠] 지극히 인자한 마음으로 미비한 나라의 풍속과 법제를 염려하시고, 특히 화폐 통용이 편리한지 불편한지에 관해 조정 관료의 의견을 널리 물어 방법을 강구해서 정하기 전에 갑자기 돌아가셨습니다[遏密八音]. 우리 전하께서는 뜻을 잇고 사업을 계승하는 효성스러운 마음과 옛것을 본받고 중국의 문화를 따르려는 확고한 뜻을 지니고 선조의 공적을 더욱 빛내어 국가 운영이라는 큰일을 실추하지 않으려고 기약하셨습니다. 이에 중신에게 널리 의견을 물어 책문을 내셨습니다. 그러나 집을 지을 때 남의 의견만 듣다 보면 끝내 제대로 지을 수 없듯, 과단성 있게 시행하지 못했습니다. 이 때문에 전하께서는 이 문제를 깊이 생각하고 어리석은 저희에게 묻고 계십니다.

저는 이렇게 생각합니다. 백성이 곤궁한 것은 본디 화폐가 통용되지 못하기 때문이며, 화폐가 통용되지 못하는 것은 또한 법제가 제대로 마련되지 못했기 때문입니다. 화폐란 나라에서 주조하고 백성이 써서 부귀해지는 수단인데, 백성이 화폐를 잘 쓸 줄 모르니 화폐가 유통되지 못합니다. 화폐로 물자를 방출하고 화폐로 세금을 거둬들이면 백성이 화폐가 유용함을 알아 널리 유통할 것입니다.

제가 듣기에 화폐 사용의 장단점을 따지는 것은 행정 조치 가운데 말단의 일이며 백성을 사랑하는 참된 마음이 백성을 부유하게 하는 실제 결과를 가져온다고 합니다. 말단 사무에 매달리는 것은 비록 절실하고 중요한 일 같지만 사실은 결과를 얻기 어렵습니다. 실제 결과를 추구하는 것은 비록 우원한 일 같지만 사실은 쉽게 힘을 쓸 수 있습니다. 이런 점에서 오늘날 백성이 가난하고 재화가 결핍된 까닭은 백성을 사랑하는 전하의 정성이 아랫사람에게 제대로 신뢰를 얻지 못한 데 있지 않겠습니까? 저는 전하께서 말단 사무에 매달리기보다는 실제 결과부터 추구하고, 화폐 사용이 편리한지 아닌지에 너무 신경 쓰기보다는 백성을 사랑하는 참된 마음을 추구하시기를 바랍니다.

백성을 자식처럼 아낀다는 『예기』의 말을 법으로 삼고, 가난하고 의지할 데 없는 곤궁한 사람에게 혜택을 베푼[惠鮮] 문왕을[3] 스승으로 삼으며, 둥근 그릇 모난 그릇[盤盂]에 훈계를 새겨 두고, 백성은 물과 같고 군주는 물에 띄우는 배와 같다는 교훈을 마음에 깊이 새겨 큰 궁궐에 계시면서 백성의 곤궁한 삶을 늘 염두에 두셔야 합니다. 굶주리고 추위에 떠는 것이 얼마나 힘들지를 생각하고 이런 사람을 먹이고 입히는 일이 얼마나 쉬울지를 생각하신다면, 이것이 이른바 백성을 사랑하는 마음일 것입니다. 백성이 편하게 살 수 있도록 하는 정치는 이 마음을 들어 시행하면 모두 잘 될 것입니다. 그러니 화폐의 유통은 전하가 조치하는 행정의 한 가지 일일 뿐입니다. 화폐가 시행되지 않아도 백성의 살림살이에 크게 방해되지는 않습니다.

경전에 이런 말이 있습니다. "법만 있어서는 저절로 시행되지 않는다."[4] 또 이런 말도 있습니다. "백성의 어려운 사정을 차마 보지 못하는 마음으로 (백성의 어려운 사정을) 차마 두고 볼 수 없는 정치를 해나간다면, 세상은 손바닥에 올려놓고 다스릴 수 있을 것이다."[5] 전하께서는 이런 말을 깊이 유념하시기를 바랍니다.

셋째, 저의 정치 견해를 말씀드리겠습니다. 저는 두 무릎을 꿇은 채 책문을 읽고 정신이 아뜩하며 얼이 빠지는 듯했습니다. 전하께서 이런 말씀을 하셨으니 오늘이야말로 어리석은 제가 제 생각을 모두 말씀드려야 할 날입니다. 전하께서 백성을 사랑하는 마음이 정치로 나타난 것이 한두 가지가 아닙니다. 예컨대 선혜청을 설치해 경기도 백성을 보호하고 조서를 자주 내려 온 사방에 혜택을 주었으니, 백성을 사랑하는 전하의 마음은 이미 다하지 않음이 없습니다. 마음은 살

3　懷保小民, 惠鮮鰥寡. ―『상서』, 「주서무일周書無逸」. 문왕이 아니라 주공이 성왕에게 준 가르침이다.

4　『맹자』, 「이루離婁」(상).

5　『맹자』, 「공손추公孫丑」(상).

아 있지만, 도리[道]에서 나온 것은 어두워지기는 쉬워도 밝히기는 어렵고 기질[人]에서 나온 것은 사사로운 데로 흐르기는 쉬워도 공변된 곳으로 흐르기는 어렵습니다. 사사로운 욕구에 가려지기 때문에 백성을 사랑하는 마음이 끝까지 결실을 맺지 못하는 것입니다.

저는 사사로움의 해를 힘껏 말씀드리고자 합니다. 사사로움이란 개인의 치우친 자기중심 감정을[偏私] 말하는 것이 아닙니다. 생각 가운데 조금이라도 천리와 부합하지 않으면, 그것이 곧 사사로운 것입니다. 사사로운 의도가 개입되면 온갖 해가 번갈아 이르고, 말을 듣고 사물을 접할 때 먼저 의심으로 대하게 됩니다. 예컨대 깨끗이 닦은 거울에 때가 끼는 것 같고, 물이 막 고요해졌는데 바람이 물결을 일으키는 것 같고, 해나 달이 하늘 한가운데 떠 있는데 구름이 가리는 것과 같습니다.

그래서 충성스러운 마음을 분발하는 사람은 정직하다는 명예를 추구한다고[沽直] 의심하고, 자기 뜻을 굽히고 무조건 따르는 사람은 임금을 사랑한다고 여깁니다. 너그럽고 순후한 사람은 파당을 짓는 간사한 사람으로 의심하고, 남의 일을 잘 들추어내는 사람은 정직하다고 여깁니다. 바른말을 하고 굽힐 줄 모르는 사람은 오만하다고 의심하고, 낯빛을 살피고 기색을 따르는 사람은 공손하다고 여깁니다.

조정의 신하를 멀리하고 인척을 가까이하며 가까이 총애하는 신하만 믿으니, 듣고 보는 것이 제한됩니다. 의심이 있는 곳에서는 총명이 가려집니다. 그러면 옳고 그름을 가리는 것이 바르지 못하고, 백성을 사랑하는 참된 마음도 실행되지 못합니다.

저는 전하께서 지극히 공정한 마음을 품고 자기를 내세우지 않는 뜻을 넓히며 가까운 사람에게 가려지지 않고 사사로운 뜻이 어지럽히지 않게 하시기를 바랍니다. 마음에 거슬리는 말을 들으면 반드시 도리에 부합하는지 따져 보고, 뜻에 맞는 말을 들으면 반드시 도리에 맞지 않는지 따져 보아야 합니다.

거울에 묻은 때를 털어 내고 물결치는 물을 고요하게 하고 해와 달을 가리는 뜬구름을 흩어 버리듯 사사로이 얽매인 관계를 깨끗이 없애고 막히고 가린 것이 없게 함으로써 백성을 사랑하는 참된 마음이 광명정대하게 본모습을 다시 드러내고 조금이라도 가려지지 않게 한다면, 행정 조치의 말단인 화폐제도의 폐단 같은 문제는 말을 해도 그만이고 하지 않아도 그만입니다.

『서경』에 이런 말이 있습니다. "공변됨을 추구해서 사사로움을 없애면 백성이 믿고 따를 것이다."[6] 옛 학자도 "자기를 극복하면 공변된 사람이 될 수 있고, 공변된 사람이 되면 어진 사람이 된다." 했습니다. 전하는 이 말을 거울로 삼으시기를 바랍니다.

저는 어리석은 충성심만 배에 가득해, 곁가지로 빠지는 줄도 모르고 말을 늘어놓았습니다. 유사가 답안지의 양을 정해 놓았고, 말은 뜻을 다 표현하지 못하기에 안타깝습니다. 되지도 않는 말을 늘어놓은 죄는 용서받지 못할 터, 돗자리에 꿇어 엎드린 채 공손하게 처분〔司敗〕만 기다립니다. 저는 두렵고 조심스러우면서도 솔직하게 말씀드려야겠다는 감격스러운 마음을 이길 수 없습니다.

죽음을 무릅쓰고 삼가 말씀드렸습니다.

『만회집』

6 　以公滅私 民其允懷. — 『상서』, 「주서」 '주관周官'.

오늘 읽는 책문

　권득기는 고려 말 학자 권보權溥의 후예다. 이조 판서를 지낸 권극 례權克禮와 예조 참의 서고徐固의 따님인 정부인 서씨의 아들로 태어 나 아버지의 막내아우 권극관權克寬에게 입양되었다. 어렸을 때는 생 부 권극례가 자주 외직으로 나가 있었기 때문에 작은아버지 권극지 權克智에게 학문을 배웠다. 어렸을 때부터 아이들과 놀 때 속이거나 놀리지 않았으며 비속하고 천한 말을 하지 않았다. 생모 서씨에게 글 을 배워 문리가 대략 통한 뒤 10여 세에 스승에게 나아가 경전과 역 사서를 배웠는데, 매우 총명하고 부지런히 공부했다. 책을 널리 읽었 는데 한번 보면 바로 외었다. 예조에서 동몽童蒙의 강講을 시험했는 데, 동문 박 아무개의 차례가 되었다. 관리가 정 아무개 나오라고 잘 못 호명하자 동문들이 박 아무개를 일으켜 세우려고 했는데, 권득기 가 이를 막고 말하기를 관리가 성을 잘못 불렀으니 나가면 안 된다고 했다. 관리가 다시 박 아무개라고 부른 뒤 박 아무개가 나갔다. 당시 유성룡이 특별히 권득기를 불러 강을 바치게 하고 강이 끝난 뒤 성명 과 집안 내력을 묻고는 매우 기특하게 여겼다.

　1589(선조 22)년에 진사시에 합격하고, 이듬해에 생부의 상을 당했 다. 임진왜란이 일어난 뒤 제릉齊陵 참봉이 되고, 선공감 감역이 되었 다. 감역으로 있을 때 서인원徐仁元이 호조 정랑으로 있었는데, 권득 기가 역사役事의 감독을 태만하게 했다면서 "관원들이 뇌물을 받고 역사를 면해 준다면 끝내 관의 일이 무너지고 말 테니 다만 관의 급 료를 훔치는 데 그칠 뿐이 아니다." 하고 질책했다. 그 말투가 매우

비속하고 거만했지만, 권득기는 다만 공손하게 듣고 조금도 성내는 기색을 보이지 않았다. 물러난 뒤에 "이 관리에 대해 들으니 그의 노모가 '이 나리가 언제나 수령으로 나가려나? 네가 수령으로 나간다면 내가 가난을 면할 수 있을 텐데!' 했다고 한다. 이제 몸을 욕되게 해 부모를 섬기는 일은 역시 효도가 아니다." 하고 말했다. 많은 동료가 함께 질책받았는데, 그들은 모두 보통 일로 여기면서 권득기에게 벼슬을 버리지 말라고 권했다. 권득기는 끝내 벼슬을 버리고 돌아간 뒤 끝까지 불평하지 않았다.

30세 되던 해(1599)에 권극관의 양자가 되었다. 1601(선조 34)년에는 생모의 상을 당했다. 1610(광해군 2)년에 문과 전시에 장원급제하고 예조 좌랑이 되었는데, 6월에 모친(윤씨)의 상을 당했다. 3년상을 마치고 1612년에 다시 예조 좌랑이 되었으나 이듬해 봄에 부친(권극관)의 상을 당하고 벼슬에서 물러난 뒤로는 다시 나아가지 않았다. 1617년에 인목대비仁穆大妃가 폐위된 뒤로는 서울에도 가지 않았다. 벼슬에 여러 차례 제수되었으나 부임하지 않았고, 인목대비 폐위가 부당함을 논하는 소를 지었으나 올리지는 않았다. 1622년 2월에 태안 바닷가로 거처를 옮기고 독서에 전념하다 9월 20일에 죽었다.

화폐에 관한 이중적 관념

화폐를 가리키는 우리말은 돈이다. 돈이란 말의 어원은 아직까지도 정확하게 알려진 바 없지만 아주 일찍부터 돈이라는 말을 쓴 것은 틀림없다. 동서고금을 막론하고 무수한 설화와 신화와 야담과 격언과 고사가 돈의 유래, 돈의 위력, 돈에 얽힌 은원, 돈에 관한 태도,

돈의 관념, 돈의 철학 등 무수한 이야기를 만들어 내고 전파한다. 돈의 속성과 본질과 정의에 관해 동서고금의 현자와 학자 들이 백가쟁명의 담론을 토해 냈지만, 이 문제들은 여전히 추상적이고 복잡하고 애매모호한 채로 남아 있다. 사람의 삶에서 찰나라도 돈이 없이는 안 될 것 같지만, 돈이 직접적으로 자기를 드러내지는 않는다. 돈은 이야기나 돈의 액면이 대표하는 추상적인 숫자로 자기를 드러낸다.

부모 형제의 천륜도 돈 앞에서는 힘을 잃어버린다. 돈은 사람의 생활 어디에나 물처럼 공기처럼 스며들고 침투해서 사람의 삶을 장악하며, 사람의 사회적 지위나 품격을 물질적으로 반영한다. 사마천은 돈(부富) 앞에서 사람의 지조가 어떻게 무너지는지를 아주 실감 나게 설명한다. "일반 인민은 상대방의 부가 열 배면 이를 낮춰서 헐뜯고, 100배면 이를 두려워해서 꺼리고, 1000배면 그에게 부림을 당하고, 1만 배면 그의 종이 된다. 이는 만물의 이치다." 돈의 위력 앞에 나약한 사람의 심리를 이처럼 긴절緊切하게 드러낸 말이 또 있을까?

우리 속담도 돈이면 귀신도 부린다고 했다. 중국 당의 장고張固라는 이가 남긴 패관 기록에 이런 이야기가 전한다. 재상으로 있는 장연상張延賞이 국가의 재정을 담당하는 탁지度支의 일을 겸하게 되었다. 재정과 관련해 큰 옥사가 있었는데 매우 억울한 사건이라, 이 일만 생각하면 늘 탄식을 했다. 마침 탁지의 일을 맡게 되자 옥리를 소환해서 엄격하게 다그치며 말했다. "이 옥사는 이미 오래되었으니 열흘 안에 반드시 처리해야 한다." 다음 날 공무를 보려고 하니 책상에 '돈 3만 관이니 이 옥사를 묻지 마시라'고 쓰인 쪽지가 있었다. 장연상이 크게 노해 곧바로 안건을 처리하라고 다그쳤다. 다음 날 다시

'돈 5만 관'이라고 쓰인 쪽지가 있었다. 장연상이 더욱 격노해서 이틀 안에 사건을 반드시 해결하라고 성화같이 몰아쳤다. 다음 날에도 '돈 10만 관'이라고 쓰인 쪽지가 있었다. 장연상은 마침내 옥사를 중지시키고 묻지 않았다. 수하가 틈을 내어 까닭을 물었더니, 장연상이 이렇게 말했다. "돈이 10만에 이르면 귀신과도 통할 수 있으니 만회할 수 없는 일이 없다. 나는 재앙이 미칠까 두려우니 받지 않을 수 없다." 나에게는 돈이 얼마든지 있지만 너나 네 식구에게는 목숨이 하나밖에 없지 않으냐, 하는 말이다. 근래 청소년 가운데 40퍼센트 이상이 10억을 주면 1년 정도 감옥에 갈 수 있겠다고 했다는 말이 있다. 청부 살인이 고수익 직업으로 버젓이 행세하기도 한다.

고대 동아시아 사회에서도 돈은 재산의 축적, 매매, 교역, 가치의 척도로서 널리 유통되었다. 다만 유교 사회의 근본 생산양식은 농경이었기 때문에, 농경 생산을 장려하고 농민을 보호하는 방향으로 정책을 입안하고 상업 경제는 적극 추진하지 않았다. 숭본억말이라는 정책 구호는 생산의 근본인 농업을 장려하고 유통과 교역으로 이익을 산출하는 상업을 억제한다는 뜻이다. 농경 사회에서 상품과 화폐를 근간으로 하는 상업이 발달하면 국가 산업의 생산 총액에서 농경 생산이 차지하는 비중이 줄어들 수밖에 없다. 어느 사회든 부와 재화의 편중을 막고 가능한 한 이익의 균등한 분배를 추구해야 한다. 하물며 재화의 흐름과 상품의 유통을 파악할 수 있는 제도와 체계가 발달하지 않은 전통 사회에서는 농업을 장려하고 상대적으로 상업을 억제할 수밖에 없었다. 개인의 이익이 공공의 이익을 능가하면 국가의 기강이 무너질 수밖에 없는 것이다.

동아시아에서 화폐를 주조하고 유통한 사실에 관한 역사 기록으로는 기원전 540년 금속화폐 주조에 관한 논의를 들 수 있다. 『국어國語』「주어周語」(하下)에 따르면 주 경왕景王 때 화폐의 액면가가 떨어져서 액면이 큰 화폐를 주조하려고 했다. 이에 단목공單穆公이 액면가의 변동에 따라 고액 화폐와 저액 화폐를 함께 써야지, 저액 화폐를 일방적으로 폐기하고 고액 화폐를 주조하면 안 된다며 반대했다. 이런 논의를 통해 주 경왕 대에 앞서 이미 금속화폐가 통용되었으며 당시에 벌써 동전의 액면가가 실제 물건의 가치를 반영하지 못하는 일이 생기고 동전을 새로 주조하거나 화폐가치를 올리거나 내리는 일이 시행된 것을 알 수 있다. 이는 화폐가 고대 동아시아에서 매우 일찍부터 상거래와 물가 조절 및 재정의 중요 수단이었음을 보여 준다.

중국에서는 고대 주 왕조나 춘추전국시대에 이미 화폐가 대량 유통되고, 화폐경제가 상업을 주도하고, 거만巨萬의 부를 축적한 상인이 국제 정세를 좌우하거나 왕조의 존폐에 영향을 미치기도 했다. 한반도에서는 고려 대에 주화가 주조되고 조선에서도 주화와 지폐가 통용되었지만, 상평통보가 널리 유통되고 화폐경제가 발달한 17세기까지는 쌀과 무명 같은 물품이 매매와 교역을 주도했다. 화폐제도의 장단점을 분석하는 이 책문이 제시된 시기에는 아직 화폐가 상거래에서 중요한 구실을 못 한 것을 알 수 있다.

돈을 나타내는 한자는 아주 다양하다. 천泉·포布·전錢·화貨·금金·백帛·폐幣·재財 등 돈의 유동성, 축적된 재물의 양, 물물교환으로 거래할 수 있는 물건, 거래를 통해 획득한 재화, 돈의 액면을 대체할 수 있는 가치를 가진 교환 수단이 모두 직간접으로 돈을 가리키는 말이었다. 이렇게 돈에 관한 단어가 다양하다는 것은 그만큼 매매와 교환이 일찍부터 인류의 삶을 지배했다는 뜻이다. 조개껍데기에서부터 금속과 지폐에 이르기까지 다양한 물건이 매매의 수단으로서 화폐구실을 했는데, 이것도 화폐의 역사가 매우 오래되었음을 나타낸다.

돈에 붙은 이름 가운데 재미있는 별명으로는 공방孔方과 아도물阿賭物이 있다. 공방이란, 둥근 모양에 가운데 네모난 구멍이 있는 동아시아 고대 화폐의 가장 일반적인 형태에서 나온 말이다. 진晉의 노포魯褒라는 사람이 쓴 「전신론錢神論」에 돈의 위력에 관해 실감 나는 묘사가 있다.

> 돈이라는 물건은 모양이 하늘과 땅을 상징한다. 안은 모난 땅을 나타내고 밖은 둥근 하늘을 나타낸다. 쌓으면 산과 같고 유통시키면 내와 같다. 돈을 쓰고 쓰지 않는 데 때가 있으며 유통되고 저장되는 데 절도가 있고, 시장에서 편리하게 교역되며 다 없어질까 걱정할 필요가 없다. 훼손하기 어려움은 장수를 상징하며, 고갈되지 않음은 도를 상징한다. 돈은 수명이 장구하니 세상에서는 신령한 보배로 여기고 이를 형처럼 친하게 여겨 '공방'이라고 부른다. 돈을 잃어버리면 가난하고 약해지며, 돈을 얻으면 부유하고 창대해진다. 돈은 날개가 없으나 날고, 발이 없으나 달린다. 딱딱하게 굳은 얼굴을 펴 주고, 떼기 어려운 입을 열어 준다. 돈이 많은 사람은 앞자리에 처하고, 돈이 적은 사람은 뒷자리에 거한다. 앞자리에 처한 사람은 임금이나 우두머리가 되고, 뒷자리에 있는 사람은 신하나 종이 된다. 임금과 우두머리는 풍요하고 넉넉해서 여유가 있고, 신하와 종은 궁핍하고 고갈하며 부족하다.

이 글은 돈의 형태와 기능은 물론 돈에 관한 일반 인민의 관념, 돈이 만들어 내는 사회의 모순과 갈등까지 담아내고 있다.

한편 아도물이란, 돈을 구체적으로 입에 담기 어려우니 제3자화해서 부르는 위선적인 별칭이다. 아도물의 뜻은 '저것', '저 물건'이다. 중국 남조 송 때 유의경劉義慶이 편찬한 『세설신어世說新語』 「규잠規箴」에 나오는 일화다.

> 왕이보王夷甫는 평소에 현묘하고 고원한 것을 숭상해서 늘 부인의 탐욕을 싫어했으며 '돈〔錢〕'이라는 말을 입에 올린 적이 없었다. 부인이 시험하려고 몸종을 시켜 돈으로 침상을 둘러싸고 왕이보가 나가지 못하게 했다. 새벽에 일어난 왕이보가 돈이 통행을 막은 것을 보고는 몸종을 불러 "아도물을 치워라!" 했다. '아도'란 당시 방언으로 '저것'이라는 뜻이다. 그러니까 왕이보가 몸종에게 한 말은 "저것을 치워라!"인데, 돈이라는 말을 입에 담기 싫어서 저것이라고 한 것이다.

돈을 신에 비기거나 제3자화해 부른 것은 동아시아 사회의 돈에 관한 관념이 이중적임을 드러낸다. 돈은 귀신도 부릴 만큼 막강한 힘이 있기 때문에 잘 쓰면 사회의 발전을 이끌고 인간 사회를 더욱 풍요롭게 만들 수 있지만, 한편으로는 돈 때문에 인격이 황폐해지고 사회가 혼탁하고 타락하고 문란해지기 때문이다.

후기

　10여 년 전, 책문을 토대로 삼아 책을 처음 펴냈을 때 기대보다 훨씬 큰 반응을 얻었다. 그래서 진작 다음 책을 내보일 마음을 먹고 첫 책에서 다루지 않은 책문까지 골라 놓았지만, 감질나게 만지작거리며 세월만 허송했다. 그러다 문득 이제라도 서두르지 않으면 영영 세상에 내놓지 못하겠다는 우려가 구름처럼 일었다. 세상은 한두 해만 지나도 상전벽해를 실감하게 되는 데다 나 자신의 문제의식과 결기가 무뎌져서, 책문을 처음 접했을 때 느낀 충격과 긴장이 점점 약해졌기 때문이다. 마침 우리 사회가 중요한 변화의 계기를 맞이한 터라 조선 시대 젊은 지식인들의 열정을 우리의 열정으로 바꿔 볼 마음이 동했다.

　신라 말 최치원崔致遠의 『계원필경桂苑筆耕』부터 구한말과 일제강

점기 조긍섭曹兢燮의 『암서집巖棲集』에 이르기까지 이 땅에서 살아간 문인, 학자의 문집을 가능한 한 모두 찾아 총서 663종 350책으로 편찬한 '한국문집총간韓國文集叢刊'에는 한문으로 지은 온갖 글이 수만 편 실렸고 책문도 수백 편 갈무리되어 있다. 적지 않은 분량이지만, 조선의 학자 출신 관료가 모두 한 차례 이상 과거에 응시하고 책문을 제출했다고 생각하면 그다지 많지도 않다. 그래도 조선 시대 정치사에서 중요한 구실을 하거나 업적을 남긴 학자들의 책문은 대체로 한두 편 남아 있어서, 그들의 정치적 경륜과 학식을 더듬어 볼 수 있다. 그 가운데 오늘 우리 삶에 조금이라도 울림을 주겠다 싶은 글을 뽑아 간추렸다.

몇몇 글은 글쓴이의 개성과 자질이 유감없이 발휘되었으며 어떤 글은 지금 현실에 비춰 봐도 손색이 없는 대책을 제시한다. 이 책을 만들면서 드는 생각은 예나 지금이나 세상을 걱정하고 불의를 아파하는 사람이 따로 있고, 적절히 양심을 속이며 현실과 타협하고 자기 이익을 공익으로 포장해 기득권을 수호하고 욕망을 한껏 추구하는 사람이 따로 있다는 사실이다. 그리고 더 깊은 마음속에는 결국 이 사람이 저 사람이고 저 사람이 이 사람인 것은 아닐까 하는 일말의 회의가 남았다. 그럼에도 우리는 반성하고 성찰하는 '인간'이라는 믿음이 있다. 어제와 오늘이 같은 듯 다르듯이 어제의 나와 오늘의 나는 다를 수 있고 달라야만 하고 실제로 다르다. 하찮은 풀잎의 흔들림에서도 생명의 신비를 통찰할 수 있듯이 책문 한 편이 영혼에 울림을 남기고 우리 삶에 성찰과 반성의 계기가 되기를 바랄 뿐이다.

이 책을 펴내는 데 도움을 준 사람이 많지만 특히 기억하고 싶은 이름을 들어 본다. 어려운 문제에 부딪힐 때마다 환하게 깨우쳐 주시는 이충구 선생님, 조선의 교육에 관해 귀중한 가르침을 주고 격려해 주신 고려대학교 신창호 교수, 고려와 원의 과거제도에 관해 자세한 사정을 알려 주신 전남대학교 설배환 교수, 의사가 불통하는 가운데 난삽한 글을 깔끔하게 다듬느라 고생한 편집자 김정민 씨, 시간이 부족한 데도 솜씨를 발휘해 제대로 꼴을 갖게 해 준 여상우 디자인 실장, 중간에서 번거롭고 궂은일을 도맡아 준 장민혁 선생이다. 이들에게 고마움을 전하며 여러 사람의 수고가 헛되지 않게 오래 두고 볼 만한 책이라면 좋겠다.

참고 문헌

- 권석창, 「황준량의 욱양서원 출향과 『금계선생변무록』의 간행 배경에 대한 고찰」, 『정신문화연구』 제40권 제1호, 2017.
- 김종서·정인지, 『고려사』.
- 노우정, 「주희의 도연명의 시가 수용과 인격 비평」, 『온지논총』 제35집, 2013.
- 심경호, 「첨모당 임운의 생애와 학술」, 『남명학연구』 제54집, 2017.
- 야마다 케이지, 김석근 옮김, 『주자의 자연학』, 통나무, 1991.
- 이긍익, 『국역 연려실기술』, 민족문화추진회, 1967.
- 이상욱, 「조선 후기 대책 형식의 역사적 추이」, 『열상고전연구』 제44집, 2015.
- 한국학중앙연구원 장서각, 『시권, 국가 경영의 지혜를 묻다』, 한국학중앙연구원 출판부, 2015.
- 황재천, 「조선의 지방 공직자 모델 금계 황준량」, 2017년 5월 11일 자 경북일보.

책문, 조선의 인문 토론

초판 1쇄 발행 2017년 11월 30일

지은이 김태완

펴낸곳 현자의마을
주소 광주광역시 동구 갈마로6(산수동)
전화 010-8601-9176
팩스 0303-3445-0981
전자우편 kalandik@daum.net
출판등록 제482-94-00249호(2016년 11월 14일)

ISBN 979-11-962460-0-6 03100

• 이 책은 한국출판문화산업진흥원의 출판콘텐츠 창작자금을 지원받아 제작되었습니다.